道路勘测设计

程国柱　主编

中国建筑工业出版社

图书在版编目(CIP)数据

道路勘测设计/程国柱主编. —北京：中国建筑工
业出版社，2015.6
ISBN 978-7-112-17990-9

Ⅰ.①道… Ⅱ.①程… Ⅲ.①道路测量②道路工
程-设计 Ⅳ.①U412

中国版本图书馆 CIP 数据核字(2015)第 064578 号

本书系统地介绍了公路与城市道路勘测设计的基本理论与方法。在编写过程
中，充分吸收了国内外本领域的先进理论与方法，以我国最新技术标准和规范为
依据，内容力求全面，表达方式力求新颖。本书主要介绍了与道路设计相关的汽
车行驶性能、公路选线与定线、道路几何线形设计理论与方法、道路平面交叉与
立体交叉设计、道路排水设计等内容。

本书可作为高等学校道路桥梁与渡河工程专业、交通工程专业及土木工程专
业公路与城市道路方向本科学生的教学用书，也可供从事公路、城市道路及有关
道路工程的设计、施工、科研及管理等工作技术人员参考。

责任编辑：石枫华
责任设计：张　虹
责任校对：陈晶晶　刘　钰

道路勘测设计
程国柱　主编
*
中国建筑工业出版社出版、发行（北京西郊百万庄）
各地新华书店、建筑书店经销
北京科地亚盟排版公司制版
北京画中画印刷有限公司印刷
*

开本：787×1092 毫米　1/16　印张：21¾　插页：1　字数：525 千字
2015 年 6 月第一版　　2015 年 6 月第一次印刷
定价：**58.00 元**
ISBN 978-7-112-17990-9
（27151）

前　　言

随着我国社会的进步和经济的发展，道路交通在综合交通系统中发挥着越来越重要的作用。大规模的公路与城市道路工程建设正在迅猛发展，到 2013 年底，我国公路总里程达到 435.62 万公里，其中，高速公路通车总里程达到 10.44 万公里，已超过美国跃居世界第一。近几年通乡公路也取得了巨大成就，农村公路建设正在全国广泛开展，其规模和影响前所未有，截止至 2013 年底，全国农村公路（含县道、乡道、村道）里程达 378.48 万公里。同时，我国城镇化步伐加快，城市交通基础设施建设规模和水平日益提高；截止至 2013 年底，我国城市道路长度和道路面积分别达到 33.6 万公里和 64.4 亿 m²。

作为道路工程规划、设计、施工、管理及科研等一系列技术工作重要基础的道路几何设计理论也在不断地发展和进步。我国对有关设计标准、规范也作了多次的修订，尤其是近年来颁布了多部城市道路设计的新规范和规程，以适应新时期对道路发展的需要。通过总结以往道路设计和教学经验，本书在重点介绍道路勘测设计基本原理、理论及方法的基础上，注意反映我国最新的技术标准、规范和指南。本书采用或参考的最新设计规范和规程有：《公路工程技术标准》（JTGB01-2014）《公路路线设计规范》（征求意见稿 2014）、《公路排水设计规范》（JTG/T D33-2012）、《城市道路工程设计规范》（CJJ 37-2012）、《城市道路路线设计规范》（CJJ 193-2012）、《城市道路交叉口设计规程》（CJJ 152-2010）等等。

本教材主要包括汽车行驶性能、公路选线与定线、道路平纵断面和横断面设计、道路平面交叉与立体交叉设计、道路排水设计等内容。为保证在有限的课程学时内实现项目教学的目标，对汽车行驶理论的介绍侧重与道路设计相关的知识；将平、纵、横线形设计按照公路与城市道路分别在不同章节介绍，以体现二者在设计顺序上的不同；为与实际工程的设计顺序保持一致，将公路选线与定线在平、纵、横线形设计之前予以介绍；同时，考虑城市公用设施设计及道路设计新技术与道路勘测设计的关联性不十分紧密，取消了已有教材中的城市道路公用设施及道路设计新技术章节，而将城市道路公用设施设计的核心内容纳入至城市道路线形设计章节。在编写中力求内容全面、资料新颖、数据准确。

目前，在《道路勘测设计》课程讲授过程中主要是采用教师授课、学生理解与记忆的模式，学生缺少主动应用理论进行实践的环节。针对上述学习过程中学生理论与实践结合不紧密的问题，若采用国际上先进的"项目教学法"授课，使学生能够在课程学习过程中即应用所学知识而开展实际工程项目设计，做到学以致用，有利于学生更加牢固地掌握所学知识，增强实践能力。本教材在公路平面设计、纵断面设计、横断面设计、平面交叉线形设计章节增加了实际工程项目设计实例，可供学生进行项目学习使用与参考。

本书共 11 章，由程国柱（哈尔滨工业大学）任主编，秦丽辉（东北农业大学）、曹弋（大连交通大学）、池利兵（中国城市规划设计研究院）、韩先科（交通运输部规划研究院）任副主编，全书由程国柱统稿。各章编者为：程国柱编写第 1 章、第 4 章、第 5 章，李松龄编写第 2 章，韩先科、程国柱编写第 3 章，马艳丽（哈尔滨工业大学）、程国柱编写第 6

章，池利兵、程国柱编写第7章，曹弋、程国柱编写第8章，秦丽辉编写第9章、第10章、第11章。李德欢、翟露露等参加了本书书稿的绘图与校对工作。

　　本书参阅了大量的文献资料，由于条件有限，未能与原著者一一取得联系，引用与理解不当之处，敬请见谅！

　　限于作者的学识和水平，本书疏漏及不妥之处在所难免，恳请读者批评指正，以便再版时进行修订。

目　　录

第1章 绪 论

1.1 综合交通运输概述

交通运输系统由铁路、道路、航空、水路、管道五种运输方式构成，它们各具特点，承担着各自的运输任务，又互相联系和互相补充，形成综合的运输体系。

1.1.1 铁路运输

铁路运输通常是指一种以具有轮对的车辆沿铁路轨道运行，以达到运送旅客或货物目的的陆上运输方式，宜承担中长距离客货运和大宗物资的运输。

从技术性能上看，铁路运输的优点有：（1）运行速度快，磁悬浮速度可达大约400km/h，高铁速度大约是 350km/h，动车一般是 200～300km/h，普通铁路为 100～120km/h；（2）运输能力大，一般每列客车可载旅客 1800 人左右，一列货车可装 2000～3500t 货物，重载列车可装 20000 多吨货物；（3）运输过程受自然条件限制较小，连续性强，能保证全年运行；（4）通用性能好，既可运送旅客又可运送各类不同的货物；（5）运输到发时间准确性较高；（6）运行平稳，安全可靠；（7）平均运距较大，分别为公路运输的 25 倍、管道运输的 1.15 倍。从经济指标上看，铁路运输的优点有：（1）运输成本较低，我国铁路运输成本分别是汽车运输成本的 1/11～1/17，民航运输成本的 1/97～1/267；（2）能耗较低，每千吨公里耗标准燃料为汽车运输的 1/11～1/15，为民航运输的 1/174。

铁路运输的缺点：（1）投资高，高速铁路的建设成本约为 1 亿元/km；（2）建设周期长，一条干线要建设 5～10 年，而且占地多。

因此，铁路适于在内陆地区运送中长距离、时间性强、可靠性要求高的客货运和大宗物资的运输；从投资效果看，在运输量比较大的地区之间建设铁路比较合理。

1.1.2 航空运输

航空运输是在具有航空线路和飞机场的条件下，利用飞机作为运输工具进行客货运输的一种运输方式。航空运输在我国运输业中，其货运量占全国运输量比重还较小，主要是承担长途客运任务，伴随着物流业的快速发展，航空运输在货运方面将会扮演重要角色。

航空运输的主要优点是：速度非常快，主力运输机巡航速度基本上都在 700～1000km/h 之间。缺点是投资额度和运输成本都比较高，包括开拓航线、修建机场和机场维护等在内的固定成本需要大量资金；可变成本也比较高，主要是由于燃料、飞行员薪水、飞机的维护保养等方面的支出很大。

至于航空运输的适用范围并没有什么特别的规定，只要企业能够从高成本的运输中获得合理的回报，它们就可能采取空运的方式。例如，如果产品价值昂贵、容易损坏，或者

市场销售周期特别短（鲜花、海鲜、时尚服装等），为了确保产品在全国范围行销就可以采用航空的形式。此外，航空运输速度快的优势在短途运输中难以发挥。

1.1.3 水路运输

水路运输是以船舶为主要运输工具、以港口或港站为运输基地、以水域（包括海洋、河流和湖泊）为运输活动范围的一种运输方式。

水路运输是目前各主要运输方式中兴起最早、历史最长的运输方式。其技术经济特征是载重量大、成本低、投资省，但灵活性小、连续性差，较适于担负大宗、低值、笨重和各种散装货物的中长距离运输。特别是海运，更适于承担各种外贸货物的进出口运输。水运至今仍是世界许多国家最重要的运输方式之一。

1.1.4 管道运输

管道运输是用管道作为运输工具的一种长距离输送液体和气体物资的运输方式，是一种专门由生产地向市场输送石油、煤和化学产品的运输方式，是统一运输网中干线运输的特殊组成部分。

管道运输不仅运输量大、连续、迅速、经济、安全、可靠、平稳及投资少、占地少、费用低，并可实现自动控制。除广泛用于石油、天然气的长距离运输外，还可运输矿石、煤炭、建材、化学品和粮食等。管道运输可省去水运或陆运的中转环节，缩短运输周期，降低运输成本，提高运输效率。当前管道运输的发展趋势是：管道的口径不断增大，运输能力大幅度提高；管道的运距迅速增加；运输物资由石油、天然气、化工产品等流体逐渐扩展到煤炭、矿石等非流体。中国已建成大庆至秦皇岛、胜利油田至南京等多条原油管道运输线。

1.1.5 道路运输

道路运输，是一种在道路上进行运输活动的运输方式，是一种能实现"门到门"的最快捷的陆上运输方式。与其他运输方式相比，道路运输在整个交通运输系统中发挥着重要的作用，其特点如下。

1. 机动灵活、适应性强

由于道路运输网一般比铁路、水路网的密度要大十几倍，分布面也广，因此道路运输车辆可以"无处不到、无时不有"。道路运输在时间方面的机动性也比较大，车辆可随时调度、装运，各环节之间的衔接时间较短。尤其是道路运输对客、货运量的多少具有很强的适应性，汽车的载重吨位有小（0.25～1t左右）有大（200～300t左右），既可以单个车辆独立运输，也可以由若干车辆组成车队同时运输，这一点对抢险、救灾工作和军事运输具有特别重要的意义。

2. 可实现"门到门"运输

由于汽车体积较小，中途一般也不需要换装，除了可沿分布较广的路网运行外，还可离开路网深入到工厂企业、农村田间、城市居民住宅等地，即可以把旅客和货物从始发地门口直接送到目的地门口，实现"门到门"直达运输。这是其他运输方式无法与道路运输比拟的特点之一。

3. 中短途运送速度较快

在中、短途运输中，由于道路运输可以实现"门到门"直达运输，中途不需要倒运、转乘就可以直接将客货运达目的地，因此，与其他运输方式相比，其客、货在途时间较短，运送速度较快。

4. 原始投资少

道路运输与其他运输方式相比，所需固定设施简单，车辆购置费用一般也比较低，因此，投资兴办容易，投资回收期短。据有关资料表明，在正常经营情况下，道路运输的投资每年可周转 1～3 次，而铁路运输则需要 3～4 年才能周转一次。

5. 驾驶技术较易

相对火车司机或飞机驾驶员的培训要求来说，汽车驾驶技术比较容易掌握，对驾驶员的各方面素质要求相对也比较低。

6. 运量较小、成本较高

目前，世界上最大的汽车是美国通用汽车公司生产的矿用自卸车，长 20 多米，自重 610t，载重 350t 左右，但仍比火车、轮船少得多；由于汽车载重量小，行驶阻力比铁路大 9～14 倍，所消耗的燃料又是价格较高的液体汽油或柴油，因此，道路运输是除航空运输之外成本最高的运输方式。

1.1.6 各种运输方式承担运输量比较

表 1-1 为我国 2013 年各种运输方式承担的旅客与货物运输量，从表中可以看出，公路运输在客运运输中占有绝对比重，其次分别为铁路、航空和水运；在货运运输方面，公路的货物运输量所占比例最高，水运的货物运输周转量所占比例最高，其次分别为铁路、管道和航空。

我国 2013 年各种运输方式承担的旅客与货物运输量　　　　　　表 1-1

运输方式	旅客运输量（亿人次）	旅客运输周转量（亿人公里）	货物运输量（亿吨）	货物运输周转量（亿吨公里）
铁路	21.1	10595.6	39.7	29173.9
公路	374.7	19705.6	355.0	67114.5
水运	2.6	76.3	49.3	86520.6
航空	3.5	5658.5	0.05576	168.6
管道	—	—	6.6	3500.9
合计	401.9	36036.0	450.6	186478.4

1.2 道路的分类与等级划分

1.2.1 道路的分类

供各种车辆和行人等通行的工程设施称为道路。按其使用特点可分为公路、城市道路、厂矿道路、林区道路及乡村道路。本教材涵盖的主要内容为公路与城市道路。

1. 公路

公路是指连接城市、乡村、主要供汽车行驶的具备一定技术条件和设施的道路。按公路在全国公路网中的地位可划分为国家干线公路（简称国道），省、自治区、直辖市干线

公路（简称省道），县公路（简称县道）和乡公路（简称乡道）。

公路在路网中为车辆出行提供畅通直达、汇集疏散和出入通达的交通服务能力称为公路功能。公路按功能可分为干线公路、集散公路和支线公路三类。干线公路具有畅通直达的功能，集散公路具有汇集疏散的功能，支线公路具有出入通达的功能。干线公路细分为主要干线公路和次要干线公路，集散公路细分为主要集散公路和次要集散公路。

（1）主要干线公路

主要干线公路连接20万人口以上的大中城市、交通枢纽、重要对外口岸和军事战略要地。提供省际间及大中城市间长距离、大容量、高速度的交通服务。

（2）次要干线公路

次要干线公路连接10万人口以上的城市和区域性经济中心。提供区域内或省域内中长距离、较高容量和较高速度的交通服务。

（3）主要集散公路

主要集散公路连接5万人口以上的县（市）、主要工农业生产基地、重要经济开发区、旅游名胜区和商品集散地。提供中等距离、中等容量及中等速度的交通服务。主要集散公路与干线公路衔接，使所有的县（市）都在干线公路的合适距离之内。

（4）次要集散公路

次要集散公路连接1万人口以上的县（市）、大的乡镇和其他交通发生地。提供较短距离、较小容量、较低速度的交通服务。衔接干线公路、主要集散公路与支线公路，疏散干线公路交通与汇集支线公路交通。

（5）支线公路

支线公路以服务功能为主，直接与用路者的出行源点相衔接。衔接集散公路，为地区出行提供接入与通达服务。

公路应按照《公路工程技术标准》（JTG B01-2014）、《公路路线设计规范》（JTG D20-2006）等规范的规定进行设计。

2. 城市道路

城市道路是指城市规划区内供车辆、行人通行的，具备一定技术条件的道路。城市道路一般较公路宽阔，为适应复杂的交通工具，多划分机动车道、公共汽车优先车道、非机动车道等；道路两侧有高出路面的人行道和房屋建筑，人行道下多埋设公共管线；为美化城市而布置绿化带、雕塑艺术品。

城市道路应按照《城市道路工程设计规范》（CJJ 37-2012）、《城市道路路线设计规范》（CJJ 193-2012）、《城市道路交叉口规划规范》（GB 50647-2011）、《城市道路交叉口设计规程》（CJJ 152-2010）、《城市快速路设计规程》（CJJ 129-2009）等规范的规定进行设计。

3. 厂矿道路

厂矿道路是指主要为工厂、矿山运输车辆通行的道路，通常分为厂内道路、厂外道路和露天矿山道路。厂外道路为厂矿企业与国家公路、城市道路、车站、港口相衔接的道路或是连接厂矿企业分散的车间、居住区之间的道路。厂矿道路应按照《厂矿道路设计规范》GBJ 22-87的规定进行设计。

4. 林区道路

林区道路是指修建在林区的主要供各种林业运输工具通行的道路。由于林区道路的位

置、交通性质及功能不同，林区道路应按照《林区公路工程技术标准》LY 5104-98 的规定进行设计。

5. 乡村道路

乡村道路是指修建在乡村、农场，主要供行人及各种农业运输工具通行的道路，由县统一规划。由于乡村道路主要为农业生产服务，一般不列入国家公路等级标准。

1.2.2 公路的分级

1. 公路等级的划分

公路根据交通特性及控制干扰的能力分为五个技术等级，即：高速公路、一级公路、二级公路、三级公路和四级公路。

（1）高速公路

高速公路为专供汽车分向、分车道行驶，完全控制出入的多车道公路。高速公路的年平均日设计交通量宜在 15000 辆小客车以上。

（2）一级公路

一级公路为供汽车分向、分车道行驶，可根据需要控制出入的多车道公路。一级公路的年平均日设计交通量宜在 15000 辆小客车以上。

（3）二级公路

二级公路为供汽车行驶的双车道公路。二级公路的年平均日设计交通量宜为 5000～15000 辆小客车。

（4）三级公路

三级公路为供汽车、非汽车交通混合行驶的双车道公路。三级公路的年平均日设计交通量宜为 2000～6000 辆小客车。

（5）四级公路

四级公路为供汽车、非汽车交通混合行驶的双车道或单车道公路。双车道四级公路的年平均日设计交通量宜在 2000 辆小客车以下；单车道四级公路的年平均日设计交通量宜在 400 辆小客车以下。

2. 公路等级的选用

（1）设计交通量的预测

各级公路设计交通量的预测应符合以下规定：高速公路和一级公路的设计交通量应按 20 年预测；二级公路、三级公路的设计交通量应按 15 年预测；四级公路可根据实际情况确定。设计交通量预测的起算年为该项目可行性研究报告中的计划通车年，预测时应充分考虑走廊带范围内远期社会、经济的发展规划和综合运输体系的影响。

（2）公路等级选用原则

公路技术等级选用应首先确定公路在公路网中的功能，并结合项目所在地区的综合运输体系、远景发展规划及公路设计交通量等论证确定。当既有公路功能发生变化时，应结合公路网发展规划，有计划地进行改造：

1）主要干线公路是我国公路网中层次最高的主骨架，宜选用高速公路；

2）次要干线公路根据交通组成及设计交通量宜选用二级及二级以上公路；

3）主要集散公路根据设计交通量宜选用一、二级公路。

4）次要集散公路根据设计交通量宜选用二级、三级公路。

5）支线公路宜选用三、四级公路，设计交通量较大时，可选用二级公路。

1.2.3 城市道路的分级

城市道路按其在道路网中的地位、交通功能及对沿线的服务功能等，分为快速路、主干路、次干路和支路四个等级。

1. 快速路

快速路应中央分隔、全部控制出入、控制出入口间距及形式，应实现交通连续通行，单向设置不少于两条车道，并应设有配套的交通安全与管理措施。快速路两侧不应设置吸引大量车流、人流的公共建筑的出入口。

2. 主干路

主干路应连接城市各主要分区，应以交通功能为主。主干路两侧不宜设置吸引大量车流、人流的公共建筑的出入口。

3. 次干路

次干路应与主干路结合组成干路网，应以集散交通的功能为主，兼有服务功能。

4. 支路

支路宜与次干路和居住区、工业区、交通设施等内部道路相连接，应解决局部地区交通，以服务功能为主。

1.3 我国道路现状及发展规划

1.3.1 我国道路现状

（1）公路发展现状

到 2013 年底，我国公路总里程已达到 435.62 万公里，公路密度为 45.38 公里/100 平方公里，居世界第一位。其中，等级公路里程 375.56 万公里，占公路总里程 86.2%；二级及以上公路里程 52.44 万公里，占公路总里程 12.0%。各技术等级公路里程构成如图 1-1 所示。

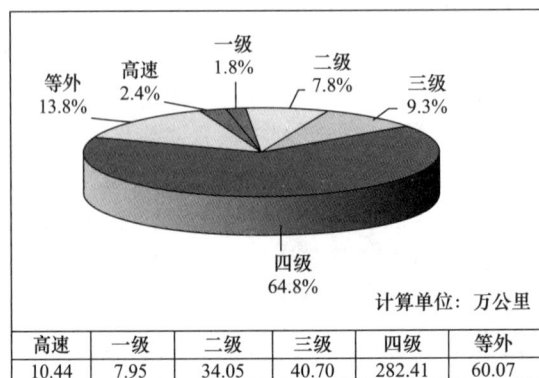

高速	一级	二级	三级	四级	等外
10.44	7.95	34.05	40.70	282.41	60.07

图 1-1 2013 年全国各技术等级公路里程构成

中国高速公路发展从 1988 年沪嘉高速公路的建成通车实现中国大陆高速公路零的突破，到 2013 年底，高速公路通车总里程达到 10.44 万公里，已超过美国跃居世界第一。其中，国家高速公路 7.08 万公里，全国高速公路车道里程 46.13 万公里。各省高速公路里程排名如表 1-2 所示。

各省（市、区）高速公路里程 表 1-2

序号	省（市、区）	通车里程（km）	序号	省（市、区）	通车里程（km）
1	河南	5873	17	广西	3569
2	广东	5724	18	安徽	3522
3	河北	5587	19	贵州	3281
4	山东	5239	20	甘肃	3000
5	山西	5190	21	云南	2978
6	湖南	5084	22	新疆	2635
7	四川	5044	23	吉林	2326
8	江苏	4500	24	重庆	2312
9	黑龙江	4378	25	青海	1465
10	陕西	4363	26	宁夏	1327
11	江西	4335	27	天津	1103
12	湖北	4238	28	北京	923
13	福建	4070	29	海南	912
14	内蒙古	4000	30	上海	805
15	辽宁	4000	31	西藏	38
16	浙江	3724			

截止至 2013 年底，全国农村公路（含县道、乡道、村道）里程达 378.48 万公里，其中村道 214.74 万公里。全国通公路的乡（镇）占全国乡（镇）总数 99.97%，其中通硬化路面的乡（镇）占全国乡（镇）总数 97.81%；通公路的建制村占全国建制村总数 99.70%，其中通硬化路面的建制村占全国建制村总数 89.00%。农村公路里程构成如图 1-2 所示。

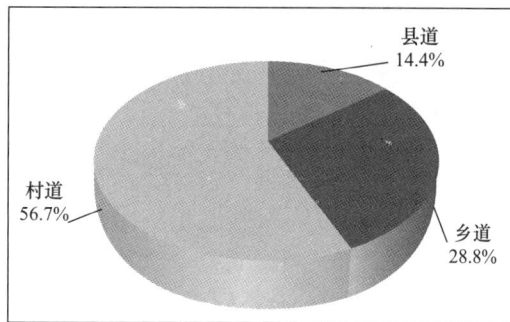

图 1-2 2013 年全国农村公路里程构成

全国公路桥梁达 73.53 万座、3977.80 万米；其中，特大桥梁 3075 座、546.14 万米，大桥 67677 座、1704.34 万米。全国公路隧道为 11359 处、960.56 万米；其中，特长隧道 562 处、250.69 万米，长隧道 2303 处、393.62 万米。

（2）城市道路发展现状

改革开放以来，我国的城市道路建设也取得了很大成绩。城市道路长度和道路面积分别由 1990 年的 9.5 万公里和 8.9 亿平方米增长到 2013 年的 33.6 万公里和 64.4 亿平方米。其中，人行道面积 14.0 亿平方米，人均城市道路面积 14.87 平方米。

城市轨道交通设施的建设提速明显。据统计，截至 2013 年末，我国已有 22 个城市拥有轨道交通，通车里程达 2727.6 公里，各城市轨道交通线路长度见表 1-3。

序号	城市	轨道交通运营里程（km）	序号	城市	轨道交通运营里程（km）
1	上海	531.9	12	苏州	58.6
2	北京	464.1	13	沈阳	55.4
3	广州	245.5	14	成都	49.7
4	香港	218.2	15	长春	48.2
5	深圳	177.0	16	杭州	48.0
6	重庆	169.3	17	西安	45.9
7	天津	135.1	18	高雄	42.7
8	台北	117.4	19	昆明	40.0
9	南京	85.0	20	郑州	26.3
10	武汉	73.3	21	哈尔滨	17.7
11	大连	63.5	22	佛山	14.8

1.3.2 我国道路发展规划

1. 公路发展规划

（1）交通运输"十二五"发展规划

《交通运输"十二五"发展规划》从完善公路交通网络、加强公路养护管理、提升公路运输服务水平和完善公路市场管理四方面对我国的公路交通进行了发展规划。其中，在完善公路交通网络方面，具体从以下方面给出了规划：

1）完善公路网规划

根据"统筹规划、条块结合、分级负责、联合建设"的公路建设原则，全面完善公路网规划，推进国家公路网规划建设，形成层次清晰、功能完善、权责分明的干线公路网络系统。重点建设国家高速公路，实施国省道改造；继续推进农村公路建设，加快国家公路运输枢纽等专项建设。贯彻落实新一轮区域发展规划，重点扶持西部地区、"老少边穷"地区，特别是西藏、新疆等重点区域公路交通建设。到2015年，基本形成适应综合运输体系发展要求的公路交通网络，公路网结构明显趋于合理，区域公路发展差距明显缩小，城乡之间路网衔接更加顺畅。积极探索建立高速公路与普通公路统筹发展的新机制，逐步形成以高速公路为主体的收费体系和普通公路为主体的不收费体系。

2）加快形成高速公路网

推进国家高速公路建设，加快高速公路网剩余路段、瓶颈路段的建设，基本完成2004年国务院审议通过的国家高速公路网规划，建成比例超过90%，通车里程达到8.3万公里。积极推进国家公路网规划中的国家高速公路新增路线建设；支持纳入国家区域发展规划、对加强省际、区域和城际联系具有重要意义的高速公路建设，提高主要通道的通行能力；继续完善疏港高速公路和大中城市绕城高速公路等建设；全国高速公路的网络化程度和可靠性显著提高，有力促进综合运输体系的协调发展。

3）强化国省道改造

加大国省道改造力度，着力提升技术等级、服务能力和水平。重点提高国省道二级及以上公路比例，加快实施通县二级公路建设，国道二级及以上公路比例达到70%以上。按照国家公路网规划，重点推进国道网建设，增强国道对县级及以上行政节点的连接和覆

盖。进一步加大危桥改造力度，按照技术规范要求严格实施安保工程。

每年对一批国道重点路线进行综合改造。东中部地区重点改造交通拥挤的 G103、G104、G105、G107 四条放射线和 G204、G205 两条纵线；西部地区重点加强 G108、G212、G213、G214、G219、G317、G322、G323、G326 等九条建设相对滞后国道的升级改造；进一步加强制约国道网综合效益发挥的瓶颈路段建设，共约 75 段、2000 公里。

4）继续推进农村公路建设

农村公路建设坚持"扩大成果、完善设施、提升能力、统筹城乡"的总体思路，为广大农村地区提供更完善的公共服务。一是推进以西部建制村通沥青（水泥）路为重点的全国通达、通畅建设任务，满足农民群众的基本出行需求；二是完善农村公路基础设施，包括桥梁新改建工程、安保工程等，提高农村公路的抗灾能力和安全水平；三是改善农村公路网络状况，包括县乡道改造、连通工程等，提高农村公路的网络化水平和整体服务能力。到"十二五"末，农村公路总里程达到 390 万公里。

5）加快公路运输场站建设

加快推进国家公路运输枢纽站场建设，公路客、货运输站场建成率力争达到 50％和 40％。重点建设一批集铁路、公路、城市交通客运中转换乘功能于一体、实现"零距离换乘"的综合客运枢纽，大力推进一级公路客运站建设，地级市至少拥有 1 个一级客运站。继续推进农村客运站场建设。

6）加快口岸公路等专项建设

推动口岸公路建设，构建国际大通道，支持亚洲公路网、上海合作组织、东盟区域合作及中俄地区合作规划等涉及的口岸公路建设。全面提高口岸公路技术等级和路面状况，通往国家重要陆路口岸的公路基本实现高等级化。此外，继续支持红色旅游公路建设。同时结合国省道和农村公路建设，加强旅游公路建设。

（2）国家高速公路网规划

2004 年 12 月 17 日，《国家高速公路网规划》经国务院审议通过，国家高速公路网规划采用放射线与纵横网格相结合的布局方案，形成由中心城市向外放射及横连东西、纵贯南北的大通道，由 7 条首都放射线、9 条南北纵向线和 18 条东西横向线组成，简称"7918 网"，总规模 8.5 万公里，其中，主线 6.8 万公里，地区环线、联络线等其他线路约 1.7 万公里。建成后可以在全国范围内形成"首都连接省会、省会彼此相通、连接主要城市、覆盖重要县市"的高速公路网络，具体如下：

1）首都放射线 7 条：北京—上海、北京—台北、北京—港澳、北京—昆明、北京—拉萨、北京—乌鲁木齐、北京—哈尔滨。

2）南北纵向线 9 条：鹤岗—大连、沈阳—海口、长春—深圳、济南—广州、大庆—广州、二连浩特—广州、包头—茂名、兰州—海口、重庆—昆明。

3）东西横向线 18 条：绥芬河—满洲里、珲春—乌兰浩特、丹东—锡林浩特、荣成—乌海、青岛—银川、青岛—兰州、连云港—霍尔果斯、南京—洛阳、上海—西安、上海—成都、上海—重庆、杭州—瑞丽、上海—昆明、福州—银川、泉州—南宁、厦门—成都、汕头—昆明、广州—昆明。

此外，规划方案还有：辽中环线、成渝环线、海南环线、珠三角环线、杭州湾环线共 5 条地区性环线、2 段并行线和 30 余段联络线。

国家高速公路网布局规划方案将连接全国所有的省会级城市、目前城镇人口超过50万的大城市及城镇人口超过20万的中等城市，覆盖全国10多亿人口；实现东部地区平均30分钟上高速，中部地区平均1小时上高速，西部地区平均2小时上高速，从而大大提高全社会的机动性；连接国内主要的AAAA级著名旅游城市，为人们旅游、休闲提供快速通道。规划方案加强了长三角、珠三角、环渤海等经济发达地区之间的联系，使大区域间有3条以上高速通道相连，还特别加强了与香港特别行政区、澳门特别行政区的衔接，在三大都市圈内部将形成较完善的城际高速公路网，为进一步加快区域经济一体化和大都市圈的形成，加快东部地区率先实现现代化奠定了基础；连接主要的国家一类公路口岸，改善对外联系通道运输条件，更好地服务于外向型经济的发展；连接全国所有重要的交通枢纽城市，包括铁路枢纽50个、航空枢纽67个、公路枢纽140多个和水路枢纽50个，有利于各种运输方式优势互补，形成综合运输大通道和较为完善的集疏运系统。

此外，规划方案将显著改善和优化西部地区及东北等老工业基地的公路路网结构，提高区域内部及对外运输效率和能力，进一步强化西部地区西陇海兰新线经济带、长江上游经济带、南贵昆经济区之间的快速联系，改善东北地区内部及进出关的交通条件，为"以线串点、以点带面"，加快西部大开发和实现东北等老工业基地的振兴奠定坚实基础；覆盖地区的GDP占到全国总量的85％以上，规划的实施将对促进经济增长、带动相关产业发展、扩大就业等做出重要贡献。

2. 城市道路发展规划

我国许多城市已经进行或正在进行城市交通规划工作。城市交通规划是通过对城市交通需求量发展的预测，为较长时期内城市的各项交通用地、交通设施、交通项目的建设与发展提供综合布局与统筹规划，并进行综合评价。这些交通规划工作结合我国城市的特点，使用现代城市道路系统规划的新观点和规划设计方法，按照最新国家规范和设计标准，为满足城市总体规划中未来城市发展要求，对道路系统进行交通分析与论证，调整及完善道路系统的功能和层次划分。针对城市主要交通问题，以城市道路系统的整体运输效益提高和交通环境改善为目标，结合道路所承担交通流特征，综合考虑城市客运交通系统和货运交通系统，进行道路网络规划。为城市用地发展、功能调整创造交通条件。

尽管我国的道路基础设施建设取得了较大发展，但随着城市化与机动化进程的加快，道路运输仍面临着巨大挑战。截止至2013年末，全国民用汽车保有量达到13741万辆（包括三轮汽车和低速货车1058万辆），比上年末增长13.7％，其中私人汽车保有量10892万辆，增长17.0％；民用轿车保有量7126万辆，增长19.0％，其中私人轿车6410万辆，增长20.8％。控制交通需求增长与大力发展城市公共交通是未来我国应对交通难题的重要手段。

1.4 公路的基本组成与设计依据

1.4.1 公路的基本组成

公路是建设在大地表面供各种车辆行驶的带状空间三维结构物，它主要由几何线形、路基路面、排水及跨越结构物、支挡与特殊构造物、交通工程及沿线设施等五部分组成。

1. 几何线形

公路几何线形是指公路中线或路面边缘线的平面与纵断面形状和尺寸，除此之外，公路是具有一定宽度的带状结构物，公路横断面上各部分的几何形状和尺寸，平面交叉和立体交叉的几何形状和尺寸均属公路几何设计的范畴。

公路路段的几何线形一般被分解为平面、纵断面和横断面三个方面来分析和设计，这是本课程的基本内容之一。对于高等级公路几何线形设计，还应采用透视图法进行检查。

公路交叉包括平面交叉和立体交叉两大类。对于一般公路平面交叉，应确定交叉的桩号、交叉型式、交角等要素；对于复杂的平面交叉（环形、渠化等）应设计相交公路的纵断面和横断面，必要时还应进行交叉口竖向设计。

对于公路立体交叉，应对相交公路、匝道等分别进行平面、纵断面和横断面设计。大型复杂立体交叉、位于城郊及风景名胜附近的立体交叉应采用透视图法对立体交叉的几何线形进行视觉效果检查。

2. 路基路面

公路路基是行车部分的基础，它是由土、石按照一定结构尺寸要求所构成的带状土石构造物，如图1-3所示。

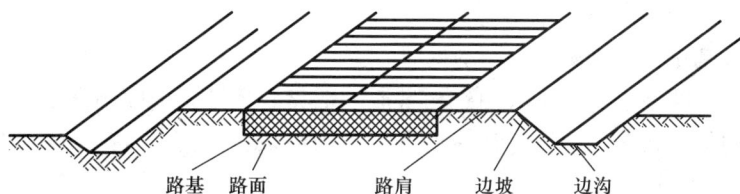

路基　路面　　路肩　　边坡　　边沟

图1-3　公路路基

路基必须坚实、稳定，以抵御车辆和自然因素对路基本身的作用和影响。当路线高于天然地面时，路基填筑成路堤形式；当低于天然地面时，路基挖成路堑形式；当公路路基一部分为填方形式、另一部分为挖方形式时，称为半填半挖路基。三种路基的形式如图1-4所示。

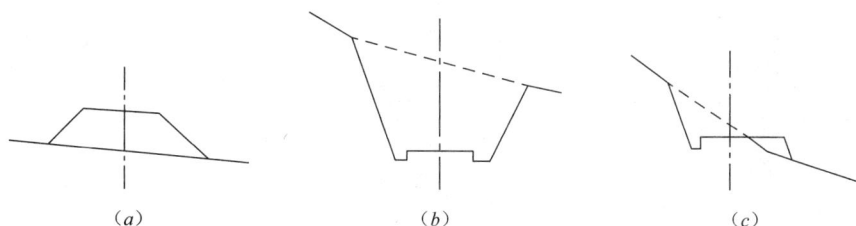

（a）　　　　　　　　　（b）　　　　　　　　　（c）

图1-4　路基形式
（a）路堤；（b）路堑；（c）半填半挖

如图1-3所示，路面是在路基之上用各种材料分层铺筑的结构物，它应达到所要求的强度和平整度，以保证车辆能够以一定速度安全而舒适地行驶；在路面两侧各设置一条一定宽度的路肩，其作用是从两侧支持路面并在必要时临时停车。路面是公路上最重要的组成部分，应根据交通量、交通组成、公路等级、使用任务、当地材料及自然条件进行综合

设计。路面结构一般由面层、基层与垫层组成，按照路面的力学性质可分为柔性路面和刚性路面两大类，《公路工程技术标准》JTG B01—2014 中对路面面层类型及适用范围的规定见表 1-4。

路面面层类型及适用范围表 表 1-4

面层类型	适用范围
沥青混凝土	高速公路与一级、二级、三级、四级公路
水泥混凝土	高速公路与一级、二级、三级、四级公路
沥青贯入、沥青碎石、沥青表面处治	三级公路、四级公路
砂石路面	四级公路

3. 排水及跨越结构物

(1) 排水系统

在自然条件中，水对路基稳定的威胁最大，因此应重视公路排水系统的规划、设计与建设。公路排水系统按排水方向分为纵向排水系统和横向排水系统。纵向排水系统常采用边沟、截水沟和排水沟等形式；横向排水系统一般采用路拱、过水路面、渗水路堤等形式。

排水系统按其排水位置不同又可分为地面排水和地下排水等两种形式。地面排水主要是排除路基范围内的雨水、积水及由地形等原因汇集而又受到公路阻隔的地表水；在地下水位较高或有地下水露头的路段，还应设置地下排水系统，盲沟就是常用的地下排水系统结构物。

(2) 桥涵

公路往往需要跨越河流、沟谷及其他障碍物，这时一般采用桥梁和涵洞等结构物。当桥涵结构物的标准跨径大于或等于 5m、多孔跨径大于或等于 8m 时称为桥梁，否则称为涵洞。桥梁按其跨径及全长又可分为小桥、中桥、大桥及特大桥四种形式，《公路桥涵设计通用规范》JTG D60—2004 给出按照单孔跨径或桥梁总长的分类见表 1-5。

桥梁涵洞分类 表 1-5

桥涵分类	多跨径总长 L（m）	单孔跨径 L_k（m）
特大桥	$L > 1000$	$L_k > 150$
大桥	$100 \leqslant L \leqslant 1000$	$40 \leqslant L_k \leqslant 150$
中桥	$30 < L < 100$	$20 \leqslant L_k < 40$
小桥	$8 \leqslant L \leqslant 30$	$5 \leqslant L_k < 20$

(3) 隧道

公路穿越山岭、置于地层内的结构物称为隧道。山区公路为了跨越垭口、避免过大的工程量、改善平纵线形和缩短里程，采用隧道方式穿越往往是较理想的方案。近几年来，随着高等级公路建设水平的提高，对公路平纵线形提出了更高的要求，施工条件和投资等问题也逐步得以解决，因此隧道方案已被广泛采用。《公路工程技术标准》JTG B01—2014 中给出的隧道分类如表 1-6 所示。

隧道分类	表 1-6
隧道分类	隧道长度 L（m）
特长隧道	$L>3000$
长隧道	$1000<L\leqslant3000$
中隧道	$500<L\leqslant1000$
短隧道	$L\leqslant500$

4. 支挡与特殊构造物

（1）支挡构造物

在横坡陡峻的山坡上或沿河一侧路基边坡受水流冲刷威胁的路段，为了保证路基稳定和减少填方数量，用来加固路基边坡的构造物通常称为支挡构造物。常见的支挡构造物有：挡土墙、护脚、填石路基和砌石护坡等。

（2）特殊构造物

除上述常用的支挡构造物外，在山区地形、地质特别复杂路段，为了保证公路连续、路基稳定并克服特殊地形条件，有时需要修建一些山区特殊构造物，如悬出路台、明洞等。

5. 交通工程及沿线设施

交通工程及沿线设施包括交通安全设施、服务设施和管理设施三种，各项设施应按照统筹规划、总体设计、分期实施的原则配置，并结合交通量的增长与技术发展状况等逐步完善与补充。

（1）交通安全设施

为了保证行车及行人安全，充分发挥公路快速、安全、经济与舒适等作用而设置的设施，一般应包括：交通标志、交通标线、视线诱导标、隔离栅、防护网、护栏、防眩设施、反光突起路标。

特殊情况下的交通安全设施包括：

1）连续长陡下坡路段危及运行安全处应设置避险车道，必要时宜在长陡下坡路段的起始端前设置制动车道等交通安全设施。

2）风、雪、沙、坠石等危及公路安全的路段应设置防风栅、防雪（沙）栅、防落网、积雪标杆等交通安全设施。

3）公路养护作业时，应设置限制速度等醒目的交通警示、诱导等交通安全设施。

（2）服务设施

为方便公路使用者并保证行车安全，在公路沿线适当地点应设置必要的服务设施，主要包括：服务区、停车区和公共汽车停靠站。

服务区应提供停车场、公共厕所、加油站、车辆修理所、餐饮与小卖部等设施，平均间距应为 50km。

停车区应提供公共厕所、长凳等设施和少量停车车位，停车区与服务区或停车区之间的间距为 15～25km。

公共汽车停靠站应根据沿线城镇分布、出行需求，并结合服务区或互通式立体交叉设置。

（3）管理设施

为保障良好的交通秩序，防止事故发生而设置的各种设施，包括：监控、收费、通

信、配电、照明和管理养护等设施。

进行道路设计，应首先明确该道路在道路网中的地位和作用，根据确定的设计小时交通量和道路设计通行能力，分析确定道路的横断面，进而根据有关设计控制条件进行平面、纵断面、交叉口、排水、交通设施等一系列设计工作。

1.4.2 公路设计依据

公路设计依据包括设计车辆、设计速度、运行速度、设计路段、设计小时交通量、通行能力与服务水平及抗震设计。

1. 设计车辆

（1）外廓尺寸

设计车辆外廓尺寸是公路几何设计中的重要控制因素。在公路设计过程中，设计车辆是设计所采用的有代表性的车型，其外廓尺寸、载重量和运行性能是用于确定公路几何设计、交叉口几何设计和路基宽度的主要依据。

结合公路运输主力车型的外廓尺寸出现频率和结构特征，将设计车辆分为小客车、大型客车、铰接客车、载重汽车和铰接列车五类，其具体外廓尺寸见表1-7。表中各项指标的含义如下：

1）总长：车辆前保险杠至后保险杠的距离；

2）总宽：车厢宽度（不包括后视镜）；

3）总高：车厢顶或装载顶至地面的高度；

4）前悬：车辆前保险杠至前轴轴中线的距离；

5）轴距：双轴车为从前轴轴中线到后轴轴中线的距离；铰接车分别为前轴轴中线至中轴轴中线、中轴轴中线至后轴轴中线的距离；

6）后悬：车辆后保险杠至后轴轴中线的距离。

设计车辆外廓尺寸　　　　　　　　　　表 1-7

车辆类型	总长（m）	总宽（m）	总高（m）	前悬（m）	轴距（m）	后悬（m）
小客车	6.0	1.8	2.0	0.8	3.8	1.4
大型客车	13.7	2.55	4.0	2.6	6.5+1.5	3.1
铰接客车	18.0	2.5	4.0	1.7	5.8+6.7	3.8
载重汽车	12.0	2.5	4.0	1.5	6.5	4.0
铰接列车	18.1	2.55	4.0	1.5	3.3+11.0	2.3

（2）选用原则

公路设计车型选用应符合如下规定：

1）国家主干线和干线公路应满足所有设计车型的通行要求。

2）集散公路应满足小客车和大型客车通行要求。

3）支线公路应满足小客车和载重汽车的要求。

2. 设计速度

设计速度是确定公路几何线形的基本要素，是用以设计各级公路受限制部分的主要依据。它是指在气象条件良好，车辆行驶只受公路本身条件影响时，具有中等驾驶技术的人员在几何受限路段能够安全、顺适驾驶车辆的速度。各级公路设计速度规定如表1-8

所示。

公路等级	高速公路			一级公路			二级公路		三级公路		四级公路
设计速度（km/h）	120	100	80	100	80	60	80	60	40	30	30	20

设计速度的选用应根据公路的功能与技术等级，结合地形、工程经济、预期的运行速度和沿线土地利用性质等因素综合论证确定，并应符合以下规定：

（1）高速公路设计速度不宜低于 100km/h，受地形、地质条件限制时，可以选用 80km/h。高速公路特殊困难的局部路段，因新建工程可能诱发工程地质灾害时，经论证并报主管部门批准，该局部路段的设计速度可采用 60km/h，但长度不宜大于 15km，或仅限于相邻两互通式立体交叉之间的路段，且相邻路段的设计速度不应大于 80km/h。这里提到的论证，其含义是包括技术、经济、安全、环保和社会等方面的综合比选论证。

（2）一级公路作为次要干线公路时，设计速度宜采用 100km/h；受地形、地质等条件限制，可以采用 80km/h。一级公路作为主要集散公路时，设计速度宜采用 80km/h；受地形、地质条件限制，设计速度可采用 60km/h。

（3）二级公路作为次要干线公路时，设计速度宜采用 80km/h；受地形、地质等条件限制，可以采用 60km/h。二级公路作为集散公路时，设计速度宜采用 60km/h；受地形、地质等条件限制，可以采用 40km/h。

（4）三级公路作为次要干线公路时，设计速度宜采用 40km/h。三级公路作为集散公路或支线公路时，设计速度宜采用 30km/h。

（5）四级公路宜采用 30km/h，受地形、地质等条件限制，可采用 20km/h。

3. 运行速度

运行速度是在单元路段上车辆的实际行驶速度，通常按统计学中测定的 85％位车速作为运行速度。运行速度与设计速度有密切关系，根据国内外观测研究，当设计速度高时，运行速度低于设计速度；而当设计速度低时，运行速度高于设计速度。这也说明设计速度与运行安全有关。

设计速度一经选定，道路设计的所有相关要素如平曲线半径、视距、超高、纵坡、竖曲线半径等指标均与其配合以获得均衡设计。目前，我国道路设计中采用基于设计速度的路线设计方法。但是，经过多年来的实践，设计管理人员发现，这种设计方法本身存在一定的缺陷。因为设计速度对一特定路段而言是一固定值，这一值作为基础参数，用于规定路段的最低设计指标；但在实际驾驶行为中，没有驾驶员能自始至终的遵守这一固定车速。实际观测结果表明，设计速度的设计方法不能保证线形标准的一致性。针对设计速度方法存在的主要问题，德国、法国等欧洲国家和美国、澳大利亚等发达国家已广泛运用了以运行速度概念为基础的路线设计方法。

运行速度的引入，可以有效地解决路线设计指标与实际行驶速度所要求的线形指标脱节的问题。但由于国内外的交通条件和驾驶员行为差别明显，欲采纳这种设计方法需对我国的运行速度进行深入的调查，确定适合国情的设计参数值。因此，我国仍采用设计速度的设计方法，但提出了运行速度的概念，以便设计人员在设计中对指标的运用和选取更有针对性和灵活性。运行速度设计的实质是通过控制相邻路段线形指标的协调性，使车辆实

际运行速度相对均衡，达到行驶安全和舒适。

两连续平曲线或连续的曲线和直线之间平面指标应均衡，若相邻路段运行速度差超限，应进行线形调整，或增大低指标，或降低高指标。《公路项目安全性评价指南》（JTG/T B05—2004）的规定如下：

(1) $|\Delta v_{85}|$ <10km/h：运行速度协调性好；

(2) $|\Delta v_{85}|$ =10～20km/h：运行速度协调性较好，宜适当调整相邻路段技术指标；

(3) $|\Delta v_{85}|$ >20km/h：运行速度协调性不良，相邻路段需重新调整平、纵断面设计。

4. 设计路段

公路采用同一设计速度的区段为一个设计路段。设计路段应根据公路等级、沿线地形、地质和技术指标等条件以及工程技术难度、工程规模等论证确定。采用同一设计速度的设计路段不宜过短，高速公路设计路段不宜小于 15km；一级公路、二级公路设计路段不宜小于 10km。采用不同设计速度的设计路段不宜频繁变化。

不同设计路段相互衔接的地点，应选在交通量发生变化处，或用路者能够明显判断前方需要改变行车速度处。高速公路、一级公路宜设置在互通式立体交叉或平面交叉处；二、三、四级公路宜设置在交叉口、桥梁、隧道、村镇附近，或地形明显变化处。

不同设计路段相互衔接前后一定范围，应结合地形的变化其路线线形主要技术指标亦随之逐渐过渡，设计速度高的一侧应采用较低的平、纵技术指标，反之则应采用较高的平、纵技术指标，使平、纵技术指标较为均衡，避免出现突变。

5. 设计小时交通量

公路的设计小时交通量宜采用年第 30 位小时交通量，也可根据公路功能采用当地的年第 20～40 位之间最为经济合理时位的小时交通量。交通量换算采用小客车为标准车型，确定公路等级的各汽车代表车型和车辆折算系数规定如表 1-9 所示。

各汽车代表车型与车辆折算系数 表 1-9

汽车代表车型	车辆折算系数	说明
小客车	1.0	≤19 座的客车和载质量≤2t 的货车
中型车	1.5	>19 座的客车和载质量为 2t～7t 的货车
大型车	2.5	载质量>7t≤20t 的货车
汽车列车	4.0	载质量>20t 的货车

此外，《公路工程技术标准》（JTG B01—2014）还规定，畜力车、人力车、自行车等非机动车，在设计交通量换算中按路侧干扰因素计。公路上行驶的拖拉机每辆折算为 4 辆小客车。

6. 通行能力与服务水平

(1) 基本概念

1) 通行能力

道路通行能力是指道路设施所能疏导交通流的能力，即在一定的时段内和正常的道路、交通、管制及运行质量要求下，道路设施通过交通流质点的能力。

通行能力分为基本通行能力、可能通行能力和设计通行能力三种。基本通行能力是指道路组成部分在理想的道路、交通、控制及环境条件下，该组成部分的一条车道或某一断

面，不论服务水平如何，1h 内所能通过标准车的最大辆数。

各级公路的基本通行能力见表 1-10。

各级公路的基本通行能力　　　　表 1-10

公路等级	高速公路			一级公路		
设计速度（km/h）	120	100	80	100	80	60
基本通行能力（pcu/h）	2200	2100	2000	2000	1800	1600
公路等级	二级、三级公路					
设计速度（km/h）	80		60		≤40	
基本通行能力（pcu/h）	2800		2500		2400	

2）服务水平

服务水平是指道路在某种交通条件下所提供运行服务的质量水平，公路的服务水平分为六级。

高速公路、一级公路采用饱和度 V/C（交通量与基本通行能力之比）作为服务水平评价的主要指标，采用小客车实际行驶速度与自由流速度差作为公路服务水平评价的次要指标。

高速公路、一级公路的基准自流速度见表 1-11。

高速公路、一级公路的基准自由流速度　　　　表 1-11

公路等级	高速公路			一级公路		
设计速度（km/h）	120	100	80	100	80	60
基准自由流速度（km/h）	110	100	90	100	90	80

二级公路、三级公路以延误率（车头时距≤5s 的车辆数占总交通量的百分比）、实际行驶速度、饱和度作为服务水平评价的指标。

（2）通行能力和服务水平的分析与评价

公路规划和设计中，应进行通行能力和服务水平的分析、评价。

1）高速公路、一级公路

高速公路、一级公路的路段、互通式立体交叉的匝道与分合流区及其交织区段和收费站路段必须分别进行通行能力的分析、评价，使全线服务水平保持均衡一致。一级公路的平面交叉应进行通行能力的分析、评价。

高速公路路段的服务水平分级见表 1-12，一级公路路段的服务水平分级见表 1-13。

高速公路路段服务水平分级　　　　表 1-12

服务水平分级		分级指标	
		主要指标	次要指标
		V/C	小客车实际行驶速度与自由流速度差（km/h）
一	1	$V/C{\leqslant}0.35$	≤10
	2		10～20
	3		>20
二	1	$0.35{<}V/C{\leqslant}0.55$	≤10
	2		10～20
	3		>20

17

服务水平分级		分级指标	
		主要指标	次要指标
		V/C	小客车实际行驶速度与自由流速度差（km/h）
三	1	$0.55 < V/C \leqslant 0.75$	≤20
	2		20～30
	3		>30
四	1	$0.75 < V/C \leqslant 0.90$	≤20
	2		20～35
	3		>35
五	1	$0.90 < V/C \leqslant 1.00$	≤30
	2		30～40
	3		>40
六		$V/C > 1.00$	—

一级公路路段服务水平分级　　表1-13

服务水平分级		分级指标	
		主要指标	次要指标
		V/C	小客车实际行驶速度与自由流速度差（km/h）
一	1	$V/C \leqslant 0.3$	≤10
	2		10～20
	3		>20
二	1	$0.3 < V/C \leqslant 0.5$	≤10
	2		10～20
	3		>20
三	1	$0.5 < V/C \leqslant 0.7$	≤20
	2		20～30
	3		>30
四	1	$0.7 < V/C \leqslant 0.9$	≤20
	2		20～30
	3		>30
五	1	$0.9 < V/C \leqslant 1.0$	≤30
	2		30～40
	3		>40
六		$V/C > 1.0$	—

2）二级公路、三级公路

二级公路、三级公路的路段，应进行通行能力与服务水平的分析、评价。作为干线公路或主要集散公路的二级公路、三级公路的平面交叉应进行通行能力与服务水平的分析、评价。二级公路、三级公路路段的服务水平分级见表1-14。

二级公路、三级公路路段服务水平分级 表 1-14

服务水平等级	延误率（%）	设计速度（km/h）											
		80				60				≤40			
		实际行驶速度（km/h）	V/C			实际行驶速度（km/h）	V/C			实际行驶速度（km/h）	V/C		
			不准超车区（%）				不准超车区（%）				不准超车区（%）		
			<30	30～70	≥70		<30	30～70	≥70		<30	30～70	≥70
一	≤35	≥85	0.15	0.13	0.12	≥65	0.15	0.13	0.11	≥45	0.14	0.12	0.10
二	(35，50]	[75，85)	0.27	0.24	0.22	[60，65)	0.26	0.22	0.20	[40，45)	0.25	0.19	0.15
三	(50，65]	[65，85)	0.40	0.34	0.31	[55，60)	0.38	0.32	0.28	[35，40)	0.37	0.25	0.20
四	(65，80]	[55，65)	0.64	0.60	0.57	[50，55)	0.58	0.48	0.43	[30，35)	0.54	0.42	0.35
五	≤90	≥55	接近1.00	接近1.00	接近1.00	[45，50)	接近1.00	接近1.00	接近1.00	[25，30)	接近1.00	接近1.00	接近1.00
六	>90	<50	≥1.00	≥1.00	≥1.00	<40	≥1.00	≥1.00	≥1.00	<25	≥1.00	≥1.00	≥1.00

（3）服务水平选用

高速公路应按三级服务水平进行设计，当高速公路作为主要干线公路时，可按二级服务水平进行设计。

一级公路应按三级服务水平进行设计，当一级公路为集散公路时，可采用四级服务水平进行设计。

二级、三级公路按四级服务水平进行设计，当二级、三级公路作为干线公路时，可按三级服务水平进行设计；四级公路视需要而定。

7. 抗震设计

根据《中国地震动参数区划图》（GB 18306—2001），采用地震动峰值加速度系数作为抗震设计的依据，地震基本烈度与地震动峰值加速度系数之间的关系如表 1-15 所示。

地震基本烈度与地震动峰值加速度系数的对应关系 表 1-15

地震动峰值加速度系数（g）	<0.05	0.05	0.10	0.15	0.20	0.30	≥0.40
地震基本烈度	<Ⅵ	Ⅵ	Ⅶ	Ⅶ	Ⅷ	Ⅷ	≥Ⅸ

《公路工程技术标准》JTG（B01—2014）规定：地震动峰值加速度系数小于或等于 0.05 地区的公路工程，除有特殊要求外可采用简易设防；地震动峰值加速度系数等于 0.10、0.15、0.20、0.30 地区的公路工程，应进行抗震设计；地震动峰值加速度系数大于或等于 0.40 地区的公路工程，应进行专门的抗震研究和设计；做过地震小区划地区的公路工程，应按主管部门审批的地震动峰值加速度系数进行抗震设计。

1.5 城市道路的基本组成与设计依据

1.5.1 城市道路的基本组成

在城市里，沿街两侧建筑红线之间的空间范围为城市道路用地，该用地由以下各个不同功能部分组成：

（1）供各种车辆行驶的车行道。其中供汽车、无轨电车、摩托车行驶的为机动车道；

供有轨电车行驶的为有轨电车道；供自行车、三轮车、平板车和兽力车行驶的为非机动车道。

(2) 专供行人步行交通用的人行道。

(3) 起防护与美化作用的绿带。

(4) 用于排除地面水的排水系统，如街沟或边沟、雨水口、窨井、雨水管等。

(5) 为组织交通、保证交通安全的辅助性交通设施，如交通信号灯、交通标志、交通岛、护栏等。

(6) 交叉口和交通广场。

(7) 停车场和公共汽车停靠站台。

(8) 沿街的地上设备，如照明灯柱、架空电线杆、给水栓、邮筒、清洁箱、接线柜等。

(9) 地下的各种管线，如电缆、煤气管、给水管、污水管等。

(10) 在交通高度发达的现代城市，还建有高架道路、人行过街天桥、地下道路、地下人行道、轻轨交通和地下铁道等。

1.5.2 城市道路设计依据

城市道路设计依据主要包括设计车辆、设计速度、交通量换算系数、通行能力与服务水平、设计年限与防灾标准。

1. 设计车辆

城市道路的服务对象主要为机动车、非机动车和行人，因此只需给出对机动车、非机动车的设计车辆及其外廓尺寸，具体见表1-16和表1-17。

表1-16中的各项指标含义同表1-7，表1-17中各项指标含义如下：

(1) 总长：自行车为前轮前缘至后轮后缘的距离；三轮车为前轮前缘至车厢后缘的距离。

(2) 总宽：自行车为车把宽度；三轮车为车厢宽度。

(3) 总高：自行车为骑车人骑在车上时，头顶至地面的高度；三轮车为载物顶至地面的高度。

机动车设计车辆及其外廓尺寸 表1-16

车辆类型	总长（m）	总宽（m）	总高（m）	前悬（m）	轴距（m）	后悬（m）
小客车	6	1.8	2.0	0.8	3.8	1.4
大型车	12	2.5	4.0	1.5	6.5	4.0
铰接车	18	2.5	4.0	1.7	5.8+6.7	3.8

非机动车设计车辆及其外廓尺寸 表1-17

车辆类型	总长（m）	总宽（m）	总高（m）
自行车	1.93	0.60	2.25
三轮车	3.40	1.25	2.50

2. 设计速度

《城市道路工程设计规范》(CJJ 37—2012) 规定，各级城市道路的设计速度应按表1-18

选用。同等级道路设计速度的选定应根据交通功能、交通量、控制条件及工程建设性质等因素综合确定。

各级城市道路设计速度
表 1-18

道路等级	快速路			主干路			次干路			支路		
设计速度（km/h）	100	80	60	60	50	40	50	40	30	40	30	20

我国城市快速路和部分以交通功能为主的主干路通常在主路一侧或两侧设置辅路系统，并通过进出口与主路交通进行转换。辅路在路段上一般与主路并行，通常情况下线形设计能满足主路的设计速度要求，但是考虑到其运行的特征，以及为建成后交通管理的限速提供依据，因此有必要规定辅路与主路设计速度的关系。快速路和主干路的辅路设计速度宜为主路的 0.4～0.6 倍。

立体交叉范围内为了保证全线运行的安全性、连续性和畅通性，其主线设计速度应与路段设计速度保持一致；匝道及集散车道的取值考虑其交通运行特点，应低于主线的设计速度，而且应与主线设计速度取值有关联性，匝道及集散车道设计速度宜为主线的 0.4～0.7 倍。

城市道路中的平面交叉口多受信号控制及行人、非机动车的干扰，为保证行车安全，应考虑降速行驶。平面交叉口内的设计速度宜为路段的 0.5～0.7 倍；直行机动车在绿灯信号期间除受左转车（机动车、非机动车）干扰外，较为通畅，可取高值；左转机动车受转弯半径及对向直行机动车与非机动车的干扰，车速降低较多，可取低值；右转机动车受交叉口缘石半径的控制，另外不论是否设置右转专用车道，都受非机动车及行人过街等干扰，需要降速甚至停车，可取低值。

3. 交通量换算系数

城市道路交通量换算采用小客车为标准车型，各种车辆的折算系数见表 1-19。

城市道路车辆折算系数
表 1-19

车辆类型	小型车	大型客车	大型货车	铰接车
折算系数	1.0	2.0	2.5	3.0

4. 通行能力与服务水平

（1）快速路

快速路的路段、分合流区、交织区段及互通式立体交叉的匝道，应分别进行通行能力分析，使其全线服务水平均衡一致，快速路基本路段一条车道的基本通行能力和设计通行能力如表 1-20 所示。

快速路基本路段一条车道的通行能力
表 1-20

设计速度（km/h）	100	80	60
基本通行能力（pcu/h）	2200	2100	1800
设计通行能力（pcu/h）	2000	1750	1400

城市快速路服务水平分为四级：一级服务水平时，交通处于自由流状态；二级服务水平时，交通处于稳定流中间范围；三级服务水平时，交通处于稳定流下限；四级服务水平时，交通处于不稳定流状态。快速路基本路段服务水平分级指标如表 1-21 所示。

快速路基本路段服务水平分级 表1-21

设计速度 （km/h）	服务水平等级		密度 （pcu/(km·ln)）	平均速度 （km/h）	饱和度 V/C	最大服务交通量 （pcu/h/ln）
100	一级（自由流）		≤10	≥88	0.40	880
	二级（稳定流上段）		(10, 20]	[76, 88)	0.69	1520
	三级（稳定流）		(20, 32]	[62, 76)	0.91	2000
	四级	（饱和流）	(32, 42]	[53, 62)	接近1.00	2200
		（强制流）	>42	<53	不稳定状态	—
80	一级（自由流）		≤10	≥72	0.34	720
	二级（稳定流上段）		(10, 20]	[64, 72)	0.61	1280
	三级（稳定流）		(20, 32]	[55, 64)	0.83	1750
	四级	（饱和流）	(32, 5]0	[40, 55)	接近1.00	2100
		（强制流）	>50	<40	不稳定状态	—
60	一级（自由流）		≤10	≥55	0.30	590
	二级（稳定流上段）		(10, 20]	[50, 55)	0.55	990
	三级（稳定流）		(20, 32]	[44, 50)	0.77	1400
	四级	（饱和流）	(32, 57]	[30, 44)	接近1.00	1800
		（强制流）	>57	<30	不稳定状态	—

　　城市道路规划、设计既要保证道路服务质量，还要兼顾道路建设的成本与效益。设计时采用的服务水平不必过高，但也不能以四级服务水平作为设计标准，否则将会有更多时段的交通流处于不稳定的强制运行状态，并因此导致更多时段内发生经常性拥堵。因此，规定新建快速路采用三级服务水平。

　　（2）其他等级城市道路

　　其他等级城市道路根据交通流特性和交通管理方式，可分为路段、信号交叉口、无信号交叉口等，应分别采用相应的通行能力和服务水平。其他等级城市道路路段一条车道的基本通行能力和设计通行能力如表1-22所示，信号交叉口服务水平分级如表1-23所示，新建城市道路应按三级服务水平设计。

其他等级城市道路路段一条车道的通行能力 表1-22

设计速度（km/h）	60	50	40	30	20
基本通行能力（pcu/(h·ln)）	1800	1700	1650	1600	1400
设计通行能力（pcu/(h·ln)）	1400	1350	1300	1300	1100

信号交叉口服务水平 表1-23

指标 \ 服务水平	一级	二级	三级	四级
控制延误（s/veh）	<30	[30, 50)	[50, 60]	>60
交通负荷系数	<0.6	[0.6, 0.8)	[0.8, 0.9]	>0.9
排队长度（m）	<30	[30, 80)	[80, 100]	>100

　　5. 设计年限

　　在确定城市道路车行道宽度时，远期交通量的年限作为道路的设计年限。道路等级越高，则设计年限越长。在设计年限内，车行道的宽度应满足道路交通增长的要求，保证车

辆能安全、舒适、通畅地行驶。道路交通量达到饱和状态时的设计年限规定如下：快速路、主干路应为 20 年；次干路为 15 年；支路为 10～15 年。

路面结构的设计年限是路面结构需要翻修改建的年限，不同路面类型选用不同的设计年限，以保证在设计年限内路面平整并具有足够强度。设计年限应与路面等级、面层类型及交通量相适应。路面设计年限不等于使用年限或路面的使用寿命。根据国外资料，路面设计中有设计年限和分析年限之分，设计年限的概念与我国相同，分析年限用于进行路面长期性能、寿命评价。各种类型路面结构的设计年限规定如下：

（1）水泥混凝土路面：快速路、主干路应为 30 年；次干路、支路应为 20 年。

（2）沥青混凝土路面：快速路、主干路、次干路应为 15 年，支路可采用 10 年。

（3）砌块路面：混凝土砌块应为 10 年，石材砌块应为 30 年。

对改扩建工程或大修、加铺工程及有特殊使用要求的道路，可根据具体情况调整设计年限。

6. 防灾标准

道路工程应按国家规定工程所在地区的抗震标准进行设防。

城市桥梁设计宜采用百年一遇的洪水频率，对特别重要的桥梁可提高到三百年一遇。城市防洪标准较低的地区，若按百年一遇或三百年一遇的洪水频率设计，导致桥面高程较高时，可按相交河道或排洪沟渠的规划洪水频率设计，但应确保桥梁结构在百年一遇或三百年一遇洪水频率下的安全。

道路应尽量避开泥石流、滑坡、崩塌、地面沉降、塌陷、地震断裂活动带等自然灾害易发区；当不能避开时必须提出工程和管理措施，保证道路的安全运行。

1.6 道路设计的阶段划分与文件组成

道路基本建设工程项目的建设一般包括规划、可行性研究、勘测设计、施工及管理养护等五个阶段。根据我国《公路工程基本建设管理办法》规定，公路基本建设程序为：

（1）根据公路网规划或项目建议书，进行可行性研究；

（2）根据可行性研究，编制计划任务书；

（3）根据批准的计划任务书，进行现场勘测，编制初步设计文件和概算；

（4）根据批准的初步设计文件，编制施工图和施工图预算；

（5）列入年度基本建设计划；

（6）进行施工前的各项准备工作；

（7）编制实施施工组织设计及开工报告，报上级主管部门审批；

（8）严格执行有关施工的规程和规定，坚持正常施工秩序，做好施工记录，建立技术档案；

（9）编制竣工图表和工程决算，办理竣工验收。

1.6.1 道路工程可行性研究

1. 公路可行性研究

道路建设项目可行性研究，是对项目建设的必要性、技术可行性、经济合理性和实施

可能性进行综合性研究论证的工作，是公路建设项目前期工作的重要组成部分，是建设项目决策的主要依据。道路建设项目可行性研究，按其工作深度分为预可行性研究和工程可行性研究。2010年4月，交通运输部颁布了新的《公路建设项目可行性研究报告编制办法》。

（1）编制依据

编制预可行性研究报告，应以项目所在区域的经济社会发展规划、交通发展规划和其他相关规划为依据。编制工程可行性研究报告，原则上以批准的项目建议书为依据。

（2）研究内容

道路建设项目预可行性研究要求通过实地踏勘和调查，重点研究项目建设的必要性和建设时机，初步确定建设项目可行的通道或走廊带，并对项目的建设规模、技术标准、建设资金、经济效益等进行必要的分析论证，编制研究报告，作为项目建议书的依据。

道路建设项目工程可行性研究要求进行充分的调查研究，通过必要的测量和地质勘察，对可能的建设方案从技术、经济、安全、环境等方面进行综合比选论证，确定项目起、终点，提出推荐方案，明确建设规模，确定技术标准，估算项目投资，分析投资效益，编制研究报告。工程可行性研究报告一经批准，即作为初步设计必须遵循的依据。

（3）报告编制内容

公路建设项目可行性研究报告的主要内容应包括：项目影响区域经济社会及交通运输的现状与发展、交通量预测、建设的必要性、技术标准、建设条件、建设方案及规模、投资估算及资金筹措、经济评价、实施安排、土地利用评价、工程环境影响分析、节能评价、社会评价等。特别复杂的重大项目，还应进行风险分析。

（4）编制要求

公路建设项目可行性研究报告，应在对可能的工程建设方案进行初步比选的基础上，筛选出有比较价值的方案（备选方案），进一步作同等深度的技术、建设费用、经济效益比选。

二级及二级以上等级公路的预可行性研究、工程可行性研究阶段的路线方案，应分别在1：50000、1：10000或更大比例尺地形图上进行研究，其中工程特殊困难路段应分别在1：10000、1：2000地形图上进行研究。

工程可行性研究阶段应进行必要的地质勘探，对长大桥梁、隧道等控制性工程，可采用遥感、物探等进行专项的地质勘探和调查，地质条件复杂时需进行必要的钻探分析。

工程可行性研究阶段投资估算与初步设计概算之差，应控制在投资估算的10%以内。

2. 城市道路可行性研究.

《市政公用工程设计文件编制深度规定》（建设部2004年3月颁布）给出城市道路建设项目可行性研究报告的主要内容应包括：现状评价及建设条件、道路规划及交通量预测、采用的规范和标准、工程建设必要性论证、工程方案、环境评价、新技术应用及建设科研项目、工程建设阶段划分和进度计划安排设想、征地拆迁及主要工程数量、资金筹措、投资估算及经济评价、结论和存在问题。附图应包括道路区域地理位置图、道路平面及纵断面图、道路规划横断面及拟建横断面布置方案图、主要节点方案图、桥梁与隧道工程方案图。

1.6.2　道路勘测设计阶段的划分

道路的勘测设计是指具体完成一条道路所进行的外业勘测和内业设计工作。外业勘测包括对路线的视察、踏勘测量和详细测量等工作；内业设计包括路线设计和结构设计及概预算编制工作。

道路勘测设计应根据道路的性质和要求分阶段进行，其具体作法有三种：一阶段设计、两阶段设计和三阶段设计。

1. 一阶段设计

对于技术简单、方案明确的小型建设项目，可采用一阶段设计，即直接根据批准的设计任务书的要求，一次作详细测量并编制施工图设计。

一阶段施工图设计应根据可行性研究报告批复意见及测设合同的要求，拟定修建原则，确定设计方案和工程数量，提出文字说明和图表资料及施工组织计划，编制施工图预算，满足审批的要求，适应施工的需要。

2. 两阶段设计

道路工程基本建设项目，一般应采用两阶段设计，即按初步设计和施工图设计两阶段进行。第一阶段，根据批准的设计任务书，进行踏勘测量，并编制初步设计文件。第二阶段，根据批准的初步设计、审批意见及测设合同，进行详细测量，并编制施工图设计文件。

初步设计阶段的目的是确定设计方案。应根据批复的可行性研究报告、测设合同要求，拟定修建原则，选定设计方案，计算工程数量及主要材料数量，提出施工方案的意见编制设计概算，提供方案说明及图表资料。初步设计文件经审查批复后，则为订购主要材料、机具、设备，安排重大科研试验项目，联系征用土地、拆迁，进行施工准备，编制施工图设计文件和控制建设项目投资等的依据。

施工图设计应根据初步设计批复意见、测设合同，进一步对所审定的修建原则、设计方案、技术决定加以具体和深化，最终确定各项工程数量，提出文字说明和适应施工需要的图表资料以及施工组织计划，并编制施工图预算。

3. 三阶段设计

对于技术上复杂而又缺乏经验的建设项目或建设项目中的个别路段、特殊大桥、互通式立体交叉、隧道等，必要时应采用三阶段设计，即分初步设计、技术设计和施工图设计三个阶段。

技术设计阶段应根据初步设计批复意见、测设合同的要求，对重大、复杂的技术问题，通过科学试验、专题研究，加深勘探调查及分析比较，解决初步设计中未解决的问题，落实技术方案，计算工程数量，提出修正的施工方案，修正设计概算，批准后作为编制施工图设计的依据。

1.6.3　道路设计文件组成

1. 公路设计文件组成

设计文件是公路勘测设计的最后成果，经审查批准后作为公路施工的依据。其组成、内容和要求随设计阶段不同而异。

根据《公路工程基本建设项目设计文件编制办法》（2007 年 7 月 3 日交通部发布）规定，公路设计文件的组成和内容如下：

（1）初步设计文件

由总体设计、路线、路基路面、桥梁涵洞、隧道、路线交叉、交通工程及沿线设施、环境保护与景观设计、其他工程、筑路材料、施工方案、设计概算共 12 篇组成。其表达形式包括文字说明、设计图和表格 3 种。

（2）施工图设计文件

由总说明书、总体设计、路线、路基路面、桥梁涵洞、隧道、路线交叉、交通工程及沿线设施、环境保护与景观设计、其他工程、筑路材料、施工组织计划、施工图预算共 12 篇组成。其表达形式包括文字说明、设计图和表格 3 种。

2. 城市道路设计文件组成

根据建设部 2004 年 3 月发布的《市政公用工程设计文件编制深度规定》，城市道路设计文件组成如下：

（1）初步设计文件

城市道路初步设计文件由设计说明书、工程概算、主要材料及设备表、主要技术经济指标、附件（可行性研究报告批复文件、勘测及设计合同、有关部门的批复及协议、纪要等）与设计图纸组成。

初步设计图纸包括：平面总体设计图，平面设计图，纵断面图，典型横断面设计图，广场或交叉口设计图，挡土墙、涵洞及附属构筑物图，交通标志、标线布置图，工程特殊部位技术处理的主要图纸，桥梁、排水、监控、通信、供电、照明设施图。

（2）施工图设计文件

城市道路施工图设计文件由设计说明书、施工图预算、工程数量和材料用量表与设计图纸组成。

施工图设计图纸包括：平面总体设计图，平面设计图，纵断面设计图，横断面设计图，广场或交叉口设计图，路面结构设计图，需进行特殊处理、加固的路基设计图，排水设计图，挡土墙、涵洞及附属构筑物平、立、剖面结构详图，交通标志、标线设计图，其他有关通用说明及标准图、通用图等。

1.7 道路勘测设计的主要内容

1.7.1 本课程的作用及内容

道路勘测设计课程的主要研究对象是道路几何设计和路线勘测的理论与方法，只有掌握了道路勘测设计的基本理论与方法，才能从总体上合理地进行道路设计。所以说，道路勘测设计是道路桥梁与渡河工程、交通工程专业本科学生的一门重要专业课，是实用性、实践性、操作性、综合性均很强的一门课程。

本课程内容主要包括道路设计基础、路线勘测、道路几何线形设计、道路排水设计等四部分。第一部分内容包括绪论和汽车行驶性能，安排在第 1 章、第 2 章；第二部分内容为选线与定线，安排在第 3 章；第三部分内容包括平面设计、纵断面设计、横断面设计、

平面交叉设计、立体交叉设计，安排在第 4 章、第 5 章、第 6 章、第 7 章、第 8 章、第 9 章、第 10 章；第四部分内容道路排水设计在第 11 章中介绍。

1.7.2　本课程与其他相关课程的关系

道路勘测设计课程与许多课程关系密切，要学好和充分应用道路勘测设计的理论与方法，必须具备坚实而广泛的知识和技能。就现行专业教学计划而言，测量学、交通工程基础等课程是本课程的先修课程。

道路勘测设计课程既研究整个路线方案的布局、走向、技术标准等宏观问题，又研究具体的道路线形、立交形式及其布置、工程量计算等微观技术问题。路基路面工程、桥梁工程研究的大多是结构方面的具体技术设计问题。由此可见它们之间的差别。尽管各门课程的研究内容各不相同，但它们之间的联系却是很密切的。例如，就桥梁设计而言，桥梁结构的设计是桥梁工程课程的内容，但桥位的设计就要根据桥梁的规模在综合考虑桥梁工程和勘测设计要求的基础上确定。再如路基路面设计问题，就路基路面本身的设计而言，它是路基路面工程课程的内容，但对于路基填土高度的确定、路面垫层的设置等问题，则应综合考虑路基路面、土质学、纵断面线形等因素综合确定。

1.7.3　有关教学计划与安排

道路勘测设计是一门综合性课程，具有实践性、操作性强的特点，全国高等学校土木工程、交通工程专业教学指导委员会确定的指导性教学计划中规定，道路勘测设计课程包括理论授课、课程设计和生产实习等三个环节，对每个教学环节分别进行考核和评定，以保证学生切实掌握道路勘测设计这一重要专业理论和实践技能。

第 2 章　汽车行驶性能

道路主要是为汽车行驶服务的，道路设计应以满足汽车行驶的要求为前提，即安全、迅速、经济与舒适。道路线形的合理设计可以使汽车行驶的要求得到满足，汽车在道路上的行驶性能是道路设计的理论基础，也是制定道路几何线形标准的理论依据。

2.1　汽车基本使用性能

汽车的基本使用性能主要包括：动力性、经济性、操纵稳定性、制动性、通过性及平顺性（舒适性）。

2.1.1　动力性

汽车的动力性是指汽车所具有的牵引能力，即指决定汽车加速、爬坡和最大速度的性能。汽车的动力性越好，则表征汽车具有较高的车速，爬坡和加速能力也越强，

2.1.2　经济性

汽车的经济性是指在保证动力性的条件下，汽车以尽量少的燃油消耗量经济行驶的能力。经济性主要与汽车的发动机及底盘结构、汽车的造型、汽车的技术状况、路面质量和线形标准有关。

2.1.3　操纵稳定性

汽车的操纵稳定性是指在驾驶者不感到过分紧张和疲劳的条件下，汽车能遵循驾驶者通过转向系及转向车轮给定的方向行驶，且当遭遇外界干扰时，汽车能抵抗干扰而保持稳定行驶的能力。汽车的操纵稳定性是决定高速安全行驶的一个主要指标。

2.1.4　制动性

汽车的制动性是指汽车行驶过程中强制性降低车速以致停车，或在下坡时保持一定速度行驶的能力。汽车的制动性能直接关系到汽车的行驶安全。

2.1.5　通过性

汽车的通过性是指汽车在一定载质量条件下能以足够高的平均车速通过各种坏路及无路地带和克服各种障碍的能力。坏路及无路地带是指松软土壤、沙漠、雪地、沼泽地等松软地面及坎坷不平地段；各种障碍是指陡坡、侧坡、台阶和壕沟等。

2.1.6 平顺性

汽车的平顺性是指汽车在一般行驶速度下，能保证乘员不会因车身振动而引起不舒服和疲劳的感觉，以及保持所运货物完整无损的性能。由于行驶的平顺性主要是根据乘员的舒适程度来评价，又称为乘坐舒适性。

本章主要介绍与道路设计相关的汽车动力性、行驶稳定性、制动性、燃料经济性等基本使用性能。

2.2 汽车动力特性

汽车的动力性决定了汽车在良好路面上行驶时所能达到的平均行驶速度。汽车的行驶速度一方面取决于汽车本身，另一方面取决于道路线形及路面状况。本节从分析汽车行驶时的受力出发，建立驱动力—行驶阻力平衡方程，分析汽车的动力特性与道路设计的相关性。

2.2.1 汽车的驱动力

汽车行驶需要不断地克服行驶中所遇到的各种阻力，为了克服行驶阻力，汽车必须具备足够的驱动力。汽车的驱动力来源于汽车发动机：燃料在发动机气缸中燃烧产生热能，经曲柄连杆机构将热能转变为机械能，使发动机曲轴上获得转矩（称为发动机有效转矩 M_e）并输出，M_e 经汽车传动系统传到驱动轮上，使驱动车轮上产生驱动力矩 M_t，驱动车轮上的驱动力矩 M_t 与发动机有效转矩 M_e 之间的关系为：

$$M_t = M_e \eta_t i_g i_0 \tag{2-1}$$

式中　η_t——传动系效率；

　　i_g、i_0——变速器和主减速器速比。

该力矩力图使驱动车轮旋转，由此在驱动轮与地面接触处向地面施加一个力 F_0，其数值为 M_t 与车轮半径 r 之比。与此同时，地面会对车轮施加一个与 F_0 数值相等、方向相反的反作用力 F_t，如图 2-1 所示。F_t 称为驱动力，驱动力推动汽车以一定的速度行驶。为便于说明问题，将 F_0 和 F_t 分别画在不同物体上，其实它们在同一直线上。

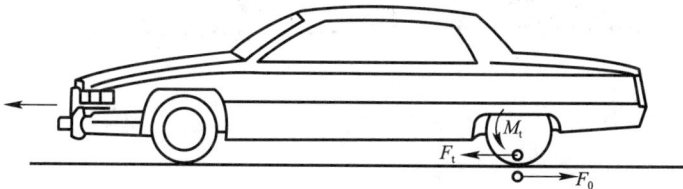

图 2-1　驱动力产生示意图

2.2.2 汽车的行驶阻力

汽车行驶时需要不断克服行驶中所遇到的各种阻力。汽车在水平路面上等速行驶时，必须克服来自地面的滚动阻力 F_f 和来自空气的空气阻力 F_w；当汽车在坡道上上坡行驶

时，还必须克服重力沿坡道的分力，称为坡度阻力 F_i；汽车加速行驶时还要克服加速阻力 F_j。因此，汽车行驶的总阻力为：

$$\Sigma F = F_f + F_w + F_i + F_j$$

上述阻力中，滚动阻力和空气阻力是任何行驶条件下均存在的，坡度阻力和加速阻力仅在一定行驶条件下存在，汽车在水平路面上等速行驶时就没有坡度阻力和加速阻力。

1. 滚动阻力

轮胎的滚动阻力主要是轮胎的变形阻力。由于汽车轮胎具有弹性，所以当车轮滚动时，轮胎与路面接触处会产生弹性变形。车轮在路面上滚动，是一个不断加载与卸载的过程，如图 2-2 所示。在法线 $n\text{-}n'$ 的左边，车轮逐渐滚向路面，这是加载（压缩）过程，在法线 $n\text{-}n'$ 右边车轮逐渐离开路面，这是卸载（恢复）过程，因此使得地面法向反作用力的分布前后并不对称，而使它们的合力 F_z 相对于法线 $n\text{-}n'$ 前移了一个距离 a。因此，在车轮与地面接触处便产生了一个阻碍车轮向前行驶的阻力矩 T_f，其值为：

$$T_f = F_z a$$

称 T_f 为滚动阻力矩，T_f 又可以表示为滚动阻力 F_f 与车轮动态半径 r_d 的乘积：

$$T_f = F_f r_d$$

令 $f = \dfrac{F_f}{F_z} = \dfrac{a}{r_d}$，称 f 为滚动阻力系数。因此，滚动阻力 F_f 可写为：

$$F_f = F_z f$$

以上分析是针对单个车轮进行的，对整个车辆而言，其滚动阻力为：

$$F_f = G_a f \tag{2-2}$$

式中 G_a——汽车总重量，N。

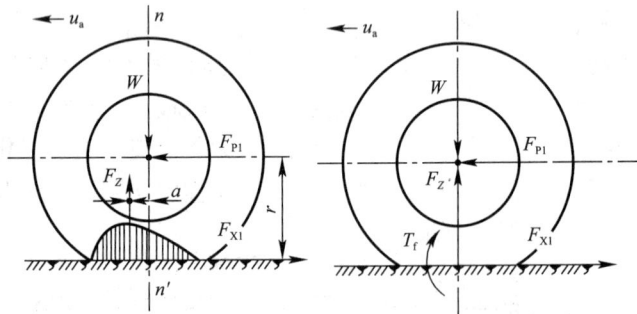

图 2-2 从动轮在硬路面上滚动时的受力情况

在分析汽车行驶阻力时，不必具体考虑车轮滚动时所受到的滚动阻力矩，而只要知道滚动阻力系数求出滚动阻力即可。

滚动阻力系数 f 与路面种类、行驶速度及轮胎的性质等因素有关。不同种类路面其表面的平整度、形状和刚度均不相同，滚动阻力系数相差很大。当车速为 50km/h，并且车轮类型和压力一定时，不同路面类型的 f 值如表 2-1 所示。

路面类型	水泥混凝土及沥青混凝土路面	表面平整的黑色碎石路面	碎石路面	干燥平整的土路	潮湿不平整的土路
滚动阻力系数 f	0.01～0.02	0.02～0.025	0.03～0.05	0.04～0.05	0.07～0.15

2. 空气阻力

汽车直线行驶时受到的空气作用力在行驶方向上的分力称为空气阻力。空气阻力分为压力阻力和摩擦阻力两部分。作用在汽车外表面上的法向压力的合力在行驶方向上的分力，称为压力阻力；摩擦阻力是由空气的粘性在车身表面产生的切向力的合力在行驶方向上的 分力。压力阻力又分为四部分：形状阻力、干扰阻力、内循环阻力和诱导阻力。形状阻力占压力阻力的大部分，与车身主体形状有很大关系；干扰阻力是车身表面突起物（如车门把手、后视镜、天线、踏脚板等）引起的阻力；内循环阻力是发动机冷却系、车身通风等所需空气流经车体内部时构成的阻力；诱导阻力是空气升力在水平方向上投影。

在汽车行驶时，空气阻力的数值与气流相对速度、空气密度、物体的迎风面积及物体形状有关，汽车行驶时的空气阻力可表示为：

$$F_w = \frac{1}{2} C_w A \rho (v_a \pm v_f)^2 \qquad (2-3)$$

式中　C_w——空气阻力系数；

　　　A——迎风面积，m^2；

　　　ρ——空气密度，$\rho = 1.29 kg/m^3$；

　　　v_a——车速，m/s；

　　　v_f——风速，m/s。

如果汽车在无风条件下运动，v_a 以"km/h"计、A 以"m^2"计则空气阻力（N）为：

$$F_w = \frac{C_w A v_a^2}{21.15} \qquad (2-4)$$

可见，空气阻力与 C_w 及 A 值成正比，A 值受到乘坐使用空间的限制不易进一步减少，所以降低 C_w 值是降低空气阻力的主要手段。C_w 值与汽车特征尺寸等因素有关，表 2-2 通过试验给出了一些汽车在额定载荷下（如轿车为半载），无侧风时的空气阻力系数 C_w 和迎风面积 A 的值。

车型	迎风面积 A（m^2）	空气阻力系数 C_w
典型轿车	1.7～2.1	0.30～0.41
货车	3.0～7.0	0.6～1.0
客车	4.0～7.0	0.5～0.8

3. 坡度阻力

汽车在坡道上行驶时，汽车的重力在平行于路面上的分力，称为坡度阻力，如图 2-3 所示。其值为：

$$F_i = G_a \cdot \sin\alpha \qquad (2-5)$$

式中　F_i——坡度阻力，N；

　　　α——道路坡度角。

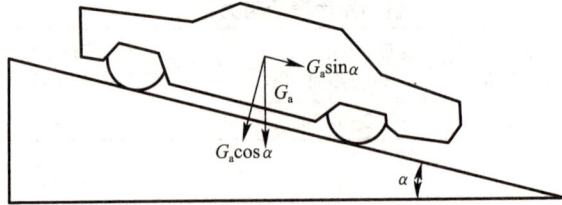

图 2-3　汽车的坡度阻力

公路纵向斜坡的陡缓程度通常用坡度 i 来表示，坡度是纵坡的垂直高度 h 与其水平长度 s 之比的百分率，即：

$$i = \frac{h}{s} = \tan\alpha$$

由于公路纵坡的坡度角 α 很小（不超过 $10°$），故可近似用 $\tan\alpha$ 代替 $\sin\alpha$。因此，坡度阻力可写为：

$$F_i = G_a \cdot \sin\alpha \approx G_a \cdot \tan\alpha = G_a i \tag{2-6}$$

4. 惯性阻力

汽车变速行驶时，需要克服其质量变速运动时所产生的惯性力和惯性力矩，即为惯性阻力。惯性阻力包括两部分：即平移质量引起的惯性力和旋转质量引起的惯性力。

（1）平移质量产生的惯性力

车辆加速时，出现的平移加速阻力 F_{jt} 为：

$$F_{jt} = m\frac{\mathrm{d}v}{\mathrm{d}t} \tag{2-7}$$

式中　m——汽车质量，kg；

$\dfrac{\mathrm{d}v}{\mathrm{d}t}$——汽车加速度，加速时 $\dfrac{\mathrm{d}v}{\mathrm{d}t}>0$，减速时 $\dfrac{\mathrm{d}v}{\mathrm{d}t}<0$。

（2）旋转质量产生的惯性力

车辆加速时，车上各旋转部件（如飞轮、离合器、变速器、齿轮、传动轴、主传动器、车轮等）的转速也相应增加，引起了旋转质量的加速阻力 F_{jr}：

$$F_{jr} = \frac{I}{r_d}\frac{\mathrm{d}\omega}{\mathrm{d}t} \tag{2-8}$$

式中　I——折算到驱动轮上的全部旋转部件的转动惯量和车轮的转动惯量，kg·m²；

r_d——车轮动态半径，m；

$\dfrac{\mathrm{d}\omega}{\mathrm{d}t}$——车轮的角加速度，rad/s²；

总的加速阻力：

$$F_j = F_{jt} + F_{jr}$$

即

$$F_j = m\frac{\mathrm{d}v}{\mathrm{d}t} + \frac{I}{r_d^2}\frac{\mathrm{d}v}{\mathrm{d}t}$$

令

$$\delta = 1 + \frac{I}{mr_d^2}$$

式中　δ——汽车旋转质量换算系数。

则总的加速阻力为：

$$F_j = \delta m \frac{dv}{dt} \tag{2-9}$$

δ 主要与汽车上各回转部件（如飞轮、离合器、变速器、齿轮、传动轴、主传动器、车轮等）的转动惯量及传动系的转动比有关，因为发动机飞轮和车轮的转动惯量数值相对较大，因此通常忽略其他部件的影响，即：

$$\delta = 1 + \frac{1}{m} \frac{\Sigma I_w}{r^2} + \frac{1}{m} \frac{I_f i_g^2 i_0^2 \eta_t}{r^2}$$

式中　I_w——车轮的转动惯量，$kg \cdot m^2$；

　　　I_f——飞轮的转动惯量，$kg \cdot m^2$；

其余符号含义同上。

2.2.3 汽车的行驶条件

1. 汽车行驶的必要条件

为使汽车行驶，汽车的驱动力必须与汽车行驶时所受到的各项阻力之和平衡，即

$$F_t = F_f + F_w + F_i + F_j$$

或　　　$$\frac{M_e i_g i_0 \eta_t}{r} = Gf\cos\alpha + G\sin\alpha + \frac{C_w A}{21.15} v_a^2 + \delta m \frac{dv}{dt} \tag{2-10}$$

实际道路的坡度角不大，$\cos\alpha \approx 1$，$\sin\alpha \approx \tan\alpha$，故常将上代写为：

$$\frac{M_e i_g i_0 \eta_t}{r} = Gf + Gi + \frac{C_w A}{21.15} v_a^2 + \delta m \frac{dv}{dt} \tag{2-11}$$

式（2-7）、式（2-8）称为驱动力—行驶阻力平衡方程，即汽车的驱动力 F_t 必须等于各阻力之和。这是汽车行驶的必要条件（亦称驱动条件）。

2. 汽车行驶的充分条件

从上述分析可知，只要驱动轮上的驱动力足以克服行驶阻力就能加速及上坡。但在轮胎接地区域所能传递的切向力不是无限制的，而是受附着力的限制。车轮驱动力超过附着力，车轮会产生完全滑转。因此，驱动力只能等于或小于附着力（这就是行驶的附着条件），即

$$F_t \leqslant G \cdot \varphi \tag{2-12}$$

式中　G——驱动轮荷重，N；

　　　φ——轮胎与路面间的附着系数。

对于四轮驱动的汽车，G 为汽车总重；对于前轮或后轮驱动的汽车，一般取小于汽车的总重：$G = 0.5 \sim 0.65 G_a$；对于载重汽车：$G = 0.65 \sim 0.8 G_a$。

式（2-10）即为汽车行驶的充分条件。把式（2-8）和式（2-10）结合起来，便是汽车行驶的充分必要条件，亦称为汽车运动的驱动与附着条件，即

$$F_t = F_f + F_w + F_i + F_j \leqslant G \cdot \varphi \tag{2-13}$$

3. 路面附着系数

路面附着系数 φ 与路面的粗糙程度、潮湿泥泞程度、轮胎花纹和气压、车速等因素有关。各类路面上 φ 的平均值如表 2-3 所示。

路面类型	路面状况			
	干燥	潮湿	泥泞	水滑
水泥混凝土路面	0.7	0.5	—	—
沥青混凝土路面	0.6	0.4	—	—
过渡式及低级路面	0.5	0.3	0.2	0.1

轮胎胎面花纹和气压对附着系数的影响很大，如表 2-4 所示，为某一汽车在载荷相同的情况下，采用两种轮胎气压和花纹时，附着力的变化情况。

由表 2-4 中可以看出：当胎压由 0.35MPa 增加为 0.55MPa 时，越野轮胎的附着系数降低了 8%～25%，普通花纹胎的附着系数降低了 7%～21%，而且当土壤表层越松散时，气压变化的影响也越大；在同一种路面同一种胎压下，将普通花纹胎换为越野花纹胎，则附着系数可提高 15.0%～36.3%。

车辆行驶速度对 φ 值的影响视路表状况而定。如图 2-4 所示，在硬路面上提高行驶速度时，附着系数有所降低；在潮湿路面上提高行驶速度时，液体层不易被挤出，附着系数有显著降低；而冰面上，提高车速后使轮胎与冰面的接触时间缩短，接触面间不易形成水膜，附着系数会略有提高。

附着力随轮胎花纹、气压的变化   表 2-4

路面		硬质泥土路		草地		砂地	
轮胎气压（MPa）		0.35	0.55	0.35	0.55	0.35	0.55
装用不同轮胎时的附着力（×10³N）	越野花纹	25	23	17	15	8	6
	普通花纹	21.5	20	14	11	6	5
两者相差值（×10³N）		3.5	3	3	4	2	1
越野胎提高（%）		16.3	15.0	21.4	36.3	33.3	20.0

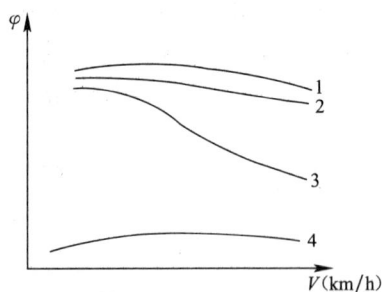

图 2-4 摩擦系数与行驶速度的关系

1、2—干燥路面；3—潮湿路面；4—结冰路面

为满足汽车行驶的充分必要条件，对公路设计而言，一方面要增加路表面粗糙程度，加强路面排水，使路面具有较大的附着系数；另一方面要提高路面质量，使路面平整，以减小滚动阻力，并力求降低道路纵坡，以减小坡度阻力。

2.2.4 动力因数和动力特性图

1. 动力因数

分析汽车驱动力—行驶阻力平衡方程中的各个力可以知道：驱动力 F_t 和空气阻力 F_w 与汽车的构造及行驶速度有关，滚动阻力 F_f 和坡度阻力 F_i 取决于汽车所行驶的道路状况与坡度，而惯性阻力 F_j 取决于汽车的行驶状态。将驱动力—行驶阻力平衡方程写为：

$$F_t - F_w = G_a f + G_a i + \frac{\partial G_a \cdot}{g} \cdot \frac{dv}{dt} \tag{2-14}$$

式中等号左边的 $F_t - F_w$ 称为汽车的后备驱动力，其值与汽车的构造和行驶速度有关；

等号右边的各项阻力与道路状况和行驶状态有关,在一般行驶速度范围内,可认为不受行驶速度的影响。

将上式方程两边除以汽车重力得:

$$\frac{F_t - F_w}{G_a} = f + i + \frac{\delta}{g} \cdot \frac{dv}{dt} \tag{2-15}$$

令 $D = \dfrac{F_t - F_w}{G_a}$,称为汽车的动力因数,则

$$D = f + i + \frac{\delta}{g} \cdot \frac{dv}{dt} = \psi + \frac{\delta dv}{g\,dt} \tag{2-16}$$

上式中 $\psi = f + i$,称为道路阻力系数,仅与道路状况和坡度有关。

动力因数表征单位车重所具有的后备驱动力,即表征单位车重所具有的克服道路阻力和加速阻力的能力。只要汽车的动力因数相等,则不论 F_t、G_a、F_w、A 等参数有何不同,汽车都能克服同样的坡度;若汽车的 δ 值也相同,则汽车也能产生同样的加速度。因此,将动力因数作为表征汽车动力性的主要指标。

2. 动力特性图

汽车在各挡位下的动力因数与车速的关系曲线称为动力特性图。可根据汽车发动机的外特性曲线,绘出动力特性图,如图 2-5 所示。

在动力特性图上作出滚动阻力系数与车速的关系曲线 $f - v_a$,便可以利用动力特性图确定汽车的动力性指标,即汽车行驶的最高车速、加速能力及爬坡能力。

2.2.5 汽车动力性指标

汽车的动力性主要由三方面的指标来评定,即:汽车的最高车速、汽车的加速时间和汽车能爬上的最大坡度。

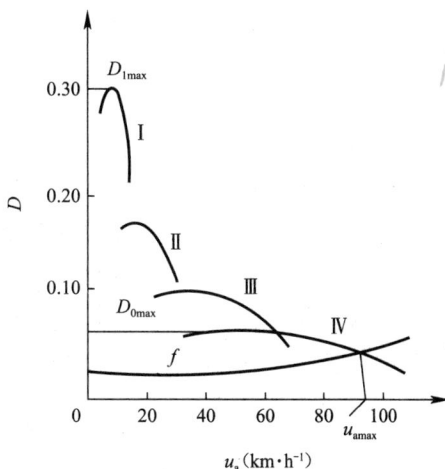

图 2-5　汽车动力特性图

1. 汽车的最高车速

最高车速是指在良好的路面条件下,稳定行驶的汽车所能达到的最大行驶速度。由图 2-5 可知,f 曲线与直接挡(四挡)$D—v_a$ 曲线的交点即为汽车的最高车速。

2. 汽车的加速时间

汽车加速时,$i = 0$,则

$$\frac{dv}{dt} = \frac{g}{\delta}(D - f) \tag{2-17}$$

可以利用动力特性图确定出 D 和 f,根据上式求得加速度值,然后再计算出加速时间。

3. 汽车的最大爬坡度

汽车的爬坡性能是指汽车克服坡度的能力,通常用汽车最大爬坡度来评定,而汽车最大爬坡度是指汽车在坚硬的路面上,用最低挡位稳定行驶时所能克服的最大坡度。

当汽车作上坡稳定行驶时,$\dfrac{dv}{dt} = 0$,由式(2-12)可知:

$$i = D - f$$

可见，动力特性图中 D 曲线与 f 曲线间的距离就表示汽车的上坡能力。Ⅰ挡时，汽车的爬坡能力较大，即 i 较大，因此 $\cos\alpha \neq 1$，$\sin\alpha \neq \tan\alpha = i$，则此时 $i_{max} = D_{max} - f$ 的误差较大，则

$$D_{max} = f \cdot \cos\alpha + \sin\alpha$$

用 $\cos\alpha_{max} = \sqrt{1 - \sin^2\alpha_{max}}$ 代入上式，整理后可得：

$$\alpha_{max} = \arcsin\frac{D_{max} - f\sqrt{1 - D_{max}^2 + f^2}}{1 + f^2}$$

则汽车的最大爬坡度为：

$$i_{max} = \tan\alpha_{max} \tag{2-18}$$

式中　α_{max}——Ⅰ挡可爬的最大坡度角，°；

　　　D_{max}——Ⅰ挡的最大动力因数；

　　　i_{max}——最大坡度。

2.3　汽车行驶稳定性

汽车行驶稳定性是指汽车行驶过程中，在受到外部干扰时，自行保持或迅速恢复原行驶状态和方向，而不致发生丧失控制产生侧滑、倒溜和倾覆等现象的能力。汽车稳定性的好坏，对汽车行驶速度、行驶安全性及通过性等都有直接的影响。

汽车行驶的稳定性可从纵向稳定性和横向稳定性两方面来衡量。纵向稳定性是指汽车在坡度较大的坡道上行驶时，抵抗绕后轴或者前轴倾覆以及纵向倒溜的能力；横向稳定性是指汽车在转向或在具有横向坡度的道路上行驶时，抵抗发生侧向滑移和侧向翻车的能力。

汽车行驶稳定性受以下三个方面因素的影响：

（1）汽车本身的结构参数。如汽车的整体布置、几何参数、轮胎性能、前后悬架形式等。

（2）驾驶人的操作因素。如驾驶人的注意力集中状况、驾驶技术熟练程度、动作灵敏程度等。

（3）其他因素。如是否超载、道路的纵横坡度大小、路面附着情况，以及汽车作变速行驶和转弯行驶时的惯性力大小等。

2.3.1　纵向稳定

1. 汽车在直线坡道上的受力分析

以后轴驱动的双轴汽车为例，假设汽车在直线坡道上上坡低等速行驶，忽略滚动阻力和空气阻力的影响，受力情况如图 2-6 所示。图中，G_a 为汽车总重量（N），h_g 为汽车的重心高度（m），α 为道路坡度角，F_{Z1}、F_{Z2} 为作用在前后轮上的法向反力（N），F_{X2} 为后轮上的切向力（N），L 为汽车轴距（m），L_1、L_2 为汽车中心至前轴、后轴之间的距离（m）。

对汽车后轮接地点 B 取矩，有：

$$F_{Z1}L = G_a\cos\alpha L_2 - G_a\sin\alpha h_g$$

则得前轮垂直反力为：

$$F_{Z1} = \frac{G_a\cos\alpha L_2 - G_a\sin\alpha h_g}{L} \tag{2-19}$$

对前轮接地点 A 取矩，有：

$$F_{z2}L = G_a\cos\alpha L_1 + G_a\sin\alpha h_g$$

则得后轮垂直反力为：

$$F_{Z2} = \frac{G_a\cos\alpha L_1 + G_a\sin\alpha h_g}{L} \tag{2-20}$$

2. 纵向倾覆

当汽车的前轮法向反作用力 F_{Z1} 为零时，汽车的前轮将离地而导致纵向倾覆，此时的道路坡度角即为汽车不发生纵向倾覆的极限坡度角 α_0。由公式 (2-19) 可知，当 $F_{Z1}=0$ 时，则：

$$G_a\cos\alpha_0 L_2 - G_a\sin\alpha_0 h_g = 0$$

$$\tan\alpha_0 = \frac{L_2}{h_g}$$

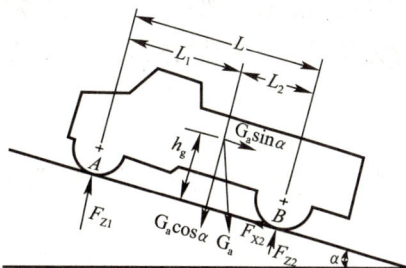

图 2-6　汽车直线上坡行驶时的受力图

由上式可知，当公路的坡度角 $\alpha \geqslant \alpha_0$ 时，汽车即失去控制并可能绕后轴倾覆。另外，由上式可以看出，汽车的纵向倾覆稳定性与汽车的结构参数 L_2 和 h_g 有关，L_2 越大，汽车质心高度 h_g 越小，则 α_0 越大，纵向倾覆稳定性越好。

同理，分析汽车下坡行驶时的受力状况，如 F_{Z2} 为零，汽车的后轮将离地而导致前翻。当 $F_{Z2}=0$ 时，则有

$$\tan\alpha_0 = \frac{L_1}{h_g}$$

可见 L_1 越大，汽车质心高度 h_g 越小，则 α_0 越大。L_1、L_2 和 h_g 的值是在汽车设计中考虑的。通常 L_2/h_g 和 L_1/h_g 均远大于 1，因此，道路设计中的纵坡角一般情况都能保证汽车不发生纵向倾覆。

3. 纵向倒溜

从汽车上坡行驶时的受力分析可知（见图 2-6），当路面对轮胎的切向力 F_{X2} 小于坡度阻力 $G_a \cdot \sin\alpha$ 时。汽车将发生倒溜。根据汽车行驶的附着条件可知，驱动轮上的切向力 F_{X2} 的最大值应等于附着力 $F_{Z2}\varphi$，因此，驱动轮不发生滑移的临界状态为：

$$G_a \cdot \sin\alpha_\varphi = F_{Z2} \cdot \varphi$$

将式 (2-17) 代入上式，得

$$G_a\sin\alpha_\varphi = \frac{G_a\cos\alpha_\varphi L_1 + G_a\sin\alpha_\varphi h_g}{L}\varphi$$

整理得：

$$\tan\alpha_\varphi = \frac{L_1\varphi}{L - h_g\varphi} \approx \frac{L_1}{L}\varphi$$

由于 $\frac{L_1}{L} \approx \frac{G_后}{G}$，因此上式可以写作

$$\tan\alpha_\varphi \approx \frac{L_1}{L}\varphi \approx \frac{G_{后}}{G_a}\varphi \tag{2-21}$$

式中 α_φ——汽车发生倒溜时的道路极限坡度角,°;

$\quad\quad G_{后}$——后轴(驱动轴)的轴重,N。

当道路坡度角 $\alpha \geqslant \alpha_\varphi$ 时,由于驱动轮受附着条件的限制,所能提供的驱动力不足以克服 α_φ 的坡度,汽车将发生纵向倒溜。

4. 纵向稳定性的保证

由以上分析可知,汽车在纵向上存在两种不稳定现象:纵向倾覆和纵向倒溜,而倾覆比倒溜更加危险。如果 $\alpha_\varphi < \alpha_0$ 时,则汽车在上坡行驶时发生倒溜的现象先于倾覆出现,这样就避免了汽车的纵向倾覆。因此设计汽车时,应满足 $\alpha_\varphi < \alpha_0$,即

$$\frac{L_1\varphi}{L-h_g\varphi} < \frac{L_2}{h_g}$$

将 $L = L_1 + L_2$ 代入上式,整理后得

$$\varphi < \frac{L_2}{h_g} \tag{2-22}$$

对汽车设计来说,公式(2-22)即为后轮驱动汽车保证纵向不发生倾覆的条件。一般汽车均能满足上述条件并有富余,但在运营中,应严格按照装载要求,对装载高度、位置加以限制,以免重心过高(h_g 大)或过于靠后(L_2 小)而破坏稳定条件。对公路设计来说,应保证上坡行驶的汽车不发生纵向倒溜,这就要求公路纵坡满足 $\alpha < \alpha_\varphi$,即

$$\tan\alpha < \tan\alpha_\varphi \approx \frac{G_{后}}{G_a}\varphi \tag{2-23}$$

一般的载重汽车满载时,$G_{后}/G_a = 0.65 \sim 0.79$(见表2-5),而 φ 值在不利状态下(见表2-3):泥泞路面为0.2,冰滑路面为0.1,代入式(2-23),则,泥泞时:$\tan\alpha < 0.13 \sim 0.158$;冰滑时:$\tan\alpha < 0.065 \sim 0.079$。

这就是今后要讨论的公路极限纵坡指标确定的理论依据之一。

部分国产车满载时的轴荷分配　　　　表 2-5

	汽车型号	解放 CA10C	北京 BJ121A	黄河 JN150	北方奔驰 3303B	长安 SC1022 系列	长安 SC1020 系列	长江客车 CJ6101G2 C11HK	长江客车 CJ6101G2 C10HK
前轴	载重(kg)	1953	870	4900	15300	685	590	5300	4300
	比例(%)	23	35	32.5	34	38	34	34	32
后轴	载重(kg)	6672	1630	10160	29700	1125	1170	10300	9400
	比例(%)	77	65	67.5	66	62	66	66	68

2.3.2　横向稳定

汽车在平曲线上行驶时,受到侧向力的作用,例如空气阻力的侧向分力和离心力等。汽车在侧向力的作用下,当车轮的侧向反作用力达到附着力时,汽车将沿着侧向力的作用方向滑移;侧向力同时将引起左右车轮法向反作用力的改变,当一侧车轮上的法向反作用力变为零时,则将发生侧向翻车。

1. 汽车在平曲线上行驶时的横向受力分析

汽车在有横坡的道路上作曲线行驶时的受力情况如图 2-7 所示。汽车的重力 G_a 和离心力 F_C 作用在汽车的重心上，空气阻力的横向分力作用在汽车正面风压中心上，其值较小，可略去不计。此外还有路面对车轮的法向反作用力 F_{N1}、F_{N2}，以及路面对车轮的侧向反作用力 F_{Y1}、F_{Y2}。

（1）法向反作用力

对汽车的左右轮分别取矩，可得

$$F_{N1} = \frac{(F_C \cdot \sin\beta + G_a \cdot \cos\beta)\frac{B}{2} + (F_C \cdot \cos\beta \pm G_a \cdot \sin\beta)h_g}{B} \tag{2-24}$$

$$F_{N2} = \frac{(F_C \cdot \sin\beta + G_a \cdot \cos\beta)\frac{B}{2} - (F_C \cdot \cos\beta \pm G_a \cdot \sin\beta)h_g}{B} \tag{2-25}$$

式中的"＋"表示重力和离心力在平行于路面方向上的分力同向，即汽车在未设超高的双坡路面外侧行驶；"－"与上相反，表示汽车在未设超高的双坡路面内侧行驶。

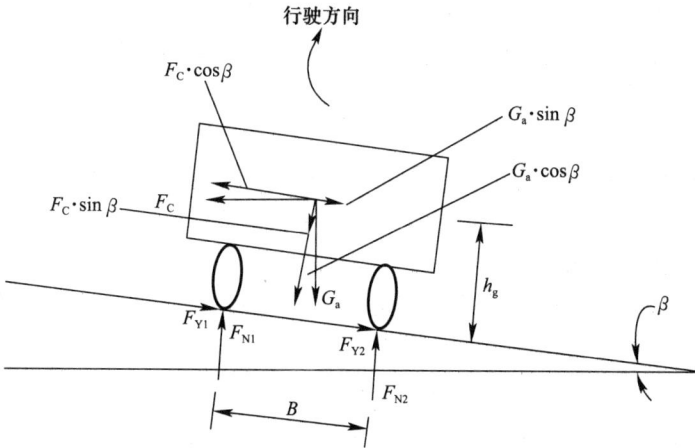

图 2-7　汽车在横坡道上曲线行驶时的受力图
β—道路横坡角；h_g—汽车重心高度；B—轮距

（2）横向作用力

由图 2-7 可以看出，汽车在平曲线上行驶所产生的横向作用力 F_Y 为：

$$F_Y = F_C \cdot \cos\beta \pm G_a \cdot \sin\beta$$

通常 β 角很小，则 $\cos\beta \approx 1$，$\sin\beta \approx \tan\beta = i_0$，则上式可写为：

$$F_Y = F_C \pm G_a \cdot i_0 \tag{2-26}$$

式中　i_0——路面横坡度；

"±"意义同前。

离心力 F_C 由下式计算

$$F_C = \frac{G_a}{g} \cdot \frac{v^2}{R} \tag{2-27}$$

式中　v——汽车行驶速度，m/s；

39

g——重力加速度，m/s^2；

R——道路平曲线半径，m。

将式（2-21）代入式（2-20）中，则：

$$F_Y = \frac{G_a \cdot v^2}{gR} \pm G_a \cdot i_0 = G_a \left(\frac{v^2}{gR} \pm i_0 \right)$$

则有

$$\begin{cases} R = \dfrac{v^2}{g\left(\dfrac{F_Y}{G_a} \mp i_0 \right)} \\ v = \sqrt{gR\left(\dfrac{F_Y}{G_a} \mp i_0 \right)} \end{cases}$$

由上式可知，R、v 值取决于 F_Y/G_a，即取决于汽车单位质量的横向力。称横向力 F_Y 与车重 G_a 的比值为横向力系数 μ，因此可得：

$$\begin{cases} R = \dfrac{v^2}{g(\mu \mp i_0)} \\ v = \sqrt{gR(\mu \mp i_0)} \end{cases} \tag{2-28}$$

式（2-25）即为公路平面设计中圆曲线半径的计算公式及已知半径条件下的限速计算公式。

（3）侧向反作用力

路面对车轮的侧向反作用力 F_Y 受路面附着条件的限制，其最大值为：

$$F_{Ymax} = G_a \cdot \varphi_Y \tag{2-29}$$

式中　φ_Y——横向附着系数。

当汽车在平曲线上行驶时，作用在车轮上的力，不仅有切向力 F_X，还有横向力 F_Y，此时车轮与道路在接触面上形成一个总反作用力 F，则

$$F^2 = F_X^2 + F_Y^2$$

根据汽车行驶的附着条件，F 的极限值为 $F_{max} = G_a \cdot \varphi$，切向力 F_X 的极限值 $F_{Xmax} = G_a \cdot \varphi_X$，$\varphi_X$ 为纵向附着系数

由于
$$F_{max}^2 = F_{Xmax}^2 + F_{Ymax}^2$$

所以
$$\varphi^2 = \varphi_X^2 + \varphi_Y^2 \tag{2-30}$$

分析式（2-30）可知，横向附着系数 φ_Y 的取值，受汽车行驶状态的限制，当无切向力而仅有横向力时，φ_Y 取极限值 φ；当无横向力而仅有切向力，φ_X 取极限值 φ；当两个方向都受力时，φ_X、φ_Y 均不能采用极限值，而是当附着力用于切向部分大一些时，则用于抵抗横向力部分就小一些，反之亦然。根据实验与经验，一般采用 $\varphi_X = 0.8 \sim 0.7\varphi$，$\varphi_Y = 0.6 \sim 0.7\varphi$。

2. 横向倾覆

在横坡面上作曲线运动的汽车，由于横向力的作用，当位于曲线内侧车轮上的法向反作用力为零时，汽车将发生横向倾覆。对图2-7中所示的车辆，$F_{N2} = 0$ 为汽车发生倾覆的临界状态，由公式（2-25）得

$$(F_C \cdot \sin\beta + G_a \cdot \cos\beta) \frac{B}{2} - (F_C \cdot \cos\beta \pm G_a \cdot \sin\beta) h_g = 0$$

假设 $\cos\beta\approx1$，$\sin\beta\approx\tan\beta$，整理得：

$$(F_C \cdot i_0 + G_a)\frac{B}{2} = (F_C \pm G_a \cdot i_0)h_g$$

由 $F_Y = F_C \pm Ga \cdot i_0$，并考虑 $F_c i_0$ 与 G_a 相比其值甚小，可以忽略不计，则上式可简化成：

$$\mu = \frac{F_Y}{G_a} = \frac{B}{2h_g} \tag{2-31}$$

根据上述分析可知，当 $\mu > B/2h_g$ 时，汽车将发生横向倾覆。而 μ 值与 R 和 v 有关。将式（2-31）代入式（2-28）中，可得出 R 为定值时，为保证不发生横向倾覆，汽车行驶的最大速度，以及当 v 为定值时，平曲线所能采用的最小曲线半径，即：

$$v_{max} = \sqrt{gR\left(\frac{B}{2h_g} \mp i_0\right)}$$

$$R_{min} = \frac{v^2}{g\left(\frac{B}{2h_g} \mp i_0\right)} \tag{2-32}$$

3. 横向滑移

汽车在平曲线上行驶时，车轮受到侧向反作用力 F_Y 的作用，当 F_Y 大于路面的侧向附着力时，汽车将发生横向滑移。因此，为了使汽车在平曲线路段不发生滑移，则：

$$F_Y \leqslant G_a \cdot \varphi_Y$$

由此得汽车不发生横向滑移的临界条件为：

$$F_{Ymax} = G_a \cdot \varphi_Y$$

即

$$\mu = \frac{F_{Ymax}}{G_a} = \varphi_Y \tag{2-33}$$

由此可见，当 $\mu > \varphi_Y$ 时，汽车将发生横向滑移，将式（2-33）代入 V 与 R 的计算公式中，可得出当 R 为定值时为保证不发生横向滑移，汽车所能行驶的最大速度和当 v 为定值时，平曲线所能采用的最小曲线半径，即：

$$v_{max} = \sqrt{g \cdot R(\varphi_Y \mp i_0)}$$

$$R_{min} = \frac{v^2}{g(\varphi_Y \mp i_0)} \tag{2-34}$$

4. 抵抗横向倾覆与横向滑移的比较

比较公式（2-32）和（2-33）可知，倾覆与滑移现象何者先出现，取决于 $B/2h_g$ 与 φ_Y 的数值，若 $B/2h_g > \varphi_Y$，则滑移先于倾覆出现；若 $B/2h_g < \varphi_Y$，则倾覆先于滑移出现。

现代汽车由于轮距较宽、重心低，一般 $B/2h_g$ 均大于 φ_Y，所以出现滑移的现象先于倾覆。在道路设计中，若能保证汽车不滑移（$\mu < \varphi_Y$），则也能保证汽车不倾覆。但必须注意，若长途客车的车顶上行李装载过重，或载货汽车装货过高，此时重心提高，也有可能首先出现倾覆现象，故对装载高度应有所限制。

2.4 汽车制动性

汽车制动性是指汽在行驶过程中强制性降低车速以致停车，或在下坡时保持一定速度

行驶的能力。汽车的制动性能直接关系到汽车的行驶安全，与道路线形设计的行车视距、山区公路中陡坡长度指标及缓和坡段的设置等有关。

2.4.1 地面制动力

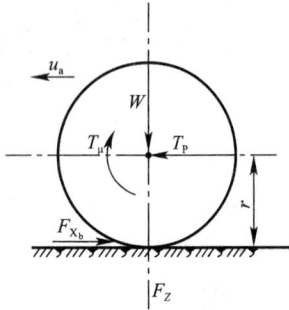

图 2-8 车轮在制动时的受力情况

汽车在良好的硬路面上制动时车轮受力情况如图 2-8 所示，图中滚动阻力矩和减速时的惯性力及惯性力矩均忽略不计。T_μ 是车轮制动器中摩擦片与制动鼓或制动盘（盘式制动器）相对滑转时的摩擦力矩，单位为 N·m；F_{X_b} 是地面制动力；W 为车轮垂直载荷；T_P 为车轴对车轮的推力；F_Z 为地面对车轮的法向作用力，它们的单位均为 N。显然，由力矩平衡得到

$$F_{X_b} = \frac{T_\mu}{r} \tag{2-35}$$

式中 r——车轮半径，m。

可见，地面制动力是使汽车制动而减速行驶的外力，地面制动力取决于两个摩擦力：一个是制动器内制动摩擦片与制动鼓或制动盘（盘式制动器）间的摩擦力；另一个是轮胎与地面间的摩擦力（附着力），则有：

$$F_{X_b} \leqslant F_\varphi = F_Z \varphi$$

即

$$F_{X_{bmax}} = F_Z \varphi$$

2.4.2 汽车制动性的评价指标

汽车制动性的评价指标有：制动距离与制动减速度，这两个指标与道路线形设计的行车视距、山区公路陡坡长度指标及缓和坡段的设置等有直接关系。

1. 制动减速度

由于汽车制动时速度迅速降低，故空气阻力可以忽略不计，汽车制动时的受力平衡方程为：

$$F_{X_b} + F_f + F_i + F_j = 0$$

$$G_a \varphi + G_a f + G_a i + \delta \frac{G_a}{g} \frac{\mathrm{d}v}{\mathrm{d}t} = 0 \tag{2-36}$$

$$a = \frac{\mathrm{d}v}{\mathrm{d}t} = -\frac{g}{\delta}(\varphi + f + i) \tag{2-37}$$

式中 a——制动减速度，m/s²，其他符号含义同前。

2. 制动距离

由式（2-31）得：

$$S = \frac{\delta}{g(\varphi + f + i)} \int_{V1}^{V2} V \mathrm{d}V$$

即

$$S = \frac{V_1^2 - V_2^2}{254(\varphi + f + i)} \tag{2-38}$$

式中 S——制动距离，m；

V_1——制动初速度，km/h；

V_2——制动终速度，km/h。

若制动到停车，即 $V_2 = 0$，则：

$$S = \frac{V_1^2}{254(\varphi + f + i)}$$ (2-39)

2.5 燃料经济性

汽车燃料经济性是指汽车消耗单位燃料所完成的运输工作量，或完成单位运输工作量所消耗的燃料数量。由于汽车行驶时燃料的消耗与汽车发动机的型式及汽车的行驶条件有关，所以一条公路的行程燃料消耗量亦是评定公路质量的重要指标之一。

2.5.1 燃料经济性评价指标

评价汽车的燃料经济性指标有两类：一类是行驶一定里程所消耗的燃料量或一定燃料量能使汽车行驶的里程，即每百公里行程的耗油量（kg/100km）或每公斤油耗的行程（km/kg），这类指标主要用来评价具有相同容载量汽车的燃料经济性；另一类是一定运量的燃料消耗量，如每吨公里运量的耗油量 [kg/(t·km)] 等，此类指标常用来评价不同容载量汽车的燃料经济性。

1. 每 100km 行程的燃料消耗量

每 100km 行程的燃料消耗量计算式为：

$$Q_s = \frac{100Q_t}{V}$$ (2-40)

式中　Q_s——每 100km 行程的耗油量，kg/100km；

Q_t——汽车发动机发出一定功率时，每小时的燃料消耗量，kg/h；

V——车辆行驶速度，km/h。

2. 每公斤燃料的行程

每公斤燃料的行程计算式为：

$$L = \frac{100}{Q_s} = \frac{V}{Q_t}$$ (2-41)

式中　L——每公斤油耗所行驶的里程，km/kg。

3. 每吨每公里燃料消耗量

每吨每公里燃料消耗量的计算式为：

$$Q_{s_G} = \frac{Q_s}{100 \cdot G_i}$$ (2-42)

式中　Q_{s_G}——每吨每公里运量的耗油量，kg/(t·km)；

G_i——汽车载重量，t。

2.5.2 提高燃料经济性的途径

由燃料经济性的影响因素，归纳出提高汽车燃料经济性的途径，可以有以下几个方面：

1. 改良汽车的传动系

变速器挡位越多，不但汽车换挡平顺，而且使发动机增加了处于经济工况下运行的机会，有利于提高燃油经济性。因此，现代汽车都是趋向于5挡或以上变速器，或者采用无极变速，保证在任何条件下具有使发动机在最经济工况下工作的可能性，在一定的行驶条件下，传动系的速比越小，汽车的燃油经济性越高，因此汽车的经济行驶都在高挡位。

2. 优化汽车的造型

减小空气阻力主要是通过减少汽车的迎风面积和空气阻力系数来实现，一般而言迎风面积取决于汽车的体积，空气阻力取决于车身造型。为此，汽车车身紧凑化和流线型是提高燃油经济性的途径。目前许多轿车的空气阻力系数在0.28～0.3左右，对减少燃油消耗起到很大作用。

3. 改善汽车的技术状况

汽车的燃料经济性随车辆技术状况的恶化而降低，加强车辆的保养和维护，改善汽车技术状况，有助于提高汽车的燃料经济性，另外减少汽车装备重量，提高汽车装载重量，以及选择合适的轮胎都有利于提高汽车的燃料经济性。

4. 提高路面质量和线形标准

从道路线形和结构设计上着手，提高道路路面质量和线形标准，可以减小汽车的行驶阻力，对节省燃油消耗有着十分重要的意义。这是道路设计的一个重要任务。

第3章 公路选线与定线

选线与定线工作包括确定路线走向、路线走廊带、路线方案至选定线位的全过程。不同的设计阶段选线与定线工作重点不同，随着工作阶段的继续与深入，选线与定线应是不断重复、优化的过程，后一阶段是前一阶段的继续与深化，应复查并优化前一阶段的路线方案，使路线线位更臻完善。实际工作中，从工程可行性研究开始，直至施工图设计都应重视选线与定线工作。

3.1 概述

3.1.1 路线控制点

1. 基本走向控制点

路线方案是由路线控制点决定的。路线控制点可以是路线起、终点，必须连接的城镇、工矿企业，以及桥梁、隧道、互通式立体交叉、铁路交叉等的位置。其中，路线起、终点，必须连接的城镇、工矿企业，以及特定的特大桥、特长隧道等的位置，是项目建议书中指定的路线必经之地，也是最主要的控制点。由这些控制点所决定的大的路线方案即称为路线基本走向。

2. 路线走向控制点

在路线基本走向控制点间，还有若干对路线方案起一定控制作用的点位，如大桥、长隧道、互通式立体交叉、铁路交叉等的位置，河流的一岸、城镇的一侧、同一山岭的一垭口、垭口的一侧展线等。这些控制点都将决定路线的局部方案，因此，这些控制点所决定的路线方案即称路线走向。

至于中、小桥涵，中、短隧道，以及一般构造物的位置，对路线方案而言，一般不起控制作用。故在确定其位置时，应服从路线走向。

3.1.2 选线与定线原则

选线与定线应考虑的因素很多，且变化很大。同一条件下，往往随设计人员的经验、水平与手法不同，其设计可能各异。故只能根据实际经验的总结，拟定选线与定线中应遵循的一般规律，作为原则性条文供设计人员使用，并通过实践，不断取得经验并总结提高：

（1）应针对路线所经地域的社会环境、生态环境、地形、地质的特性与差异及安全要求，按拟定的各控制点由面到带、由带到线，由浅入深、由轮廓到具体，进行比较、优化与论证。同一起、终点的路段内有多个可行路线方案时，应对各设计方案进行综合比较。

（2）影响选择控制点的因素多且相互关联，又相互制约。应根据公路功能和使用任

务，全面权衡、分清主次，处理好全局与局部的关系，并注意由于局部难点的突破而引起的关系转换给全局带来的影响。

（3）应对路线所经区域、走廊带及其沿线的工程地质和水文地质进行深入调查、勘察，查清其对公路工程的影响程度。遇有滑坡、崩塌、岩堆、泥石流、岩溶、软土、泥沼等不良工程地质的地段应慎重对待，视其对路线的影响程度，分别对绕、避、穿等方案进行论证比选。当必须穿过时，应选择合适的位置，缩小穿越范围，并采取切实可行的工程措施。

（4）应充分利用建设用地，严格保护农用耕地。根据《中华人民共和国土地管理法》规定，国家实行土地用途管理制度，将土地分为农用地、建设用地和未利用地。建设用地是指建造建筑物、构筑物的土地，包括城乡住宅和公共设施用地、工矿用地、交通水利设施用地、旅游用地、军事设施用地等。应严格限制农用地转为建设用地，控制建设用地总量，对耕地实施特殊保护。

（5）国家文物是不可再生的文化资源，路线应尽可能避让不可移动文物；同时，路线宜视条件绕避其他敏感建筑物，尊重沿线群众的文化传统和风俗习惯。根据《中华人民共和国文物保护法》规定，古文化遗址、古墓葬、古建筑、石窟寺、石刻、壁画、近现代重要史迹和代表性建筑等为"不可移动文物"，根据其历史、艺术和科学价值，可以分别确定为全国重点文物保护单位、省级文物保护单位、市（县）级文物保护单位，并予以保护。鉴于古文化遗址、古墓葬等未发掘前很难判断其准确位置，故应根据文物保护单位的等级，认真调查，尽可能地予以避让。

（6）保护生态环境，并与当地自然景观相协调。

（7）高速公路、具有干线功能的一级公路同作为路线控制点的城镇相衔接时，以接城市环线或以支线连接为宜，并与城市发展规划相协调；新建的二级公路、三级公路应结合城镇周边路网布设，避免穿越城镇。

（8）在选线时应考虑平面、纵断面、横断面的设计指标要求及其相互间的组合与合理配合。

3.1.3 选线与定线步骤

一条路线的起、终点及中间必须经过的城镇或地点，通常是道路网规划所规定的，这些指定的点称为"据点"。两个"据点"之间有许多不同的走法，有的可能沿某河、越某岭、也可能沿某几条河，翻某几个岭；可能走某河的这一岸，靠近某城镇；也可能走河对岸，避开某城镇等等。为了很好地解决处理这些问题，选、定线时一般要经过三个步骤：全面布局、逐段安排、具体定线。

1. 全面布局

全面布局就是确定路线的基本走向，即在"据点"间寻找可能通行的"路线带"，并确定一些主要控制点。

全面布局，是关系到道路"命运"的根本问题。全面布局如果不当，即使局部路线选得再好，技术指标确定得再恰当，仍然是一条不理想的路线。因此在选、定线中，首先应着眼于全面布局，解决好基本走向问题。

全面布局一般在视察的基础上，经过方案比选后确定。

2. 逐段安排

逐段安排是解决局部路线方案的工作，即在主要控制点间，结合地形、地质、水文、气候等自然条件，逐段定出具体的小控制点。例如：路线是走垭口的左侧还是右侧，是用回头展线下山还是绕道下山，是一次跨河还是多次跨河等等都属于局部方案问题。

逐段安排路线的工作应在踏勘测量或详细测量前进行。

3. 具体定线

具体定线是在逐段安排路线后确定的小控制点间，根据自然条件和技术标准，进行路线平、纵、横综合设计，具体定出道路中线位置。

具体定线工作应在道路详细测量时进行。

3.1.4 选线与定线方法

选线与定线方法按其具体作法不同可分为三种：实地选线与定线、纸上选线与定线、自动化选线与定线。

1. 实地选线与定线

实地选线与定线是指选、定线人员根据设计任务书的要求，深入现场进行勘察测量，直接选定道路中线位置。

该种方法的特点是简便、切合实际，一般不需要大比例尺地形图，因面对实地地形、地质和地物，做出的方案比较可靠。但是，这种方法野外工作量很大，野外测设工作受气候、季节的影响较大；同时由于地形复杂、视野受限，使路线的选定在利用地形上具有一定的不彻底性，平、纵断面线形配合问题也难以彻底解决。

实地选线与定线一般适用于等级较低、方案比较明确的公路。当实地选定出的路线有个别路段线位不当时，可采取纸上移线的方法对其加以修改（而不必实际修改）使之达到经济、合理的要求。

实地选线与定线是我国传统的一种选、定线方法，在今后一个时期内，也仍将是地方道路一种重要的选、定线方法。

2. 纸上选线与定线

纸上选线与定线是在已测得的大比例尺地形图上（可人工测图或航测），进行路线方案的拟定和比选，并逐段安排路线，从而在图纸上确定线位。

该种方法的特点是野外工作量较小、测设速度快，测设和定线受自然因素干扰小，能在室内纵观全局，结合地形、地物及地质条件，综合平、纵、横三方面因素，所选定的路线更为合理。但纸上选线与定线必须有大比例尺地形图，地形图的测设需要花费较大的工作量，并应具备一定的设备。

纸上选线与定线在选、定线方面具有明显的优越性，特别是对于高等级公路和地形、地质及路线方案十分复杂的公路更为适用。

随着航测技术的发展，航空摄影成图可显著缩短地形图的成图时间，并节省大量测图工作，纸上选线与定线方法已开始得到广泛应用。

3. 自动化选线与定线

随着航测技术和电子计算机技术的发展，一种将航测和电算相结合的自动化选、定线方法已研制成功。

自动化选线与定线的基本作法是：先用航测方法测得航测图片，再根据地形信息建立数字地形模型（即数字化的地形资料），把选线与定线设计的要求转化为数学模型，将设计数据输入计算机，由计算机按照一定的程序进行自动选线与定线、分析、比较、优化，最后通过自动绘图仪和打印机将全部设计图表、文件输出。

自动化选线与定线采用计算机和自动绘图仪代替人工来完成大量、繁重的计算、绘图、分析及比较工作，能够使路线方案更为合理、省工省时，已成为今后公路选线与定线工作的发展方向。

3.1.5 地形划分及其自然特征

我国幅员广阔，地形、地质复杂，为了便于分析不同地形、地质条件和公路选、定线的关系，可按照平原区、丘陵区和山岭区三种地形区分别予以研究。三种地形区各有其地形、地质及气候等方面的特点，使选线与定线工作带有明显的地区性和复杂性。选线与定线时除应掌握选、定线的一般原则外，还要针对不同地形区的特点，抓住主要矛盾，因地制宜地做好路线方案的拟定和比较、逐段安排路线及具体定线工作。

1. 平原区

平原区是地面高度变化微小的地区，有时有轻微的波状起伏或倾斜。平原区除指一般平原外，还包括山间盆地、高原（高平原）等平坦地形。其特征是：地面无明显起伏，地面自然坡度一般在3°以内。

平原区除泥沼、淤泥、盐渍土、河谷漫滩、草原、戈壁、沙漠等外，一般多为耕地，且分布有各种建筑设施，居民点及交通网系较密；在农业区农田水利渠网纵横交错；在城镇区，则电力、电信管网密布；在天然河网湖区，则具有湖泊、水塘、河汊多等特点。

平原区地面平坦，往往排水困难；地下水位较高，地面积水情况较多；河流宽阔，比降平缓，泥沙淤积，河床低浅，洪水泛滥较宽；另外，平原区虽然不良地质现象较少，但有时也会遇到软土和沼泽地带。

2. 山岭区

山岭地区包括分水岭、起伏较大的山梁、陡峻的山坡，一般地面自然坡度在20°以上，其自然特征如下：

（1）地形方面

山高谷深，地形复杂，山脉水系分明。加之陡峻的山坡和曲折幽深的河谷，形成了错综复杂的地形，这就使得公路路线弯急、坡陡、线形很差，工程难度大。但同时，清晰的山脉水系也给山区公路走向提供了依据。

（2）地质方面

石多、土薄、地质复杂。由于山区的地质层理和地壳性质在短距离内变化很大，地质构造复杂，不良地质现象（如岩堆、滑坡、坍塌、泥石流等）较多。这些直接影响着路线的位置和路基的稳定。因此，在选线设计中采取必要的防护措施对于确保路线质量和路基稳定十分重要。

（3）水文方面

山区河流曲折迂回，河岸陡峻，比降大、水流急，暴雨集中，洪水历时短暂，暴涨

暴落，流速快，流量大，冲刷和破坏力很大，要求在选线中正确处理好路线与河流的关系。

（4）气候方面

山区一般气温较低，冬季多冰雪（特别是海拔较高的山区），一年四季和昼夜温差很大，山高雾大，空气较稀薄，气压较低。这些气象特征对于汽车行驶的效率、安全和通行性能都有很大的影响。

3. 丘陵区

丘陵区是介于平原区和山岭区之间的地形区，包括微丘区和重丘区两类地形。

微丘区是地面自然坡度在 20°以下，相对高差小于 100m，地面起伏较小、路线布设受地形限制不大的地区。

重丘区是地面起伏较大、较频繁，具有深谷和较高分水岭的地区，地面自然坡度一般在 20°以上，路线受地形限制较大。

丘陵区山丘连绵，宽脊低岭，分水岭多，垭口不高，山脉和水系不如山岭区明显；地面的起伏比山岭区更为频繁，但不如山岭那么急剧和高低悬殊，一般也不致引起显著的气候变化。

丘陵区一般农业比较发达，土地种植面积广，种类繁多，低地为水稻田，坡地多为旱田或经济林，小型水利设施也比较多。另外，居民点、建筑群、风景、文物及其他设施在地势较平坦的地区也时有出现。这些地点都是布线需要考虑的控制点。

3.1.6 路线方案选择示例

【例】 图 3-1 为某省际干线公路，根据公路网规划要求按二级公路标准进行选线，共有四个方案可供路线基本走向选择，各方案的主要技术经济指标汇总如表 3-1 所示。

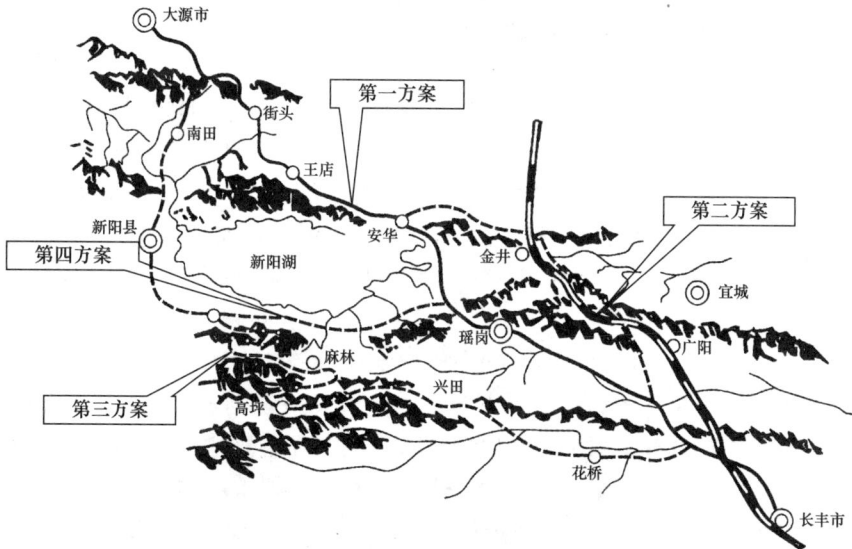

图 3-1 路线方案比选示例

指标	单位	第一方案	第二方案	第三方案	第四方案
通过县（市）	个	29	29	32	31
路线长度	km	1360	1347	1510	1476
其中：新建	km	133	200	187	193
改建	km	1227	1147	1323	1283
地形：平原、微丘	km	567	677	512	615
山岭、重丘	km	793	670	998	861
用地	km²	2287	2869	3136	2890
总造价	万元	97218	102132	93402	107388
比较结果		推荐			

通过比选，认为第三、四方案路线过于偏离路线总方向，较第一方案、二方案长100～150km，虽能多联系两三个县、市，但对发展地区经济所起的作用不大。而且第三方案线形指标较低，将来改建难以提高；第四方案又与现有高压电缆线连续干扰，不易解决。因而第三方案、第四方案采用的可能性很小。第二方案虽路线最短，但与铁路严重干扰，施工不方便，且用地较多，工程量较大，最后推荐了路线基本走向合理，线形标准较高，用地最省，造价也较低的第一方案。

3.2 平原区选线

3.2.1 平原区路线特征

平原区地形对路线的约束限制不大，路线平、纵、横三方面的几何条件很容易达到标准，其路线特征是：平面线形顺直，以直线为主体线形，弯道转角一般较小，平曲线半径较大；在纵断面上，坡度平缓，以低路堤为主。

虽然路线纵坡及平曲线半径等几何要素比较容易达到较高的技术标准，但往往由于受当地自然条件和地物的障碍，平原地区选线的主要特征是克服平面障碍。平原区路线两控制点之间如无地物、地质等障碍和应屈就的风景、文物及居民点等，则与两点直接连线相吻合的路线是最理想的。但这只有在戈壁滩里和大草原上，才有此可能。而在一般地区，农田密布，灌溉渠道网纵横交错，城镇、工业区较多，居民点也较稠密。由于这些原因，按照公路的使用任务和性质，有的需要靠近，有的需要绕避，从而产生了路线的转折。

因此，平原区选线应先把路线总方向内所规定经过的地点（如城市、工厂、农场、乡镇及文物风景地点）作为大控制点（如图3-2中的普安桥位与和丰桥位），然后在大控制点之间进行实地勘察，了解农田优劣及地物分布情况，确定哪些可穿、哪些该绕及怎样绕避，从而建立起一系列中间控制点（如图3-2中的蟹湖、蟹镇、学校、石灰厂、钟湾、塞湖等）。路线一般应由一个控制点直达另一个控制点，不做任意的扭曲。

平原区对交通运输的需求增长比较快。因此，布线要充分考虑远期的发展，在平、纵断面线形上要因地制宜，在可能的情况下，尽量采用较高标准，以便将来道路改建时能充分利用原路基、桥涵等工程。

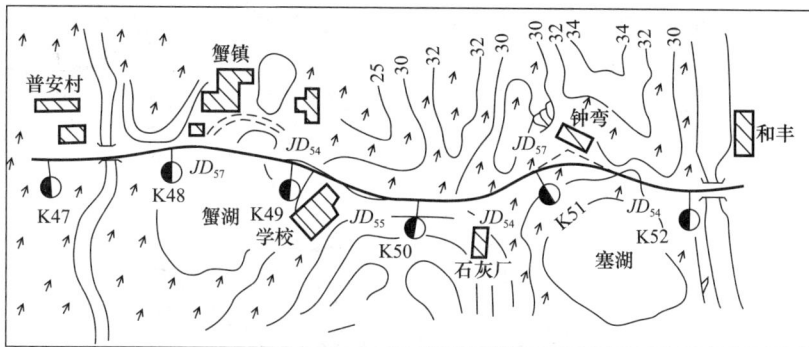

图 3-2 平原区路线布设示意图

3.2.2 平原区选线要点

平原区路线基本不受高程制约，路线走向可自由选择，因此应以平面为主安排路线。平面线形应采用较高的技术指标，不片面追求直线，也不无故转弯。在避让局部障碍物时，要注意线形的平顺过渡，穿越时应有可行的技术措施。由于平原地区城镇较多，选线时不论通过或绕避，都要注意与当地处理好关系，力求减少社会问题。综合平原地区的特点，选线时应着重考虑以下要点。

1. 正确处理路线与农业的关系

处理好公路与农业规划、农业灌溉、水利设施的关系，是平原区选线的重要问题。具体如下：

（1）修建公路占用一些农田是难免的，但要在可能的情况下尽量做到少占和不占高产田。布线要从路线对当地经济的作用、对支农运输的效果、地形条件、工程数量、交通运输费用等方面全面分析比较，合理选择线位。如图 3-3 所示，路线通过某河附近时，如按虚线方案走田中间穿过，路线短、线形好，但多占好田，填筑路基取土困难。如将路线移向坡脚（实线），虽然路线里程略有增长，线形指标略低，但避免占用大片高产田，而且沿坡脚布线，路基可为半填半挖，既节省了土方，又避免了填方借土的远运。

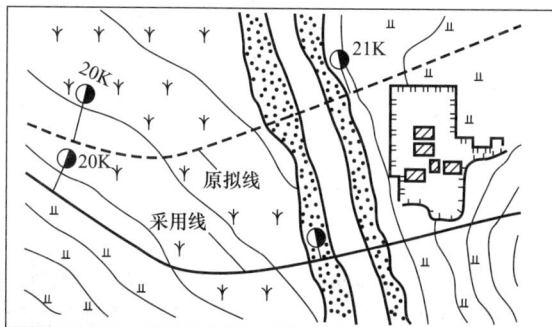

图 3-3 占地路线方案比较

（2）路线应与农田水利建设相配合，有利农田灌溉，尽可能少和灌溉渠道相交，除特殊情况外，一般不要破坏灌溉系统。宜把路线布置在渠道上方非灌溉的一侧或渠道尾部。

如图 3-4 所示，布线时应优先考虑Ⅰ方案，Ⅱ方案次之，Ⅲ方案则应避免，当路线走向与渠道方向基本一致时，可沿渠（河）堤布线，堤路结合，桥闸结合，以减少占田和便利灌溉。路线必须跨水塘时，可考虑设在水塘的一侧，并拓宽水塘取土填筑路堤，使水塘面积不致缩小。

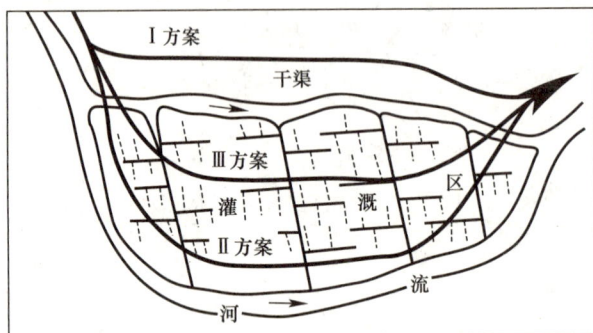

图 3-4　灌溉区路线布设

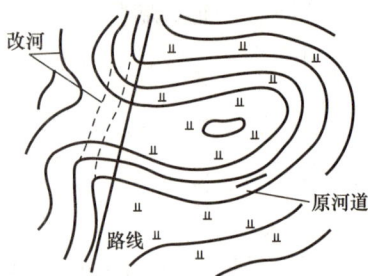

图 3-5　河曲地带改河造田

（3）注意筑路与"造田、护田"结合。路线通过河曲地带，当水文条件许可时，可考虑路线直穿，裁弯取直，改河造田，缩短路线里程（或减少桥涵数量），如图 3-5 的布线方式。当路线靠近河边低洼村庄或从农田通过时，可考虑靠河岸布线，围滩造田、护村。如图 3-6 所示，某公路采用沿河布置路线，借石填筑路堤，使大片河滩地变为良田，并保护了村庄。

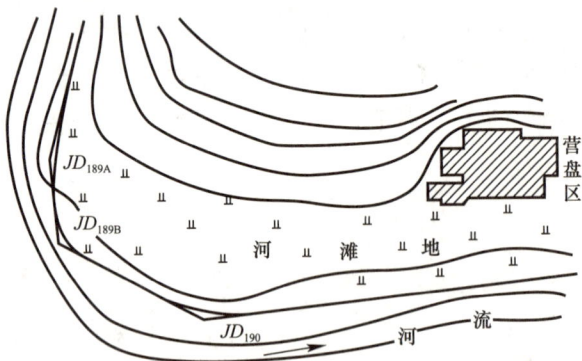

图 3-6　围滩筑路造田实例

（4）路线布置要尽可能考虑为农业服务，布线时要注意与农村公路和机耕道的连接及与土地规划相结合。较多地靠近一些居民点，并考虑地方交通工具的行驶，以方便群众，支援农业。

2. 处理好路线与城镇的联系

平原区有较多的城镇村庄、工业及其他设施，选线应以绕避为主，尽量不破坏或少破坏，并采用较高的技术指标通过。在避让局部障碍时，要注意线形的连续舒顺。

（1）国防公路和高等级干线公路，应尽量避免穿越城镇、工矿区及较密集的居民点。但又要考虑到公路对这些地区的服务性能，路线不宜离开太远，必要时还应修建支线联系。布线时注意与地区规划相结合，做到"靠村不进村，利民不扰民"，既方便运输又保证安全。

（2）一般沟通县、乡、村直接为农业运输服务的低等级公路，经地方同意也可穿越城镇，但应有足够的路基宽度和行车视距及必要的交通设施，以保证行人、行车的安全。

（3）路线布设应尽量避开重要电力、电信及其他重要的管线设施。当必须靠近或交叉时，应遵守有关净空和安全距离的规定，做到尽量少拆或不拆各种电力、电信和建筑设施。

（4）注意与铁路、航道、机场、港口、已有公路等交通设施配合，以发挥交通运输的综合效益。

3. 处理好跨线与桥位的关系

（1）平原区河渠湖泊较多，桥涵工程量较大，路线在跨越水道时，无论在平面还是纵断面上，都应尽可能保证路线的平顺性。大、中桥位往往是路线的控制点，原则上应服从路线总方向并满足桥头接线的要求，桥路综合考虑。一般情况下，桥位中线应尽可能与洪水的主流流向正交，桥梁和引道最好都在直线上，桥位应选在水文、地质及跨河条件较好的河段。当条件受限制时，也可设置斜桥或曲线桥。要防止片面强调正交桥位，造成路线过多地迂回，在桥头出现急弯，影响行车安全；或者只顾线形顺直，不顾桥位，造成桥位不合适或斜交过大，增加建桥困难两个极端。如图3-7所示，路线跨河有三个方案：就桥梁而言，Ⅱ方案较好，与河沟正交跨越，但线形曲折，不利于行车；就路线而言，Ⅲ方案路线直捷，但桥位处于河曲地段，跨河不利；经综合比较认为Ⅰ方案桥位虽略斜交，比Ⅱ方案桥跨略长，但路线顺适，故为可取方案。

（2）小桥和涵洞位置原则上应服从路线走向，但遇到斜交过大（一般在桥轴线与洪水流向的夹角小于45°时）或河沟过于弯曲的情况，则可采取改河措施（如图3-8所示）或改移路线，调整桥轴线与流向的夹角等方法，选线时应全面比较确定。

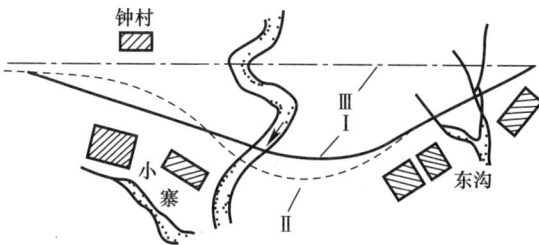

图 3-7　路线与桥位的关系　　　　　　图 3-8　局部改移河沟

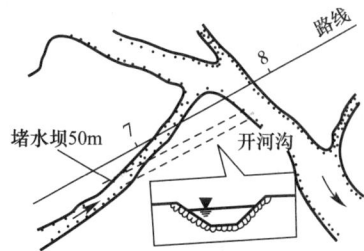

（3）路线通过洪泛区时，对桥涵、路基应根据水文资料留有足够的孔径和高度，以免造成洪水淹没村庄和农田。如有条件，线路应位于洪水泛滥线以外。

（4）路线跨河修建渡口时，应在路线走向基本确定后选择渡口位置。渡口要避开浅滩、暗礁等不良地段，两岸地形要适宜修建码头。

4. 注意土壤水文条件，确保路基稳定

（1）平原地区的土壤水文条件较差，取土困难，路基稳定性差，因此应尽可能沿接近

分水岭的地势较高处布线。

（2）路线应避免穿越面积较大的湖塘、泥沼和水库等地带，如不得已需要穿越时，应选择最窄、最浅和基底坡面较平缓的地方通过，并采取有效措施，保证路基的确定。

5. 合理利用旧路，减少土地资源浪费

平原区通常有较宽的人行道路或等级不高的公路，当设计交通量很大，需要新建公路时应尽可能予以利用。但要注意从公路长远发展考虑，根据该路在路网中的地位与作用，严格按照技术标准的要求对老路进行改造，不能利用的可以恢复为耕地，或改造成为农用道路。需要修建汽车专用公路时，原有公路留作辅道。

6. 注意路基用土、就地取材和利用工业废料

路基取土不能乱挖乱取，破坏农田，造成路基两边积水。取土时应根据取土数量，用地范围及运距长短，进行全面规划，可采用大面积集中取土的方法，使梯田取土变平田，平田取土不废田。取土时还可结合农田水利的需要，采用在附近修渠道取土填筑路堤的办法，如需设置取土坑，则应设置在路基一边或路基两侧断续设置。

平原区一般缺乏砂石等建筑材料，特别是平原区高等级公路的填方工程量一般都很大，除设法尽可能降低设计高度以减少土方工程外，应充分利用当地的材料，特别是地方上的工业废料。条件许可时，路线应尽可能靠近建筑材料产地，以减少施工、养护材料运输费用。

3.3 山岭区选线

3.3.1 山岭区路线特征

山岭地区自然条件复杂，地形变化很大，路线在平、纵、横三方面都受到很大限制，因而技术指标一般较低。路线布设时，高差急变是主导因素，一般多以纵面线形为主安排路线，其次是横断面和平面。按照路线行经地区的地貌和地形特征，可分为沿河（溪）线、越岭线、山脊线、山腰线（介于沿河线和山脊线之间）4 种（如图 3-9 所示）。一条较长的山区公路往往由几种不同的路段交互组合而成。

3.3.2 沿河（溪）线布线要点

沿河（溪）线是指公路沿一条河谷方向布设路线，其基本特征是路线总的走向与等高线一致。

沿河（溪）线的有利条件是：路线走向明确，平面受纵断面线形的约束较小，易达到较好的线形；沿河（溪）线傍山临河，一般砂、石、木材都比较丰富，取水方便，为施工、养护提供了就地取材的条件；山区城镇和居民点大多傍山近水，沿河分布，路线走沿河（溪）方案，能更好地为沿线居民服务，发挥公路的社会效益；另外，沿河（溪）线线位低，比山脊线和越岭线的隐蔽性好，战时不易破坏。

沿河（溪）线的不利条件是：临水较近，受洪水威胁较大；受河谷限制（特别是峡谷河段），路线线位左右摆动余地较小；在陡岩河段，工程艰巨，给测设和施工带来很大困难；线位较低，往往要跨过较多的支沟，桥涵和防护工程较多；河谷两岸台地多是山区少

54

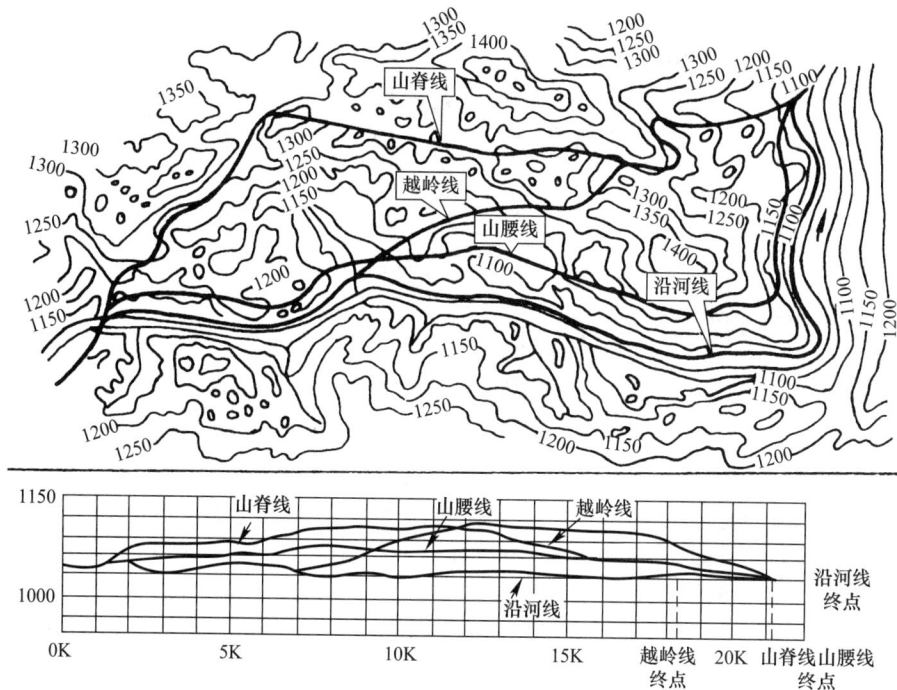

图 3-9　四种山区路线平、纵断面示意图

有的耕地，在这些路段与占地的矛盾比较明显；河谷两岸通常多处于路基病害如滑坡、岩堆、坍塌、泥石流的下部，路线通过容易破坏山体平衡，带来灾害，给设计、施工、养护、运营带来困难。

沿河（溪）线布线的关键是解决好路线与河流的关系。路线与河流基本关系主要反映在平面和纵面上，平面上主要是解决河岸选择问题，而纵断面上则主要是解决线位的高低问题。当沿溪线需跨河时，尚需解决跨河桥位问题。

1. 河岸选择

主要解决路线是否跨河（即是在一岸布线还是在两岸布线）和选择走哪一岸两个问题。

（1）跨河问题

沿河线公路除了起、终点在同一岸，且相距很近、工程又不大时，可考虑不跨河外，一般情况下都有是否跨河两岸设线的问题。对于较大的河流，如果不是中间控制点的需要，路线一般不宜跨河。但是，对于中、小河谷，由于跨河较易，往返跨河布线比较普遍。

路线往返跨河主要有以下几种原因：

1）中间主要控制点的需要。当路线起终点在河岸两侧，至少必须跨河一次。有时，起终点虽在同一岸，而控制点在对岸，布线方式有两种；一种是两次跨河方案；另一种是一次跨河方案，用支线与中间控制点连接。一般情况，后一方案可省一座桥，且干线直达快速，路线短捷，是应优先考虑的方案。

2）对于严重不良地质地段无法穿越或处理时，可考虑跨河绕避方案。

3）由于在峡谷地带，河谷两岸地形的好坏变化经常是交替出现的，为利用有利地形，避开艰巨石方工程，可采用两岸交替布线。

4）避让其他地物障碍，如铁路、农田、大型水利工程、重要建筑设施等。此外，对于生态环境和珍稀濒危动植物栖息环境产生严重影响时，也应避让。

（2）河岸选择问题

由于河谷两岸情况不尽相同，往往利弊并存，选线时应比较两岸地形、地质、水文等条件及农田水利规划等因素，避难就易，充分利用有利的一岸。河岸的选择一般应结合下列主要因素经过技术经济比较决定：

1）地形、地质条件路线应选在地形宽坦，有台地可利用，支沟较少、较小，水文及地质条件良好的一岸。对于困难工程集中区域及滑坡、岩堆、崩塌、泥石流、岩溶等严重不良地质地段，原则上以避让为主。如图 3-10 所示，避让有三种可能方案：及早提高线位，绕走崖顶通过；走支脊内垭口通过；绕走对岸。一般情况下，有利的条件常交错出现在河流的两岸，选线时应深入调查，综合比较，全面权衡，决定取舍。如图 3-11 所示，乙方案为避让河左岸的两处断续陡崖，跨河利用右岸的较好地形，但过夏村后，右岸出现更陡更长悬崖，路线又须跨回左岸，在 3km 内，两次跨河，需建中桥两座。甲方案一直走左岸，虽需集中开挖一段石方，但较建两座中桥经济得多，因此不宜跨河换岸。

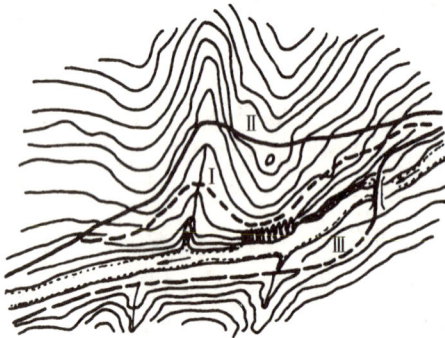

图 3-10　避让工程困难和不良地质地段的方案
Ⅰ-绕走崖顶通过；Ⅱ-走支脊垭口通过；Ⅲ-绕走对岸

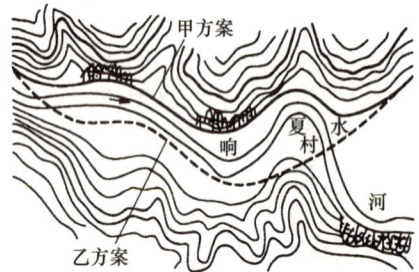

图 3-11　跨河换岸比较

2）气候条件在积雪和冰冻地区，阳坡和阴坡的迎风面和背风面的气候差异很大，在不影响路线整体布局的前提下，尽可能选择阳坡和迎风的一岸，以减少积雪、涎流冰等病害。

3）城镇、工矿和居民点分布除高等级公路和国防公路外，一般路线应尽可能选择村镇较多、人口较密的一岸。其他如对革命史迹、历史文物、风景区等要创造便利的交通联系条件。但有时为了避免大量拆迁建筑物和妨碍城镇发展，也应跨河绕避，选线时应根据具体情况进行比选。

此外，河岸选择还需考虑以下几种情况：

1）根据两岸农田情况，尽量做到少占农田。在少占农田和选择有利地形有矛盾时，要深入调查，征求地方意见，综合比选，慎重取舍，选择矛盾较小的一侧河岸。

2）当道路与铁路频繁干扰，应根据具体情况，考虑分设两岸。

3）河谷中遇有灌溉干渠与路线平行时，公路最好位于干渠上方，并离开适当距离，以免互相干扰。如不易处理，且河谷两岸地形、地质类似时，宜尽量使公路与干渠各走一岸。

2. 线位高度

线位高度是路线纵面线形布局的问题。路线沿岸走多高，首先应考虑洪水的威胁。不管是高线还是低线，均应在设计洪水位以上一定安全高度。在选线中应认真做好洪水位调查工作，以确保路线必需的最低线位高度。

按路线高度与设计洪水位的关系，有低线和高线两种。

（1）低线

低线一般是指高出设计水位（包括浪高加安全高度）不多，路基临水一侧边坡常受洪水威胁的路线。其优点是：平、纵面线形比较顺直、平缓，易争取到较高标准，路基土石方工程也较省，边坡较稳定；路线活动余地较大，便于利用有利地形和避让不良的地形、地质；便于在沟口直跨支流，必须跨越主流时也较易处理；施工用水、取材较方便；从国防来看，路基破坏后因线位低抢修也很快。缺点是：线位低，受洪水威胁大，防护工程较多，施工季节也受限制；低线位多在沟口附近跨越支沟，桥涵孔径较大，基础工程也较困难；路线与农田矛盾较大，处理废方比较困难。

（2）高线

高线是指高出设计水位较多、基本不受洪水威胁的路线。它的优点是：不受洪水侵袭，废方较易处理。当采用台口路基时，路基比较稳定。

缺点：由于高线一般位于山坡上，路线必然随山势曲折弯曲，线形差，土石方工程量大；遇缺口时，常需设置较高的挡土墙或其他构造物；避让不良地质和路线跨河都较低线困难；施工、养护取料、取水都不如低线方便。

由于低线优点较多，在满足规定频率的设计水位的前提下，一般路线以低线为主，即"宁低勿高"，但必须做好洪水位的调查，以保证路基稳定和安全。高线一般多用在利用大段较高台地，或傍山临河、低线易被积雪掩埋及为避让艰巨工程而提高线位等情况，如展线合适，可作为低线的一部分。

在路线坡度受限地段，应尽量利用旁沟侧谷和其他有利的地形、地质条件适当展线。一般是"晚展不如早展"，使路线高程尽早降低至河谷的低台地上，以便尽量利用下游平缓的河段，以减少路基、桥隧工程，并使路线便于跨河选择有利的河岸。

如图3-12所示，原线为避让沿河1.7km的断续陡崖，采用了高线方案。由低线过渡到高线的升坡段很长，且弯急坡陡，行车不安全，经局部改线，坡度虽有所改善，但增加了小半径曲线，线形更加弯曲，最后改走低线直穿陡崖，路线平、纵标准显著改善，还缩短760m，行车顺畅，说明不应当采用高线。

3. 跨河桥位选择

沿河（溪）线跨越河流分为跨支流和跨主河两种情况。跨支流的桥位选择一般属于局部方案问题，而跨主河的桥位选择多属于路线布局的问题。跨主河的桥位往往是确定路线走向的控制点，它与河岸选择相互依存，互相影响，当线由于地形、地质原因需要换岸布线时，如果桥位选择不好，勉强跨河，不是造成桥头线形差，就是增大桥梁工程。因此在选择河岸的同时，要研究处理好桥位及桥头路线的布设问题。

山区河流弯曲较多，选择桥位时应慎重处理路线与桥位的关系。常见有以下几种情况：

（1）如图3-13所示，当路线要在"S"形河段跨河时，应在其腰部通过，以争取桥轴线与河流成较大交角。

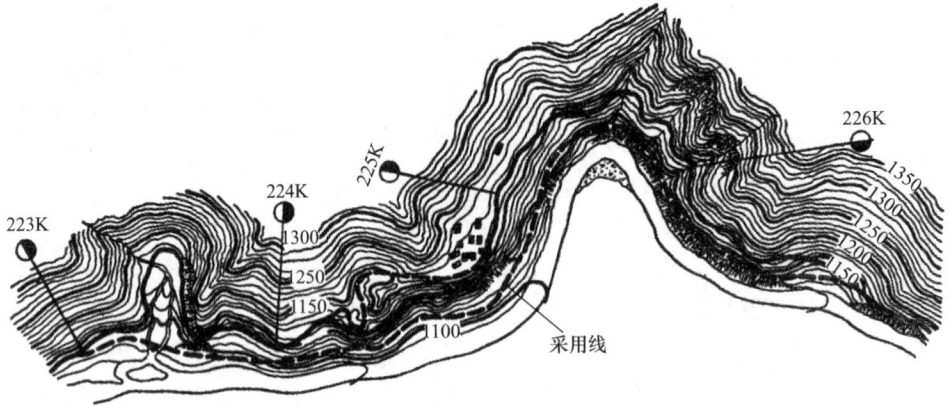

图 3-12 峡谷路线的低线和高线

（2）如图 3-14 所示，在河湾附近应选择有利位置跨越。但应注意河湾水流对桥的影响，采取护岸、丁坝等防护措施。

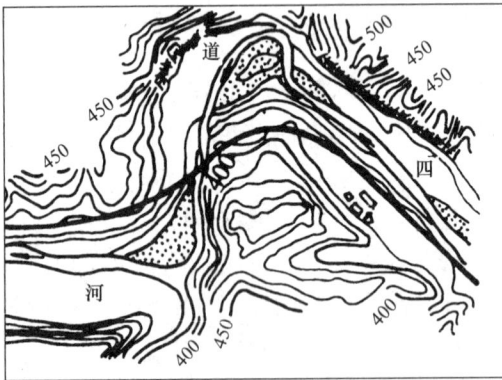

图 3-13 在"S"形河段腰部跨河

图 3-14 在河湾附近跨河

（3）在与路线接近平行的顺直河段上跨河，桥头引道难以舒顺。过分强调正交而使引道过短的桥位应尽量避免。当必须在这种河段跨越时，中、小桥可考虑设置斜桥以改善桥头线形，如图 3-15（a）所示；如为大桥，当不宜设斜桥时，宜把桥头路线作成勺形或布置一段弯引桥，如图 3-15（b）所示，或两者兼用。

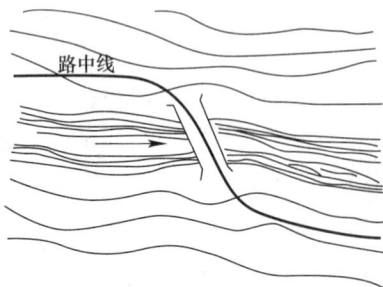

（a）

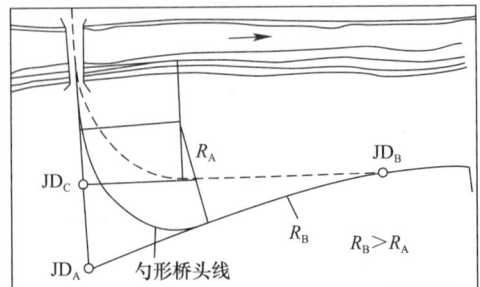

（b）

图 3-15 桥头线形改善

（a）斜交改善线形；（b）勺形桥头线

58

路线跨越支流的桥位，有从支河（沟）口直跨和绕支沟上游跨越两种方案可以选择。如图 3-16 所示，直跨方案的路线短、线形好、标准较高，但工程量较大。绕支沟上游跨越方案的路线较长、桥跨孔径小、基础条件好、跨桥工程量较小，但线形差、标准低。

具体采用何种方案，要根据路线等级和桥位处的地质、地形条件，经技术经济比较后确定。

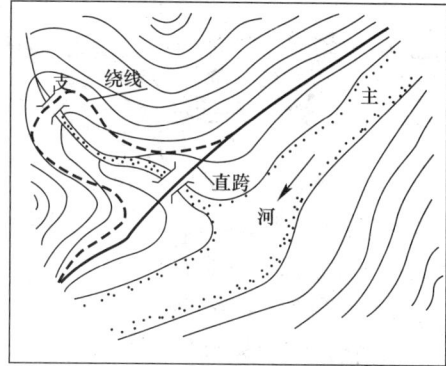

图 3-16　路线跨支流方案

4. 各种河谷断面路线的布设

（1）开阔河谷段

开阔河谷坡岸平缓，河岸与山坡之间有较宽的台地，且多为农田，如图 3-17 所示，这类地形的路线有三种走法。

1）傍河走，坡度均匀平缓，线形顺适，临河一侧受洪水威胁，需做防护工程。如将道路与河堤相结合，桥闸结合，有利于"治水、保村、护田"。对个别弯曲的小溪流，可局部改迁，以使线形顺适。

2）傍山走，路线略有增长，但可不占或少占良田。路线远离河岸且无防护工程，但纵断面线形略有起伏，土石方工程稍大，是常采用的一种布线方案。但遇窄而短的台地，其间有深沟或山岬阻隔，以及高差很大的相临台地，可考虑用适当的纵坡或平曲线穿插其间，以求合理利用有利地形。

3）中穿线，线形标准高，但占田最多，取土困难，路基稳定性差，在稻田地区，为使路基稳定，有时还需换土，一般不宜采用。

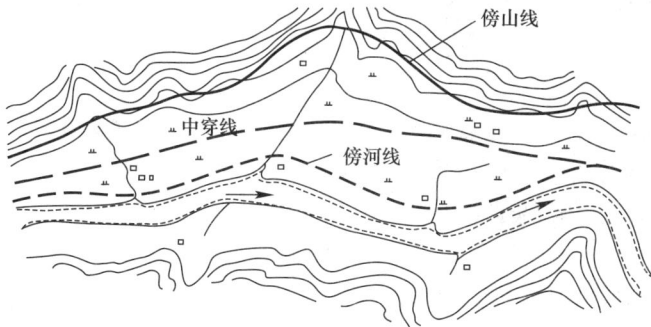

图 3-17　开阔河谷路线方案

（2）河道弯曲、狭窄的河谷段

这种河谷断面常称为"U"形河谷，两岸多不对称，凹岸陡峭，凸岸相对较缓，时而有突出的山嘴，间或出现迂回的深切河弯。选线时应做沿河绕行路线和取直路线的比选。如图 3-18 所示，路线遇到河曲时，有以下两种布线方式：

1）路线沿着河岸的自然地形，绕山咀、沿河弯布线。

2）取直路线。遇河弯，则两次跨河或改移河道，使路线顺直通过河弯地段；遇山嘴，可采用隧道或深路堑通过。

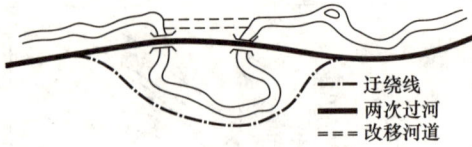

图 3-18 河湾路线方案

一般情况下，沿河绕行方案，路线迂回，岸坡陡峭，水流冲刷严重，路基防护工程大，路线安全条件差；建桥跨河和改移河道方案，裁弯取直，路线短，安全条件好。无论是改移河道还是建桥跨河方案，均应根据地形、地质、水文条件细致研究，结合农田水利建设一并考虑。另外，遇山咀或河湾地形是采用绕行还是取直方案，应与公路等级结合考虑。等级较高的公路宜取直以争取较好的线形指标，等级较低的公路采用哪种方案应根据技术和经济条件比较确定。

对于个别有宽浅河滩的大河湾，为了提高路线标准，可在河滩布线。只要处理得当，还可起到护田、造田的作用，但要注意路基防护和加固，防止水流对路基的冲刷破坏。

对于个别突出的山嘴，可用切嘴填弯（如图 3-19 所示）、高架桥与隧道或深路堑通过处理，切嘴填弯时应注意路基的防护与加固；同时，应注意不要使大量的废方弃置河中，堵塞河道，而使水位抬高。

（3）陡崖峭壁河段

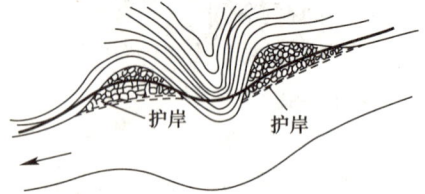

图 3-19　切山嘴填河湾路线布置

路线通过这种地段有绕避和穿过两种方案，应根据峡谷的水文、地质条件和路线性质、路线标准、工程大小、施工条件等因素通过比较确定。

绕避的方法有两种：一是翻上峡谷陡崖顶部选择有利地带通过；二是另找越岭路线。前者需要崖顶有可供布线的合适地形，后者需要附近有基本符合路线走向的低垭口。两种绕避方法的共同点是纵断面线形上而复下，都需要有适合布设过渡段的地形。过渡段的纵坡应缓于该路等级所允许的最大纵坡，这就往往需要一个相当长的过渡段，上下线位高差越大就越长，而且过渡段的工程一般又多比较集中。因此，崖顶过高，就不宜翻崖顶绕避。若峡谷不长，只要不是无法通过，两种绕避方法（翻越崖顶和越岭绕避）均不宜采用。

如图 3-20 所示，河谷曲折迂回，且有近 5km 长的陡崖，布线困难，而越岭线的瓦窑垭口，方向很顺，且两侧地形、地质条件较好，越岭绕避则是一可取的方案。对于高等级公路，因线形指标较高，路线的位置可考虑与向山体内移建隧道或向外移设桥的方案进行比选。

直穿陡崖峭壁河段和峡谷的路线，其平、纵断面受岸壁形状和洪水位限制，活动余地不大。布线一般多采用低线，根据河床宽窄、水文状况、岸壁陡缓等情况可采用以下方法通过：

1）与河争路，侵河筑堤

当河床较宽，水流不深（一般岩前水深不超过 2m），压缩部分河床不致引起洪水位抬高过多时，路线可在崖脚下按低线设计通过。根据河床可能压缩的程度，有以下两种情况：

① 河床宽阔，压缩后洪水位抬高不多，路基可全部或大部分设在紧靠崖脚的水中或滩地上，借石或开小部分石崖填筑，路基临水一侧应做防护工程。

② 河床狭窄，压缩后将使洪水位有较大的抬高时，采取筑路与沿河工程相结合的办

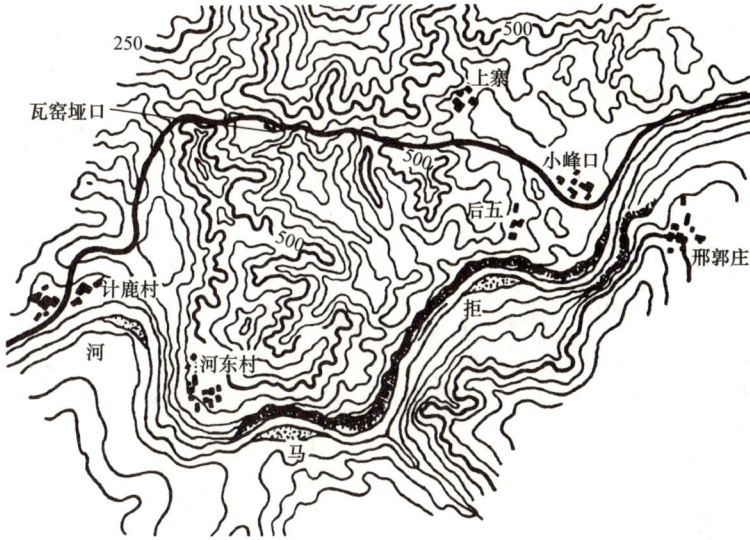

图 3-20 越岭绕避峡谷的路线

法。路基也可部分占用河床,"开"、"砌"结合,以砌为主。开的是对岸突出的山嘴,砌的材料主要取自清理河床的漂石及削除对岸突出山嘴的石料。这样就使路基占用河床的泄水面积能从清理河床中得到补偿,如图 3-21 所示。

2)硬开石壁等特殊措施通过

① 在石壁上硬开路基(如图 3-22 所示),会造成大量废方,考虑对水位的影响,应适当提高线位或清除河道。

图 3-21 路基部分占河

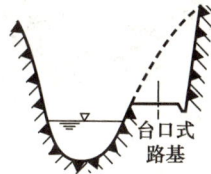

图 3-22 石壁上硬开路基

② 岸壁石质良好,可开凿半隧道或隧道,以减少石方和废方,(如图 3-23a、b 所示)。

③ 硬开石壁的路基,对个别缺口或崖壁不够宽的路段,可用悬出路台或半边桥处理(如图 3-23c、d 所示)。

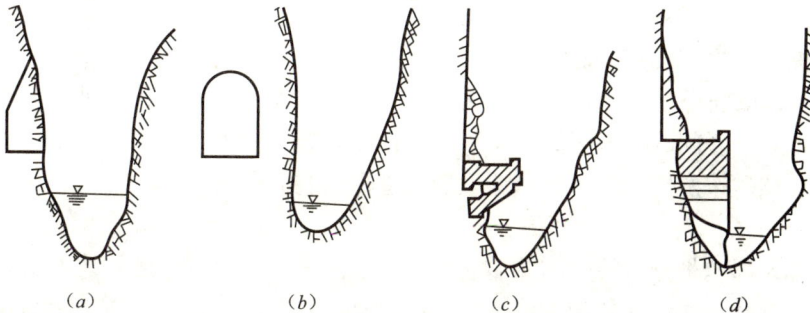

(a)   (b)   (c)   (d)

图 3-23 特殊措施通过陡崖地段布线图

(a)半隧道;(b)隧道;(c)悬出路台;(d)半边桥

61

④ 当两岸石壁十分逼近（有时仅几米宽），不宜硬开路基时，可建顺水桥通过。

（4）河床纵坡陡峻的河段

1）急流、跌水河段

这类河段的河床纵断面在短距离内突然下落几米以至几十米，形成急流或跌水。当路线由急流、跌水的上游延伸到其下游时，线位就高出谷底很多，为了尽快降低线位，避免继续走陡峻的山腰线，可利用急流、跌水下游的支沟或平缓的山坡展线而下。

图 3-24 即是利用平缓山坡展线降坡的例子。

2）河床纵坡连续陡峻的河段

这类河面多出现在山区河流的上游，是沿溪线和越岭线之间的过渡段。河床纵坡越上溯越陡。当陡到路线技术标准不允许的程度时，路线如再沿溪上溯，就需要进行展线，选线要点详见"越岭线"。

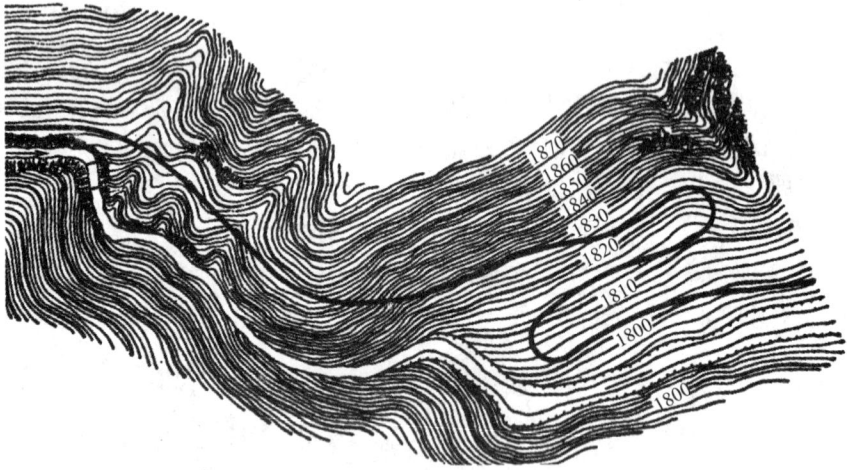

图 3-24　急流河段展线

3.3.3　越岭线布线要点

当路线的两个主要控制点间横隔山岭时，路线需沿分水岭一侧山坡爬上山脊，在适当地点穿过垭口后，再沿另一侧山坡下降，这种路线即为越岭线。它的特点是路线需要克服很大的高差，路线的长度和平面位置主要取决于路线纵坡的安排。因此，在越岭线选线中，应以纵断面为主安排路线。

越岭线逐段安排路线时，应结合水文、地质情况处理好垭口选择、过岭标高和垭口两侧路线展线方案三者间的关系。其基本步骤是：首先选择一个合适的越岭垭口和确定适宜的越岭标高，然后按两侧山坡地形、地质情况进行路线的布没。

1. 垭口选择

垭口又称鞍部，是分水岭上的凹形地带，由于标高低，常常是越岭线方案的重要控制点。应在基本符合路线走向的较大范围内选择，要全面考虑垭口的位置、标高、地形、地质条件和展线条件等。

（1）垭口位置选择

垭口位置在基本符合路线走向的前提下，与两侧山坡展线方案结合一起考虑。首先考虑高差较小、展线降坡后能与山下控制点直捷地衔接、不需无效延长路线的垭口。其次再考虑稍微偏离路线方向，但接线较顺，且不致过于增长里程的其他垭口。如图 3-25 中 A、B 控制点间有 C、D 两个垭口. 从平面位置看，C 垭口在 AB 直线上，D 垭口偏离直线较远，但从符合路线基本走向来看，穿 D 垭口比穿 C 垭口反而展线短些，而且平面线形较好，因此，D 垭口比 C 垭口更有优势。

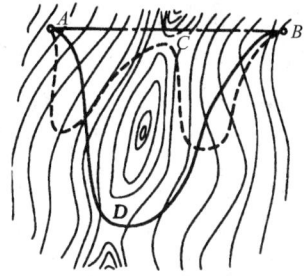

图 3-25　垭口位置选择

（2）垭口标高选择

垭口海拔高低及其与山下控制点的高差直接影响路线展线长度、工程数量大小和营运条件。在展线条件相同时，垭口降低的高度 Δh 和缩短的里程 Δl 有如下的关系：

$$\Delta l = \frac{2\Delta h}{i_p} \tag{3-1}$$

式中　i_p——展线的平均坡度，一般取 $5\%\sim5.5\%$。

由式（3-1）可知，垭口越低，路线里程越短。在地形困难的山区，减少路线长度而节省的工程造价和运营费用都是非常难得的。因此，一般应选择标高较低的垭口。

在高寒地区，特别是积雪、结冰地区，海拔高的路线对行车很不利。因此，有时为了走低垭口，即使方向有些偏离，距离有些绕远，也应注意比较。但如积雪、结冰不是太严重，对于基本符合路线走向、展线条件较好、接线方向较顺、地质条件较好的垭口，即使稍高，也不应轻易放弃。

（3）垭口地质条件

垭口一般地质构造薄弱，常有不良地质存在（图 3-26）。选择垭口时要对其地层构造情况进行实地调查，摸清其性质和对道路的影响。对地质条件恶劣的垭口，用局部移动路线或采取工程措施不能解决问题时，应予以放弃。

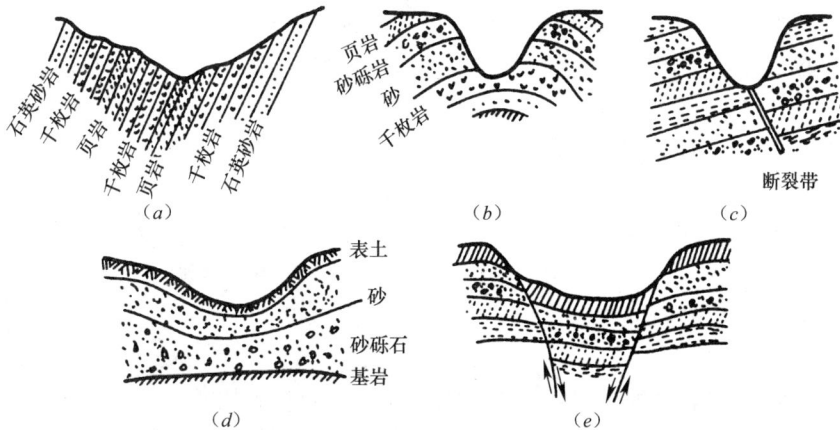

图 3-26　垭口的地层构造

（a）软弱层型；（b）构造型；（c）断层破碎带型；（d）松软层型；（e）断层陷落型

（4）展线条件选择

山坡线是越岭线的主要组成部分，而山坡坡面的曲折程度、横坡陡缓、地质好坏等情况与线形标准和工程量大小有直接关系。因此，选择垭口必须要与山坡展线条件一起考虑。陡坡悬崖、深沟割切、有滑坡等地质问题的侧坡都不适合布线。若自垭口下来的路线不能绕避这些不良地形、地质时，就需另择垭口选择；如有地质稳定、地形平缓有利于展线的侧坡，即使垭口位置略偏或垭口较高，也应比较，不能轻易放弃。

如图 3-27 所示，路线由岭北控制点下村到岭南控制点西坑选择越岭垭口，按总方向可选择马金岭垭口，但下村上岭高差近 700m，平面直线距离仅长 1800m，需展长路线 14km 方可爬上垭口。稍偏东有一处垭口，比马金岭低 40m，但地形复杂、工程困难，不宜选用。偏西有浯田岭垭口，较马金岭低 90m，由于可节省展线长度 2km，且上下岭地形较平缓，适于布线，故推荐走浯田岭垭口通过。

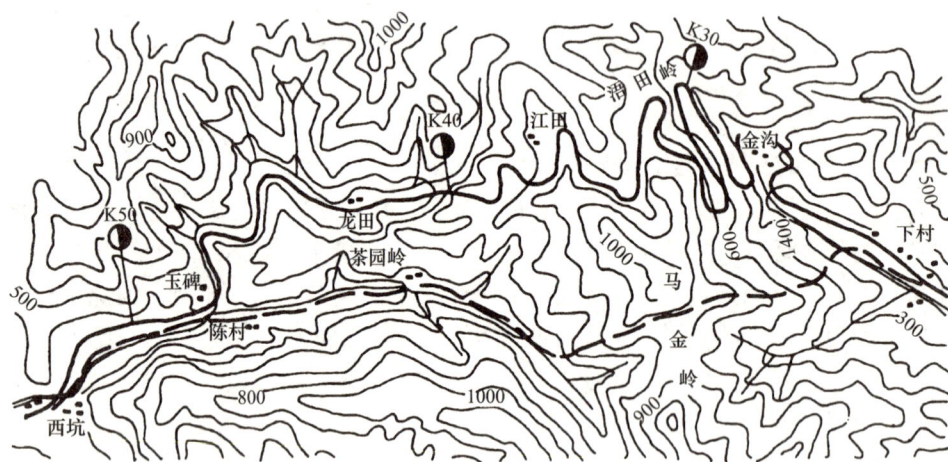

图 3-27　垭口选择

2. 过岭标高的选择

过岭标高是越岭线布局的重要控制因素，不同的过岭标高就有不同的展线方案。不同的展线方案不仅影响工程大小、路线长度及线形标准，而且直接关系到垭口两端的展线布局。如图 3-28 所示，路线通过垭口，由于选用不同的挖深出现了三个可能方案。甲方案挖深 9m，需要设 2 个回头曲线，乙方案挖深 13m，需设 1 个回头曲线；丙方案挖深 20m，即可顺山势布线，不需设回头曲线。丙方案线形好，路线最短，有利于行车和节约运营费用。

通过分析可知，过岭标高应结合公路等级、越岭地段的地形、地质及两侧展线方案、过岭方式等因素经过技术经济比较来选定，这些因素是互相影响的，必须全面分析研究各种可能的比较方案，做出合理的选择。过岭方式主要有如下几种：

（1）浅挖低填垭口

遇到过岭地段山坡平缓、展线容易、垭口宽而厚（有的达到 1～2km，有时还有沼泽出现）的地形，宜尽早起坡越过垭口，以免工程量集中和拉槽（路堑）困难，宜采用浅挖低填的方式过岭，过岭标高基本上就是垭口标高。

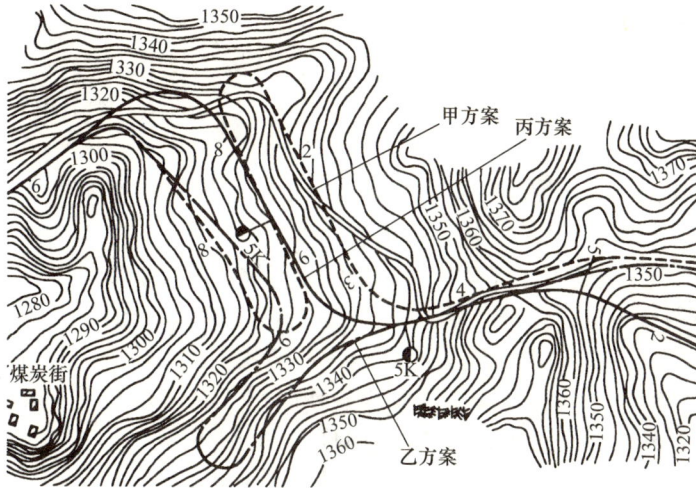

图 3-28 垭口采用不同挖深的展线布局方案

（2）深挖垭口

当垭口比较瘦削时，常用深挖的方式过岭。深挖垭口，土石方工程集中，但由于降低了过岭标高，相应缩短了路线里程，同时也降低了路面工程等其他方面的造价，考虑通车后运营条件改善带来的直接和间接效益，还是可取的。垭口越瘦，越宜深挖。但垭口通常地质条件较差，挖深应以不致危及路基稳定为度，否则应采取有效措施，以防止遗留病害。有条件时，可采用隧道通过。为了加强环境保护，减少自然地面的破坏，根据现有资料，一般垭口挖深以不超过 30m 为宜。此时的过岭标高为深挖后的标高。

深挖垭口工程量集中，往往要处理大量废方，施工条件差，影响施工进度，这些都应在方案比选中慎重考虑。

（3）隧道穿越

当垭口挖深在 30m 以上时，采用隧道过岭的方式可能成为终选方案。特别是垭口瘦削时，采用不长的隧道能大大降低路线爬升高度，缩短里程，提高路线线形指标，后期经济效益比较明显。另外为了避让严重不良地质及减轻或消除高山严重积雪、结冰对公路的不良影响，改善行车和养护条件，减少对自然环境的破坏，减少水土流失时，也应考虑采用隧道方案。隧道路线隐蔽，符合战备要求。随着高等级公路的发展，公路隧道将越来越多。采用隧道通过的方案，需要确定隧道标高及洞口位置。

1）隧道标高选定

隧道标高的选定通常根据越岭地段的地质条件，并以临界标高作为研究的基础。临界标高是指隧道造价和路线造价总和最小的过岭标高。设计标高如高于临界标高，则路线展长费用将多于隧道缩短的费用；设计高如低于临界标高，则隧道加长费用将多于路线缩短费用。如设计标高降低，可节约运营费用，这对高等级干线公路来说意义更大。也是今后山区修建高等级干线公路在越岭路段需特别关注的问题。

隧道标高的选定除考虑经济因素外，还应考虑以下因素：

① 要尽可能把隧道设在地质和水文地质条件较好的地层中。

② 隧道标高应设在常年冰冻线和常年积雪线以下，以保证施工和行车安全。

③ 隧道长度要考虑施工期限和施工技术条件等。

④ 在不多增加工程造价的情况下，适当考虑远景的发展，尽可能把隧道标高降低一些。

2）越岭隧道洞口位置选择

越岭隧道洞口位置的选择应注意以下几方面：

① 隧道洞口覆盖较薄，地质复杂，一般多位于松散堆积体或风化破碎的岩层中，容易坍塌。隧道洞口位置应根据洞口地段的地形、地质条件确定，要使洞口边坡、仰坡都稳定可靠，确保行车安全，并在此基础上，考虑隧道与路堑的经济比较。

② 为了保证洞口边坡、仰坡稳定，应按地质情况选用开挖值，一般情况下，坡顶高度不宜超过 20～30m。此外，还应考虑有无地下水作用。

③ 为保证洞口边坡、仰坡稳定，还应尽量使隧道中心线在洞口与地面等高线接近正交，以免洞口两侧边坡、仰坡相差悬殊，使洞口发生侧压力，引起坍方。如斜交不可避免，为了不使一侧边、仰坡切得很高，还可考虑设计成斜交洞门。

④ 如洞口在陡崖的坡上，且有自然台阶时，洞口位置应选在台阶前面（如图 3-29 所示），而不应沿山坡下切，挖去台阶，否则会破坏其平衡而导致坍方。

⑤ 要尽量避免将洞口设在滑坡、岩堆、崩塌、泥石流等不良地质段。也不要将洞口设在沟谷中心，而宜设在地质较好的沟谷一侧。

3. 垭口两侧路线的展线

（1）展线方式

如图 3-30 所示，越岭线的展线方式主要有自然展线、回头展线、螺旋展线三种。

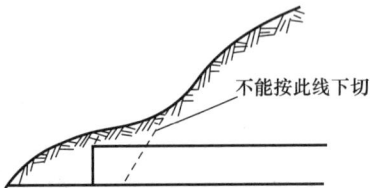

图 3-29　陡崖下有平台时洞口位置选择　　　　图 3-30　越岭展线方式

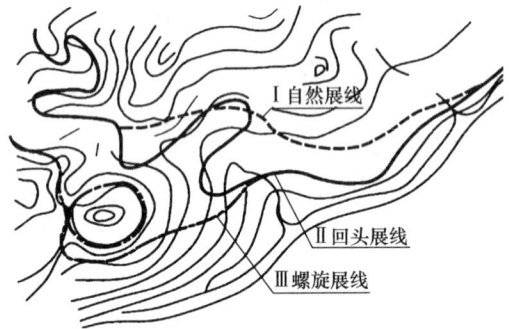

1）自然展线

自然展线是以适当的坡度（小于或等于平均纵坡），顺着自然地形，绕山嘴、侧沟来延展距离，克服高差。这种方式的优点是：符合路线基本走向，纵坡均匀，里程最短，线形简单，技术指标一般也较高。如路线所经地带地质稳定，无割裂地形阻碍，布线应首先考虑采用这种方案。缺点是：由于路线过早离开河谷，对沿河居民服务性差，避让艰巨工程或不良地质的自由度不大，只有调整坡度这一途径。如图 3-31 所示，路线利用主、侧谷展线克服高差，上下线不重叠干扰，对行车、施工、养护均有利。

高速、一级公路因技术标准高，布线难度大，展线方式应以自然展线为主；在横坡陡峻的山坡，宜选用分离式断面布线。

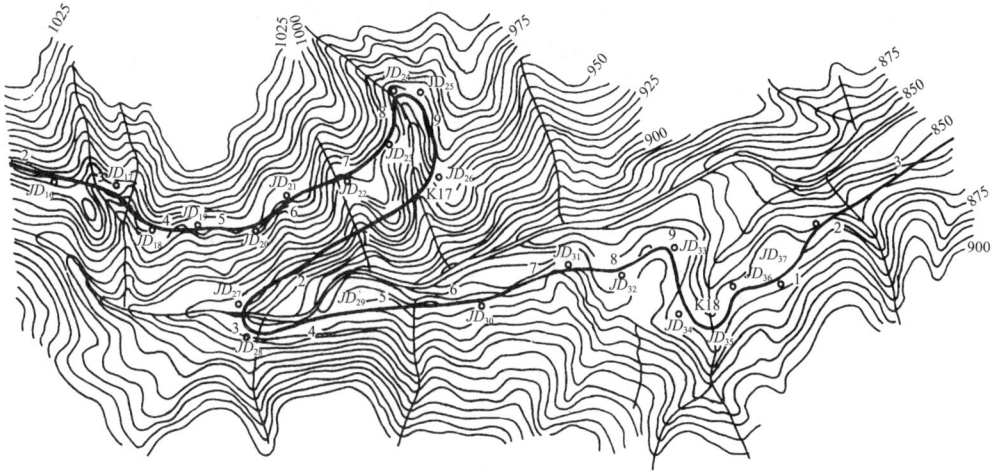

图 3-31　利用主、侧谷展线

2) 回头展线

当控制点间的高差大，靠自然展线无法取得需要的距离以克服高差，或因地形、地质条件限制，不宜采用自然展线时，路线可利用有利地形设置回头曲线进行展线，如图 3-30 中的 Ⅱ 方案。回头曲线又名"之字线"或"发针形曲线"，它是以 180° 左右的转角急剧改变方向，并伴有一定纵坡的小半径平曲线。

回头展线的缺点是：在同一坡面上，上、下线重叠，尤其是靠近回头曲线前后的上、下线相距很近，平曲线半径小，行车条件差，因此应尽可能不用或少用。回头展线的优点是：能在短距离内克服高差，利用有利地形和避让不良地形、地质和难点工程的自由度较大，图 3-32 为利用有利地形进行回头展线的实例。

回头地点对于线形、工程量、行车使用质量关系很大，应慎重选择。回头曲线两端

图 3-32　回头展线

要尽可能采用大半径曲线或直线连接。根据这一特点，适宜于布设回头地点的地形，一是利用直径较大、横坡较缓、相邻有较低鞍部的山包（图 3-33（a））或平坦的山脊（图 3-33（b））；二是利用地质、水文地质良好的平缓山坡（图 3-33（c））；三是利用地形开阔，横坡较缓的山沟（图 3-33（d））或山坳（图 3-33（e））。

为了有利于行车运营，要尽量把回头曲线间的距离拉长，分散减少回头曲线个数，尽量避免及减少在一个坡面上的回头重叠数。

3) 螺旋展线

当路线受到限制，需要在某处集中提高或降低某一高度才能充分利用前后有利地形时，可考虑采用螺旋展线。这种展线实际就是一种路线转角大于 360° 的回头展线形式，一般多在山脊利用山包盘旋，以旱桥或隧道跨线；也有的在峡谷内，路线就地迂回，利用建桥跨沟展线。如图 3-34 所示，螺旋展线有上线桥跨和下线隧道两种形式。

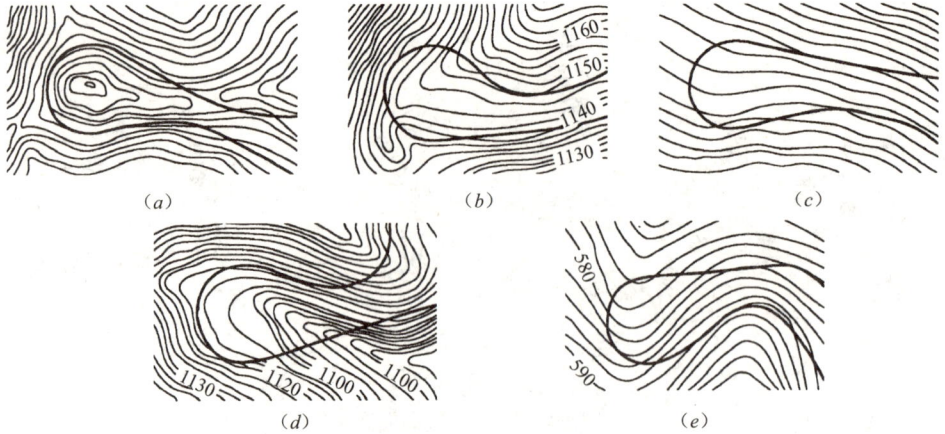

图 3-33　适宜设置回头曲线的有利地形

(a) 利用山包回头；(b) 利用山脊平台回头；(c) 利用缓坡回头；(d) 利用山沟回头；(e) 利用山坳回头

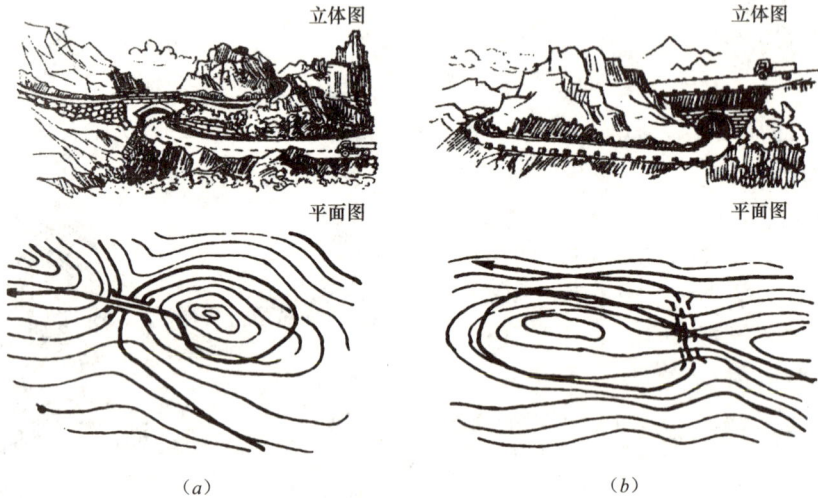

图 3-34　螺旋展线形式

(a) 上跨桥螺旋展线；(b) 下线隧道螺旋展线

螺旋展线目前在公路选线中还未被作为重要的展线方式，而仅视为回头展线的一种变革，在某种地形条件下用以代替一组回头曲线。它虽具有路线平顺，纵坡较小、行车质量好的优点，但因需要建隧道或高桥、长桥，造价很高，因而较少采用。当地形十分困难，又有适宜的山谷或山包等条件时，为在短距离内克服较大的高差，可以考虑使用，但应根据路线性质和任务，进行方案比选。

(2) 展线布局的步骤

越岭线利用有利地形、地质，避让不良地形、地质，是通过合理调整坡度和设置必要的回头曲线来实现的，而回头曲线的布置，也要根据纵坡来选定。只有符合纵坡标准的路线方案，才能成立。因此，展线布局必须从纵坡的安排开始，其工作步骤如下：

1) 拟定路线大致走法。经过广泛视察和踏勘测量，确定了垭口和两侧山麓起点后，

68

以带角手水准粗略勘定坡度作为指引，注意利用有利地形、地质，拟定路线的展线方案和可能的大致走法。

2）试坡布线。由于在山麓起点和垭口之间的详细地形、地质条件差别很大，不可能一次就把路线布局确定下来。而需要通过试坡布线，定出中间控制点，在控制点之间逐段展线布局，最后形成路线的整体。

试坡通常先固定垭口，由上而下，视野开阔，便于争取有利地形。试坡工具有带角手水准和经纬仪，有条件时可使用 GPS。试坡选用的平均坡度，应根据现行《标准》的规定，地形曲折、小半径曲线多的地段，可略低于规定值。

试坡过程中，在必须避让的地物、工程艰巨及地质不良地段，以及拟用作回头的地点，选择合适的点位，若该点与前后控制点连线构成的坡度与设计纵坡基本一致或略小，则选择的点位可作为中间控制点；若该点与前后控制点连线构成的坡度大于设计纵坡或无法调整时，则重新调整点位，重新布线。对于必须联系的中间居民点、工矿等也应作为中间控制点。当一系列中间控制点暂定下来后，整个路线方案的轮廓也就基本确定了。

3）分析、落实控制点，决定布局方案。控制点有固定和活动之分：一种是位置和高程都不能改变，如工程特别艰巨地点的路线和某些受限制很严的回头地点，必须利用的桥梁，必须通过的街道等；另一种是位置固定，高程可以活动，如垭口、重要桥位等；第三种是位置、高程都有活动余地的，如侧沟展线的跨沟地点，宽阔平缓山坡的回头地点等。

第一种情况较少，第二、三种情况居多。落实时对活动范围小的控制点，可视为固定控制点，把位置、高程确定下来，然后再去研究固定控制点之间的、活动范围较大的那些控制点，以便通过适当调整，达到既不增大工程而又能使线形更加合理的目的。

活动控制点的调整落实，有两种情况和做法：活动性较大的回头地点，可从前后两个固定控制点以适当的坡度分头放坡交会得出；固定控制点间的非回头的活动控制点，应在其可活动的范围内调整，以使固定控制点间的坡度尽量均匀。

4）详细放坡试定路线。

（3）桥位与展线的配合

当路线需连续翻山跨河时，布线除了可以考虑降低垭口的标高外，还可以从考虑提高跨河桥位的标高上入手，因为跨河桥位位置越高则与垭口的高差越小，展线长度就越短。为配合展线对桥位可做如下选择：当越岭地形困难，在服从路线总方向和不过分增加桥梁工程量的条件下，尽可能选择较高桥位，以缩短展线长度；在可能的条件下，应在上游选择桥位，以减小桥跨孔径，便于展线；当桥位和垭口标高已定时，可从垭口向下放坡展线到桥位，推算桥梁的标高，以满足展线的要求。

（4）展线示例

一条较长的越岭线，常常是各种展线方式的综合运用，布线时要抓住地形特点，因地制宜选用合适的展线方式，充分发挥其优点，把路线布局工作做好。图 3-35 为利用山脊展线的示例，图 3-36 为利用山坡展线的实例。

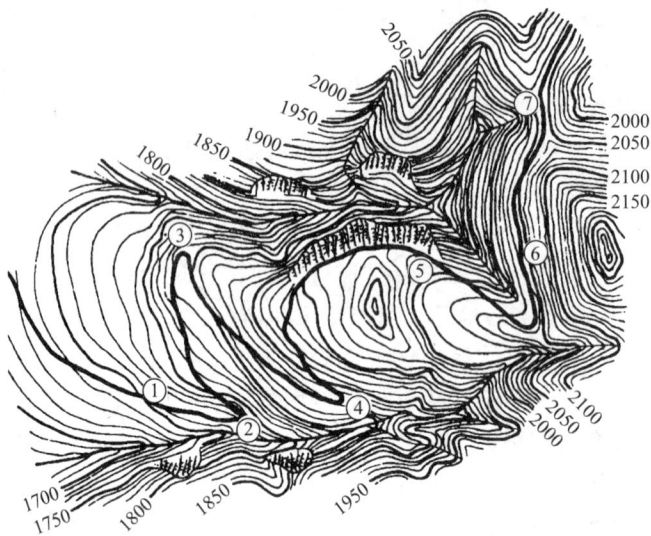

图 3-35 利用支脉山脊展线

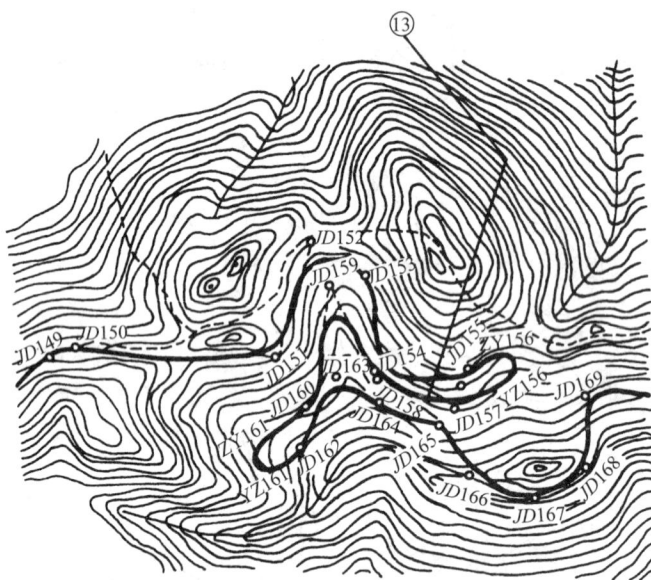

图 3-36 利用平缓山坡展线

3.3.4 山脊线布线要点

山脊线是指公路大致沿分水岭方向所布设的路线。连续而又平直的山脊通常是很少见的，较长的山脊线也很少，它一般是作为越岭线的中间连接段或沿河（溪）线的比较线而考虑。能否采用部分山脊线，取决于是否有适宜的山脊。通常服从路线走向、分水线顺直平缓、起伏不大、岭宽脊厚、垭口间山坡的地形地质情况较好的山脊是较好的布线条件。

山脊线的有利条件是：当山脊条件好时，山脊线一般里程短，土石方工程量小；水

文、地质条件好，路基病害少、稳定，地面排水条件好；河谷少且汇水面积不大，桥涵等人工构造物少。山脊线的不利条件是：线位高，远离居民点，服务性差；山势高、海拔高、空气稀薄、冬季云雾、积雪、结冰较大，对行车和养护不利；远离河谷，砂石材料及施工用水运输不便。

山岭区的分水岭常常是峰峦、垭口相间排列，有时相对高差很大。这种地形的山脊线则为一些较低垭口所控制，路线应沿分水岭的侧坡在垭口之间穿行，线位大部分设在山腰上。山脊线一般线形大多起伏、曲折，其起伏和曲折程度则视分水岭的形状、控制垭口间的高差和具体地形而异。

山脊线方案主要应考虑以下条件决定取舍：

（1）分水岭的方向与路线总方向基本一致；

（2）分水岭平面能满足线形要求，不过于迂回曲折，纵面上各垭口间的高差不过于悬殊；

（3）控制垭口间山坡的地质情况较好，地形不过于陡峻零乱；

（4）上下山脊的引线要有合适的地形可以利用，这是能否采用山脊线的主要条件之一，往往山脊本身条件很好，但上下引线条件差而不得不放弃。

由于山脊线基本沿分水岭布设，基本走向明确，布线主要需解决以下三个问题：控制垭口选定；侧坡选择；路线布设（包括选择中间控制点）。

1. 控制垭口选择

在山脊上，连绵布置着许多垭口，每一组控制垭口代表着一个方案。因此选择控制垭口是山脊线选线的关键。当分水岭方向顺直、起伏不大时，几乎每个垭口都可暂定为控制点。如地形复杂、起伏较大且较频繁、各垭口高低悬殊，则高垭口之间的低垭口一般即为路线的控制点，突出的高垭口可舍去；若有支脉横隔，在相距不远的、并排的几个垭口间只选择其中一个与前后联系条件较好、路线较短的垭口作为控制点。

控制垭口的选择还必须和分水岭两侧山坡的布线条件联系起来考虑，而在侧坡选择和试坡布线的过程中，对初步选定的控制点加以取舍，确定推荐方案。

2. 侧坡选择

分水岭的侧坡是山脊线的主要布线地带。要选择布线条件较好的一侧，以取得平、纵线形好、工程量小和路基稳定的效果。

通常坡面整齐、横坡平缓、地质情况好、无支脉横隔的向阳山坡较为理想。除两侧坡优劣十分明显易于取舍外，两侧都要作比较。同一侧坡也还可能有不同的路线方案，可通过试坡布线决定。多数初选的控制垭口，在侧坡选择过程中即可决定取舍，少数则需在试坡布线中落实。

如图 3-37 所示，A、D 两垭口是由前后路线所决定的固定控制点，其间有 B、C、E 三个垭口，由此可有 I、II、III 三种走法。哪个选为中间控制点，首先取决于路线布设在分水岭的哪一侧。经比较，C 垭口比 B、E 垭口高 35m，使 III 线起伏较大，应不予考虑，I 线走左侧山坡，路线短捷，平面顺直，但其横坡较陡，需穿过一陡岩和跨越一深谷。II 线走右侧山坡，路线较长，平面线形稍差，但纵、横坡均较平缓，工程量较小。两线各有利弊，有待于试坡布线时结合其他因素综合比较确定。

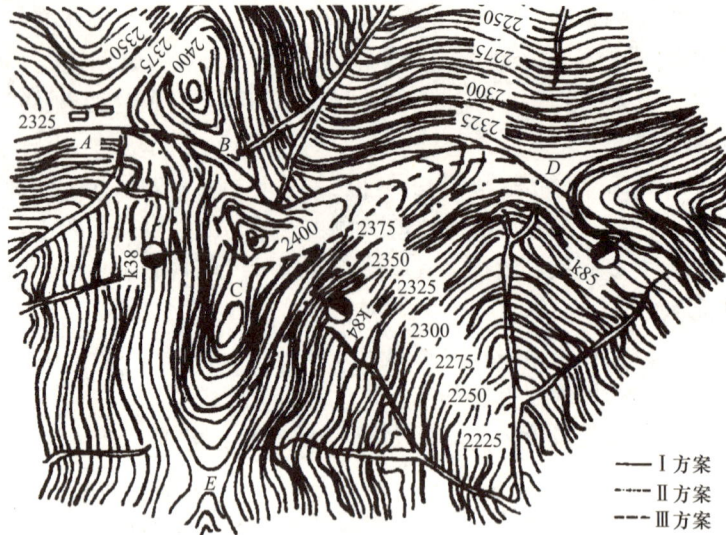

图 3-37　山脊线侧坡选择

3. 试坡布线

山脊线有时因控制点间高差很大，需要展线；也有时为避免路线过于迂回，要采用起伏坡，以缩短里程，但不可使其过于急促、频繁，平、竖曲线和视距等指标相应也要掌握得高些。试坡布线分为三种情况：

(1) 垭口间平均坡度不超过规定

通常情况下如两控制垭口中间地形、地质方面没有太大障碍，应以均匀坡度沿侧坡布线。如中间遇有障碍或难点工程时，可加设中间控制点，调整坡度来避让，中间控制点和前后垭口之间仍按均匀坡度布线。

(2) 垭口间有支脉横隔

路线穿过支脉，要在支脉上选择合适垭口作为中间控制点。该垭口应不致使路线过于迂绕，合理深挖后两翼路线坡度都不超过规定，并使路线能在较好的地形、地质地带通过。如图 3-37 中支脉上的 C、E 垭口，因 C 垭口过高而放弃。为比较 I、II 两方案，从垭口 D 以平均坡度向 E 试坡，因工程量不大，施工较易，在交通量不大时可考虑采用。

(3) 垭口间平均坡度超过规定

这种情况下需要进行展线，根据具体地形、地质条件，采用填挖、旱桥、隧道等工程措施来提高低垭口，降低高垭口，也可利用侧坡、山脊等有利地形设置回头展线或螺旋展线。

图 3-38 为一山脊线布线实例。路线首先由平地利用有利地形展线，升坡到山脊（图中 A 段为采用回头展线，有时也可不用回头展线，顺山坡逐渐升坡到山脊）；路线上到山脊后，循分水岭前进，遇山脊高峰，选择有利一侧山坡布线（如图中 B 段所示）；如线路继续前进，遇个别极低垭口（如图 C 点），前后路线又无法降低，于是考虑用路堤或建旱桥通过；如垭口出现陡坎，按具体情况采用螺旋式展线（如图中 D 段）或回头展线升坡前进；当山脊自然坡度接近路线最大纵坡时，可寻求较缓山坡，适当展线前进（如图 E 段）；当山脊自然坡度超过规定最大纵坡时，需选择有利地形进行展线（如图 F 段所示）。

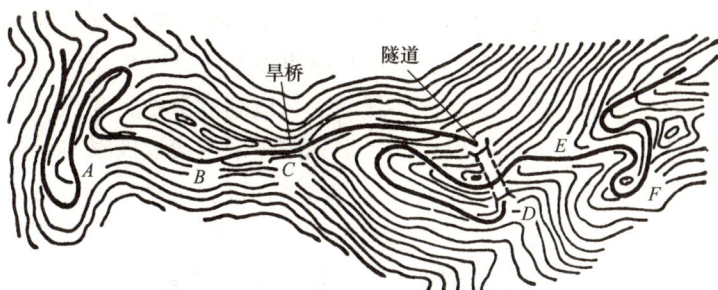

图 3-38　山脊线应用实例

3.4　丘陵区选线

3.4.1　丘陵区路线特征

丘陵区复杂多变的自然形态决定了通过丘陵区路线的基本特征是：为构成与地形相适应的空间线形，路线平面迂回转折，以曲线为主体，纵断面线形起伏（偶尔有较陡的坡道），如图 3-39 所示。

丘陵区路线线形的主要特征是：

（1）由于受地形限制小，路线可能的方案较多；

（2）路线平、纵、横三方面相互之间的约束和影响很大；若路线短直会造成高填深切，若三者组合合理，可以提高线形标准。

（3）线形指标一般较好，但线形指标运用时变化幅度比较大，既不像平原区一般多用高限指标，也不像山岭区多用接近低限指标。

图 3-39　丘陵区路线

3.4.2　丘陵区选线的一般要求

1. 微丘区选线

由于地形近似于平原，平面线形应充分利用地形，处理好平、纵线形的组合。不应迁就微小地形，造成线形迂回曲折，也不宜采用长直线，造成纵断面线形起伏过大。

2. 重丘区选线

重丘区选线活动余地较大，应综合考虑平、纵、横三者的关系，恰当地掌握标准，提高线形质量。设计中应注意：

（1）路线应随地形变化布设，在确定路线平面、纵断面线位的同时，应注意横向填挖的平衡。横坡较缓的地段，可采用半填半挖或填多于挖的路基；横坡较陡的地段，可采用全挖或挖多于填的路基。应注意挖方边坡的高度，不致因挖方边坡过高而失去稳定。同

73

时，还应注意纵向土、石方平衡，以减少废方与借方，尽量少破坏自然景观。

（2）平、纵、横三方面应综合设计，不应只顾纵坡平缓，而使路线过于弯曲，导致平面指标过低；或者只顾平面直捷，纵断面平缓，而造成高填深挖，工程过大；或者只顾工程经济，过分迁就地形，而使平面、纵断面较多采用极限或接近极限的指标。

（3）应注意少占耕地不占良田。线路宜靠近山坡，以少占耕地不占良田，但应避免因靠近山坡增大工程。当线路通过个别高台地或山鞍时，应结合地质、水文条件，做深挖与隧道方案的比选，以节约耕地或避免病害；当线路跨越宽阔沟谷或洼地时，应结合节约用地的要求做旱桥与高填方案的比选；应结合灌溉系统及流量要求，修建相应的桥涵，注意避免引起水害，冲毁或淹没农田。

（4）冲沟比较发育的地段，高速公路、一级公路和二级公路可考虑采用高路堤或高架桥的直穿方案；三级、四级公路则宜采用绕越方案。

（5）地质不良地段，应以绕避为主。不得已必须通过时，应调整平、纵线形，恰当掌握标准，以尽量少扰动的方式通过，并采取必要的工程防护措施及排水设施，确保边坡及路基稳定。

3.4.3 丘陵区路线布设方式

丘陵区地形错综复杂，布线方法应随路线行经地带的具体地形而采用不同的布线方式。根据选线实践经验，可概括为三类地形地带和相应的三种布线方式。

1. 平坦地带——走直线

两个已知控制点间，地势平坦，应按平原区以方向为主导的原则布线。如其间无地物、地质障碍，或应屈就的风景、文物及居民点，路线应走直线；如有障碍或应联系的地点，则加设中间控制点，相邻控制点间仍以直线相连，凡路线转折处，设置与地形协调的长而缓的曲线。

2. 具有较陡横坡的地带——沿匀坡线

"匀坡线"是两控制点之间顺自然地形，以均匀坡度定的地面点的连线，如图 3-40 所示。匀坡线通常需经多次试坡后才能求得。

在具有较陡横坡的地带，两个已定控制点间，如无地物、地形、地质上的障碍，路线应沿匀坡线布线；如有障碍，则在障碍处加设控制点，相邻控制点间仍沿匀坡线布线。

3. 起伏地带——走中间

起伏地带也属于具有横坡的地带，特点是地面横坡较缓，匀坡线很迂回。"走中间"就是路线在直线和匀坡线之间选择平面顺适、纵断面均衡的合理路线。

路线经过起伏地带，就是说路线要交替跨越丘梁和坳谷，在两个相邻的梁顶（或谷底）之间，即出现一组起伏，在这种地形上布设路线，如沿直连线走，路线最短，但起伏很大，为了减缓起伏，势必将出现高填深挖，增大工程；如沿匀坡线走，坡度最好，但路线绕长太多，工程一般也不经济，这种"强拉直线"和"弯曲求平"的做法，都是不可取的。

如图 3-41 中 A、B 为两相邻梁顶，中间为一坳谷，构成一组起伏地带。如果路线布设于匀坡与直线之间，如图中的 I 方案或 II 方案，比直线的起伏小，比匀坡线的距离短，而使用质量有所提高，工程造价有所降低，是较合理的布线方案。至于路线在直线及匀披线

之间的具体位置要根据公路等级，结合地形作具体分析，从使平、纵、横协调来确定。

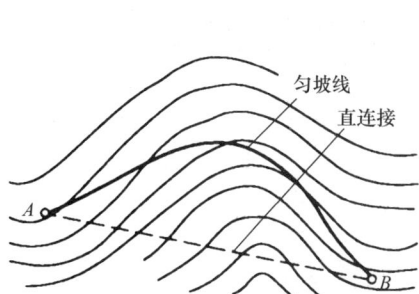

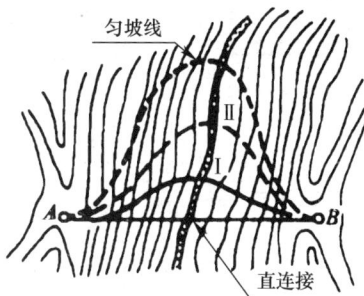

图 3-40　匀坡线　　　　　　　　　图 3-41　起伏地带路线方案

对于较小的起伏，首先要坡度缓和。在这个前提下，再考虑平面与横断面之间的关系。大体说，低等级公路工程宜小，平面上可稍多迂回增长些距离，即路线可离直连线远些；高等级公路则宁可增加工程量，尽可能缩短距离，把路线定得离直连线近些。

较大的起伏，一般高差大的一侧的坡度常常成为决定因素，需根据应采用的合理坡度并结合梁顶的挖深和谷底的填高来确定路线的平面位置。

直连线和匀坡线给起伏地带指出一个布线范围，但不必在实地放出。因为梁顶处匀坡线是在直连线下方，谷底处匀坡线则在直连线上方；而且在梁顶应是暗弯和凸曲线，在谷底应是明弯和凹曲线。

当在两个已定控制点间有多组起伏时，需要在每个梁顶（或每个谷底）都定出控制点，然后按上述方法处理各组起伏。

已定控制点间包括的起伏组数越多，直连线和匀坡线所包范围越大，路线的方案也越多。布线可分头从两个已定控制点向中间进行，逐步减少包括的起伏组数，因而也缩小了直连线和匀坡线所包范围，直到最后合拢。

总之，丘陵区选线时，可比方案较多，各方案之间的优缺点不很突出，这就要求选线人员采用分段布线、逐段渐近的办法，详细分析比较，最后选定出一条最合适的路线。图 3-42 为某一丘陵区路线的路线方案比较实例。

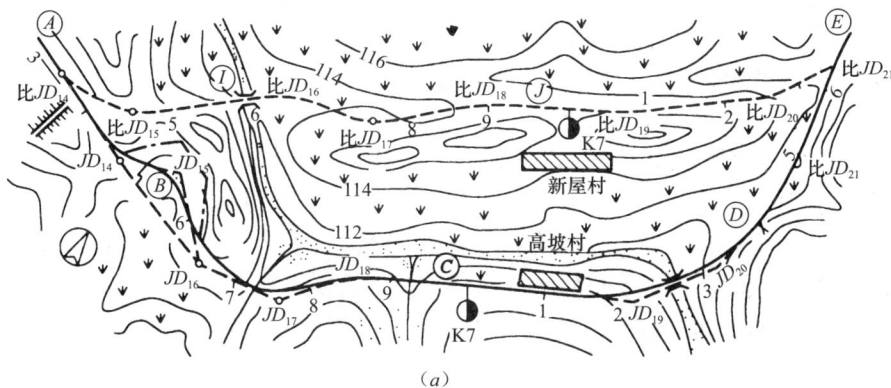

(a)

图 3-42　丘陵区路线方案比较（一）

(a) 平面比较

75

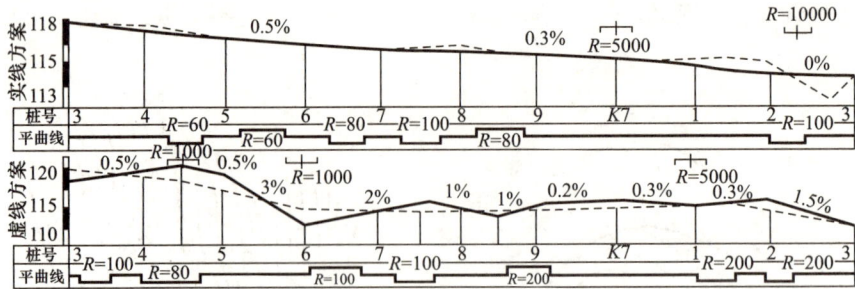

图 3-42　丘陵区路线方案比较（二）

（b）纵断面比较（仅示出部分竖曲线）

3.5　公路定线

3.5.1　实地定线

实地定线是在路线全面布局和逐段安排的基础上，根据既定的技术标准，结合地形、地质及其他沿线条件，在现场经过反复比较、合理安排，综合考虑平、纵、横三方面因素，实地定出道路中线位置。其内容包括：在平面上实地定出交点，确定平曲线半径，并插设曲线；在纵断面上初定坡度；在横断面上初估道路中心填挖高度和边坡坡率；跨越水道时，从路线和构造物的最佳方案出发，合理确定跨越的平面位置和高度。

实地定线应遵守"因地形而异"的原则，即针对不同的地形条件采取相应的定线方法和步骤。根据路线经由地区地形、地势的复杂程度不同，路线大体可分为自由坡度地段和紧迫坡度地段两类。

1. 自由坡度地段实地定线

所谓自由坡度地段，是指地形比较平坦、起伏不大，路线不受高差限制的地段。平原区、微丘区及地面最大自然坡度缓于最大设计纵坡的地形均属自由坡度地段。自由坡度地段的道路实地定线，主要以平面线形为主导，以路线方向为控制条件，正确绕避平面上的障碍物，在相邻两个小控制点间，一般多按短直方向定线。

自由坡度地段实地定线一般多采用现场直接插点定线的方法，其步骤是：首先在逐段安排阶段确定的小控制点间结合地形及地物等再加密控制点，然后根据这些加密的控制点安排直线，延伸直线交出交点；测出转角及交点间距离，确定平曲线半径并插设曲线；最后进行纵断面设计。按照以上步骤往往需要经过多次反复，才能定出合理的路线。定线时，在以平面线形为主导安排路线的同时，应兼顾纵断面和横断面。

（1）加密控制点

加密控制点，就是在实地寻找控制和影响道路中线位置的具体点位。在逐段安排阶段确定的两个小控制点间，一般不可能作成直线，常常需要再加设控制点，使路线转折，从而避开障碍物、利用有利地形。一般加密的控制点有经济点和活动点之分。

1）经济点

经济点是指路线穿过斜坡地带时，考虑横向填挖平衡或横向施工经济而确定的加密控制点。如图 3-43 中Ⅱ-Ⅱ中线位置，挖方面积和填方面积大致相等时的线位即为经济点。

由于经济点仅从横向施工经济出发控制线位，因而只能作为穿线定交点时的参考位置。

2）活动点

活动点是指当路线受艰巨工程、不良地质、地物及路基边坡稳定性等因素限制时，中线只宜通过的位置。图 3-44 示出了各种因素对中线位置的影响。从图中可以看出，活动点的位置还与路基形状、尺寸、加固方式及路线通过不良地质地段的工程措施、地表形状、路基设计标高等因素有关，定线时应综合考虑，合理确定活动点的位置。

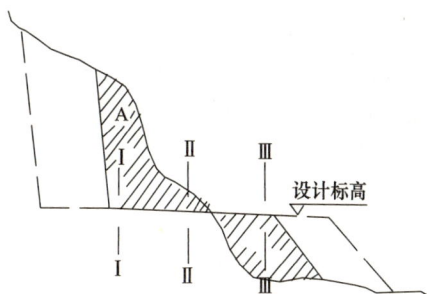

图 3-43　横断面经济点位置

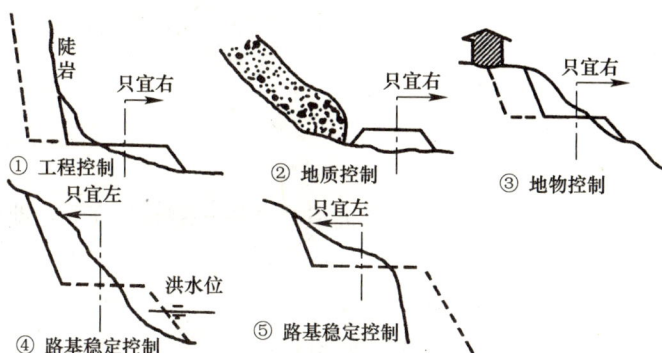

图 3-44　活动点位置示意图

（2）穿线定交点

穿线定交点就是根据技术标准和线形组合的要求，在保证活动点和照顾多数经济点的前提下，前后考虑，穿出直线并延长相邻直线定出交点。

在穿线定交点时，除要满足技术指标的要求外，还应注意以下两个方面的问题：

1）平面线形方面

穿线定交点时，相邻交点间一般不强求长直线，但应注意保证交点间具有足够长度。反向曲线间除应保证两曲线切线长度外，还应满足平曲线间直线长度的要求；同向曲线要避免在两曲线间出现不利于行车的短直线，即断背曲线形式，如图 3-45 所示。

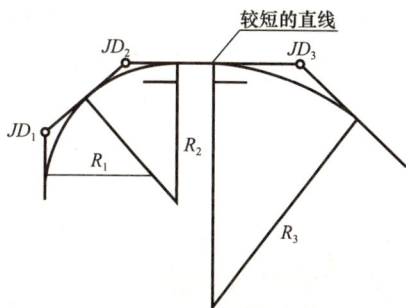

图 3-45　断背曲线示意图

在满足控制点要求的前提下，路线的转角要尽量调整得小一些，并使交点间距离尽量长些，以争取能选用较大半径的平曲线，获得较好的线形。

保证行车视距是提高道路使用质量的重要措施之一，穿线定交点时要尽量避免正对山嘴或其他障碍物，以争取较好的视距。

应力求平面线形指标均衡，保持线形的连续性。路线绕避障碍物时，要及早转向，以使线形舒顺均衡，如图 3-46 中实线就比虚线更为合理。

2）平面与纵断面、横断面配合方面

路线平面线形要与纵坡起伏相协调。穿线定交点时既要防止由于平面线形过直而造成

纵坡起伏过大，增加工程量，又要避免只求纵坡平缓，而使路线随弯就弯导致平面线形过差。如图 3-47 所示，斜穿台地定交点的做法要比直穿合理。此外，穿线定交点应尽可能照顾多数经济点，使路线横向填挖基本平衡并能保证路基横向稳定。

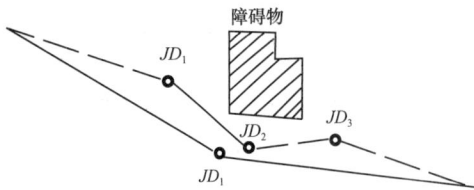

图 3-46　提前转向绕壁障碍物　　　　　　　图 3-47　路线斜穿台地

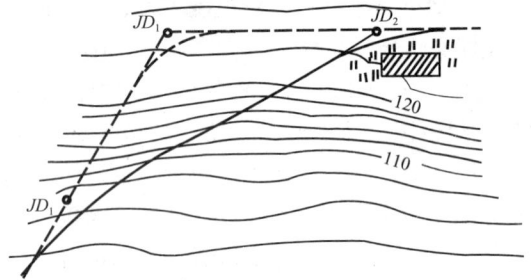

（3）确定平曲线半径、插设曲线

详见第 4 章"公路平面设计"。

（4）纵断面设计

在现场将平面位置确定后，经过量距定桩和测量各桩地面标高后，即可绘制纵断面图，并进行纵坡及竖曲线设计。在纵断面设计中如果仅靠调整纵坡无法满足要求时，则应调整平面线形，有两种情况：如果平面线形改动不大，可根据平面导线和横断面资料，绘制带状地形图，通过纸上移线对局部路段进行修改；如果平、纵断面之间的矛盾突出且工程量过大，平面线形必须作重大修改时，应深入现场进行改线，通过比较路线，重新定出修改路线。

2. 紧迫坡度地段实地定线

所谓紧迫坡度地段，是指地形陡峭，起伏大，地质条件复杂，路线受坡度限制很大的地段，一般经由山岭区及重丘区的多数路段均属紧迫坡度地段。紧迫坡度地段实地定线中，在利用有利地形、避让艰巨工程及不良地质或地物时，都涉及调整纵坡的问题，而该地段纵坡限制较严。因此，紧迫坡度地段实地定线安排好纵坡是首要问题。

紧迫坡度地段实地定线一般采用放坡定线的方法，其工作步骤如下：

（1）放坡

放坡就是按照要求的纵坡在逐段安排确定的小控制点间实地找出地面坡度线，并合理解决控制点间纵坡分配问题。如图 3-48 所示，路线由 A 点到 B 点，如果沿最大地面自然坡度方向 AB（即垂直于等高线方向）前进，路线将无法到达 B 点，显然不可能实施。如果路线沿等高线走（即 AC 方向）虽然纵坡平缓，但方向偏离，达不到上山目的。因此，需在 AB 和 AC 方向间寻找 AD 方向线，使其地面坡度正好等于要求的纵坡 i_p 这样既可使

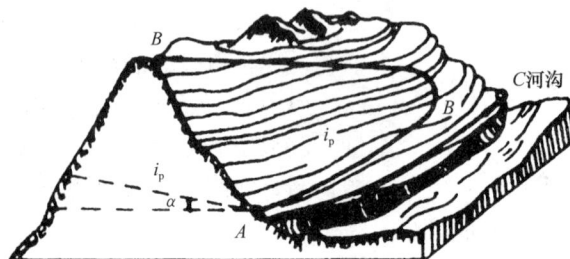

图 3-48　放坡原理示意图

路线纵坡符合要求，又可使工程数量最小。放坡实质上就是现场设计纵坡，它是紧迫坡度地段实地定线的重要步骤。

放坡一般由受限较严的控制点开始，一人用带角手水准，对好与选用坡度相当的角度，立于控制标高处指挥另一手持花杆的人在山嘴、山坳等地形变化处、计划变坡处及顺直山坡上每隔一定距离定点，插上坡度旗，旗上最好注明选用的坡度值。按照上述方法定出的这些坡度点连线如图 3-49 中的 $A_0A_1A_2$……称为导向线。

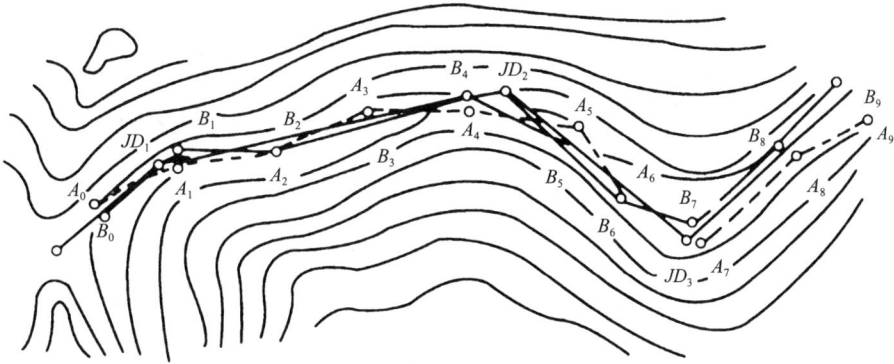

图 3-49　放坡定线示意图

（2）修正导向线

坡度点处的地面标高就是概略的路基设计标高，但由于坡度点处地面自然横坡陡缓不一，线位放上或放下对路基的稳定和填挖工程量影响很大，故根据路基设计的要求，在各坡度点的横断方向上综合坡度点、经济点及活动点选定最合适的中线位置，插上标志，这些点的连线即为修正导向线，如图 3-49 中的 $B_0B_1B_2$……。

经验丰富的定线人员，常常把放坡和修正导向线两步工作并为一步来完成，即一次完成修正导向线，这样在树丛地段定线时能节省大量清除障碍的工作。

（3）穿线定交点

修正导向线是具有合理纵坡、横断面上位置最佳的一条折线，但它不能满足平面线形标准的要求，尽可能地靠近或穿过修正导向线上的点，特别是控制性的点，通过对修正导向线裁弯取直，穿出与地形相适应的若干直线，然后延伸这些直线定出交点，如图 3-49 中的 JD_1、JD_2、JD_3……。定线时须反复试插、修改、才能定出合理的路线。

定出交点后，实测转角和交点距离，确定平曲线半径并插设曲线，最后进行纵断面设计。这些后续工作与自由坡度地段一致，在此不再复述。

3.5.2　纸上移线

在公路实地定线中，往往由于地形条件限制、定线时考虑不周或其他原因，难免发生因个别路段中线位置定得不当，致使工程量过大，或使路线的平、纵面线形不够理想的情况。此时，在实地改线确有很大困难且中线位置改动不大时，为使设计达到经济合理的要求，可在实测横断面的范围内移改中线，绘出相应移线图，并列入设计文件中供施工使用，这项工作就称作纸上移线。

1. 纸上移线的条件

在满足下列条件之一时可进行纸上移线：

（1）路线平面线形存在问题，如线形标准前后不协调、平曲线半径过大或过小、避让障碍物不充分等，需要调整交点位置、改变平曲线半径时。

（2）纵坡设计不够合理或与平面线形组合不当，为此需要调整平面线形时。

（3）对工程量过大或有害路基稳定的局部路段，移改线位后能节省大量工程或明显提高路基稳定性时。如图 3-50 所示，原路线位置过于靠山，不但土石方数量大、填挖不平衡，而且容易出现塌方病害，移线后（如图中虚线）可显著降低工程量，且横向填挖平衡、边坡稳定。再如图 3-51 所示，原路线位置过于靠外（有时是因路基填挖高度不合理），须设置较高的挡墙或较大的砌石工程，移线后可不修建挡墙或减少挡墙的高度和长度、图 3-51 （a）为仅移动中线平面位置，图 3-51 （b）为中线平面位置及标高同时移动。

（4）实地定出的路线虽然满足技术标准与规范的要求，但在不过多增加工程量却能显著提高平、纵面线形标准时，亦应考虑纸上改移路线。

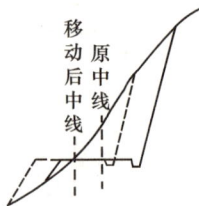

图 3-50　原路线位置过于靠山　　　　图 3-51　原路线位置过于靠外

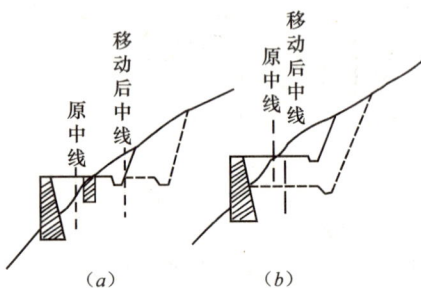

2. 纸上移线的方法与步骤

纸上移线通常有计算断链和不计算断链两种做法：当移距较大，移线前后路线长度相差较大且对纵坡有很大影响时，应采用计算断链的做法；反之，对移距不大或路线纵坡平缓的路段进行纸上移线时，可不必计算断链。如采取计算断链的做法，其移线步骤如下：

（1）绘制移线路段的大比例尺（一般以 1∶200～1∶500 为宜）平面导线图，并绘出平曲线，注出各桩位置。

（2）依据移线的目的，在纵断面图上试定纵坡，概略计算出各桩填挖高度。

（3）根据填挖高度，在横断面图上找出各桩最经济或控制性路基中线位置；量出偏移原中线的距离，并分别用不同符号标记在平面导线图上；参照这些标记，根据保证重点、照顾一般的原则，经多次反复修改，定出改移的导线。

（4）量出改移导线各交点的转角，移线与原线角度要闭合，否则要进行调整；拟定平曲线半径，计算曲线要素，并绘出平曲线；从移线起点找出与原线里程的对照关系，量出各桩移距，计算出断链长度，注于移线终点，最后计算出原线上各桩相应于移线上的新桩号；原线上桩号及其移线上的新桩号及移距一并注在移距表中。

（5）按移距，在原横断面图上绘出移线后的中线位置，并注明新桩号。

（6）根据横断面上移线前后中线处的地面相对高差，在原纵断面图上绘出移线后的地面线并设计纵坡和竖曲线。

（7）按移线后的桩号、平曲线、纵坡、竖曲线等资料编制"路基设计表"，表中地面标高仍为原桩标高，移线后的平曲线起终点桩号填在"备注"栏里。

（8）进行路基设计和土石方数量计算。如采用不计算断链的移线方法，则上述步骤中：第（4）步不需推算桩号，不用计算断链长度，但需推算出移线后曲线起、终点相应于原线的桩号，此时终点与起点桩号之差不等于曲线长；第（5）步不需注明新桩号；第（9）步编制"路基设计表"用原桩号，移线后平曲线起、终点桩号标注在"备注"栏内。

3.5.3 纸上定线

纸上定线是在 1：1000～1：2000 大比例尺地形图上根据不同等级道路所规定的技术标准，结合地形情况，在纸上确定道路中线位置。

纸上定线的前提是要有路线经由地区的大比例尺地形图。为此高等级公路及部分地形、地质特别复杂的公路一般都采取如下的定线过程：首先在路线全面布局阶段选定的"路线带"内实地敷设导线，并测绘大比例尺地形图，这项工作也可委托专业测绘部门来完成，高等级公路为保证测图精度和范围、减少测图工作量应进行航测。其次，在大比例尺地形图上确定道路中线位置，并进行纵、横断面设计及土石方工程数量计算，其实质是纸上设计，这是纸上定线的核心。最后，将纸上路线敷设到现场，并结合实地地形、地质及其他条件对纸上路线进行修正和完善。

1. 纸上定线的方法与步骤

纸上定线的原则与前述实地定线一致，即应遵守"因地形而异"的定线原则：自由坡度地段的纸上定线要以平面线形为主导，正确绕避平面上的障碍物，力争相邻两个小控制点间路线顺直短捷（不必放坡试线）。紧迫坡度地段纸上定线重点是安排好纵坡，充分利用有利地形，避让艰巨工程和不良地质地段。现以紧迫坡度地段为例，阐述纸上定线的方法和步骤。

（1）逐段安排路线

在大比例尺地形图上，仔细研究全面布局阶段选定的主要控制点间的地形、地质情况，选择地势平缓、山坡顺直、沟谷开阔和有利于设置回头展线的地点，逐段定出具体的小控制点并拟定小控制点间路线的各种可能走法。

（2）试坡

根据等高线间距 h 及选用的平均坡度 $i_均$（视地形起伏程度而定），按 $a=h/i_均$ 计算出相邻等高线间平距 a。如图 3-52 所示，使两脚规的张开度等于 a（按地形图比例尺），进行纸上放坡。

从某一控制点，如图 3-53 中的 A 点开始依次在等高线上截取 a、b、c……点，直至控制点 D 点附近为止。若自 A 点开始放坡，不能到达 D 点附近，说明路线方案不能成立，应进行修改，可改动小控制点位置或调整平均坡度，重新放坡，直到方案成立为止。将截取的 a、b、c…各点连成折线，即得到匀坡线。

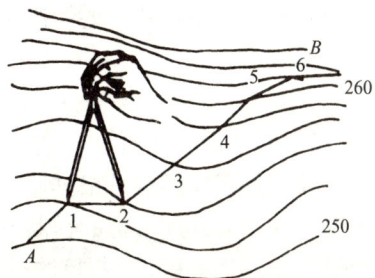

图 3-52　纸上放坡示意图

（3）定导向线

分析研究已得到的匀坡线，检查其利用地形和绕避障碍物的情况，进一步移动线位确定加密的控制点。如图 3-53 所示，匀坡线是在陡崖中间穿过，且有利于设置回头的地点 B 处也没有被利用上，为此将路线位置向上方移动，确定 B、C 为加密控制点，将路线分为 AB、BC、CD 三段，分别调整坡度重新放坡，放

坡后在等高线上截出 a'、b'、c'……各点，将 A、a'、b'、c'……各点连成折线，即得到导向线。

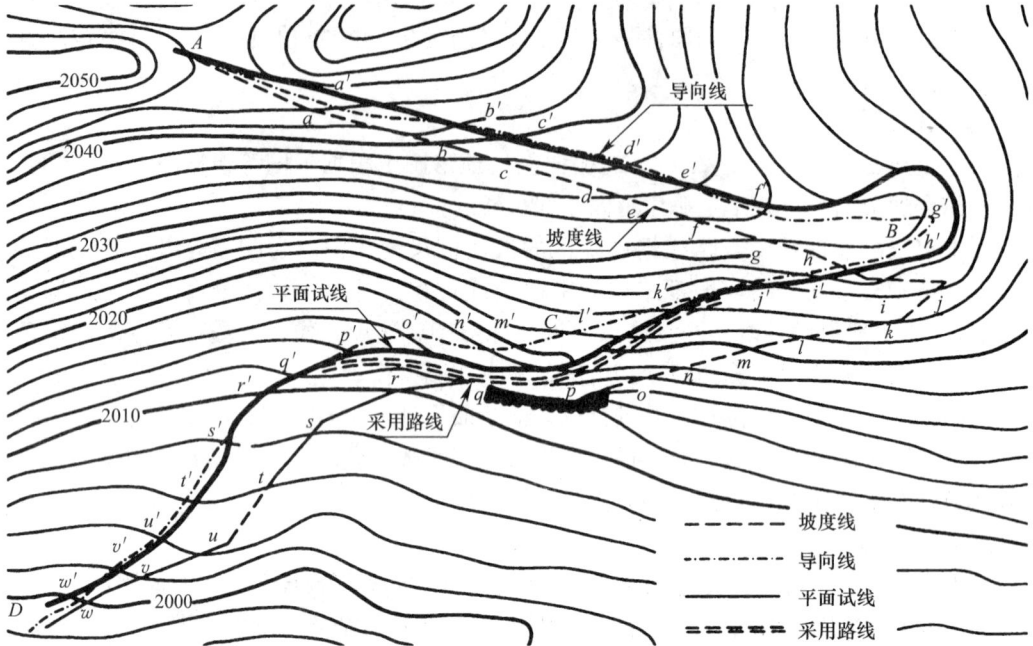

图 3-53　纸上定线平面图

（4）作平面试线

导向线仍然是条折线，还不能满足平面线形标准的要求，为此应根据平面线形标准，结合地面自然横坡变化情况，确定必须通过的点、适当照顾的点和可以不考虑的点。然后以点连线，以线定交点，并量出转角，敷设曲线，从而定出平面试线（如图 3-53 中的粗实线）。

（5）点绘纵断面草图与横断面图

沿平面试线在图上量出地形变化特征点的桩号和地面标高，设计纵坡，计算出各桩号概略设计标高，绘制概略纵断面图，如图 3-54 所示。

绘制横断面图，特别要绘制出地面横坡较陡、路基中线位置移动对填挖方工程量影响很大的横断面。

（6）修正导向线

1）纵断面修正导向线

纵断面修正导向线是根据等高线平面图和路线纵断面图，修改平面位置，避免纵向大填大挖。在平面试线各桩的横断方向上点出与概略设计标高相应的点，这些点的连线是具有理想纵坡、中线上不填不挖的折线，称为修正导向线。如图 3-54 中 k0＋200～k0＋400 之间，实线地面线（对应平面试线）挖方较大，该段纵坡已近极限值无法调整，如将路线移到崖顶通过（平面采用路线），平面线形并无多大变化，但挖方工程减少很多，如图 3-54 中虚线地面线。

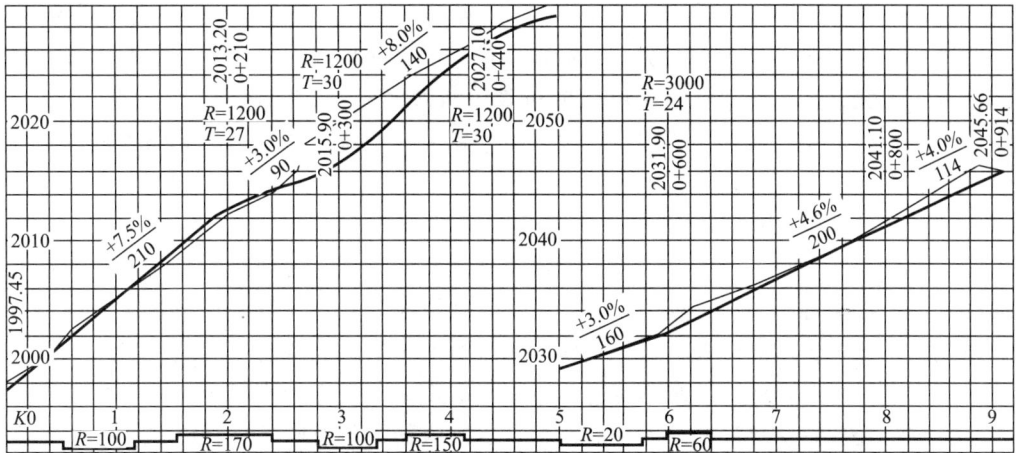

图 3-54　纸上定线纵断面图

2）横断面修正导向线

在横坡较陡的困难地段定线，有时从纵断面上看，填挖方工程量不大；但从横断面上看，可能出现很大的工程量。这时，需要进行横断面修正。其工作步骤如下：

① 首先找出控制路线位置的横断面，测绘横断面图。

② 根据各控制断面的原设计高程，用路基透明模板逐点找出最经济或起控制作用的最佳中线位置及其左右可移动的合理范围，如图 3-55（a）中的②、③。

③ 将各横断面上路线可能左右移动的控制点（设为 P、Q）按相应的里程和比例尺点回到平面图上，连接各控制点，可得到在平面图上路线可能移动的带状合理范围，如图 3-55（b）中的阴影部分。

根据最佳位置的性质分别用不同符号点回到平面图上，这些点的连线是一条有理想纵坡、横向位置最佳的折线，称为二次修正导向线（小比例尺地形图上显示不出最佳位置时可不做）。

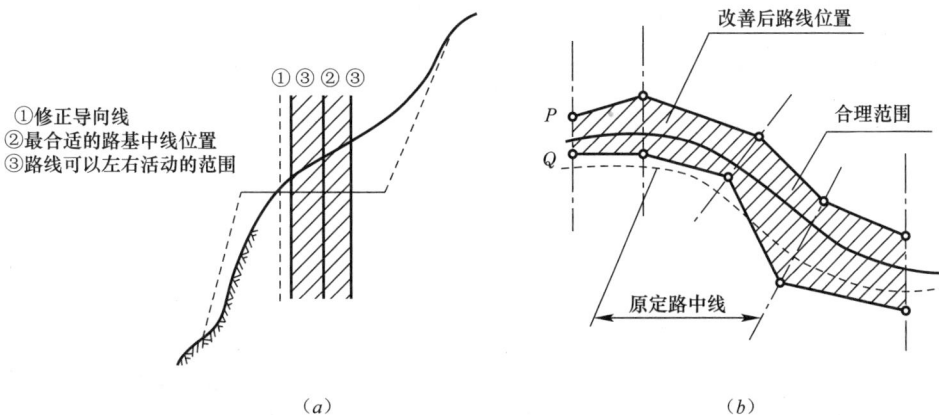

（a）　　　　　　　　　　　　　　（b）

图 3-55　横断面最佳位置

83

（7）定线

二次修正导向线是具有理想纵坡、横断面最佳的平面折线，但亦不能满足平面线形标准的要求，为此，还应根据平面线形标准对其进行修改，最后定出中线，如图 3-53 中的采用线。如果地形变化大，地形图比例尺又较小，最佳位置在图纸上不易清晰地的反映出来。此时可不作此项工作，只做到上一步为止。

2. 纸上定线与实地定线的比较

实地定线需面对实际地形、地物，地质及水文条件等，只要定线人员有一定的选线和定线经验，不怕辛苦，不怕麻烦，肯多跑多看，掌握充分资料，反复试插，多次改进，也能把路线定在比较合适的位置上，但是实地定线有两个根本弱点：

（1）由于对地形、地质、水文情况的了解全靠定线人员进行现场调查，限于现场工作条件难于对各处自然状况都能深入调查研究，加之人的视野有限，即使经过多次试定，但毕竟有一定限度，定线时难免顾此失彼，即实地定线在利用地形条件上具有不彻底性。

（2）由于实地定线时平面设计是在现场进行的，而纵断面设计多是在室内进行，尽管平面设计已充分考虑到纵断面的要求，但毕竟还是粗略的，因此平面与纵断面线形相互配合难以作得十分理想。如果按纵断面设计来修改路线平面，则要重新实地测量，重新进行纵断面设计，工作量大，往往难于做到，尽管采用局部纸上移线的办法会有所补救，但实地定线基本上还是"一次成功"式的定线。

纸上定线作为定线过程中的重要中间步骤，是在"定线走廊"范围内的大比例尺地形图上进行的，因而可以俯视较大范围内的地形而不像实地定线那样视野受限，容易找出所有控制地形的特征点。另外，纸上定线是在室内进行，对平面和纵断面线形的配合可以反复考虑与比较，从而使路线更完善。

实践证明，纸上定线具有明显的优越性，随着我国航空测量和电子计算机技术的发展大比例尺地形图的测绘工作正在逐步解决，纸上定线将普遍推广运用。目前国内高等级公路及部分地形、地质复杂的公路均已采用纸上定线的方法。

实地定线虽有其不足之处，但在一定的条件下，如地形平坦地区或路线等级不高时，只要定线人员肯下功夫也能定出比较满意的路线来。实地定线是我国传统的定线方法，在今后一个时期内，仍将是地方公路定线的一种重要方法。

第4章 公路平面设计

道路是一条带状的三维空间实体,路线是指三维空间内的道路中线,路线在水平面上的投影线形称作道路的平面线形。平面线形必须与地形、景观、环境等相协调,同时应注意线形的连续与均衡,并同纵断面、横断面相互配合。

4.1 平面设计的内容与步骤

4.1.1 平面线形要素

行驶中的汽车导向轮(或转向轮)旋转面与车身纵轴之间的夹角有零、常数和变数三种情况,与此三种情况对应的行驶轨迹线分别为直线、圆曲线和缓和曲线,如图4-1所示。道路平面线形由直线、圆曲线和缓和曲线构成,称之为"平面线形三要素",圆曲线和缓和曲线统称为平曲线。高速公路、一级公路、二级公路、三级公路平面线形应由直线、圆曲线和缓和曲线组成;四级公路平面线形应由直线和圆曲线组成。

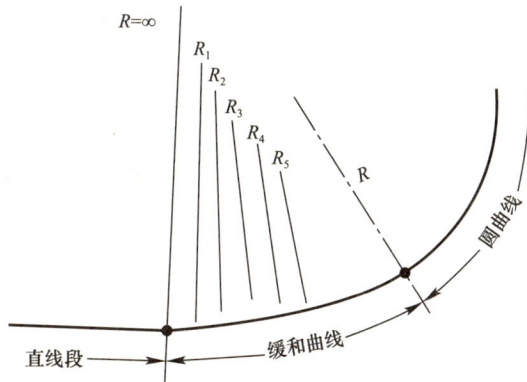

图 4-1 道路平面线形组成要素

4.1.2 平面设计的主要内容

道路平面线形设计是根据汽车行驶的力学性质和行驶轨迹要求,合理地确定各线形组成要素的几何参数,保持线形的连续性和均衡性,使车辆能够安全、迅速、畅通、舒适地行驶,并注意使线形美观、工程造价经济,与地形、地物、环境和景观相协调。公路平面设计的主要内容包括:

(1)圆曲线半径与缓和曲线长度的合理选取;

(2)平曲线要素的计算;

（3）平曲线间直线长度的检验；

（4）平面线形组合设计；

（5）行车视距检验。

4.1.3 平面设计步骤

为完成公路平面设计内容，需按照以下步骤进行设计：

（1）根据公路选线确定的路线交点、平曲线转角及交点间距，在满足《公路工程技术标准》与《公路路线设计规范》相关规定的前提下，为每处交点选取圆曲线半径与缓和曲线长度。

（2）计算各交点处的平曲线要素，包括：切线长、圆曲线长、平曲线长、外矢距等。

（3）根据交点间距及各交点处的切线长计算平曲线间直线长度，检验其是否合理；若满足最小直线长度要求，可继续第 4 步；若不满足最小直线长度要求，需返回第 1 步，重新选取圆曲半径与缓和曲线长度，也可采用特殊的线形组合进行设计，并重新计算所有平曲线要素。

（4）根据每处交点的平曲线要素，由路线起点开始推算路线桩号，绘制路线平面图。

（5）根据各处交点的平曲线要素、主点桩号，编制直线、曲线及转角一览表。

（6）根据公路类型选取合适的行车视距，检验每处的平曲线内侧是否满足视距要求。

4.2 平面线形设计指标

4.2.1 圆曲线半径

1. 圆曲线半径的计算

汽车在平曲线上行驶时的受力分析在第 3 章已作了详细介绍，经推导得出圆曲线半径值为：

$$R = \frac{v^2}{g(\mu + i)} \tag{4-1}$$

式中　v——汽车行驶速度，m/s；

　　　μ——横向力系数；

　　　i——路面横向坡度，当车辆行驶在曲线内侧时取"＋"，外侧时取"－"。

若将汽车行驶速度的单位换成 km/h，则得：

$$R = \frac{V^2}{127(\mu + i)} \tag{4-2}$$

式中　V——汽车行驶速度，km/h。

2. 圆曲线最小半径

（1）圆曲线最小半径的确定

当圆曲线半径较小时，由于受离心力的作用，行车条件将变差，为保证行车安全和达到一定的舒适水平，势必要降低行车速度，这种情况在设计中是应避免的。因此，应对圆曲线的最小半径加以限制。

由于公路的设计速度是针对几何线形受限的平曲线路段，故在研究圆曲线最小半径时，可将公式（4-2）中的汽车行驶速度取为设计速度。此时，圆曲线半径 R 仅与横向力系数 μ 和路拱横坡 i 有关。

横向力系数直接影响汽车行驶的稳定性和驾乘者的舒适性。根据试验分析，当 $\mu=0.15\sim0.16$ 时，可保证汽车在干燥与潮湿的道路上以较高的速度安全行驶；按 $\mu=0.07$ 设计的弯道，在路面结冰的情况下，汽车也能安全行驶。μ 值不同，汽车在弯道上行驶时驾乘者也有不同的感觉；根据试验得知，μ 值对乘客的感觉影响如下：

1）当 $\mu<0.10$ 时，未感到有曲线存在，很平稳；

2）当 $\mu=0.15$ 时，略感到有曲线存在，但尚平稳；

3）当 $\mu=0.20$ 时，已感到有曲线存在，并感到不平稳；

4）当 $\mu=0.35$ 时，感到有曲线存在，并感到不稳定；

5）当 $\mu>0.40$ 时，转弯时已非常不平稳，有倾覆的危险。

车辆在平曲线上稳定行驶的必要条件是：横向力系数不能超过路面与轮胎之间的横向摩阻系数。所以，为了确定横向力系数的设计值，既要通过实测路面与轮胎之间的摩擦系数范围，还要考虑司乘人员在行驶中所能承受横向力的大小和舒适感，综合平衡二者后才能确定。现行的《公路工程技术标准》与《公路路线设计规范》将圆曲线最小半径分为三类：圆曲线最小半径极限值、圆曲线最小半径一般值和不设超高圆曲线最小半径。

（2）圆曲线最小半径极限值

根据式（4-2），当 μ 取极限最大值，路面横坡度取最大超高值时，可得：

$$R_{\text{min极限}} = \frac{V^2}{127(\mu_{\max} + i_{\text{ymax}})} \qquad (4\text{-}3)$$

式中 $\mu_{\max}$——允许采用的最大横向力系数，见表 4-1；

i_{ymax}——最大超高值（为抵消一部分横向力，将曲线外侧抬高，与曲线内侧一同设置为横坡度相同的单向横坡，这种设置称为超高，其横坡度则称为超高横坡度）。

计算圆曲线最小半径极限值采用的横向力系数　　　　　　　表 4-1

设计速度（km/h）	120	100	80	60	40	30	20
横向力系数	0.10	0.12	0.13	0.15	0.15	0.16	0.17

《公路路线设计规范》规定的超高横坡度变化范围在 $10\%\sim4\%$ 之间，计算圆曲线最小半径极限值时，分别用 4%、6%、8% 和 10% 的超高横坡度代入计算，将计算结果取整，即得出规定的圆曲线最小半径极限值，见表 4-2。圆曲线最小半径极限值为条件受限时可以采用的值。

圆曲线最小半径极限值　　　　　　　表 4-2

设计速度（km/h）		120	100	80	60	40	30	20
$R_{\text{min极限}}$（m）	$i=4\%$	810	500	300	150	65	40	20
	$i=6\%$	710	440	270	135	60	35	15
	$i=8\%$	650	400	250	125	55	30	15
	$i=10\%$	570	360	220	115	—	—	—

（3）圆曲线最小半径一般值

平面线形中如果过多地使用极限最小半径，必然降低路线的使用质量，故一般非不得已时不使用。为此，兼顾汽车行驶的要求和应用上的可能，规定了圆曲线最小半径一般值。这个半径值应使按设计速度行驶的车辆能保证其安全性与舒适性，是正常情况下的采用值。参照国内外使用经验，采用了表4-3所列的 μ 和 i 值代入公式计算，将计算结果取整，即为规定的圆曲线最小半径一般值。

圆曲线最小半径一般值 　　　　　　　　　　　　　　表4-3

设计速度（km/h）	120	100	80	60	40	30	20
μ	0.05	0.05	0.06	0.06	0.06	0.05	0.05
i	0.06	0.06	0.07	0.08	0.07	0.06	0.06
一般最小半径（m）	1000	700	400	200	100	65	30

（4）不设超高圆曲线最小半径

当圆曲线半径大于一定数值时，横向力会降低至无需通过设置超高来予以抵消，此时曲线段内允许设置与直线路段相同的路拱横坡，其对应的圆曲线半径值称为不设超高圆曲线最小半径。考虑到行驶的舒适性，应把横向力系数控制到最小值，按 $0.035 \sim 0.050$ 取用。

关于路拱横坡 i，因不设置超高，弯道上采用的是双向路拱横坡形式，汽车在弯道外侧行驶时是最不利的情况，故按式（4-2）可得

$$R_{\min 不设} = \frac{V^2}{127(\mu - i_0)} \tag{4-4}$$

式中　$R_{\min 不设}$——不设超高圆曲线最小半径，m；

　　　i_0——路拱横坡。

按式（4-4）计算并将结果取整后得到不设超高圆曲线最小半径，列于表4-4。

不设超高圆曲线最小半径 　　　　　　　　　　　　　　表4-4

设计速度（km/h）		120	100	80	60	40	30	20
$R_{\min 不设}$（m）	$i_{路拱} \leqslant 2.0\%$ $\mu = 0.035 \sim 0.040$	5500	4000	2500	1500	600	350	150
	$i_{路拱} > 2.0\%$ $\mu = 0.040 \sim 0.050$	7500	5250	3350	1900	800	450	200

3. 圆曲线最大半径

选用圆曲线半径时，在地形等条件允许的前提下，应尽量采用大半径曲线，使行车舒适。但半径过大对测设和施工都不利，且其几何性质与直线无多大差异。因此，《公路路线设计规范》规定，圆曲线最大半径不宜不超过10000m。

设置圆曲线时应与地形相适应，以采用超高为2‰～4‰的圆曲线半径为宜。条件受限制时，可采用大于或接近圆曲线最小半径的"一般值"；地形条件特殊困难而不得已时，方可采用圆曲线最小半径的"极限值"。

4.2.2　缓和曲线长度

1. 缓和曲线的形式

回旋线是公路上最常用的一种缓和曲线形式，在数学上回旋线又称为欧拉曲线，是一

种按照特定的规律变化的变曲率曲线。在回旋线上，任意一点的曲率半径与该点至曲线起点的曲线长之乘积为一常数，即

$$\rho \cdot l = C \tag{4-5}$$

式中 C——回旋线常数，表征回旋线曲率半径缓急程度的量，m^2；

ρ——回旋线上任一点的曲率半径，m；

l——回旋线上任意一点到曲线起点的曲线长度，m。

为了设计方便，常用 A^2 值来代替回旋线常数 C，则其基本表达式为

$$\rho \cdot l = A^2 \quad 或 \quad \sqrt{\rho \cdot l} = A \tag{4-6}$$

式中 A——回旋线参数，m。

回旋线参数 A 的量纲是长度单位，与圆曲线半径的量纲一致。这样，在设计回旋线时，就可以像设计圆曲线那样选择参数 A。R 值确定了圆的大小，A 值则确定了回旋线曲率变化的缓急。回旋线参数宜依据地形条件及线形要求确定，并与圆曲线半径相协调，具体规定如下：

（1）当 R 小于 100m 时，A 宜大于或等于 R。

（2）当 R 接近于 100m 时，A 宜等于 R。

（3）当 R 较大或接近于 3000m 时，A 宜等于 $R/3$。

（4）当 R 大于 3000m 时，A 宜小于 $R/3$。

2. 缓和曲线的设置条件

高速公路、一级公路、二级公路、三级公路的直线同小于表 4-4 规定的不设超高圆曲线最小半径径相连接处，应设置回旋线。四级公路的直线同小于表 4-4 规定的不设超高圆曲线最小半径径相连接处，可不设置回旋线，但应设置超高、加宽过渡段。

此外，半径不同的同向圆曲线径相连接处，应设置回旋线。但符合下述条件时可不设回旋线：

（1）小圆曲线半径大于表 4-4 规定值时；

（2）小圆曲线半径大于表 4-5 中的规定值，且符合下列条件之一时。

1）小圆按最小回旋线长度设置回旋线时，大圆与小圆的内移值之差小于 0.10m；

2）设计速度大于或等于 80km/h，大圆半径与小圆半径之比小于 1.5；

3）设计速度小于 80km/h 时，大圆半径与小圆半径之比小于 2。

复曲线中的小圆临界圆曲线半径   表 4-5

设计速度（km/h）	120	100	80	60	40	30
临界曲线半径（m）	2100	1500	900	500	250	130

3. 缓和曲线长度的确定

缓和曲线必须具有足够的长度，以避免离心加速度增长过快和司机转动方向盘过急，其最小长度一般应满足以下几方面的要求：

（1）离心加速度变化率不宜过大

汽车在缓和曲线上行驶时，由离心力产生的离心加速度 $a = v^2/\rho$，并在 t（s）时间内从缓和曲线的起点到达缓和曲线终点，曲率半径 ρ 由 0 均匀地变化到 R，离心加速度由 0 均匀地增加到 v^2/R，所以离心加速度的增长率为

$$a_s = \frac{a}{t} = \frac{v^2}{Rt}$$

设汽车等速行驶，缓和曲线长度为 l_s，则

$$t = \frac{l_s}{v}$$

$$a_s = \frac{v^3}{Rl_s}$$

$$l_s = \frac{v^3}{Ra_s}$$

将 v（m/s）化为 V（km/h）得：

$$l_s = 0.0125 \frac{V^3}{Ra_s} \qquad (4\text{-}7)$$

式中　V——设计车速，km/h；

a_s——离心加速度平均变化率，m/s³；

R——圆曲线半径，m。

乘客的舒适水平取决于 a_s 的大小，限制 a_s 则能得出在一定车速和一定曲线半径下的缓和曲线长度。a_s 值的确定主要应根据驾驶上的要求，即能从容不迫地操纵汽车，使它比较准确地行驶在应占的车道内。如缓和曲线 l_s 过短，车速又高，司机将要急速地转动方向盘而造成驾驶操纵的紧张和忙乱，甚至会使汽车离开行车道而造成事故。实践证明，a_s 值只要满足驾驶上的要求，旅客的舒适自然会得到满足。

至于 a_s 采用什么值，现在还找不到各国一致的确切数据，概而论之，高速路至低速路（速度 120km/h 至 30km/h）可在 0.3～1.0 这样一个很大的范围内取值。高速道路要小些，低速道路可大些；平原区要小些，山岭区可大些；路段要小些，交叉口要大些。

（2）控制超高附加纵坡不过陡

超高附加纵坡（即超高渐变率）是指设置超高后的外侧路面边缘纵坡比原设计纵坡增加的坡度。附加纵坡太大，会使行车左右明显摇摆，因此应加以控制。

$$l_s = \frac{B\Delta i}{p} \qquad (4\text{-}8)$$

式中　B——旋转轴至行车道（设路缘带时为路缘带）外侧边缘的宽度，m；

Δi——超高坡度与路拱坡度代数差，%；

p——超高渐变率。

（3）控制行驶时间不宜过短

缓和曲线不管其参数如何，都不可使驾驶操纵来不及调整。因而对行驶在缓和曲线上的最短行程时间应加以限制，我国将汽车在缓和曲线上的行程时间定为 3s，则缓和曲线最小长度为：

$$l_s = v \cdot t = \frac{V}{3.6}t = \frac{V}{1.2} \qquad (4\text{-}9)$$

（4）符合驾驶人的视觉要求

根据实践研究认为，为了使线形舒顺协调，符合驾驶人的视觉要求，应满足：

$$l_s = \frac{R}{9} \sim R \qquad (4\text{-}10)$$

按汽车在缓和曲线行驶 3s，离心加速度变化率限制在 $0.5 \sim 0.6 \text{m/s}^3$，根据相应等级公路的设计速度，即可计算出缓和曲线最小长度，公路缓和曲线最小长度见表 4-6。

公路缓和曲线最小长度　　　　　　　　表 4-6

设计速度（km/h）	120	100	80	60	40	30	20
缓和曲线最小长度（m）	100	85	70	50	35	25	20

上述规定值是缓和曲线的最小长度，设计时为达到顺适优美的线形和良好的视觉，一般常采用较长的缓和曲线。按离心加速度变化率或超高渐变率计算的缓和曲线长度是随曲线半径的增大而逐渐减小的，但从视觉上却希望随着曲线半径的增大，缓和曲线应相应增长，设计时应注意这一点。回旋线参数 A 的确定方法与缓和曲线最小长度的确定方法基本相同。l_s 值确定后，A 值可依 $A = \sqrt{R \cdot l_s}$ 这一关系相应确定。

4.2.3　平曲线长度

1. 一般规定

公路平曲线长度除应满足具有设置回旋线或超高、加宽过渡段的需要外，还应保留一段圆曲线，以保证汽车行驶状态的平稳过渡。平曲线最小长度不应小于 2 倍缓和曲线长，这实际上是一种极限状态，驾驶人会感到操作突变且视觉不舒顺。因此，最小平曲线长度理论上至少应不小于 3 倍回旋线最小长度，即保证设置最小长度的回旋线后，仍保留一段相同长度的圆曲线。由圆曲线和缓和曲线组成的平曲线，其平曲线长度应不短于 9s 的行驶距离，平曲线内圆曲线的长度一般不短于车辆在 3s 内的行驶距离；由缓和曲线组成的平曲线，要求其长度不短于 6s 的行驶距离。

各级公路设计平曲线长度不宜过短，从线形设计要求方面考虑，平曲线长度按最小值的 5～8 倍设计较为适宜，《公路路线设计规范》规定的公路平曲线最小长度一般值为最小值的 5 倍，见表 4-7。平曲线长度应大于表 4-7 中规定的一般值，当地形条件及其他特殊情况限制时，可采用表中的最小值。

公路平曲线最小长度　　　　　　　　表 4-7

设计速度（km/h）	120	100	80	60	40	30	20
一般值（m）	1000	850	700	500	350	250	200
最小值（m）	200	170	140	100	70	50	40

2. 小转角平曲线

公路上每个平曲线的转角都应在地形允许范围内使之尽可能地小，这样才能保证路线的直捷。但转角过小时，曲线长度看上去要比实际的短，使驾驶人对公路产生急转弯的错觉，这种倾向转角越小越显著。所以转角较小时，应设置较长的平曲线，否则路容将出现扭折，还会引起曲率看上去比实际大得多的错觉。一般认为，凡转角 $\alpha < 7°$ 即属于小转角之列。鉴于小转角的不利一面，对其使用还存在不同的看法，并把 $7° \sim 10°$ 转角亦归于小转角之列，要求少用。以 $7°$ 作为引起驾驶人错觉的临界角度也只是一种经验值，因为通过选择合适的圆曲线半径，或设置足够长度的曲线可以改善视觉效果，这才提出小转角的最小平曲线长度限制问题。

小转角平曲线最小长度当 $\alpha=7°$ 时为 6s 的行程，$\alpha<7°$ 时与 α 成反比例增加，其值可用下式计算：

$$L \geqslant \frac{V}{3.6} \times 6 \times \frac{7}{\alpha} = 11.7 \frac{V}{\alpha} \tag{4-11}$$

式中　L——平曲线（包括一个圆曲线和两个缓和曲线）长度，m；

　　　V——设计速度，km/h；

　　　α——平曲线转角，以°计，当 $\alpha<2°$ 时，取 $\alpha=2°$。

《公路路线设计规范》给出的小转角平曲线最小长度规定如表 4-8 所示。

公路转角≤7°时的平曲线最小长度　　　　　　表 4-8

设计速度（km/h）	120	100	80	60	40	30	20
平曲线长度（m）	1400/α	1200/α	1000/α	700/α	500/α	350/α	280/α

4.2.4　直线长度

农田与河渠规整的平坦地区、规划以直线条为主体的城镇近郊宜采用直线线形。特长、长隧道或结构特殊的桥梁等构造物所处的路段，以及路线交叉点前后的路段宜采用直线线形。双车道公路为超车所提供的路段宜采用直线线形。

1. 直线最大长度

直线的运用应注意同地形、环境的协调与配合。采用直线线形时，其长度不宜过长，否则会使得驾驶人产生疲劳感。根据国外研究资料，对于设计速度≥60km/h 的公路，最大直线长度为以汽车按设计速度行驶 70s 左右的距离，即相当于 20V 的长度。

受地形条件或其他特殊情况限制而采用长直线时，为弥补景观单调之缺陷，应结合沿线具体情况采取相应的技术措施。

2. 直线最小长度

两圆曲线间以直线径相连接时，直线的长度不宜过短。《公路路线设计规范》规定：

（1）设计速度≥60km/h 时，同向圆曲线间的最小直线长度（以 m 计）以不小于设计速度（以 km/h 计）的 6 倍为宜；反向圆曲线间的最小直线长度（以 m 计）以不小于设计速度（以 km/h 计）的 2 倍为宜。

（2）设计速度≤40km/h 时，可参照上述规定执行。

4.3　平面线形组合

4.3.1　简单型与基本型

直线与圆曲线的组合形式称为简单型，即按直线—圆曲线—直线的顺序组合而成，如图 4-2 所示。

按直线—缓和曲线（A_1）—圆曲线—缓和曲线（A_2）—直线的顺序组合而成的形式称为基本型平曲线。当两回旋曲线的参数相等，即 $A_1=A_2$ 时，称为对称基本型；当 $A_1 \neq A_2$ 时称为非对称基本型，如图 4-3 所示。设计时使回旋曲线—圆曲线—回旋曲线的长度之

比接近 1∶1∶1 为宜。

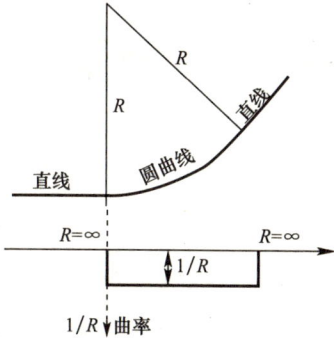

图 4-2　简单型平曲线　　　　　　　图 4-3　基本型平曲线

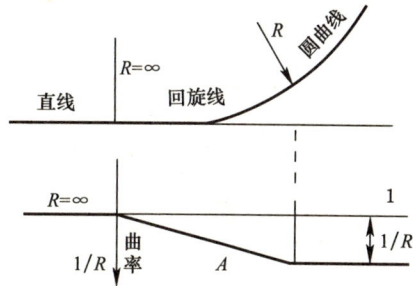

4.3.2　特殊的线形组合

1. S 形曲线

两反向圆曲线径相衔接或插入的直线长度不足时，可用回旋线将两反向圆曲线连接组合为 S 形曲线，如图 4-4 所示。

从行驶力学和线形协调、超高缓和角度考虑，S 形曲线相邻两个回旋线参数 A_1 和 A_2 宜相等，若采用不同的参数时，其值相差不宜过大，二者之比应小于 2.0，有条件时应符合下式：

$$\frac{A_1}{A_2} \leqslant 1.5 \tag{4-12}$$

式中　A_1——大圆回旋线参数，m；

　　　　A_2——小圆回旋线参数，m。

S 形曲线的两圆曲线半径之比不宜过大，以符合下式为宜：

$$\frac{R_1}{R_2} \leqslant 2 \tag{4-13}$$

式中　R_1——大圆曲线半径，m；

　　　　R_2——小圆曲线半径，m。

2. 凸形曲线

受地形条件限制时，两同向缓和曲线间不插入圆曲线而径相衔接的组合形式称为凸形曲线，如图 4-5 所示。

凸形曲线只有在路线严格受地形限制，且对接点的曲率半径相当大时方可采用。凸型曲线的回旋曲线参数及其对接接点的曲率半径，应分别符合允许最小回旋线参数和圆曲线最小半径的规定。

3. 复曲线

复曲线是指两个或两个以上半径不同、转向相同的圆曲线相连接或插入缓和曲线的组合曲线，后者又称卵型曲线。根据其是否插入缓和曲线可有以下几种形式：

（1）圆曲线直接相连的组合形式

按直线—圆曲线（R_1）—圆曲线（R_2）—直线的顺序组合构成，如图 4-6 所示。

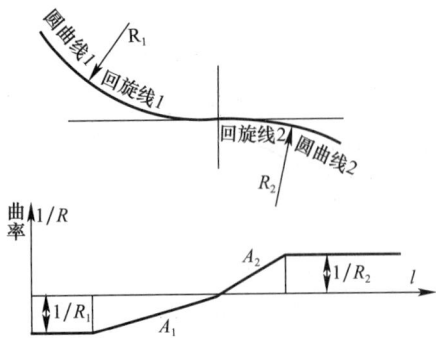

图 4-4　S 形曲线

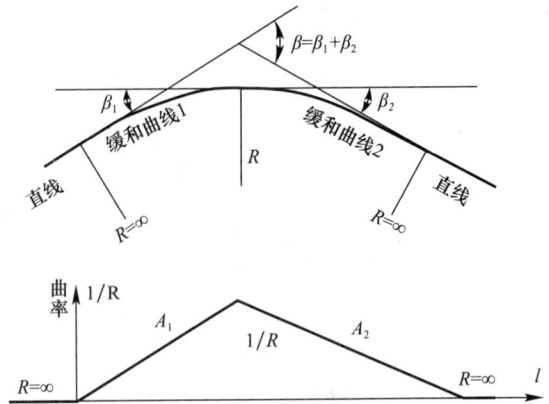

图 4-5　凸形曲线

（2）两端带缓和曲线的组合形式

按直线—缓和曲线（A_1）—圆曲线（R_1）—圆曲线（R_2）—缓和曲线（A_2）—直线的顺序组合构成，如图 4-7 所示。

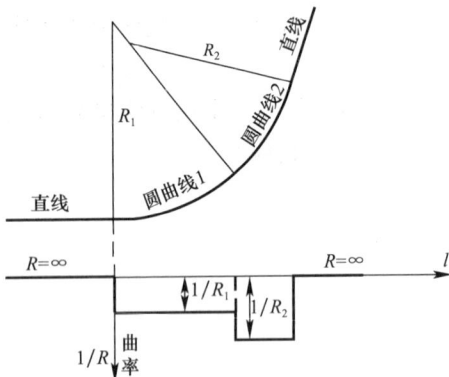

图 4-6　复曲线（圆曲线径相连接的组合）

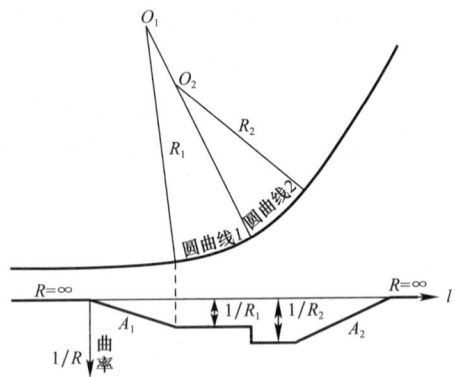

图 4-7　复曲线（两端带缓和曲线的组合）

（3）卵形曲线

按圆曲线（R_1）—缓和曲线（A）—圆曲线（R_2）的顺序组合构成。如图 4-8 所示。

1）卵型曲线的回旋线参数最好在下列范围之内：

$$\frac{R_2}{2} \leqslant A \leqslant R_2 \tag{4-14}$$

2）两圆曲线半径之比以满足下式为宜：

$$\frac{R_2}{R_1} = 0.2 \sim 0.8 \tag{4-15}$$

3）两圆曲线内移值 ΔR 之差以满足下式为宜：

$$\frac{D}{R_2} = 0.003 \sim 0.03 \tag{4-16}$$

式中　D——两圆曲线内移值 ΔR 之差值，m。

4．复合型曲线

两个及两个以上的同向缓和曲线在曲率相等处径相连接的组合形式称为复合型曲线，如图 4-9 所示。

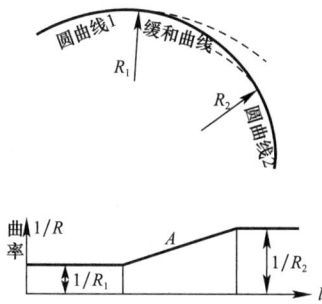

图 4-8 卵形曲线

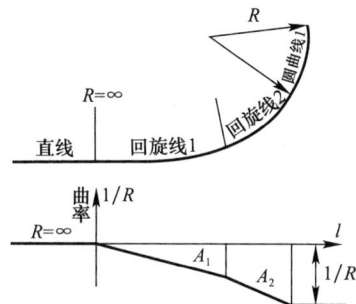

图 4-9 复合型曲线

复合型曲线的两个回旋曲线参数之比以小于 1：1.5 为宜。复合型曲线除因受地形或其他特殊原因限制外（互通式立体交叉除外），一般较少使用。

5. C 型曲线

受地形条件或其他特殊情况限制时，可将两同向圆曲线的回旋线在曲率为 0 处径相衔接而组合为 C 形曲线，如图 4-10 所示。

C 形曲线仅限于地形条件特殊困难、路线严格受限制时方可采用，两个回旋曲线的参数可以相等，也可以不相等。

6. 回头曲线

回头曲线是由一个主曲线，两个辅助曲线和主、辅曲线间所夹的直线段而组成的复杂曲线，如图 4-11 所示。

越岭路线应利用地形自然展线，避免设置回头曲线。三级公路、四级公路在自然展线无法争取需要的距离以克服高差，或因地形、地质条件所限不能采取自然展线时，可采用回头曲线。两相邻回头曲线之间，应有较长的距离。由一个回头曲线的终点至下一个回头曲线起点的距离，设计速度为 40km/h、30km/h 和 20km/h 时，分别应不小于 200m、150m 和 100m。

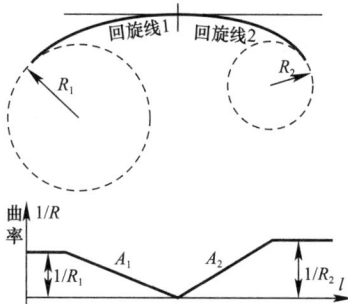

图 4-10 C 型曲线

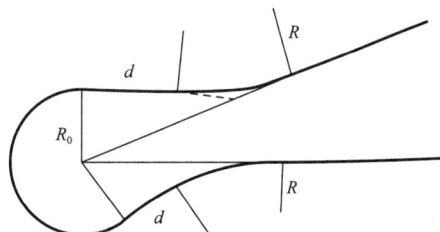

图 4-11 回头曲线

回头曲线的技术指标规定见表 4-9，设计速度为 40km/h 的公路根据地形条件可选用 35km/h 或 30km/h 的回头曲线设计速度。

回头曲线极限指标 表 4-9

主线设计速度（km/h）	40		30	20
回头曲线设计速度（km/h）	35	30	25	20
圆曲线最小半径（m）	40	30	20	15
回旋线最小长度（m）	35	30	25	20
超高横坡度（%）	6	6	6	6
双车道路面加宽值（m）	2.5	2.5	2.5	3.0
最大纵坡（%）	3.5	3.5	4.0	4.5

4.4 平曲线计算

4.4.1 简单型平曲线计算

1. 曲线要素计算

如图 4-12 所示，简单型平曲线的几何要素计算如下：

$$T = R\tan\frac{\alpha}{2} \tag{4-17}$$

$$L = \frac{\pi\alpha R}{180} \tag{4-18}$$

$$E = R\left(\sec\frac{\alpha}{2} - 1\right) \tag{4-19}$$

$$J = 2T - L \tag{4-20}$$

式中　T——切线长，m；

　　　L——曲线长，m；

　　　E——外距，m；

　　　J——校正值，m；

　　　R——曲线，m；

　　　α——路线转角。

2. 主点桩号计算

ZY（桩号）$=JD$（桩号）$-T$

YZ（桩号）$=ZY$（桩号）$+L$

QZ（桩号）$=YZ$（桩号）$-L/2$

JD（桩号）$=QZ$（桩号）$+J/2$

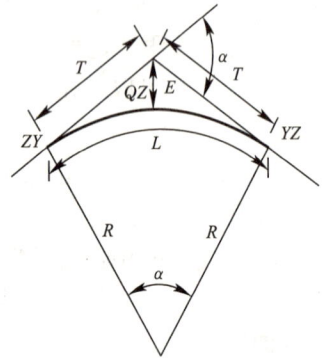

图 4-12　简单型平曲线要素

4.4.2 基本型平曲线计算

1. 几何要素计算

如图 4-13 所示，基本型平曲线要素计算公式（推导过程略）为：

$$\Delta R = \frac{l_{\mathrm{s}}^2}{24R} \tag{4-21}$$

$$q = \frac{l_{\mathrm{s}}}{2} - \frac{l_{\mathrm{s}}^3}{240R^2} \tag{4-22}$$

$$T_{\mathrm{s}} = (R + \Delta R)\tan\frac{\alpha}{2} + q \tag{4-23}$$

$$L_{\mathrm{s}} = (\alpha - 2\beta_0) \cdot \frac{\pi}{180} \cdot R + 2l_{\mathrm{s}} \text{ 或 } L_{\mathrm{s}} = \frac{\pi}{180} \cdot \alpha \cdot R + l_{\mathrm{s}} \tag{4-24}$$

$$L_{\mathrm{y}} = L_{\mathrm{s}} - 2l_{\mathrm{s}} \tag{4-25}$$

$$E_{\mathrm{s}} = (R + \Delta R)\sec\frac{\alpha}{2} - R \tag{4-26}$$

$$J_{\mathrm{s}} = 2T_{\mathrm{s}} - L_{\mathrm{s}} \tag{4-27}$$

式中 ΔR——设缓和曲线后，圆曲线的内移值，m；

    l_s——缓和曲线长度，m；

    R——圆曲线半径，m；

    q——缓和曲线切线增值，m；

    T_s——总切线长，m；

    L_s——总曲线长，m；

    α——路线转角；

    β_0——缓和曲线终点处（即 HY 或 YH 处）的缓和曲线角；

    L_y——平曲线中圆曲线长度，m；

    E_s——外距，m；

    J_s——校正值，m。

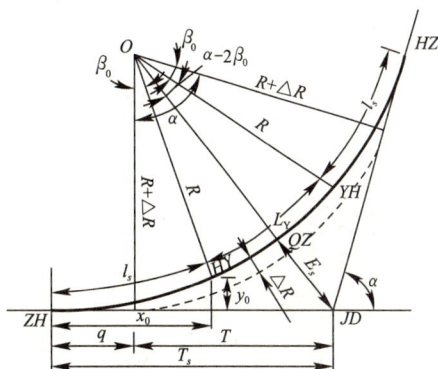

图 4-13 基本型平曲线要素

2. 主点桩号计算

ZH（桩号）$=JD$（桩号）$-T_s$

HY（桩号）$=ZH$（桩号）$+l_s$

YH（桩号）$=HY$（桩号）$+L_Y$

HZ（桩号）$=YH$（桩号）$+l_s$

QZ（桩号）$=HZ$（桩号）$-L_s/2$

JD（桩号）$=QZ$（桩号）$+J_s/2$

3. 计算示例

已知某弯道 JD_1 的桩号为 K0+141.25，$R=400$m，$l_s=50$m，$\alpha=14°31'43''$，试计算曲线要素及主点桩号（要求保留至小数点后 2 位）。

解：（1）曲线要素计算

$$q = \frac{50}{2} - \frac{50^3}{240 \times 400^2} = 25\text{m}$$

$$\Delta R = \frac{50^2}{24 \times 400} = 0.26\text{m}$$

$$T_s = (400 + 0.26)\tan\frac{14°31'43''}{2} + 25 = 76.02\text{m}$$

$$L_s = \frac{\pi}{180} \times 14°31'43'' \times 400 + 50 = 151.43\text{m}$$

$$L_y = 151.43 - 2 \times 50 = 51.43\text{m}$$

$$E_s = (400 + 0.26)\sec\frac{14°31'43''}{2} - 400 = 3.50\text{m}$$

$$J_s = 2 \times 76.02 - 151.43 = 0.61\text{m}$$

（2）曲线主点桩号计算

JD_1	K0+141.25
$-T_s$	76.02
ZH	K0+65.23

97

$+l_s$	50.00
HY	$K0+115.23$
$+L_y$	51.43
YH	$K0+166.66$
$+l_s$	50.00
HZ	$K0+216.66$
$-\dfrac{L_s}{2}$	75.72
QZ	$K0+140.94$
$+\dfrac{J_s}{2}$	0.31
JD_6	$K0+141.25$（校核无误）

4.4.3　复杂曲线计算

1. S 形曲线和 C 形曲线

（1）计算方法

S 形曲线是两个反向的基本型曲线首尾相接的组合形式，而 C 形曲线则是两同向的基本型曲线首尾相接的组合形式。其共同的几何特征是：两回旋曲线间的直线长度为 0，即计算时要满足的条件是：

$$AB = T_1 + T_2 \tag{4-28}$$

式中　AB——两交点间距，m；

　　　T_1——第一曲线切线长，m；

　　　T_2——第二曲线切线长，m。

计算时通常按控制条件确定并计算一个曲线要素，则第二个曲线的曲线半径或缓和曲线长度则用切线长控制反算确定，再计算出第二个曲线的曲线要素。通常采用试算法进行，先拟定 R 反求 l_s 或先确定 l_s 反求 R。试算工作一般经过两个循环便可达到要求的精度。现以 S 形曲线为例计算如下。

（2）计算示例

已知某公路两交点 JD_1、JD_2 间距为 130.26m，要求构成 S 形曲线。已确定曲线 1 的切线长 $T_1 = 62.82$m，JD_2 的转角 $\alpha_2 = 17°56'$，拟定曲线 2 的缓和曲线长 $l_{s2} = 40$m，试确定 JD_2 的曲线半径。

解：由 S 形曲线的几何条件可得：

$$T_2 = AB - T_1 = 130.26\text{m} - 62.82\text{m} = 67.44\text{m}$$

切线增量可近似按下式计算

$$q_2 \approx \frac{l_{s_2}}{2} = 20\text{m}$$

$$R'_2 = R_2 + \Delta R_2 = \frac{T_2 - q_2}{\tan\frac{\alpha_2}{2}} = \frac{67.44\text{m} - 20\text{m}}{\tan\frac{17°56'}{2}} = 300.66\text{m}$$

$$\Delta R'_2 \approx \frac{l_{s_2}^2}{24R'_2} = \frac{(40\text{m})^2}{24 \times 300.66} = 0.22\text{m}$$

曲线 2 的半径 $R_2 = 300.66\text{m} - 0.22\text{m} = 300.44\text{m}$

$$\Delta R_2 = \frac{(40\text{m})^2}{24 \times 300.44\text{m}} = 0.22\text{m}$$

与初算相同,半径可以采用。

2. 凸形曲线

(1) 计算方法

计算时,可根据曲线半径 R 反算缓和曲线长 l_s 或根据缓和曲线长 l_s 反算曲线半径 R;或根据地形条件(T 或 E)反算曲线半径 R 和缓和曲线长 l_s,依此即可计算其他曲线要素。

如图 4-14 所示,由 $\beta_0 = \frac{90°}{\pi} \cdot \frac{l_s}{d}$,可得 $\alpha \frac{l_s}{R} \cdot \frac{180°}{\pi}$。

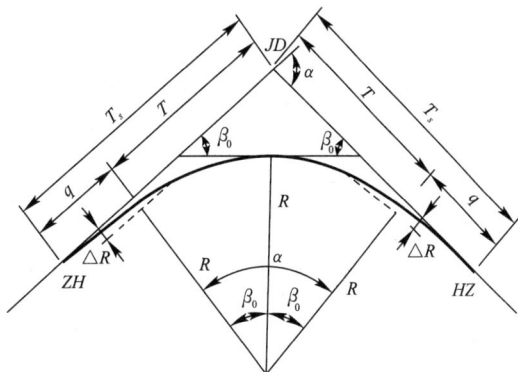

图 4-14 图形曲线计算要素

若选定 l_s,则 $R = \frac{180°}{\pi} \cdot \frac{l_s}{\alpha}$;

若选定 R,则 $l_s = \frac{\pi}{180°} \cdot \alpha \cdot R$;

若用切线长控制,即 T_s 为已知,则

$$T_s = (R + \Delta R)\tan\frac{\alpha}{2} + q$$

解此一元二次方程,可得

$$R = \frac{T_s}{\left(1 + \frac{\alpha^2}{24}\right)\tan\frac{\alpha}{2} + \frac{\alpha}{2} - \frac{\alpha^3}{240}}$$

若用外距控制,即 E_s 为已知,则

$$E_s = (R + \Delta R)\sec\frac{\alpha}{2} - R$$

解此一元二次方程,可得

$$R = \frac{E_s}{\left(1 + \frac{\alpha^2}{24}\right)\sec\frac{\alpha}{2} - 1}$$

需要注意的是,采用切线或外距控制时,曲线半径计算公式中的转角 α 单独出现时,其单位采用弧度。

(2) 计算示例

已知某公路 JD_8,其转角 $\alpha = 42°49'$,要求控制切线长 $T_s = 65\text{m}$,试按凸型曲线计算

99

曲线半径 R 和缓和曲线长 l_s。

解：根据转角与切线长，按照凸形曲线计算曲线半径，得

$$R = \frac{65\text{m}}{\left[1 + \dfrac{\left(\dfrac{42°49'}{180°} \times \pi\right)^2}{24}\right]\tan\dfrac{42°49'}{2} + \dfrac{42°49' \times \pi}{2 \times 180°} - \dfrac{1}{240} \times \left(\dfrac{42°49'}{180°} \times \pi\right)^3} = 84.08\text{m}$$

根据曲线半径，计算缓和曲线长，得

$$l_s = \frac{\pi}{180°} \times 42°49' \times 84.08\text{m} = 62.83\text{m}$$

3. 虚交点曲线

如图 4-15 所示，当路线交点因地物、地形条件影响在实地无法钉设或路线转角较大、交点过远时，可在两相交直线方向，选择两个辅助交点 A、B 代替交点敷设的曲线称为虚交点曲线。

虚交点曲线由于用两个辅助交点代替交点来敷设路线主点桩，除按单交点方法计算曲线要素外，还应求算出从辅助交点 A 和 B 起算的切线长度 T_A 和 T_B，方可确定曲线各主点桩桩位。

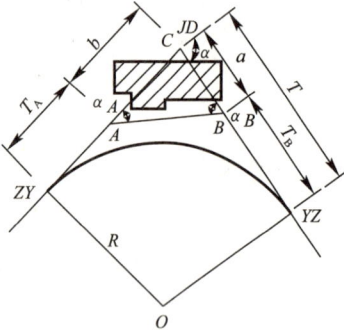

图 4-15　虚交点曲线计算要素

（1）计算方法

虚交点曲线计算多用解虚交三角形的方法，A、B 为辅助交点，AB 为基线长，C 为虚交点，ACB 为虚交三角形，求算出边长 a、b 后即可求出 T_A、T_B。

由图 4-15 可知，$\alpha = \alpha_A + \alpha_B$

在三角形 ACB 中，根据正弦定理，可得

$$a = \frac{\sin\alpha_A}{\sin\alpha} \cdot AB$$

$$b = \frac{\sin\alpha_B}{\sin\alpha} \cdot AB$$

则 $T_A = T - b$，$T_B = T - a$。

（2）计算示例

已知某弯道 JD_7 的辅助交点转角 $\alpha_A = 50°30'$，$\alpha_B = 42°02'$，$AB = 69.15\text{m}$，曲线半径 $R = 80\text{m}$，$l_s = 40\text{m}$，试计算 T_A、T_B。

解：路线转角 $\alpha = 50°30' + 42°02' = 92°32'$

解虚交三角形，求算边长

$$a = \frac{\sin53°30'}{\sin92°32'} \times 69.15\text{m} = 53.41\text{m}$$

$$b = \frac{\sin42°02'}{\sin92°32'} \times 69.15\text{m} = 46.35\text{m}$$

计算切线长

$$\Delta R = \frac{(40\text{m})^2}{24 \times 80\text{m}} = 0.83\text{m}, \quad q = \frac{40\text{m}}{2} - \frac{(40\text{m})^3}{240 \times (80\text{m})^2} = 19.96\text{m}$$

$$T_s = (80 + 0.83)\text{m} \times \tan\frac{92°32'}{2} + 19.96\text{m} = 104.45\text{m}$$

计算曲线起终点到辅助交点距离

$$T_A = 104.45\text{m} - 46.35\text{m} = 58.10\text{m};$$
$$T_B = 104.45\text{m} - 53.41\text{m} = 51.04\text{m}。$$

4. 不带缓和曲线的复曲线

（1）计算方法

该类复曲线是 2 个或 2 个以上不同半径同向圆曲线直接相连接的组合形式。多用辅助基线法，按切线长度控制条件计算推定圆曲线半径。

如图 4-16 所示，JD_A、JD_B 为辅助交点，α_1、α_2 为辅助交点转角，均由实测得到。若 R_1 已选定，则 R_2 为

$$R_2 = \frac{T_2}{\tan\dfrac{\alpha_2}{2}} = \frac{AB - R_1 \cdot \tan\dfrac{\alpha_1}{2}}{\tan\dfrac{\alpha_2}{2}}$$

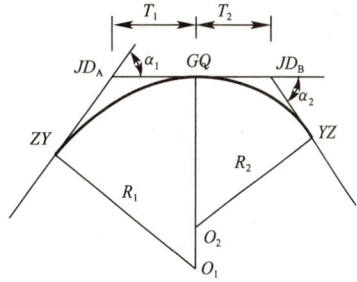

当为多交点曲线时，则可从已知半径 R_1 的交点 A 开始，逐一用切线控制法计算出各交点 2、3、…的圆曲线半径 R_2、R_3、…，即可敷设曲线。

图 4-16　不带缓和曲线的复曲线计算要素

（2）计算示例

已知某公路设计速度 $V = 40\text{km/h}$，不带缓和曲线的复曲线转角 $\alpha_1 = 47°34'$，$\alpha_2 = 35°46'$；基线 $AB = 67.92\text{m}$；已拟定 $R_1 = 80\text{m}$，试计算 R_2。

解：计算曲线 1 切线长

$$T_1 = R_1 \cdot \tan\frac{\alpha_1}{2} = 80\text{m} \times \tan\frac{47°34'}{2} = 35.26\text{m}$$

计算曲线 2 切线长

$$T_2 = AB - T_1 = 67.92\text{m} - 35.26\text{m} = 32.66\text{m}$$

反算曲线 2 半径

$$R_2 = \frac{T_2}{\tan\dfrac{\alpha_2}{2}} = \frac{32.66\text{m}}{\tan\dfrac{35°46'}{2}} = 101.22\text{m}$$

该半径值大于 40km/h 设计速度对应的圆曲线最小半径一般值，满足规范要求。

5. 两端带缓和曲线的复曲线

（1）计算方法

如图 4-17 所示，已知两端带缓和曲线的复曲线转角 α_1、α_2，基线 AB 长度；已拟定 R_2 与 l_{s_2}，试计算曲线要素。

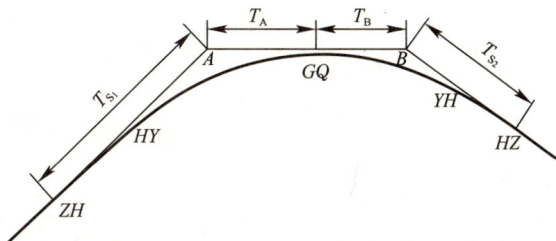

图 4-17　两端带缓和曲线的复曲线计算要素

1）计算曲线 2

$$\Delta R_2 = \frac{l_{s_2}^2}{24R_2} \quad q_2 = \frac{l_{s_2}}{2} - \frac{l_{s_2}^3}{240R_2^2}$$

交点 2 到公切点的距离

$$T_B = (R_2 + \Delta R_2) \cdot \tan\frac{\alpha_2}{2}$$

曲线 2 在前切线方向的切线长：$T_{S_2} = T_B + q_2$；
曲线 2 的圆曲线长：

$$L_{y_2} = \frac{\pi}{180}\alpha_2 R_2 - \frac{l_{s_2}}{2}$$

曲线 2 的曲线总长：$L_{S_2} = L_{y_2} + l_{s_2}$。

2）计算曲线 1

交点 1 到公切点的距离：$T_A = AB - T_B$；
由于两圆曲线需在公切点相接，故两圆曲线的内移值相等，即：$\triangle R_1 = \triangle R_2$；
计算曲线 1 的半径：

$$R_1 = \frac{T_A}{\tan\frac{\alpha_1}{2}} - \Delta R_1$$

由 $\triangle R_1 = \triangle R_2$ 得：

$$l_{s_1} = l_{s_2} \cdot \frac{\sqrt{R_1}}{\sqrt{R_2}}$$

曲线 1 的切线增长值：

$$q_1 = \frac{l_{s_1}}{2} - \frac{l_{s_1}^3}{240 R_1^2}$$

曲线 1 在后切线方向的切线长：$T_{S_1} = T_A + q_1$；

曲线 1 的圆曲线长：$L_{y_1} = \frac{\pi}{180}\alpha_1 R_1 - \frac{l_{s_1}}{2}$；

曲线 1 的曲线总长：$L_{S_1} = Ly_1 + ls_1$；
整个复曲线的曲线总长：$L_S = Ls_1 + Ls_2$。

（2）计算示例

已知某公路设计速度 $V = 40\text{km/h}$，两端带缓和曲线的复曲线转角 $\alpha_1 = 47°34'$，$\alpha_2 = 35°46'$；
基线 $AB = 67.92\text{m}$；已拟定 $R_2 = 80\text{m}$，$ls_2 = 30\text{m}$，试计算曲线要素。

1）计算曲线 2

$$\Delta R_2 = \frac{l_{s_2}^2}{24R_2} = \frac{(30\text{m})^2}{24 \times 80\text{m}} = 0.47\text{m}$$

$$q_2 = \frac{l_{s_2}}{2} - \frac{l_{s_2}^3}{240R_2^2} = \frac{30\text{m}}{2} - \frac{(30\text{m})^3}{240 \times (80\text{m})^2} = 14.98\text{m}$$

交点 2 到公切点的距离

$$T_B = (R_2 + \Delta R_2) \cdot \tan\frac{\alpha_2}{2} = (80 + 0.47)\text{m} \times \tan\frac{35°46'}{2} = 25.97\text{m}$$

曲线 2 在前切线方向的切线长

$$T_{S_2} = T_B + q_2 = 25.97\text{m} + 14.98\text{m} = 40.95\text{m}$$

曲线 2 的圆曲线长

$$L_{y_2} = \frac{\pi}{180}\alpha_2 R_2 - \frac{l_{s_2}}{2} = \frac{\pi}{180} \times 35°46' \times 80\text{m} - \frac{30\text{m}}{2} = 34.94\text{m}$$

交点 2 的曲线总长

$$L_{S_2} = L_{y_2} + ls_2 = 34.94\text{m} + 30\text{m} = 64.94\text{m}$$

2）计算曲线 1

交点 1 到公切点的距离

$$T_A = AB - T_B = 67.92\text{m} - 25.97\text{m} = 41.95\text{m}$$

由于两圆曲线必须在公切点相接，故两圆曲线的内移值相等，即

$$\triangle R_1 = \triangle R_2 = 0.47\text{m}$$

由基本型平曲线切线长公式得

$$T_A = (R_1 + \Delta R_1) \cdot \tan\frac{\alpha_1}{2}$$

$$R_1 = \frac{T_A}{\tan\dfrac{\alpha_1}{2}} - \Delta R_1 = \frac{41.95\text{m}}{\tan\dfrac{47°34'}{2}} - 0.47\text{m} = 94.72\text{m}$$

由 $\triangle R_1 = \triangle R_2$ 得

$$l_{s_1} = l_{s_2} \cdot \frac{\sqrt{R_1}}{\sqrt{R_2}}$$

由此式可计算出曲线 1 所需的缓和曲线长度

$$l_{s_1} = 30\text{m} \times \frac{\sqrt{94.72\text{m}}}{\sqrt{80\text{m}}} = 32.64\text{m}$$

曲线 1 的切线增长值

$$q_1 = \frac{l_{s_1}}{2} - \frac{l_{s_1}^3}{240R_1^2} = \frac{32.64\text{m}}{2} - \frac{(32.64\text{m})^3}{240 \times (94.72\text{m})^2} = 16.30\text{m}$$

曲线 1 在后切线方向的切线长

$$TS_1 = T_A + q_1 = 41.95\text{m} + 16.30\text{m} = 58.25\text{m}$$

曲线 1 的圆曲线长

$$L_{y_1} = \frac{\pi}{180}\alpha_1 R_1 - \frac{l_{s_1}}{2} = \frac{\pi}{180} \times 47°34' \times 94.72\text{m} - \frac{32.64\text{m}}{2} = 62.32\text{m}$$

曲线 1 的曲线总长

$$L_{S_1} = Ly_1 + ls_1 = 62.32\text{m} + 32.64\text{m} = 94.96\text{m}$$

整个复曲线的曲线总长

$$L_S = Ls_1 + Ls_2 = 94.96\text{m} + 64.94\text{m} = 159.90\text{m}。$$

6. 卵形曲线

（1）计算方法

如图 4-18 所示，已知卵形曲线 α_1、α_2，基线 AB 长度，已拟定 R_1，l_{s_1}、l_{s_2}，试计算卵型曲线要素。

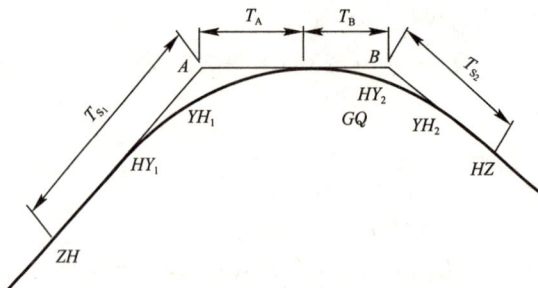

图 4-18　卵形曲线计算要素

1）计算曲线 1

$$\begin{cases} \Delta R_1 = \dfrac{l_{s_1}^2}{24R_1} \quad q_1 = \dfrac{l_{s_1}}{2} - \dfrac{l_{s_1}^3}{240R_1^2} \\ T_{s_1} = (R_1 + \Delta R_1) \cdot \tan\dfrac{\alpha_1}{2} + q_1 \end{cases}$$

未设缓和曲线时，曲线 1 的切线长：

$$T_A = T_{s_1} - q_1$$

未设缓和曲线时，曲线 1 的圆曲线长：

$$L_1 = \frac{\pi}{180}\alpha_1 R_1 - \frac{l_{s_1}}{2}$$

曲线 1 的总曲线长：$L_{s_1} = L_1 + l_{s_1}$

2）计算曲线 2

公切点到交点 2 的距离：$T_B = AB - T_A$

解下面的一元二次方程，可得 R_2

$$R_2 + \frac{l_{s_2}^2}{24R_2} = T_B \cdot \cot\frac{\alpha_2}{2}$$

曲线 2 的曲线要素即可计算：

切线增量：$q_2 = \dfrac{l_{s_2}}{2} - \dfrac{l_{s_2}^3}{24R_2^2}$

切线长：$T_{s_2} = T_B + q_2$

圆曲线长：$L_2 = \dfrac{\pi}{180}\alpha_2 R_2 - \dfrac{l_{s_2}}{2}$

曲线 2 长：$L_{s_2} = L_2 + L_{s_2}$

曲线总长：$L_s = L_{s_1} + L_{s_2}$

3）中间缓和曲线计算

中间缓和曲线的 R_F（两圆曲线曲率差的倒数）：$R_F = \left| \dfrac{R_1 \cdot R_2}{R_1 - R_2} \right|$

中间缓和曲线的长度：$l_F = \sqrt{24R_F \cdot \Delta R_F} \quad \Delta R_F = |\Delta R_1 - \Delta R_2|$

插入中间缓和曲线后，曲线 1 的圆曲线长：$L_{y_1} = L_1 - \dfrac{l_F}{2}$

插入中间缓和曲线后，曲线 2 的圆曲线长：$L_{y_2} = L_2 - \dfrac{l_F}{2}$

若 l_{y_1}、l_{y_2} 均大于 0，则说明 l_F 可以插入。

（2）计算示例

已知某公路设计速度 $V=40$km/h，卵形曲线转角 $\alpha_1=50°30'$，$\alpha_2=42°02'$；基线 $AB=70.78$m，已拟定 $R_1=60$m，$ls_1=40$m，$ls_2=30$m，试计算卵型曲线要素。

1）计算曲线 1

由基本型曲线公式可计算出曲线 1 的要素

$$\Delta R_1 = \frac{l_{s_1}^2}{24R_1} = 1.11\text{m}$$

$$q_1 = \frac{l_{s_1}}{2} - \frac{l_{s_1}^3}{240R_1^2} = \frac{30\text{m}}{2} - \frac{(30\text{m})^3}{240 \times (60\text{m})^2} = 19.93\text{m}$$

$$T_{s_1} = (R_1 + \Delta R_1) \cdot \tan\frac{\alpha_1}{2} + q_1 = (60\text{m} + 1.111\text{m}) \times \tan\frac{50°30'}{2} + 19.93\text{m} = 48.75\text{m}$$

未设缓和曲线时，曲线 1 的切线长，即公切点到交点 1 的距离

$$T_A = Ts_1 - q_1 = 48.75\text{m} - 19.93\text{m} = 28.82\text{m}$$

未设缓和曲线时，曲线 1 的圆曲线长

$$L_1 = \frac{\pi}{180}\alpha_1 R_1 = \frac{\pi}{180} \times 50°30' \times 60\text{m} = 52.88\text{m}$$

曲线 1 的总曲线长

$$L_{s_1} = L_1 + \frac{l_{s_1}}{2} = 52.88\text{m} + \frac{40\text{m}}{2} = 72.88\text{m}$$

2）计算曲线 2

公切点到交点 2 的距离：$T_B = AB - T_A = 70.78\text{m} - 28.82\text{m} = 41.96\text{m}$

对于曲线 2

$$R_2 + \Delta R_2 = T_B \cdot \cot\frac{\alpha_2}{2}$$

将 $\Delta R_2 = \frac{l_{s_2}^2}{24R_2}$ 代入上式得

$$R_2 + \frac{l_{s_2}^2}{24R_2} = T_B \cdot \cot\frac{\alpha_2}{2}$$

$$R_2 + \frac{30^2}{24R_2} = 41.96 \cdot \cot\frac{42°02'}{2}$$

解此一元二次方程，得 $R_2 = 108.87$m

曲线 2 的曲线要素即可计算：

$$q_2 = \frac{l_{s_2}}{2} - \frac{l_{s_2}^3}{24R_2^2} = 15.00\text{m} - 0.01\text{m} = 14.99\text{m}$$

$$T_{s_2} = T_B + q_2 = 41.96\text{m} + 14.99\text{m} = 56.95\text{m}$$

$$L_2 = \frac{\pi}{180}\alpha_2 R_2 = \frac{\pi}{180} \times 42°02' \times 108.87\text{m} = 79.87\text{m}$$

曲线 2 的曲线总长

$$L_{s_2} = L_2 + \frac{l_{s_2}}{2} = 79.87\text{m} + \frac{30\text{m}}{2} = 94.87\text{m}$$

曲线总长

$$L_s = L_{s_1} + L_{s_2} = 72.88\text{m} + 94.87\text{m} = 167.75\text{m}$$

3）中间缓和曲线要素计算

$$\Delta R_F = \Delta R_1 - \Delta R_2 = 1.111\text{m} - 0.344\text{m} = 0.767\text{m}$$

中间缓和曲线的 R_F（R_F 为两圆曲线曲率差的倒数）

$$R_F = \frac{R_1 \cdot R_2}{R_1 - R_2} = \frac{60\text{m} \times 108.87\text{m}}{108.87\text{m} - 60\text{m}} = 133.665\text{m}$$

中间缓和曲线的长度

$$l_F = \sqrt{24R_F \cdot \Delta R_F} = \sqrt{24 \times 133.665\text{m} \times 0.767\text{m}} = 49.60\text{m}$$

插入中间缓和曲线后，曲线 1 的圆曲线长

$$L_{y_1} = L_1 - \frac{l_{s_1}}{2} - \frac{l_F}{2} = 52.88\text{m} - 20\text{m} - 24.80\text{m} = 8.08\text{m}$$

曲线 2 的圆曲线长

$$L_{y_2} = L_2 - \frac{l_{s_2}}{2} - \frac{l_F}{2} = 79.87\text{m} - 15\text{m} - 24.80\text{m} = 40.07\text{m}$$

L_{y1}、L_{y2} 均大于 0，说明 l_F 可以插入。

4.5　行车视距

车辆在正常行驶中，驾驶员从正常驾驶位置能连续看到公路前方行车道范围内路面上一定高度障碍物，或者看到公路前方交通设施、路面标线的最远距离称为行车视距。这里的距离是指沿车道中心线量得的长度行车视距分为停车视距、会车视距和超车视距三类。

4.5.1　停车视距

1. 停车视距的定义

通常所称的停车视距是针对小客车的，其定义为：当目高为 1.2m，物高为 0.1m 时，小客车驾驶人员自看到前方障碍物时起，至障碍物前能安全停车所需的最短行车距离。对于载重货车而言，其停车视距的定义为：当目高为 2.0m、物高为 0.1m 时，载重货车驾驶人员自看到前方障碍物时起，至障碍物前能安全停车所需的最短行车距离。由于高速公路和一级公路采用分向分道行驶，不存在会车和对向超车等需求，因此高速公路和一级公路应满足停车视距要求。

2. 小客车停车视距

停车视距由两部分组成：驾驶人在反应时间内行驶的距离、制动距离（开始制动到停车所行驶的距离）。另外，应增加安全距离 5～10m。通常按下式计算：

$$S_{停} = \frac{V}{3.6}t + \frac{(V/3.6)^2}{2gf_1} \tag{4-29}$$

式中　$S_{停}$——停车视距，m；

V——汽车行驶速度，km/h，设计速度为 120～80km/h 时，取其 85%；设计速度为 60～40km/h，取其 90%；设计速度为 30～20km/h 时，取设计速度。

t——驾驶人反应时间，取 2.5s；

f_1——纵向摩阻系数，依车速及路面状况而定。

制动停车距离随纵坡不同而变化，公式（4-29）是针对纵坡为零时的平坦路面而得到的，理论上下坡路段是危险的，上坡则比较有保障。但因小客车制动性能较好，采用的停车视距值也有富余，当属安全。按照公式（4-29）计算，路面处于潮湿状态的小客车停车视距计算值与规定值如表 4-10 所示。

小客车停车视距计算值与规定值 表 4-10

设计速度（km/h）	行驶速度（km/h）	纵向摩阻系数 f_1	计算值（m）	规定值（m）
120	102	0.29	212.0	210
100	85	0.30	153.7	160
80	68	0.31	105.9	110
60	54	0.33	73.2	75
40	36	0.38	38.3	40
30	30	0.44	28.9	30
20	20	0.44	17.3	20

3. 货车停车视距

货车存在空载时制动性能差、轴间荷载难以保证均匀分布、一条轴侧滑会引发其他车轴失稳、半挂车铰接刹车不灵等现象。尽管货车驾驶人因眼睛位置高，比小客车驾驶人看得更远，但仍需要比小客车更长的停车视距。下坡段货车停车视距规定如表 4-11 所示。

下坡段货车停车视距（单位：m） 表 4-11

设计速度（km/h）		120	100	80	60	40	30	20
纵坡坡度（%）	0	245	180	125	85	50	35	20
	3	265	190	130	89	50	35	20
	4	273	195	132	91	50	35	20
	5	—	200	136	93	50	35	20
	6	—	—	139	95	50	35	20
	7	—	—	—	97	50	35	20
	8	—	—	—	—	—	35	20
	9	—	—	—	—	—	—	20

高速公路、一级公路及大型车比例高的二级公路、三级公路的下坡路段，应采用下坡段货车停车视距对下列相关路段进行检验：

（1）减速车道及出口端部；

（2）主线下坡路段且竖曲线半径小于一般值的路段；

（3）主线分、汇流处，车道数减少，且该处竖曲线半径小于一般值的路段；

（4）要求保证视距的圆曲线内侧，当圆曲线半径小于 2 倍一般值或路堑边坡陡于 1：1.5 的路段；

（5）公路与公路、公路与铁路平面交叉附近。

4.5.2 会车视距

在同一车道上对向行驶的车辆，为避免发生迎面碰撞，自车辆在行驶过程中发现对向来车起，至驾驶员采取合理的减速操作后两车安全停止、不发生碰撞所需的最短行驶距离称为会车视距。如图 4-19 所示，会车视距由三部分组成：双方司机反应时间所行驶的距离 S_{A_1} 和 S_{B_1}、双方汽车的制动距离 S_{A_2} 和 S_{B_2}、安全距离 S_0。

双向行驶的二级、三级、四级公路按相向的两辆汽车会车同时制动停车的视距考虑，所以会车视距应不小于停车视距的2倍。当受地形限制，无法保证会车视距时，允许采用停车视距，但该路段应采取划线等措施实施分道行驶。

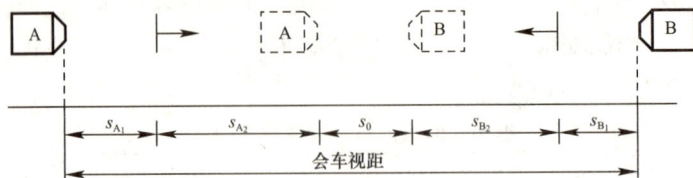

图 4-19 会车视距

4.5.3 超车视距

对于二级、三级、四级公路，除必须保证会车视距的要求外，还应考虑超车视距的要求。在双车道公路上，在后车超越前车过程中，从开始驶离原车道之处起，至可见对向来车并能超车后安全驶回原车道所需的最短距离，称为超车视距。在超车视距检验时，小客车和载重货车采用的驾驶员视点高度为2.0m，视点前方路面上障碍物顶点高度为0.60m，即对向车辆（小客车）的前灯高度。如图4-20所示，超车视距由四部分组成。

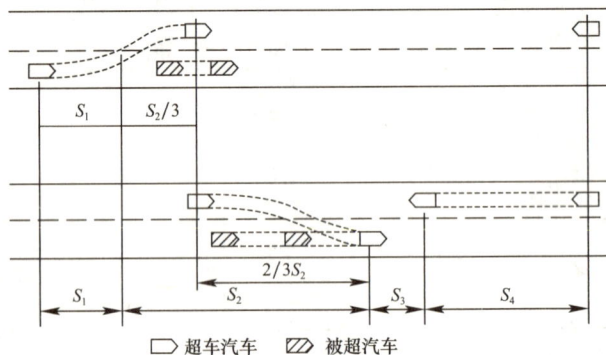

图 4-20 超车视距示意图

1. 加速行驶距离 S_1

超车汽车驾驶人加速行驶进入对向车道之前的行驶距离 S_1 为：

$$S_1 = \frac{V_0}{3.6}t_1 + \frac{1}{2}at_1^2 \qquad (4-30)$$

式中　V_0——被超汽车的速度，km/h；

　　　t_1——加速时间，s；

　　　a——平均加速度，m/s²。

2. 超车汽车在对向车道上行驶的距离 S_2

超车汽车在对向车道上行驶的距离 S_2 的计算公式为：

$$S_2 = \frac{V}{3.6}t_2 \qquad (4-31)$$

式中　V——超车汽车的速度，km/h；

　　　t_2——超车汽车在对向车道上的行驶时间，s。

3. 超车结束时超车汽车与对向汽车之间的安全距离 S_3

超车结束时超车汽车与对向汽车之间的安全距离 S_3 视超车汽车和对向汽车的行驶速度而定，一般范围为 15～100m。

4. 超车汽车从开始加速到超车结束时段内对向汽车的行驶距离 S_4

超车汽车从开始加速到超车结束时段内对向汽车的行驶距离 S_4 的计算公式为：

$$S_4 = \frac{V}{3.6}(t_1 + t_2) \tag{4-32}$$

以上 4 个距离之和是比较理想的超车过程所需视距，但距离较长，在地形比较复杂的地区很难实现。实际上，在计算 S_4 所需的时间时只考虑超车汽车从完全进入对向车道到超车结束所行驶的时间就可保证安全了。因为，尾随在慢车后面的汽车驾驶人往往在未看到前面的安全区段就开始了超车作业，如果进入对向车道之后发现迎面有汽车而超车距离不足时还来得及返回本向车道。因此，对向汽车行驶时间大致为 t_2 的 2/3 就足够了，即：

$$S'_4 = \frac{2}{3} \times S_2 = \frac{2}{3} \times \frac{V}{3.6} \times t_2 \tag{4-33}$$

于是，最小的必要超车视距为：

$$S_超 = S_1 + S_2 + S_3 + S'_4 \tag{4-34}$$

在地形困难或其他原因不得已时，可采用：

$$S_超 = \frac{2}{3} \cdot S_2 + S_3 + S'_4 \tag{4-35}$$

V 采用设计速度，设超车汽车和对向汽车都按设计速度行驶。被超汽车的速度 V_0 较设计速度 V 低 5～20km/h，各阶段的行驶时间据实测大致为：$t_1 = 2.9～4.5s$，$t_2 = 9.3～10.4s$，以此可以计算超车视距，《公路路线设计规范》规定的各级公路超车视距列于表 4-12。一般值为正常情况下的采用值，最小值为条件受限制时可采用的值。

二级、三级、四级公路超车视距 　　　　　　　　　表 4-12

设计速度（km/h）		80	60	40	30	20
超车视距（m）	一般值	550	350	200	150	100
	最小值	350	250	150	100	70

双车道公路根据需要应结合地形设置具有超车视距的路段，由于满足超车视距的路段较长，三级公路、四级公路很难达到要求，故采取划分允许超车路段和禁止超车路段的方式。具有干线功能的二级公路交通量较大时，宜提供一定数量的满足超车视距的路段；交通量中、小的路段则可适当减少；位于地形比较复杂的山区，可设置禁止超车标志。一般情况下，至少在 3min 的行驶时间里，应提供一次满足超车视距的路段，超车路段的总长度以不小于路段总长度的 10%～30% 为宜。

4.5.4 平曲线的视距保证

平曲线内侧设置了人工构造物或平曲线内侧挖方边坡妨碍视线时，应对视距予以检查与验算。不符合规定要求时，可将构造物后移或清除障碍物。

如图 4-21 所示，平曲线上的视距是否足够应按汽车沿曲线内侧行驶，假定驾驶人视线高出路面 1.2m（货车可取 2.0m）、距未加宽前内侧路面边缘 1.5m 宽处，汽车轨迹线与视距线之间的横净距 Z 进行检查。

图 4-21 中的阴影部分是阻碍驾驶人视线的范围，该范围以内的障碍物都应加以清除，

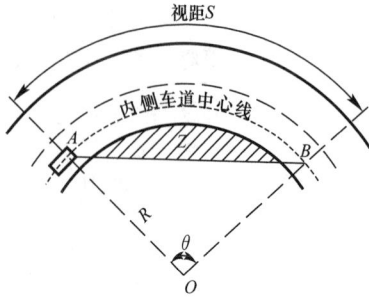

图 4-21　平曲线横净距

车辆在弯道上行驶时视点的运动轨迹半径 R_s 为：

$$R_s = R - \frac{B}{2} + 1.5 \qquad (4\text{-}36)$$

式中　R——弯道圆曲线半径，m；

　　　B——弯道路面宽度，m。

对平面视距的检查，首先应计算出保证设计视距所需的最大横净距 Z，其次是量取实际条件下所提供的能通视的横净距 Z_0，若 $Z \leqslant Z_0$，设计视距可以得到保证；若 $Z > Z_0$，则应清除障碍物，以满足 $Z \leqslant Z_0$ 的要求。

1. 横净距计算

最大横净距 Z 的计算应根据是否设置缓和曲线及曲线长度是否大于视距长度等条件分别进行。

（1）未设缓和曲线

未设缓和曲线的平曲线有下述两种情况。

1）视点轨迹曲线长 L 大于或等于设计视距 S

由图 4-22 可知：

$$Z = R_s - R_s \cdot \cos\frac{\gamma}{2} = R_s\left(1 - \cos\frac{\gamma}{2}\right) \qquad (4\text{-}37)$$

因 $S = R_s \cdot \gamma$，故

$$Z = R_s\left(1 - \cos\frac{S}{2R_s}\right) = R_s\left[1 - 1 + \frac{1}{2!}\left(\frac{S}{2R_s}\right)^2 - \cdots\right] \approx \frac{S^2}{8R_s} \qquad (4\text{-}38)$$

式中　Z——横净距，m；

　　　R_s——视点轨迹半径，m；

　　　S——设计视距，m；

　　　γ——设计视距所对应的圆心角，rad。

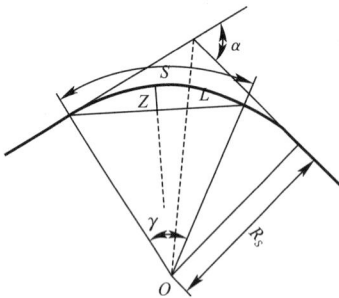

图 4-22　横净距计算（$L \geqslant S$）

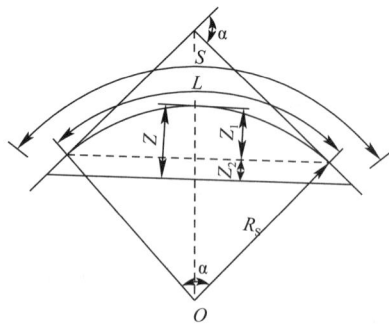

图 4-23　横净距计算（$L < S$）

2）视点轨迹曲线长 L 小于设计视距 S

由图 4-23 可知：$Z = Z_1 + Z_2$，其中

$$Z_1 = R_s - R_s \cdot \cos\frac{\alpha}{2} = R_s\left(1 - \cos\frac{\alpha}{2}\right)$$

$$Z_2 = \frac{S - L}{2} \cdot \sin\frac{\alpha}{2}$$

则

$$Z = R_s \left(1 - \cos\frac{\alpha}{2}\right) + \frac{S-L}{2}\sin\frac{\alpha}{2} = R_s\left(1-\cos\frac{L}{2R_s}\right) + \frac{S-L}{2}\sin\frac{L}{2R_s}$$

因

$$\cos\frac{L}{2R_s} = 1 - \frac{1}{2!}\left(\frac{L}{2R_s}\right)^2 + \cdots \approx 1 - \frac{L^2}{8R_s^2}$$

$$\sin\frac{L}{2R_s} = \frac{L}{2R_s} - \frac{1}{3!}\left(\frac{L}{2R_s}\right)^3 + \cdots \approx \frac{L}{2R_s}$$

故

$$Z \approx R_s \cdot \frac{L^2}{8R_s^2} + \frac{S-L}{2} \cdot \frac{L}{2R_s} = \frac{L}{8R_s}(2S-L) \qquad (4-39)$$

式中　L——视点轨迹曲线长，$L = \pi\alpha R_s/180$，m；

　　　α——L 所对应的圆心角，即路线转角，rad；

其余符号含义同前。

（2）设置缓和曲线

设置缓和曲线的平曲线，可分为下述三种情况。

1）视点轨迹圆曲线长大于等于设计视
距，这种情况与图 4-22 相同，即：

$$Z = R_S\left(1 - \cos\frac{\gamma}{2}\right) \approx \frac{S^2}{8R_S}$$

2）设计视距 S 介于视点轨迹圆曲线长
L 与视点轨迹平曲线全长 L' 之间

如图 4-24 所示，由图可得：$Z = Z_1 + Z_2$，其中：

$$Z_1 = R_S\left(1 - \cos\frac{\alpha - 2\beta}{2}\right)$$

$$Z_2 = (l_s - l_0) \cdot \sin\left(\frac{\alpha}{2} - \delta\right)$$

故

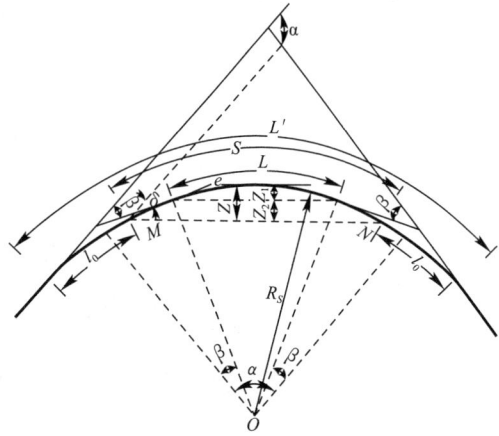

图 4-24　横净距计算（$L < S < L'$）

$$Z = R_S\left(1 - \cos\frac{\alpha - 2\beta}{2}\right) + (l_s - l_0) \cdot \sin\left(\frac{\alpha}{2} - \delta\right) \qquad (4-40)$$

式中　l_s——缓和曲线长度，m；

　　　l_0——设计视距端点到缓和曲线起点的距离，m，$l_0 = (L'-S)/2$；

　　　L'——视点轨迹平曲线总长，即转角为 α、半径为 R_s 时的平曲线总长，m；

　　　δ——过设计视距端点 M（或 N）且与平曲线的切线相平行的直线与过设计视距端点
　　　　　M（或 N）和缓圆点（或圆缓点）的弦的夹角，rad，当 $L < S < L'$ 时，其值为

$$\delta = \arctan\left\{\frac{l_s}{6R_s}\left[1 + \frac{l_0}{l_s} + \left(\frac{l_0}{l_s}\right)^2\right]\right\}$$

　　　L——视点轨迹圆曲线长，m；

　　　β——缓和曲线角，rad；

其余符号含义同前。

3）设计视距 S 大于视点轨迹平曲线全长 L'

由图 4-25，可知：$Z = Z_1 + Z_2 + Z_3$，其中：

$$Z_1 = R_s\left(1 - \cos\frac{\alpha - 2\beta}{2}\right)$$

$$Z_2 = \sin\left(\frac{\alpha}{2} - \delta\right) \cdot L_s$$

$$Z_3 = \sin\frac{\alpha}{2} \cdot \frac{S - L'}{2}$$

则
$$Z = R_s\left(1 - \cos\frac{\alpha - 2\beta}{2}\right) + l_s \cdot \sin\left(\frac{\alpha}{2} - \delta\right) + \frac{S - L}{2} \cdot \sin\frac{\alpha}{2} \tag{4-41}$$

当 $S > L'$ 时 $\quad \delta = \arctan\dfrac{l_s}{6R_s}$

2. 弯道视距的图解法检查

上述方法计算出的横净距 Z 是弯道上的一个最大值，仅对该断面进行检查并不能保证在整个弯道范围内设计视距均能得到满足。因此，有必要对整个弯道范围内的设计视距都进行检查，最直观的方法是采用图解包络图法，如图 4-26 所示。

根据设计视距，沿视点轨迹线方向每隔一定间隔绘出视线方向（按设计视距长确定）即可绘出整个弯道所需的通视范围，依此可进行整个弯道的障碍清除设计工作。

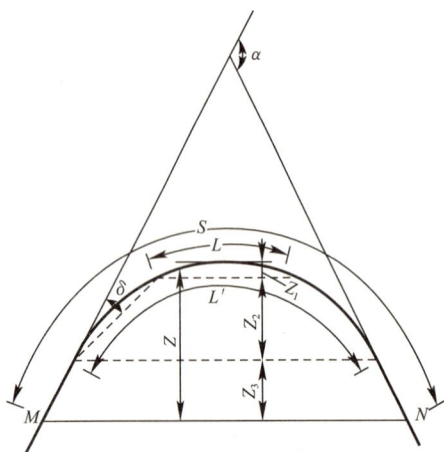

图 4-25 横净距计算（$S > L'$）

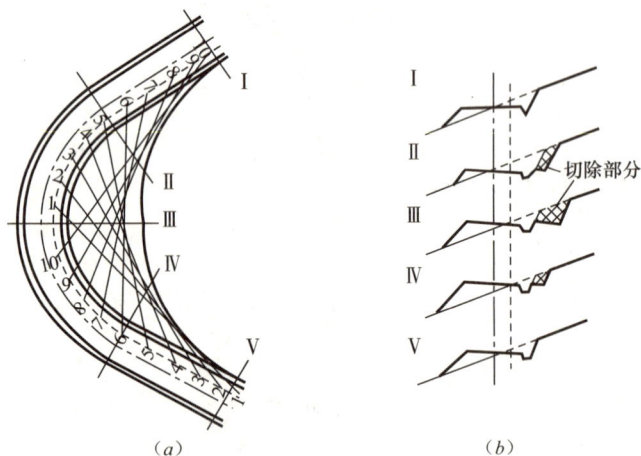

（a）　　　　　　　　　　　　　（b）

图 4-26　图解包络图法
（a）平面；（b）横断面

4.6 公路平面设计主要成果

4.6.1 直线、曲线及转角一览表

直线、曲线及转角一览表全面反映了路线的平面位置和路线平面线形的各项指标，它是公路平面设计的主要成果之一。只有在完成"直线、曲线及转角一览表"以后，才能据此计算"逐桩坐标表"和绘制"路线平面设计图"，同时在进行路线的纵断面设计、横断

面设计和其他构造物设计时，都要使用本表的数据。

直线、曲线及转角表需列出交点号、交点坐标、交点桩号、转角、曲线要素值、平曲线主要桩位、直线长、计算方位角等，该表的格式参见表 4-13，本表对公路和城市道路都适用，其中"交点坐标"一栏视道路等级和测设情况取舍。

4.6.2 总里程及断链桩号表

因局部改线或量距中发生错误等均会造成里程桩号与实际距离不相符，这种在里程中间不连续的情况叫"断链"。凡新桩号比老桩号大（新路线比老路线长）的叫"长链"；凡新桩号比老桩号小（新路线比老路线短）的叫"短链"。所谓"断链处理"就是不牵动全线桩号，允许中间断链，而出现桩号不连续。仅在改动处用新桩号，其他不变动处仍用老桩号。并就近在直线段选一个是整桩的老桩号为断链桩，在同一断链桩上分别标明新老两种里程及相互关系。

例：某路线 A 在定测时，在 AK2＋356.400 处开始局部改线，老路线 A、新改路线 B 各自经过一段连续里程后，新改路线 B 在 BK3＋426.200 处又与老路线 A 重合，此处老桩号为 AK3＋641.600。断链桩应选在 AK3＋660 处，是短链（短链 215.400m），该桩的标志和桩号为 BK3＋444.600＝AK3＋660。若该断链桩之后还有一处断链现象，且为长链 65.4m。则新路终点 AK8＋500 的实际连续里程＝末桩里程＋长链总和－短链总和＝8500.000m＋65.400m－215.400m＝8350.000m。

总里程及断链桩号表需列出总里程、测量桩号、断链桩号（增长、减短）、断链累计（长链、短链）、换算连续里程等，如表 4-14 所示。

总里程及断链桩号表　　　　　　　　　　　　　　表 4-14

总里程 （公里号）	测量桩号	断链桩号	断链		断链累积		换算连续里程	备注
			增长（m）	减短（m）	长链（m）	短链（m）		
K0＋000							K0＋000	起点
	K9＋561.051	K9＋753.328		192.277	0	192.277	K9＋561.051	
K85＋480.538							K85＋288.261	终点

4.6.3 路线平面图

路线平面图是公路平面设计的主要成果之一。它综合反映了路线的平面位置、线形和尺寸，还反映了沿线人工构造物和工程设施的布置及道路与周围环境、地形、地物的关系。

一般而言，公路路线平面图采用 1：2000 的比例尺，平原微丘区也可采用 1：5000 的比例尺。路线平面图上应标出路中心线及其里程桩号、水准点、大中桥、路线交叉（注明形式及结构类型）、隧道、主要沿线设施的位置及县以上分界线。

路线平面图需在带状地形图上绘制，带状宽度为路中线两侧各 100～200m。若作为供工程可行性研究、初步设计阶段的方案研究与比选，地形图可采用 1：50000 或 1：10000 的比例尺测绘（或从国家测绘部门和其他工程单位搜集）；若作为道路工程初步设计、施工图设计的设计文件组成部分则应采用更大比例尺的地形图，一般常用 1：2000，地势平坦地区可用 1：5000。地形特别复杂地段的路线初步设计、施工图设计可用 1：500 或 1：1000 的地形图。如为路线局部纸上移线，则地形图比例尺应视具体情况酌情加大。

如图 4-27 所示，路线平面图一律按前进方向从左至右绘，在每张图的拼接处绘出接图线。在图的右上角标出指北图式，注明共×张、第×张。在图纸的空白处注明曲线元素及主点里程桩号等。

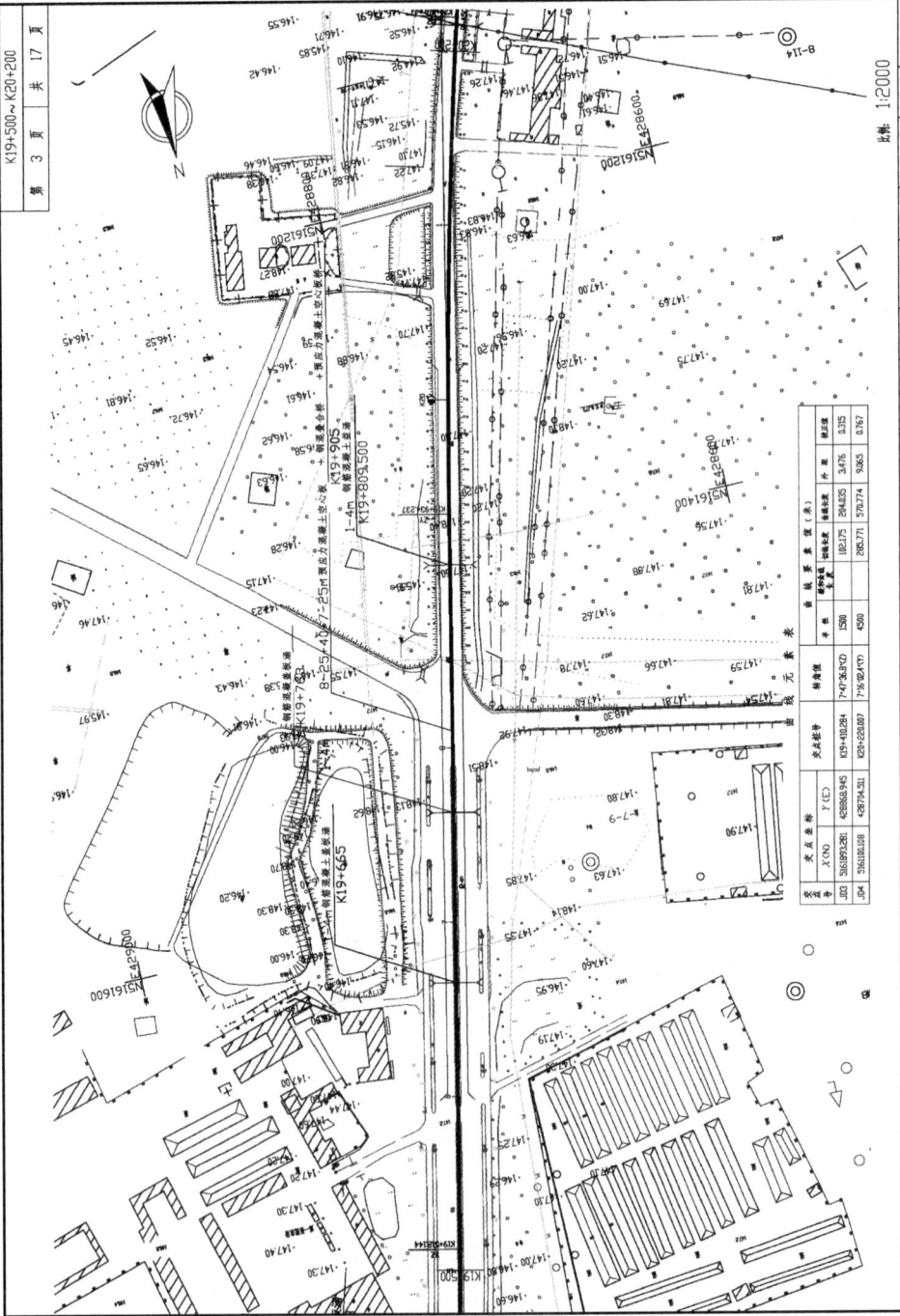

图4-27 公路路线平面图

4.7 公路平面设计实例

4.7.1 设计资料

1. 技术参数

(1) 公路等级：二级公路；

(2) 设计速度：60km/h。

2. 设计数据

经外业勘测，已掌握的公路平面设计数据包括：

(1) 路线起点坐标；

(2) 交点坐标；

(3) 曲线转角；

(4) 交点间距。

上述公路平面设计数据具体见表4-15。

表 4-15

公路平面设计数据

交点号	起点与交点坐标		转角值	交点间距（m）
	N（X）	E（Y）		
SP	5075002.364	533243.679		
				141.253
JD1	5075022.993	533383.418	14°31′43″（Y）	
				338.730
JD2	5074986.815	533720.210	9°34′35.8″（Z）	
				409.188
JD3	5075011.407	534128.659	22°51′45.9″（Y）	
				280.408
JD4	5074918.187	534393.118	15°11′20.4″（Z）	
				180.976
JD5	5074904.844	534573.602	30°44′17.5″（Y）	
				175.545
JD6	5074804.239	534717.459	8°32′57″（Z）	
				334.262
JD7	5074655.525	535016.816	18°01′16.5″（Y）	
				287.994
JD8	5074453.888	535222.444	6°26′55.6″（Z）	
				232.023
JD9	5074311.073	535405.307	20°14′06.1″（Z）	
				181.495
JD10	5074262.149	535558.102	15°16′09″（Z）	

4.7.2 设计任务

1. 提交成果

(1) 根据所提供技术资料及数据，编写平曲线计算说明书。

(2) 编制直线、曲线及转角一览表（A3）。

(3) 绘制公路路线平面图（A3图幅，比例尺1:2000，直线段桩间距25m，曲线段桩间距20m）。

2. 设计要求

(1) 平面线形设计指标需满足现行《公路工程技术标准》与《公路路线设计规范》要求，并尽量采用较高设计指标。

(2) 独立完成公路平面设计，按时提交相应的设计成果。

（3）设计计算正确，制表与绘图符合标准，说明书撰写规范。

4.7.3 设计指导

可参照以下步骤进行本次公路平面设计：

（1）根据公路等级与设计速度，查阅相关标准与规范，获取圆曲线最小半径、缓和曲线最小长度等指标，计算最小直线长度。

（2）根据提供的设计数据，选取既满足规范要求又能达到较高质量的设计指标（圆曲线半径与缓和曲线长）。

（3）计算各交点的曲线要素与主点桩号，编写计算书。

（4）按照前述的样例编制直线、曲线及转角一览表，绘制公路路线平面图。

第5章 公路纵断面设计

用一曲面沿着道路中线竖直剖切，然后展开即为路线纵断面。纵断面设计的主要任务就是根据汽车的动力特性、道路等级、当地的自然地理条件及工程经济性等，研究路线起伏程度的大小及长度，以便达到行车安全迅速、运输经济合理及乘客感觉舒适的目的。

5.1 纵断面设计的内容与步骤

5.1.1 纵断面线形要素

1. 地面线与设计线

纵断面主要有两条连续线形：一条是地面线，另一条是设计线。地面线是根据中线上各桩位的地面高程而点绘并连接的一条不规则的折线，它反映了沿着道路中线的地面起伏变化情况。设计线是经过技术、经济及美学等多方面比较后定出的一条具有规则形状的几何线形，它反映了道路路线的起伏变化情况。

设计线上各桩号点的标高称为设计标高，设计标高的位置视公路等级和建设性质有所不同，具体规定如下：

（1）新建公路的路基设计标高：高速公路、一级公路宜采用中央分隔带的外侧边缘标高；二级、三级、四级公路采用路基边缘标高。在设置超高、加宽的路段为设超高、加宽前该处边缘标高。

（2）改建公路的路基设计标高：宜按新建公路的规定执行，也可视具体情况而采用中央分隔带或行车道中线标高。

沿河及可能受水浸淹的路段，按设计标高推算的最低侧路基边缘标高应高出表5-1规定的洪水频率计算水位加壅水高（因水流受阻而产生的水位升高现象）、波浪侵袭高和0.5m的安全高度。

路基设计洪水频率　　　　　　　　　　表5-1

公路等级	高速公路	一级公路	二级公路	三级公路	四级公路
设计洪水频率	1/100	1/100	1/50	1/25	按具体情况确定

沿水库上游岸边布设的路段，按设计标高推算的最低侧路基边缘标高应考虑水库水位升高后地下水位壅升，以及水库淤积后壅水曲线抬高及浪高的影响；在寒冷地区还应考虑冰塞壅水对水位增高的影响。

大桥、中桥桥头引道（在洪水泛滥范围内）按设计标高推算的最低侧路基边缘标高应高于该桥设计洪水位（包括壅水和浪高）至少0.5m；小桥涵附近的按设计标高推算的最低侧路基边缘标高应高于桥（涵）前壅水水位至少0.5m（不计浪高）。

2. 直线与竖曲线

纵断面设计线由直线（即均匀坡度线或直坡段）和竖曲线组成。直线有上坡和下坡之分，用坡度和坡长表示。直线的坡度和长度影响着汽车运输的经济及行车的安全性，有必要加以限制。

纵断面上两相邻坡度线的交点称为变坡点，两相邻坡度线之间的夹角称为变坡角，在数值上等于相邻两纵坡坡度的代数差，即：

$$\omega = i_2 - i_1 \tag{5-1}$$

式中　ω——变坡角；

i_1、i_2——前后两坡度线的坡度值（上坡为"＋"，下坡为"－"）。

变坡点是一系列折点，为保证行车舒适、平顺、安全，并满足视距的要求，在变坡点处需设置曲线，称为竖曲线。竖曲线有凹形竖曲线和凸形竖曲线两种，如图 5-1 所示，当 $\omega<0$ 时为凸形竖曲线，当 $\omega>0$ 时为凹形竖曲线。竖曲线可选用圆曲线和抛物线两种型式，由于竖曲线的前后坡差很小，抛物线呈非常平缓的线形，曲率变化较小，所以与圆曲线几乎相同。为便于计算，工程上一般采用二次抛物线型式。

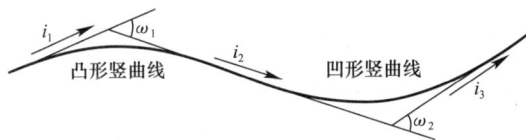

图 5-1　竖曲线

5.1.2　纵断面设计的主要内容

公路纵断面设计的主要内容包括以下五部分：

1. 控制点确定

控制点是指影响路线纵坡设计高程的点，如路线起讫点、越岭垭口、重要桥梁与隧道、地质不良地段的最小填土高度和最大挖方深度、沿溪线的洪水位、路线交叉点、重要城镇通过点及其他路线高程必须通过的点位等。对于山岭重丘区的道路，还应考虑各横断面上横向填挖基本平衡的经济点，以降低工程造价。

2. 变坡点位置的确定

在确定变坡点位置时，要尽量使填挖工程量最小，同时还要处理好平面、纵断面线形的相互配合和协调，并避免变坡过于频繁而形成锯齿形的纵断面。此外，变坡点应尽量选取在整桩号处，以便于计算。

3. 纵坡坡度及坡长检验

应根据规范要求，检验各坡段的纵坡坡度与坡长，检验的指标包括：最大纵坡、最小纵坡、桥上及桥头路线的纵坡、隧道部分路线的纵坡、平均纵坡、合成坡度及最小坡长、最大坡长与缓和坡段。

4. 竖曲线设计

确定满足规范要求的竖曲线半径，计算竖曲线要素，包括：变坡角、竖曲线长度、切线长、外距及各整桩号点的竖距（切线标高与曲线标高之差），并检验竖曲线长度是否满

足规范要求，条件受限制时还需检验切线长和外距是否满足实际需求；根据切线标高与竖距，计算竖曲线各整桩号点的设计标高。

5. 平纵线形组合情况检验

平纵组合后的线形应能自然地诱导汽车驾驶人的视线，使其能及时准确地判断路线的变化情况，并在视觉上保持线形的连续、圆滑、顺适和美观。同时，通过合理的平纵线形组合，形成适当的合成坡度，使路面任何地点都不发生滞水现象，以保证行车安全。

5.1.3 纵断面设计步骤

为完成公路纵断面设计内容，需按照以下步骤进行设计：

1. 准备工作

根据中桩及水准记录，绘出纵断面图的地面线；根据中线测设资料，绘出全线的交点、平曲线及其要素；研究规范规定的有关技术指标和各项要求，综合分析外业勘察收集和测绘的地形、土壤、地质、水文、筑路材料的各项记录和图表资料，并考虑施工方法。

2. 确定控制点与初试拉坡

在纵断面图上标明纵断面控制点，对设计高程起到局部或整体的控制作用，然后本着以"控制点"为依据，照顾多数"经济点"的原则，在这些点位间进行穿插和裁弯取直，进行初步拉坡，定出各变坡点的初步位置。在回头曲线路段由于超高值较大，纵坡限制严格，因此应先定出回头曲线部分的纵坡，然后再从两端接坡。

3. 调整坡度线

将初定的坡度与选定线时考虑的坡度进行比较分析，然后对照规范检查设计的最大纵坡、合成坡度、坡长限制等是否符合规定，桥梁、隧道地段应按照桥梁、隧道路线纵坡的特殊要求执行。若发现有问题，应进行调整。调整时应以少脱离控制点、少变动填挖值为原则。调整方法有平抬、平降、延伸、缩短或改变坡度值等。拉坡时如受控制点制约，导致纵坡起伏过大，或土石方工程量太大，经调整仍然难以解决时，可采用纸上移线方法局部修改平面线形。

4. 根据横断面核对

根据调整后的坡度线，在纵断面图上直接读出对应中桩的填挖高度，选择具有控制意义的重点断面，如高填深挖断面、陡峭山坡路基、挡土墙、重要桥涵等，检查是否有填挖过大、坡脚落空或挡土墙工程过大等情况。如发现有问题，应及时调整纵坡。横断面上的经济点有以下三种情况：

（1）当地面横坡不大时，可在中桩地面标高上下找到填方和挖方基本平衡的标高，该标高为其经济点，如图 5-2（a）所示，纵坡设计应尽量通过该点。

（2）当地面横坡较陡时，填方往往不易填稳，有时坡脚伸得较远，采用多挖少填甚至全挖的方法比砌筑护脚、修筑挡土墙等方法更经济，这时多挖少填或全挖的路基标高为经济点，如图 5-2（b）所示。

（3）当地面横坡很陡而无法填方时，需砌筑挡土墙，此时宁愿全挖或深挖，全挖或深挖的路基标高为其经济点，如图 5-2（c）所示。

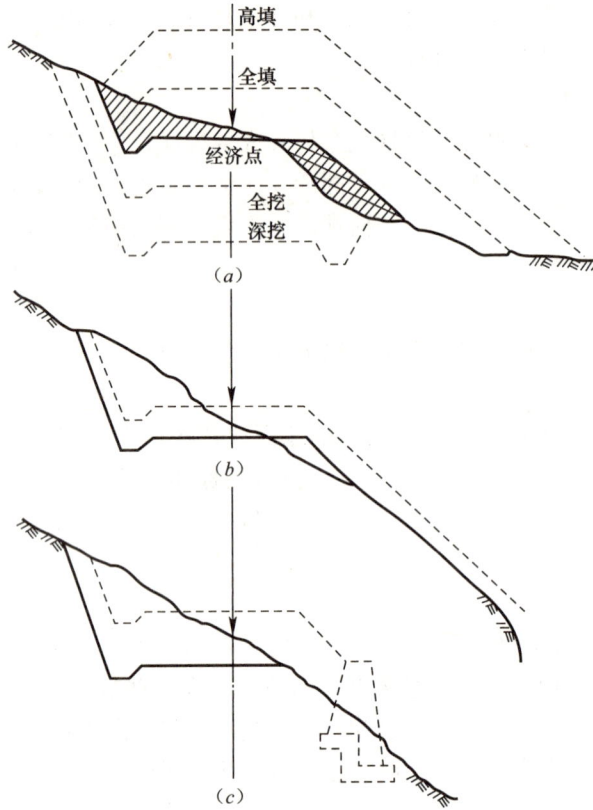

图 5-2 路基填挖经济点

5. 确定纵坡度并计算变坡点标高

经调整核对无误后即可确定纵坡度及变坡点，变坡点一般要调整到 10m 整桩位上。根据确定的坡度和坡长，可推算变坡点标高，各桩号处的设计标高也随之算出；或先确定各变坡点标高，再反算坡度和坡长。

6. 设置竖曲线

根据技术标准、平纵组合平衡等原则确定竖曲线半径、计算竖曲线要素及各桩号的设计标高。同时在回头曲线地段不宜设竖曲线。大桥、中桥上一般不宜设置竖曲线（尤其是凹形竖曲线），桥头两端在不得已设置竖曲线时，其起、终点应设在距桥头 10m 以外，如图 5-3 所示。小桥涵允许设置在斜坡路段或竖曲线上，但为了保证路线的平顺性，应尽量避免在小桥涵处出现急变的"驼峰式"纵坡，如图 5-4 所示。

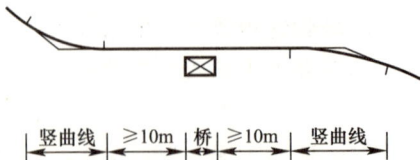

图 5-3 桥上纵坡设置要求

图 5-4 "驼峰式"纵坡

5.2 纵坡设计

5.2.1 纵坡坡度

纵坡坡度即路线的纵坡度，简称"纵坡"，用符号 i 表示，其值按下式计算：

$$i = \frac{H_2 - H_1}{L} = \frac{\Delta H}{L} \tag{5-2}$$

式中　i——纵坡，沿路线前进方向，上坡为"+"、下坡为"－"，%；

H_1、H_2——沿路线前进方向的某坡线两端点的高程，m；

　　L——坡线两端点的水平距离，简称坡长，m。

1. 最大纵坡

（1）规定值

最大纵坡是指在纵坡设计时各等级公路允许采用的最大坡度值，是纵面线形设计的一项重要指标，最大纵坡的大小将直接影响路线的长短、使用质量、行车安全及运营成本和工程经济性。

各级公路的最大纵坡主要考虑载重汽车的爬坡性能和公路通行能力。一般公路偏重于考虑爬坡性能，高速公路、一级公路偏重于考虑车辆的快速安全行驶。研究表明，随着纵坡增大，每提高速度 1km/h 的油耗和每增加 1t 货物的油耗将急剧增加，特别是纵坡坡度大于 7% 时尤其突出。考虑到我国交通组成中的货车在较长时间内仍将以载重汽车为主体，所以当汽车交通量较大时，各级公路应尽量采用较小的纵坡，最大纵坡应慎用。现行《公路路线设计规范》规定的公路最大纵坡如表 5-2 所示。

公路最大纵坡　　　　　　　　　　　　　　表 5-2

设计速度（km/h）	120	100	80	60	40	30	20
最大坡度（%）	3	4	5	6	7	8	9

设计速度为 120km/h、100km/h、80km/h 的高速公路受地形条件或其他特殊情况限制时，经技术经济论证，最大纵坡值可增加 1%。设计速度为 40km/h、30km/h、20km/h 的公路，改建工程利用原有公路的路段，经技术经济论证，最大纵坡可增加 1%。四级公路位于海拔 2000m 以上或积雪冰冻地区的路段，最大纵坡不应大于 8%。

（2）高原地区最大纵坡折减

在高原地区，随着海拔高度的增加，大气压力、空气温度和密度都逐渐减小。空气密度的减小，使汽车发动机的正常操作状态受到影响，从而使汽车的动力性能受到影响。另外，空气密度变小，散热能力也降低，发动机易过热。经常持久使用低档，特别容易使发动机过热，并使汽车水箱中的水沸腾而破坏冷却系统。根据试验与分析，当海拔高度超过 3000m 时，应考虑对纵坡予以折减。因此规范规定：设计速度 ≤80km/h、位于海拔 3000m 以上高原地区的公路，最大纵坡应按表 5-3 的规定予以折减。最大纵坡折减后若小于 4%，则仍采用 4%。

高原公路纵坡折减值			表 5-3
海拔高度（m）	3000～4000	4000～5000	5000 以上
纵坡折减（%）	1	2	3

2. 最小纵坡

为了保证挖方路段、设置边沟的低填方路段和其他横向排水不畅的路段排水，防止水渗入路基而影响路基的稳定性，公路的纵坡不宜小于 0.3%。

横向排水不畅的路段或长路堑路段，采用平坡（0%）或小于 0.3% 的纵坡时，其边沟应作纵向排水设计。对于干旱地区，及横向排水良好、不产生路面积水的路段，也可不受此最小纵坡的限制。

3. 桥上及桥头路线的纵坡

桥上纵坡的规定主要从桥梁结构受力和构造方面考虑，而引道纵坡则主要考虑行车方面的要求，并同桥上纵坡保持相同。在具体应用时，应根据桥型、结构受力特点和构造要求，选用合适的桥上纵坡。小桥与涵洞处纵坡应随路线规定进行设计；大桥、中桥上的纵坡不宜大于 4%，桥头引道纵坡不宜大于 5%，引道紧接桥头部分的线形应与桥上线形相配合。位于市镇附近及混合交通量大的路段，桥上和引道的纵坡还应考虑非机动车的爬坡能力，故不宜过大。规范规定：位于市镇附近非汽车交通量大的路段，桥上及桥头引道纵坡均不应大于 3%。

4. 隧道及其洞口两端路线的纵坡

隧道纵坡与汽车排放的废气量有关，其纵坡以接近 3% 为界限，纵坡再增大，排放的废气量将急剧增加。对于以机械通风换气的隧道，其最大纵坡最好也小于 3%。因此现行《公路路线设计规范》规定：隧道内纵坡应大于 0.3% 并小于 3%，但短于 100m 的隧道不受此限。

高速公路、一级公路的中、短隧道，当条件受限制时，经技术经济论证后最大纵坡可适当加大，但不宜大于 4%；紧接隧道洞口的路线纵坡应与隧道内纵坡相同。

隧道的纵坡宜设置成单向坡，地下水发育的隧道及特长、长隧道宜采用人字坡。

5. 平均纵坡

平均纵坡是指在一定长度路段内，连续上坡或连续下坡路段纵向所克服的高差值与该路段的距离之比。它是衡量线形设计质量的一个限制性指标，目的是为了保证车辆安全行驶。公路纵断面设计即使完全符合最大纵坡、坡长限制及缓和坡段的规定，也还不能保证使用质量。不少路段由于平均纵坡较大，上坡持续使用低速挡，导致车辆水箱开锅；下坡则因刹车过热、失效而导致交通事故发生。因此，有必要控制平均纵坡。

高速公路、一级公路应采用合理的平均纵坡，以保证纵坡路段的通行能力和运行安全。高速公路、一级公路的连续上坡或下坡路段，相对高差大于 300m 时，平均纵坡不宜大于 2.5%；任意连续 3km 路段的平均纵坡不应大于 4.0%。

二级、三级、四级公路越岭路线连续上坡或下坡路段，相对高差为 200～500m 时，平均纵坡不应大于 5.5%；相对高差大于 500m 时平均纵坡不应大于 5%，且任意连续 3km 路段的平均纵坡不应大于 5.5%。

6. 合成坡度

如图 5-5 所示，道路弯道超高横坡度与道路纵向坡度所组成的矢量和，称为合成坡

度，其计算公式为：

$$i_合 = \sqrt{i_h^2 + i_纵^2} \tag{5-3}$$

式中　　$i_合$——合成坡度，%；

　　　　i_h——超高横坡度，%；

　　　　$i_纵$——路线纵坡度，%。

将合成坡度限制在某一范围之内的目的是尽可能避免陡坡与急弯的组合而对行车产生不利影响，现行《公路路线设计规范》规定的公路最大合成坡度如表 5-4 所示。

公路的最大合成坡度值　　　　　　　　　　　　　　表 5-4

公路等级	高速公路/一级公路				二级、三级、四级公路				
设计速度（km/h）	120	100	80	60	80	60	40	30	20
合成坡度值（%）	10.0	10.0	10.5	10.5	9.0	9.5	10.0	10.0	10.0

当陡坡与小半径圆曲线相重叠时，宜采用较小的合成坡度，特别是下列情况，其合成坡度必须小于 8%：

（1）冬季路面有积雪、结冰的地区；

（2）自然横坡较陡峻的傍山路段；

（3）非汽车交通量较大的路段。

此外，合成坡度关系到路面排水。合成坡度过小则排水不畅，路面积水易使汽车滑移，前方车辆溅水造成的水幕也会影响通视，使行车中易发生事故。为此，应保证路面有不小于 0.5% 的合成坡度，当合成坡度小于 0.5% 时，应采取综合排水措施，保证路面排水通畅。

5.2.2　纵坡坡长

1. 最小坡长

坡长是指变坡点间的水平直线距离。若坡长太短，则变坡点过多，道路纵向起伏变化频繁，会使车辆行驶反复颠簸，从而影响行车的平顺性和安全性，且路容也不美观。此外，坡长过短会导致相邻变坡点之间不能设置相邻两竖曲线的切线长。因此，应对最小坡长加以限制。现行《公路路线设计规范》规定的公路最小坡长如表 5-5 所示。

各级公路最小坡长值　　　　　　　　　　　　　　表 5-5

设计速度（km/h）	120	100	80	60	40	30	20
最小坡长（m）	300	250	200	150	120	100	60

2. 最大坡长

载重汽车在纵坡上行驶时存在一个稳定车速，与之相对应的有一个稳定坡长。从运行质量看，纵坡长度不宜超过稳定坡长，而稳定坡长的长短则取决于车辆动力性能、驶入坡道的行车速度和坡顶要求达到的速度。车辆动力性能越好，上坡道起始速度越高，坡顶要求速度越低，则稳定坡长就越长。根据不同等级公路上实际观测到的载重汽车运行速度，将 85% 位载重汽车车速作为起始速度，15% 位载重汽车车速作为坡顶速度，结合减速冲坡的坡长与车辆运行速度变化的关系，并考虑车辆实际上坡行驶时车速要比冲坡试验时略小

的调查结果和汽车工业发展的需要，提出了不同纵坡最大坡长的规定值，如表5-6所示。

公路不同纵坡最大坡长限制（单位：m）　　　　　表5-6

设计速度（km/h）	120	100	80	60	40	50	20
纵坡坡度（%）　3	900	1000	1100	1200	—	—	—
4	700	800	900	1000	1100	1100	1200
5	—	600	700	800	900	900	1000
6	—	—	500	600	700	700	800
7	—	—	—	—	500	500	600
8	—	—	—	—	300	300	400
9	—	—	—	—	—	200	300
10	—	—	—	—	—	—	200

当连续上坡路段由几个不同陡坡段组成时（即组合坡长），为判断坡长是否符合规定，一般可采用按比例折算纵坡坡长的方法进行计算。

【例】某公路设计速度为80km/h，已设计一段5%的上坡段坡长为350m，拟再按4%上坡设计，其坡长最长是多少？

解：由于$V=80$km/h，纵坡为5%、4%均须限制坡长（分别为700m、900m），此时5%的路段已占有限制坡长的350m/700m，则其后面4%纵坡的坡长限制值为：

$900m\times(1-350m/700m)=450m$。

对于单一纵坡坡长超过表5-8中规定且平均纵坡较大的上坡路段，应根据运行速度进行通行能力分析，论证设置供大型车辆上坡的爬坡车道。对于连续纵坡长度大于3km且平均纵坡大于3%（或任意连续路段相对高差大于等于100m且平均纵坡大于等于2%）的高速公路、一级公路和二级公路路段，应基于运行速度进行安全性分析评价，论证设置爬坡车道、避险车道，检验并完善相关交通工程和安全设施。

5.2.3　纵坡设计要求

1. 纵坡值的运用

纵坡坡度一般以平、缓为宜，各级公路应避免采用最大纵坡值和不同纵坡对应的最大坡长值，只有在为争取高度利用有利地形，或避开工程艰巨地段等不得已的情况下方可采用。因为随着纵坡坡度的变大，事故率会提高，能耗将急剧增加，大气污染也随之变得严重。对于载重汽车而言，车速也会明显降低，通行能力和服务水平都会明显下降。当不得已而设置陡坡时，应用运行速度进行检验，以确保高速公路的通行能力和服务水平符合要求。

此外，纵坡设计时宜兼顾考虑平面线形和指标，综合确定坡度的大小、坡长和坡度区间的起终点位置。

2. 不同类型地区的纵坡设计要求

（1）平原地形的纵坡应均匀、平缓。

（2）丘陵地形的纵坡应避免过分迁就地形而起伏过大。

（3）越岭线的纵坡应力求均匀，不应采用最大值或接近最大值的坡度，更不宜连续采用不同纵坡对应的最大坡长值的陡坡夹短距离缓坡的纵坡线形。特别是隧道出口附近，纵

断面线形要避免急剧的坡度变化。

（4）山脊线和山腰线，除结合地形不得已采用较大的纵坡外，在可能条件下应采用平缓的纵坡。

5.3 竖曲线设计

5.3.1 竖曲线要素计算

竖曲线要素计算如图 5-5 所示。一般 ω 值较小，高程的变化产生的水平距离的变化很小，为了避免繁琐的计算，在设计和施工中竖曲线的切线长 T 及曲线长 L 均采用水平投影长度。

设图上 O 点为所选抛物线的原点，二次抛物线的基本方程式为：

$$z = \frac{x^2}{2R} \tag{5-4}$$

$$i = \frac{\mathrm{d}z}{\mathrm{d}x} = \frac{x}{R} \tag{5-5}$$

式中　R——二次抛物线的参数（原点的曲率半径），通常称为竖曲线半径，m；

　　　i——切线斜率，即纵坡度。

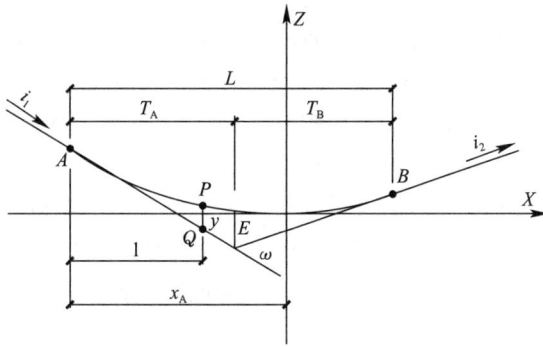

图 5-5　竖曲线要素计算

由图 5-5 可知，切线上任意一点 P 与竖曲线上的点 Q 之间的竖距 y 可按下式计算：

$$y = z_P - z_Q = \frac{1}{2R}(x_A - l)^2 - (z_A - l \cdot i_1) = \frac{1}{2R}(x_A^2 - 2x_A \cdot l + l^2) - \left(\frac{x_A^2}{2R} - l\frac{x_A}{R}\right) = \frac{l^2}{2R}$$

$$\tag{5-6}$$

式中　l——竖曲线上任一点 P 距竖曲线起点 A 或终点 B 的水平距离，m。

则竖曲线长 L 可按下式计算：

$$L = x_B - x_A = Ri_2 - Ri_1 = R(i_2 - i_1) = R\omega \tag{5-7}$$

由外矢距 E 的计算公式：

$$E = \frac{T_A^2}{2R} = \frac{T_B^2}{2R} \tag{5-8}$$

可知 $T_A = T_B$，又根据 $L = T_A + T_B$，故得切线长 T：

$$T = T_A = T_B = \frac{L}{2} = \frac{R\omega}{2} \tag{5-9}$$

外矢距 E 可按下式计算：

$$E = \frac{T^2}{2R} = \frac{1}{2R}\left(\frac{R\omega}{2}\right)^2 = \frac{R\omega^2}{8} \tag{5-10}$$

综上所述，竖曲线要素的计算公式汇总于式（5-11）中

$$\left. \begin{array}{l} L = R\omega \\[2mm] T = \dfrac{L}{2} \\[2mm] E = \dfrac{T^2}{2R} \\[2mm] y = \dfrac{l^2}{2R} \end{array} \right\} \tag{5-11}$$

式中　R——竖曲线半径，m；

　　　T——切线长，m；

　　　L——竖曲线长，m；

　　　E——外矢距，m；

　　　l——竖曲线上任意一点到曲线起点或终点的水平距离，m；

　　　y——竖曲线上与 l 对应的点到坡度线的高差，通常称为竖距，m。

5.3.2 凸形竖曲线设计

通常当汽车行驶在凸形竖曲线变坡点附近时，由于变坡角的影响在司机的视线范围内将产生盲区（如图 5-6 所示），此时司机的视距与变坡角的大小及视线高度有密切关系。当变坡角较小时，不设竖曲线也能保证视距；但变坡角较大时，则必须设竖曲线以满足行车视距要求。

1. 需设凸形竖曲线的变坡角

凸形竖曲线半径的选定是以提供可靠的行车视距、保证汽车以设计速度安全行驶为前提的。如图 5-7 所示，d_1 为 A 点处司机的视线高，d_2 为 B 点处司机的视线高或障碍物高度，S 为 A 点看到 B 点时 A、B 间的距离，ω 为变坡角，φ 为司机自 A 点的视线通过变坡点与上坡方向坡度线所夹的角度，则可得：

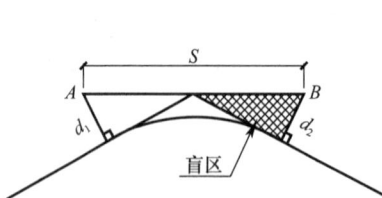

图 5-6　凸形竖曲线上的行车视距　　　　图 5-7　凸形竖曲线变坡角与视距

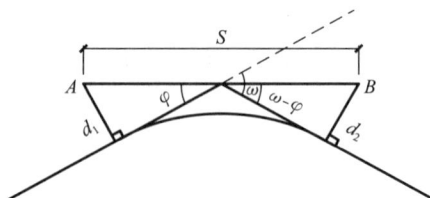

$$S = d_1/\sin\varphi + d_2/\sin(\omega - \varphi)$$

由于 φ 与 ω 角度都很小，故

$$\sin\varphi \approx \varphi, \sin(\omega - \varphi) \approx \omega - \varphi$$

则 $S = d_1/\varphi + d_2/(\omega - \varphi)$

可见，凸形变坡点处的视距是与变坡角大小和司机视线高度有密切关系的。

对式（4-11）求导，可得出最小视距长度 S_{min}：

126

$$S_{min} = \frac{(\sqrt{d_1} + \sqrt{d_2})^2}{\omega} \qquad (5-12)$$

由式（5-12）可得

$$\omega_s = \frac{(\sqrt{d_1} + \sqrt{d_2})^2}{S_{min}} \qquad (5-13)$$

式中　ω_s——与最短视距相适应的变坡角。

当 $S_{min} \geqslant S$ 时（S 为设计视距），即 $\omega_s \leqslant \omega_{sc}$（$\omega_{sc}$ 是与设计视距相适应的变坡角）时，则 $\omega \leqslant \dfrac{(\sqrt{d_1} + \sqrt{d_2})^2}{S}$，说明 ω 很小，视距可得到保证。

当 $S_{min} < S$，即 $\omega_s > \omega_{sc}$ 时，$\omega > \dfrac{(\sqrt{d_1} + \sqrt{d_2})^2}{S}$，说明必须设置一定的凸形竖曲线才能保证视距。

有分隔带的公路，满足停车视距时，$d_1 = 1.2$m，$d_2 = 0$，此时不设竖曲线的变坡角为 $\omega \leqslant \omega_{sc} = d_1/S_停 = 1.2/S_停$（弧度）。

为了保证对向行车时能满足会车视距，$d_1 = d_2 = 1.2$m，此时不设竖曲线的变坡角为 $\omega \leqslant 4d/S_会 = 4.8/S_会$。

由上述讨论可知，不需要设竖曲线就能保证视距的变坡角大小取决于所采用的司机视线高 d_1、障碍物高 d_2 和视距 S。

实际上，要不要设竖曲线不仅仅取决于计算的 ω_s 是否大于 ω_{sc}，为保证行车的平顺和安全，规定公路在纵坡变更处均应设置竖曲线。

2. 凸形竖曲线极限最小半径的确定

竖曲线最小半径分为一般值和极限值。极限值是汽车在纵坡变更处行驶时，为了缓和冲击和保证视距所需的最小半径计算值，该值在受地形等特殊情况约束时方可采用。凸形竖曲线极限最小半径的确定可分为如下两种情况：

（1）凸形竖曲线长度 L 大于视距长度 S

如图 5-8 所示，L 是竖曲线长度，S 是沿竖曲线的切线方向丈量的视距长度 $S = S_1 + S_2$，d_1 与 d_2 是两部汽车行驶到 A 点或 B 点时的视线高，R 是竖曲线半径。

在△AOM 中，有

$$(R + d_1)^2 = S_1^2 + R^2$$

整理得 $S_1^2 = (2R + d_1) \cdot d_1$

因 d_1 与 R 相比很小，可略去 d_1，所以

$$S_1 = \sqrt{2Rd_1}$$

同理，在△BMO 中可得：$S_2 = \sqrt{2Rd_2}$，故

$$S = S_1 + S_2 = \sqrt{2R} \cdot (\sqrt{d_1} + \sqrt{d_2})$$

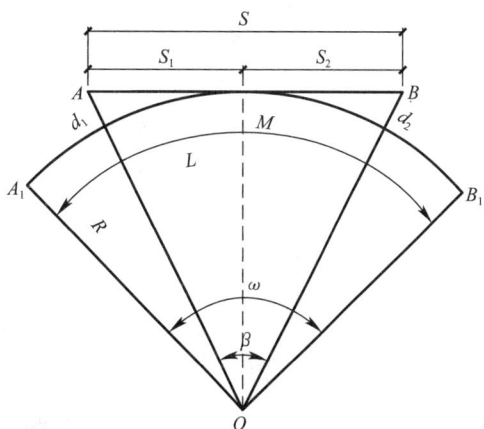

图 5-8　$L > S$ 时 R 的确定

则

$$R_凸 = \frac{S^2}{2(\sqrt{d_1} + \sqrt{d_2})^2} \qquad (5-14)$$

上式是在 $L>S$（即 $\omega>\beta$）的条件下计算得到的。如近似取 $S=R\cdot\beta$，即 $\beta=S/R$，则有 $\omega>S/R$，代入式（5-14），得

$$\omega>\frac{2\left(\sqrt{d_1}+\sqrt{d_2}\right)^2}{S} \tag{5-15}$$

如不符合这一条件，则应按第（2）种情况计算。

当采用停车视距时，$S=S_{停}$，并取 $d_1=1.2\text{m}$，$d_2=0$，由式（5-14）得

$$R_凸=S_{停}^2/2d_1 \tag{5-16}$$

若取 $S=S_{停}$，$d_1=1.2\text{m}$，$d_2=0.1\text{m}$ 则

$$R_凸=\frac{S_{停}^2}{2\left(\sqrt{d_1}+\sqrt{d_2}\right)^2}=\frac{S_{停}^2}{3.98} \tag{5-17}$$

当采用会车视距时，$S=S_{会}$，并取 $d_1=d_2=1.2\text{m}$，由式（5-14）得

$$R=S_{会}^2/8d_1 \tag{5-18}$$

通常，
$$S_{会}=2S_{停}$$

（2）凸形竖曲线长度 L 小于视距 S

如图 5-9 所示。因变坡角很小，近似认为折线 CP_1P_2D 的总长度等于竖曲线长度 L，则 $P_1P_2=L/2$，而 $L=R\cdot\omega$，则

$$S=AP_1+P_2B+P_1P_2=d_1/\varphi+d_2/(\omega-\varphi)+R\omega/2$$

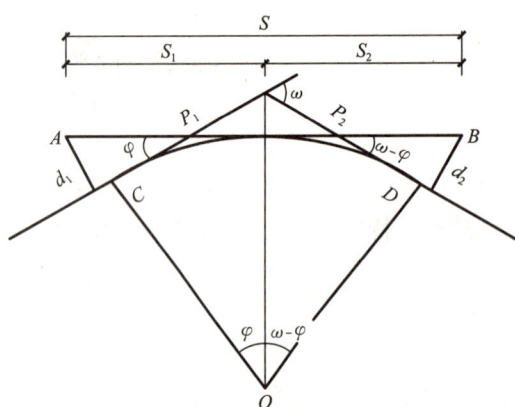

图 5-9　$L<S$ 时 R 的确定

由最小视距长度可知

$$S_{\min}=d_1/\varphi+d_2/(\omega-\varphi)$$

而　　$$S_{\min}=\frac{\left(\sqrt{d_1}+\sqrt{d_2}\right)^2}{\omega}$$

则　　$$S=\frac{\left(\sqrt{d_1}+\sqrt{d_2}\right)^2}{\omega}+\frac{R\omega}{2}$$

由此可得

$$R_凸=\frac{2}{\omega}\left[S-\frac{\left(\sqrt{d_1}+\sqrt{d_2}\right)^2}{\omega}\right] \tag{5-19}$$

当采用停车视距时，$S=S_{停}$，并取 $d_1=1.2\text{m}$，$d_2=0$，由式（5-19）得：

$$R_凸=\frac{2}{\omega}\left(S_{会}-\frac{d_1}{\omega}\right)=\frac{2}{\omega}\left(S_{停}-\frac{1.2}{\omega}\right) \tag{5-20}$$

当 $d_1=1.2\text{m}$，$d_2=0.1\text{m}$，由式（5-19）得：

$$R_凸=\frac{1}{\omega}\left(2S_{停}-\frac{3.98}{\omega}\right) \tag{5-21}$$

当采用会车视距时，$S=S_{会}$，$d_1=d_2=1.2\text{m}$，由式（5-19）得：

$$R_凸=\frac{2}{\omega}\left(S_{停}-\frac{4.8}{\omega}\right) \tag{5-22}$$

5.3.3　凹形竖曲线设计

对凹形竖曲线最小半径的确定主要应考虑：限制离心力不过大、夜间行车前灯照射范围内的视距保证两个方面。

1. 限制离心力不过大

离心力可按下式计算：

$$F = \frac{G}{g} \times \frac{v^2}{R} = \frac{GV^2}{127R}$$

由上式可得到极限最小半径的计算公式如下：

$$R = \frac{V^2}{127} \cdot \frac{G}{F} \tag{5-23}$$

F/G 为单位车重所受到的离心力，参考有关资料取 $F/G = 0.028$，代入上式得：

$$R_{min} = V^2/3.6 \tag{5-24}$$

2. 夜间行车前灯照射范围内的视距保证

汽车前灯的照射角是一定的，但当凹形竖曲线半径不同时，其前灯照射的范围会不同。为使前灯照射的距离满足必要的行车视距要求，需控制凹形竖曲线的最小半径。

如图5-10所示，设前灯高度为 h_0，向上照射角度为 α，视距长度为 S（取规定值）。

在竖曲线上，设竖曲线长大于视距长，知竖距 $Y = S^2/2R$，且 $Y = h_0 + S \cdot \tan\alpha$，则

$$R = \frac{S^2}{2(h_0 + S \cdot \tan\alpha)} \tag{5-25}$$

取 $h_0 = 0.75m$，$\alpha = 1°$，得

$$R_{min} = S^2/(1.5 + 0.0349S) \tag{5-26}$$

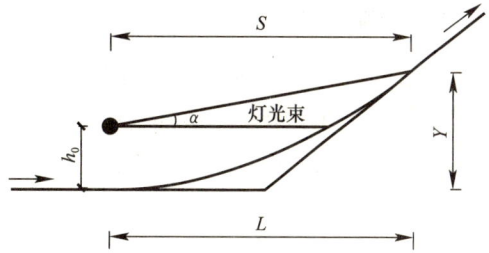

图5-10 灯光视距确定 $R_{凹}$

5.3.4 竖曲线最小半径与长度

竖曲线最小半径极限值值可根据上述理论计算得到，竖曲线最小半径一般值是竖曲线最小半径极限值的1.5~2.0倍。现行《公路路线设计规范》规定的竖曲线最小半径及其最小长度如表5-7所示。表中的一般值为正常情况下的采用值，极限值为条件受限时，经技术经济论证后可采用的值。

公路竖曲线最小半径和最小长度 　　　　　　　　　　表5-7

设计速度（km/h）		120	100	80	60	40	30	20
凸形竖曲线最小半径（m）	一般值	17000	10000	4500	2000	700	400	200
	极限值	11000	6500	3000	1400	450	250	100
凹形竖曲线最小半径（m）	一般值	6000	4500	3000	1500	700	400	200
	极限值	4000	3000	2000	1000	450	250	100
竖曲线最小长度（m）	一般值	250	210	170	120	90	60	50
	极限值	100	85	70	50	35	25	20

对于设计速度没有提高的多车道公路改建项目，当存在施工困难时，竖曲线最小半径和最小长度可按照降低一档设计速度（降档10~20km/h）控制。同向竖曲线间，特别是同向凹形竖曲线之间，如果直线坡段接近或达到最小坡长时，宜合并设置为单曲线或复曲线。同一个平曲线内，特别是直线段内，不宜使用反复凸、凹变化的纵断面线形；不可避免时，可通过平面线形变化来满足视觉的要求。

5.3.5 竖曲线设计高程计算

竖曲线起点桩号计算式为：

$$起点桩号＝变坡点桩号－切线长$$

竖曲线终点桩号计算式为：

$$终点桩号＝变坡点桩号＋切线长$$

凸形竖曲线切线设计高程计算式为：

$$凸形竖曲线切线设计高程＝变坡点设计高程－i×桩间距；$$

凹形竖曲线切线设计高程计算式为：

$$凹形竖曲线切线设计高程＝变坡点设计高程＋i×桩间距；$$

凸形竖曲线上的设计高程计算式为：

$$凸形竖曲线上的设计高程＝该桩号在切线上的设计高程－y$$

凹形竖曲线上的设计高程计算式为：

$$凹形竖曲线上的设计高程＝该桩号在切线上的设计高程＋y$$

5.3.6 计算示例

设计速度为 60km/h 的某公路，一处变坡点的桩号为 K4＋660，变坡点高程为 386.601m，两相邻纵坡分别为 $i_1＝+5.5\%$ 和 $i_2＝+4.2\%$，竖曲线半径取为 4000m，试按桩间距 10m 设计该竖曲线（要求保留至小数点后 3 位）。

解：

1. 竖曲线要素计算

$\omega＝i_2－i_1＝-0.013$，故为凸形竖曲线

$L＝R\omega＝4000×0.013＝52m$

$T＝\dfrac{R\omega}{2}＝\dfrac{4000×0.0013}{2}＝26m$

$E＝\dfrac{T^2}{2R}＝\dfrac{26^2}{2×4000}＝0.085m$

2. 竖曲线起、终点桩号计算

（1）竖曲线起点桩号

起点桩号＝变坡点桩号－切线长

$$
\begin{array}{r}
K4＋660 \\
－)\qquad 26 \\
\hline
K4＋634
\end{array}
$$

（2）竖曲线终点桩号

终点桩号＝变坡点桩号＋切线长

$$
\begin{array}{r}
K4＋660 \\
＋)\qquad 26 \\
\hline
K4＋686
\end{array}
$$

3. 各桩号设计高程的计算

如表 5-8 所示，首先按照 10m 的桩间距将该竖曲线内所有需要计算的桩号列于表中第 1 行，计算各桩位距竖曲线起点或终点的距离 l，列于表中第 2 行；其次，计算各桩位的竖距 y，列于表中的第 3 行；再次，计算各桩位在切线上的设计高程，列于表中第 4 行；最后，计算各桩位在竖曲线上的设计高程，列于表中第 5 行。

竖曲线上各桩号设计高程的计算　　表 5-8

桩　号	K4+634	K4+640	K4+650	K4+660	K4+670	K4+680	K4+686
l	0.000	6.000	16.000	26.000	16.000	6.000	0.000
y	0.000	0.005	0.032	0.085	0.032	0.005	0.000
切线高程（m）	385.171	385.501	386.051	386.601	386.181	385.761	385.509
设计高程（m）	385.171	385.496	386.019	386.516	386.149	385.756	385.509

5.4　平纵线形组合设计

设计速度≥60km/h 的公路，应注重路线平、纵线形组合设计；设计速度≤40km/h 的公路，可参照执行。

5.4.1　组合类型

如图 5-11 所示，平面线形为直线或曲线，纵断面线形为直线或凸形、凹形竖曲线组合成的空间线形共计六类。

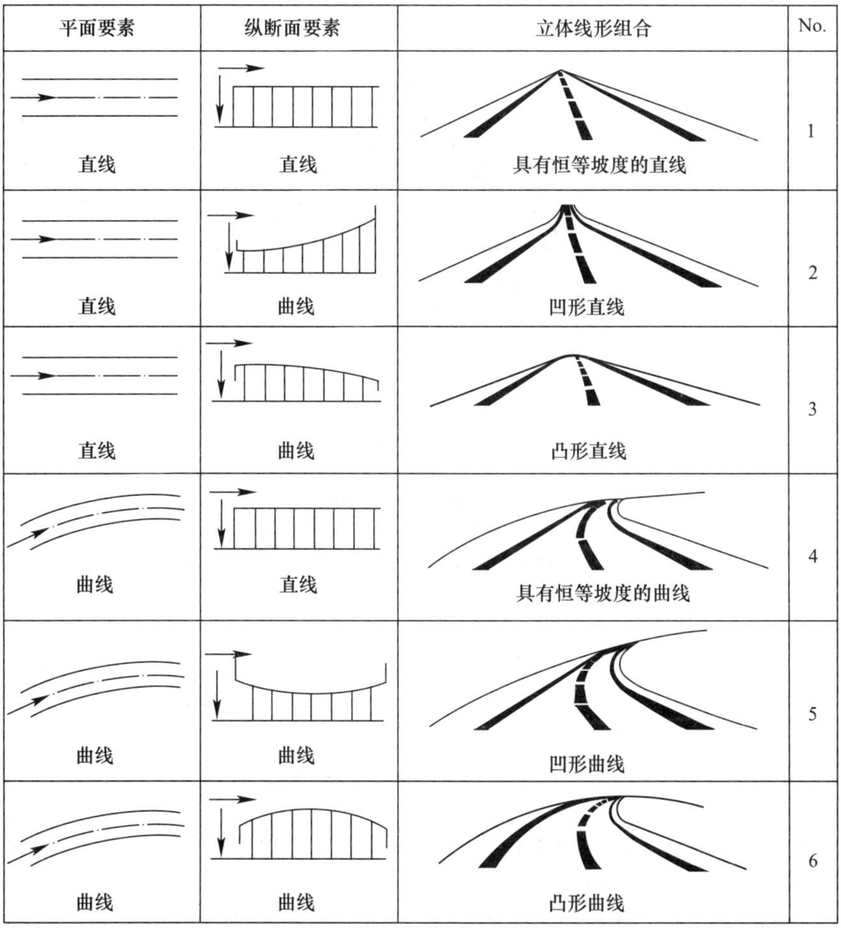

平面要素
纵断面要素
立体线形组合
No.
直线
直线
具有恒等坡度的直线
1
直线
曲线
凹形直线
2
直线
曲线
凸形直线
3
曲线
直线
具有恒等坡度的曲线
4
曲线
曲线
凹形曲线
5
曲线
曲线
凸形曲线
6

图 5-11　平线、纵线形要素组合及其透视图

5.4.2 组合设计要求

1. 平面直线与纵断面直线组合

这种线形组合单调、呆板，行驶过程中路线视景不变，容易使司机产生疲劳感。尤其在高速行车时，易导致交通事故。设计中可采用绿化、标志设置及与路旁设施配合等方法来弥补视景单调的不足，如图 5-12 所示。

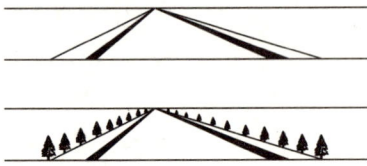

图 5-12　平面直线与纵断面直线组合

2. 平面直线与纵断面凹形竖曲线组合

这种组合具有较好的视距，由于纵面上插入了凹形竖曲线，改善了第一种组合线形的生硬、呆板印象，使司机感觉到动的视觉效果，提高了行车的舒适性。这种组合设计中应注意以下几点：

（1）避免插入较短的凹形竖曲线，或插入小半径竖曲线（一般竖曲线半径应大于最小半径的 3~4 倍），以免产生折点。

（2）在两个凹形竖曲线间不要插入短直线，否则容易导致视觉判断错误，如图 5-13（a）所示；遇有该种线形时宜将两个凹曲线合并成一个凹形竖曲线，即可改善视觉条件，如图 5-13（b）所示。

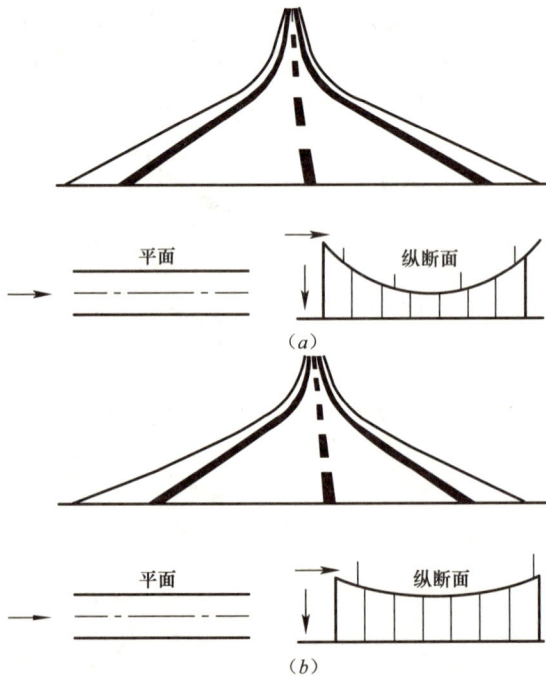

图 5-13　平面直线与纵断面凹形竖曲线组合

（3）长直线的末端不宜插入小半径凹形竖曲线。

3. 平面直线与纵断面凸形竖曲线组合

这种组合视距条件差、线形单调，使司机对前方道路情况无法做出准确判断，应尽量避免。使用这种组合应注意采用大半径竖曲线，以保证视距。当连续交替出现凹形和凸形

132

竖曲线时，则会造成"驼峰"、"暗凹"、"波浪"等视觉效果，一般应尽量避免，如图 5-14、图 5-15、图 5-16 所示。

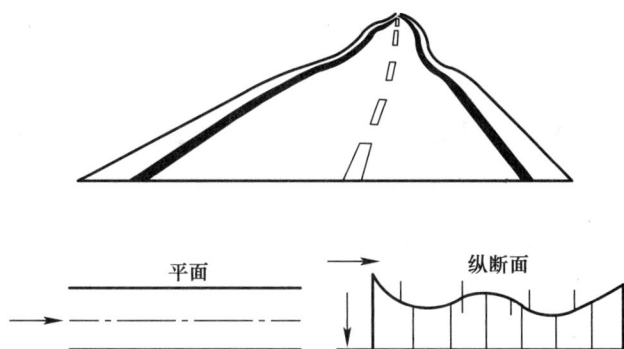

图 5-14　"驼峰"线形

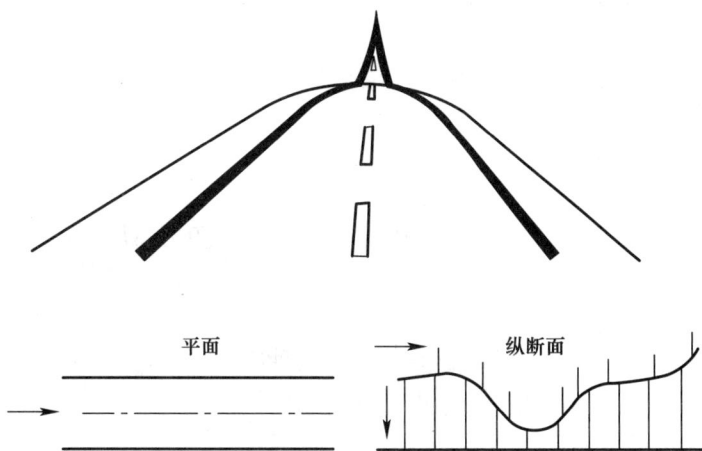

图 5-15　"暗凹"线形

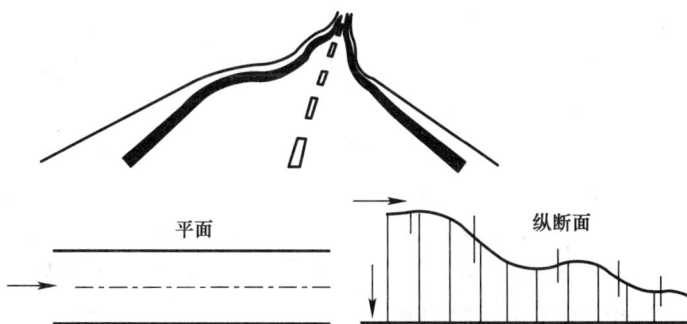

图 5-16　"波浪"线形

4. 平面曲线与纵断面直线组合

大量透视图分析结果表明，如果平曲线半径选择适当，这种组合视觉效果良好，汽车在这种线形上行驶，可获得较好的景观效果。

但是，如果平曲线与纵断面直线组合不当，如平曲线半径过小或直线长度过短，平曲线半径与纵坡不协调，则会导致线形折曲，如图 5-17 所示。

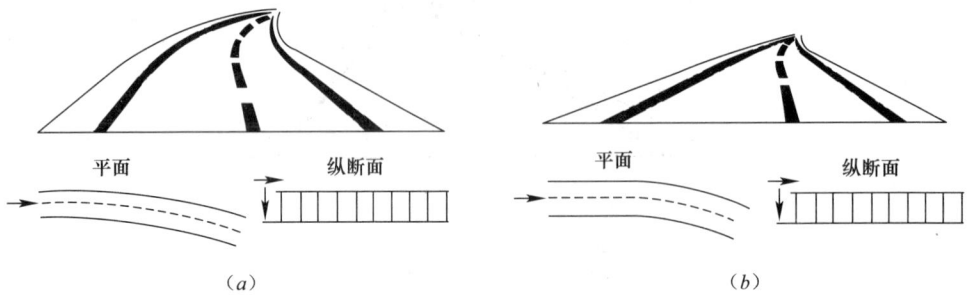

（a）　　　　　　　　　　　　　　（b）

图 5-17　平曲线与纵断面直线组合不当

平曲线与纵坡组合协调的最小半径可用下式表示：

$$R = 0.2 \times \frac{V^2}{i} + 20 \tag{5-27}$$

式中　R——平曲线半径，m；

　　　i——路线纵坡度，%；

　　　V——车速，km/h。

此外，这种组合还应满足合成坡度的要求，尤其应避免急弯陡坡的组合，避免在长下坡路段接小半径圆曲线的组合。

5. 平面曲线与纵断面凸形竖曲线或凹形竖曲线组合

如果曲线半径适宜，平纵线形要素均衡，这两种组合形式可以获得视觉舒适、诱导效果良好的空间曲线。在设计此种线形组合时应注意以下几点。

（1）平纵线形宜相互对应，且平曲线宜较竖曲线长

国内外研究资料表明，当平曲线半径<2000m、竖曲线半径<15000m 时，平、竖曲线的相互对应对线形组合显得十分重要；随着平、竖曲线半径的增大，其影响逐渐减小，当平曲线半径>6000m、竖曲线半径为 25000m 时，对线形的影响就显得不敏感了。因此，"相互对应，且平包竖"的设计原则需视平、竖曲线的半径而掌握其对应符合的程度。当平、竖曲线半径均较小时，其相互对应程度应较严格；随着平、竖曲线半径的同时增大，其对应程度可适当放宽；当平、竖曲线半径均较大时，可不严格相互对应。

此外，竖曲线起讫点最好位于平曲线的两缓和曲线中间，不要落在直线上或圆曲线上，如图 5-18 所示。若平曲线、竖曲线不能较好配合，两者的半径都小于某一限度时，宜将平、竖曲线拉开相当距离，使平曲线位于直线坡段上或使竖曲线位于直线上。

（2）平曲线与竖曲线的大小保持均衡

长的平曲线内不宜包含多个短的竖曲线，短的平曲线不宜与短的竖曲线组合。长的大半径平曲线与短的小半径竖曲线相组合，在透视图上造成中间有凹陷的视觉，线形的连续性受到破坏，如图 5-19 所示；如在凸形竖曲线的顶部或凹形竖曲线的底部插入小半径平曲线，将使线形失去视线的诱导或产生扭曲感，如图 5-20 所示。为使平、竖曲线半径达到均衡，平、竖曲线半径比以 1：10～1：20 为宜。

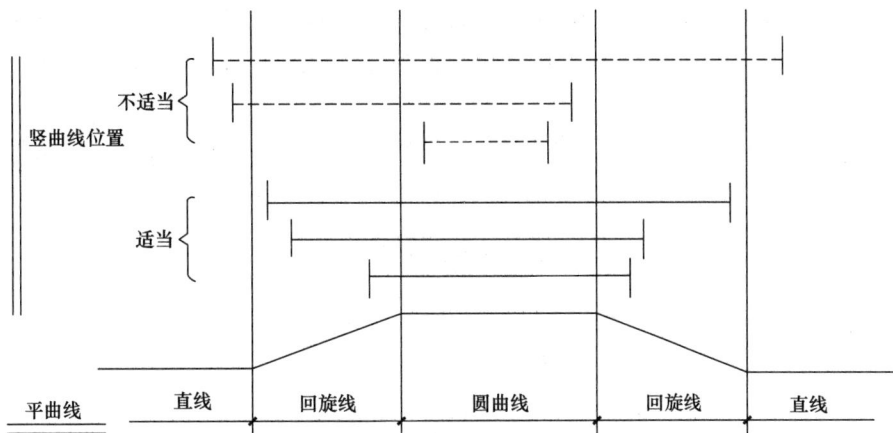

図 5-18 平曲线与竖曲线的组合

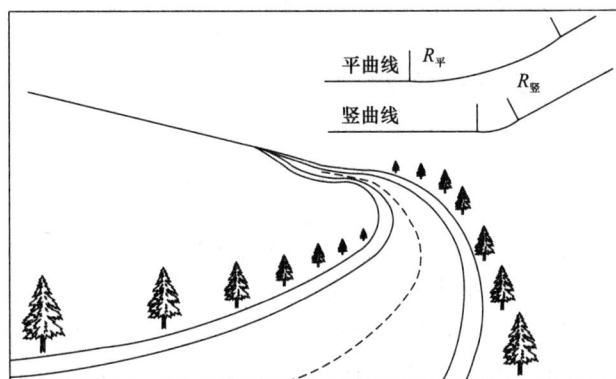

图 5-19 较长的大半径平曲线与短竖曲线组合

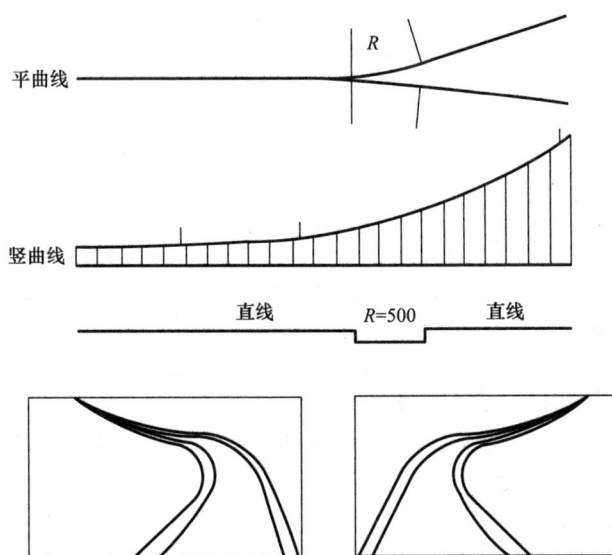

图 5-20 长竖曲线底部插入小半径平曲线

（3）半径小的圆曲线起、讫点不宜接近或设在凸形竖曲线的顶部或凹形竖曲线的底部。

（4）凸形竖曲线顶部与凹形竖曲线底部不得与反向平曲线拐点重合，尤其是凸形竖曲线容易造成判断失误。

（5）避免平面转角小于 7° 的平曲线与变坡角较大的凹形竖曲线组合，这种组合平面线形会产生折点，易形成"暗凹"、"跳跃"现象，如图 5-21 所示。

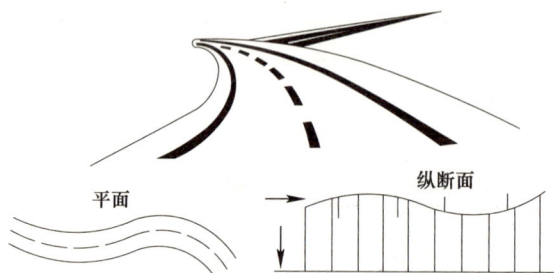

图 5-21　小转角平曲线与坡度角较大的凹形竖曲线组合

5.5　公路爬坡车道与避险车道

5.5.1　爬坡车道

爬坡车道是在陡坡路段主线行车道外侧增设的供载重车行驶的专用车道。载重汽车行驶在陡坡路段，由于车速降低，影响小客车的正常运行，整个道路的通行能力将受到影响。为了消除上述不利影响，宜在陡坡路段增设爬坡车道，把载重汽车、慢速车从主线车流中分流出去，从而提高主线车辆的行驶自由度，确保行车安全，提高该路段的通行能力。

通常，最理想的是路线纵断面本身应按不需设置爬坡车道的条件来设计纵坡。但这样做，在某些路段往往会造成路线迂回或路基高填深挖，增大工程费用。而采用稍大的道路纵坡值，增设爬坡车道，则可能产生既经济又安全的效果。不过，设置爬坡车道并非是最好措施，解决问题的根本途径还在于精选路线，定出纵坡值较小而又经济实用的路线。

1. 爬坡车道的设置条件

四车道高速公路、四车道一级公路及二级公路连续上坡路段，符合下列情况之一者，宜在上坡方向行车道右侧设置爬坡车道。

（1）沿连续上坡方向载重汽车的运行速度降低到表 5-9 的容许许最低速度以下时；

上坡方向允许最低速度　　　　　　　　　　　　　　　　　　　　表 5-9

设计速度（km/h）	120	100	80	60	40
容许最低速度（km/h）	60	55	50	40	25

（2）上坡路段的设计通行能力小于设计小时交通量时；

（3）经设置爬坡车道与改善主线纵坡不设爬坡车道技术经济比较论证，设置爬坡车道的效益费用比、行车安全性较优时。

2. 爬坡车道的起终点与长度

如图 5-22 与图 5-23 所示，爬坡车道总长度由起点处分流渐变段长度 L_1、全宽爬坡车道长度（$L+L'$）及合（汇）流渐变段长度 L_2 组成。

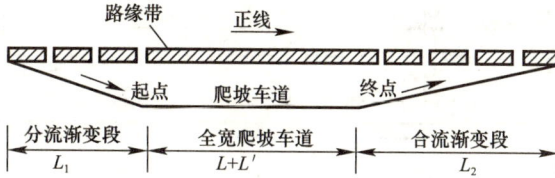

图 5-22　爬坡车道平面布置

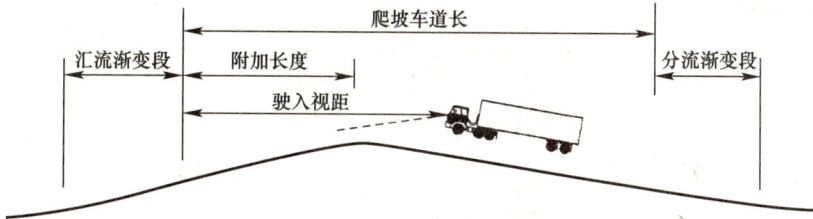

图 5-23　爬坡车道纵断面布置

（1）爬坡车道的起点应设于陡坡路段上载重汽车运行速度降低至表 5-9 中"容许最低速度"处。

（2）爬坡车道的终点应设于载重汽车爬经陡坡路段后恢复至"容许最低速度"处，或陡坡路段后延伸的附加长度的端部。该陡坡路段后延伸的附加长度 L' 为车辆驶入正线前加速的路段，其规定值如表 5-10 所示。

陡坡路段后延伸的附加段长度　　　　　　　　表 5-10

附加路段的纵坡（%）	下　坡	平　坡	上　坡			
			0.5	1.0	1.5	2.0
附加长度（m）	150	200	200	250	300	350

（3）相邻两爬坡车道相距较近时，宜将两爬坡车道直接相连。

（4）爬坡车道起点、终点处应设置分流、汇流渐变段，其长度规定如表 5-11 所示。

爬坡车道分流、汇流渐变段长度　　　　　　　　表 5-11

公路等级	分流渐变段长度 L_1（m）	汇流渐变段长度 L_2（m）
高速公路、一级公路	100	150～200
二级公路	50	90

3. 爬坡车道的横断面布置

高速公路、一级公路及二级公路在连续设置爬坡车道时，其宽度应不小于 3.5m，且不大于 4.0m。高速公路、一级公路的爬坡车道应紧靠车道的外侧设置，可利用硬路肩宽度，爬坡车道的外侧应设置路缘带和土路肩，如图 5-24 所示。

高速公路、一级公路爬坡车道长度大于 500m 时，应在其右侧按规定设置应急停车带，如图 5-25 所示。

二级公路的爬坡车道应紧靠车道的外侧设置，可利用硬路肩宽度。当需保留原来供非汽车交通行驶时的硬路肩时，该部分应移至爬坡车道的外侧，如图 5-26 所示。

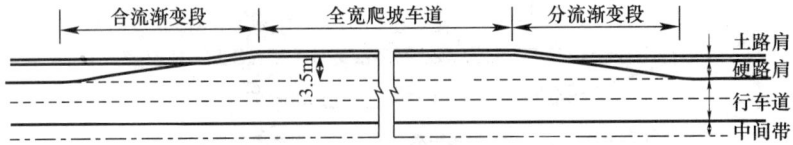

图 5-24　高速公路、一级公路爬坡车道横断面布置

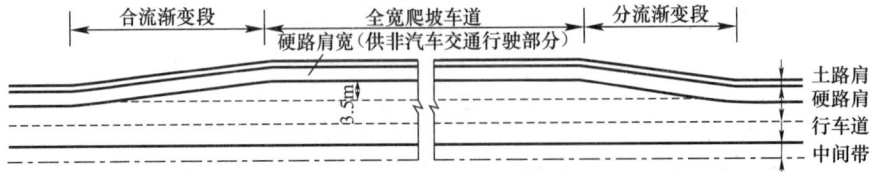

图 5-25　长度大于 500m 的高速公路、一级公路爬坡车道横断面布置

图 5-26　二级公路爬坡车道横断面布置

5.5.2　避险车道

当道路受地形条件限制，平均纵坡无法满足要求时，容易造成下坡车辆制动失灵等严重事故，避险车道是专为失控车辆紧急避险而设置的休止车道，也是不得已而为之的被动应急措施，一般由标志标线、减速路面、路侧护栏、端部抗撞设施、施救设施等组成。最早进行避险车道建设的是美国加利福尼亚州，该州于 1956 年建设了第一条为失控的卡车而设计的避险车道。在 1956 年到 1977 年期间，美国 20 个不同的州先后进行避险车道规划与建设达 60 条以上。经过这 20 余年的实践充分证明，避险车道对失控卡车是一项有效的安全措施。美国联邦公路管理局于 1979 年出版了《避险车道设计临时指南》，是自从在下坡路段设置避险车道以来的第一本指南。

1. 设置条件及工作原理

当长陡下坡平均纵坡大于或等于 4%，纵坡连续长度大于或等于 3km，交通组成中的大、中型载重车占 50% 以上，且载重车缺少辅助制动装置时，在危及运行安全处应设置避险车道。对已建公路，事故调查结果是设置避险车道必要性、设置地点等的重要依据。对新建公路，应综合分析地形、纵坡及其长度、可能车速、经济性及环境等因素。

避险车道的基本工作原理是利用汽车上坡时的重力和轮胎与路面间产生的滚动阻力来降低车速，直至使失控车辆安全停止。采用合理的车辆减速率是紧急避险车道设计时需考虑的一个因素，此值如太小将会增加避险车道的长度和投资；此值如太大将会因货物的移动及其他外部原因导致驾驶人员受伤及车辆毁坏。减速率一般采用 0.25～0.55g（g 为重力加速度值）。

2. 避险车道的类型

紧急避险车道类型主要有如图 5-27 所示的四种坡度和材料组合类型。四种紧急避险车道形式的优缺点是明显的，最经济合理的、最有效的形式是上坡砂坑型。形式的选择主要考虑地形、气候、造价、养护维修等因素。

3. 避险车道几何设计

避险车道一般设置在长陡下坡地段的右侧视距良好、失控车辆不能安全转弯的主线弯

道之前及坡底人口稠密区之前。

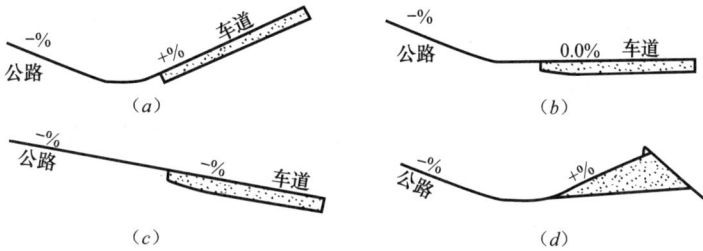

图 5-27 避险车道类型

(a) 上坡砂坑型；(b) 平坡砂坑型；(c) 下坡砂坑型；(d) 砂堆型

（1）平纵线形

避险车道入口应尽量布置在平面指标较高路段，并尽量以切线方式从主线切出，确保失控车辆安全，顺利驶入。进入避险车道的驶入角不应过大，以避免引起侧翻。避险车道设置示意如图 5-28 所示。

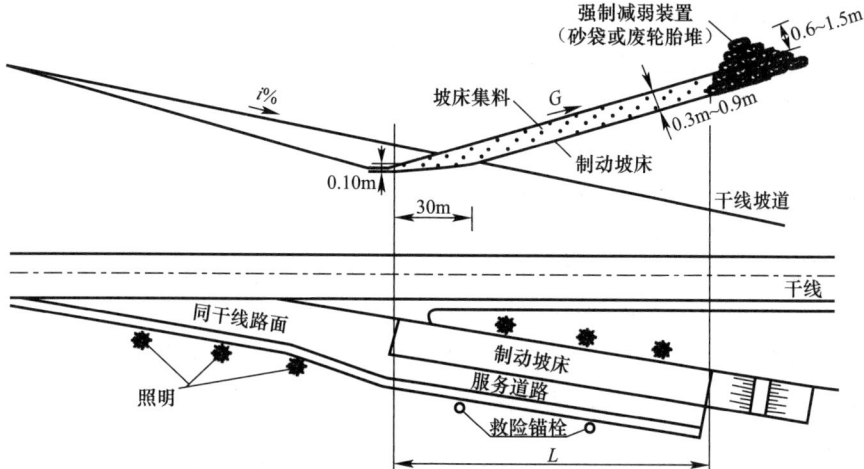

图 5-28 避险车道平、纵布置

避险车道平面上应设计为直线，与行车道夹角为 3°～5°最佳。避险车道长度需根据失控车辆驶出速度、避险车道纵坡及坡床材料确定。综合考虑汽车滚动阻力和坡度的影响，避险车道长度的计算公式如下：

$$L = \frac{V^2}{254(f+i)} \tag{5-28}$$

式中　L——避险车道长度，m；

　　　V——车辆驶出速度，km/h；

　　　f——滚动阻力系数，不同路面铺装材料的滚动阻力系数不同，见表 5-12；

　　　i——坡床纵坡。

不同材料滚动阻力系数　　　　　　　　　　　表 5-12

材　料	材料滚动阻力系数 f	材　料	材料滚动阻力系数 f
水泥混凝土	0.010	松质碎集料	0.050
沥青混凝土	0.012	松质砂砾	0.100
密实砂砾层	0.015	砂	0.150

避险车道纵断面线形可以采用单坡，也可采用多个坡度，应根据地形条件和工程量情况综合考虑。纵断面线形应保证紧急避险车道任一部分均在失控驾驶人视线之内，平纵布置多为陡上坡断头路。

（2）制动坡床宽度与厚度

因为有时在短时间内会发生两辆或更多的车辆同时需要避险车道，车道宽度应足以容纳一辆以上的失控车辆和一辆服务车辆。制动坡床宽度一般不小于 4.5m，服务道路宽度不小于 3.5m，总宽度一般不小于 8m。制动坡床铺筑厚度一般为 0.3～0.9m；避险车道入口处铺筑厚度一般为 0.1m，可采用 30m 长渐变过渡段过渡到正常坡床厚度。

（3）端部处理

当唯一可设置避险车道的地点不能提供足够的长度和坡度以使一辆失控车辆完全停止时，则应增设一合适的缓冲装置。例如砂桶、废轮胎护栏或高 1.5m、坡度为 1.5∶1 的与避险车道材料相同的锥体。

避险车道分岔处应采用与主线相同的路面，且路面终端（砂坑始端）边缘与避险车道纵向垂直，以使失控车辆两前轮同时进入砂坑。

（4）坡床材料及养护

1）材料

制动坡床材料一方面应提供更大的滚动阻力，另一方面通过车轮深陷，形成反推力，降低车速，对车辆产生更大的阻尼作用。

坡床所采用的材料必须无杂质、不易被压实，并且具有较高的滚动阻力系数。如采用集料，应是圆形、均质、无细料，并应采用大的单一粒径的集料，以减少由于潮湿和冰冻引起问题和减少当材料被压实后必须将其铲松所需的维护量。还可采用碎砾石、砾石、砂等松散材料，粒径为 1～2.5cm 最佳，厚度为 0.3～0.9m。

2）排水

避险车道周围应设计排水沟，避免车道外侧水流入车道，在寒冷季节因冰冻而破坏避险车道的作用，以及导致细粒土堆积进而填充或污染材料缝隙。

3）管理养护

应设置完善、醒目的交通标志，特别是预告标志、标线等沿线设施，避免由于视距不良导致驾驶人员未发现或来不及操作而错过避险车道。服务车道应适当铺筑路面，并避免造成与避险车道混用。并布置救险锚栓（高速公路间距应为 50m、其他公路间距不宜大于 90m），以便使用卷扬机解救失控车辆。每当处理完失控车辆后，应迅速恢复避险车道原样。

5.6 公路纵断面设计主要成果

5.6.1 纵坡、竖曲线表

纵坡、竖曲线表需列出变坡点桩号和高程、竖曲线要素值、纵坡值、变坡点间距离、直坡段长等，如表 5-13 所示。

表 5-13

纵坡、竖曲线表

序号	桩号	标高 (m)	凸曲线半径 R (m)	凹曲线半径 R (m)	切线长 T (m)	外距 E (m)	起点桩号	终点桩号	纵坡 (%) +	纵坡 (%) −	变坡点间距 (m)	直坡段长 (m)	备注
1	K19+000	148.153											
2	K19+410	147.979		11284	165.70	1.22	K19+244.296	K19+575.704	2.895	−0.042	410	244.296	
3	K19+810	159.557	8000		234.30	3.43	K19+575.703	K20+044.297		−2.963	400	0.000	
4	K20+200	148.002		10850	155.70	1.12	K20+044.297	K20+355.703		−0.093	390	0.000	
5	K20+800	147.445		200000	135.32	0.05	K20+664.681	K20+935.319	0.042		600	308.977	
6	K21+481	147.735		100000	81.12	0.03	K21+399.882	K21+562.118	0.205		681	464.563	
7	K21+950	148.695		4000	69.57	0.60	K21+880.433	K22+019.567	3.683		469	318.315	
8	K22+205	158.087	2000		72.82	1.33	K22+132.180	K22+277.820		−3.599	255	112.612	
9	K22+500	147.470		4000	67.98	0.58	K22+432.022	K22+567.978		−0.200	295	154.201	
10	K22+900	146.670	8000		117.19	0.86	K22+782.811	K23+017.189	2.730		400	214.833	
11	K23+300	157.589		8000	223.42	3.12	K23+076.578	K23+523.422		−2.856	400	59.389	
12	K23+700	146.165		8000	120.43	0.91	K23+579.566	K23+820.434	0.155		400	56.144	
13	K24+030	146.676		8000	66.47	0.28	K23+963.523	K24+096.474	1.817		330	143.093	
14	K24+330	152.127	6000		122.11	1.24	K24+207.891	K24+452.109		−2.253	300	111.417	
15	K24+615	145.704		8000	81.03	0.41	K24+533.967	K24+696.033		−0.228	285	81.858	
16	K25+374	143.976		200000	101.17	0.03	K25+272.832	K25+475.168		−0.126	759	576.799	
17	K25+700	143.564	200000		102.16	0.03	K25+597.841	K25+802.159		−0.229	326	122.673	
18	K26+150	142.535		40000	129.77	0.21	K26+020.232	K26+279.768			450	218.073	
19	K26+745	145.035	100000		129.67	0.08	K26+615.331	K26+874.669	0.420		595	335.563	
20	K27+575	146.370	70000		74.28	0.04	K27+500.722	K27+649.278	0.161		830	626.053	
21	K27+930	146.188		8000	110.62	0.76	K27+819.381	K28+040.619		−0.051	355	170.104	

编制：　　　　复核：　　　　审核：　　　　审定：

5.6.2 路线纵断面图

纵断面图作为纵断面设计的最后成果是公路设计的重要设计文件之一。纵断面的坐标采用直角坐标，以横坐标表示水平距离即路线里程，其比例尺同平面图比例一致，一般为1：2000。为明显表示地面起伏情况，通常采用的纵坐标比例为1：200。一般规定横、纵坐标比例尺之比为1：10。

如图5-29所示，路线纵断面图可以看成由两部分组成：一是图的上半部，二是图的下半部。上半部主要用来绘制地面线和纵坡设计线，下半部主要用来填写有关数据，自下而上分别是直线及平曲线、里程桩号、地面高程、设计高程、填挖高度、坡度/坡长等内容。高等级公路应增加超高过渡方式一栏，其位置为最下侧一栏。

此外，在纵断面图上应将下列内容在适当的位置绘制出来：竖曲线位置及其要素，沿线桥涵及人工构造物的位置、结构类型及孔径，与公路、铁路交叉的桩号及路名，沿线跨越的河流名称、位置、现有水位及最高洪水位，水准点位置、编号和高程，断链桩位置、桩号及长短链关系等。

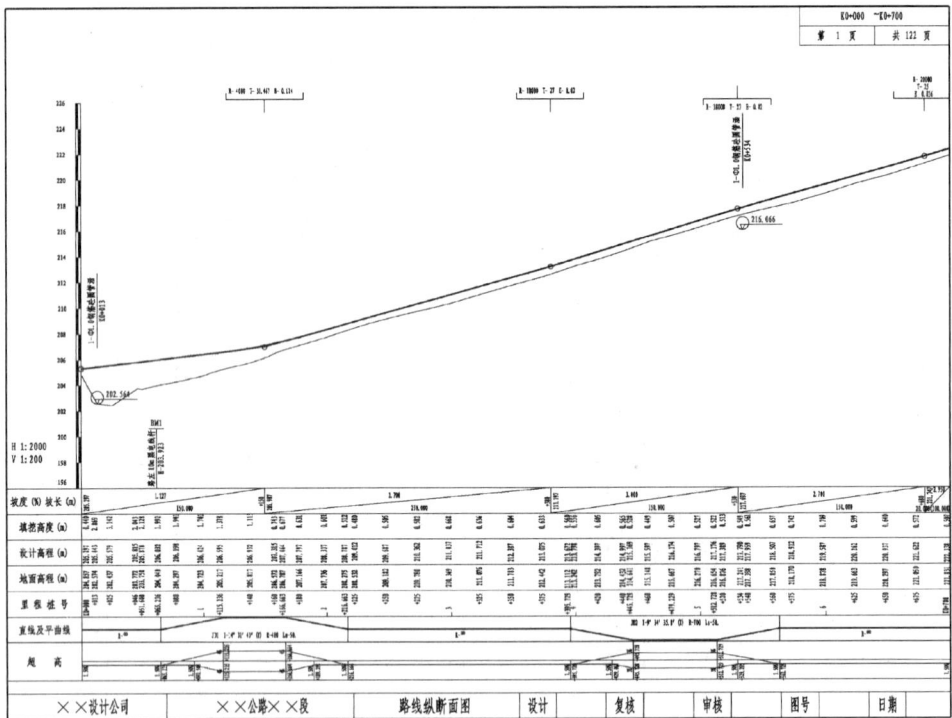

图 5-29 路线纵断面图

5.7 公路纵断面设计实例

5.7.1 设计资料

1. 技术参数

（1）公路等级：二级公路；

（2）设计速度：60km/h。

2. 设计数据

平面设计数据参见第 4 章中的公路平面设计实例，已掌握的公路纵断面设计数据包括：

（1）控制点位置（路线起终点）及高程；

（2）中桩地面高程（直线段桩间距 25m，曲线段桩间距 20m）。

上述公路纵断面设计数据具体见表 5-14。

公路纵断面设计数据

表 5-14

桩号	中桩地面高程（m）	桩号	中桩地面高程（m）	桩号	中桩地面高程（m）	桩号	中桩地面高程（m）
QDK0+000	204.857	K0+840	226.306	K1+520	249.068	K2+280	285.101
K0+025	202.437	K0+860	226.776	QZ6	249.105	K2+300	286.020
K0+050	203.691	HY3	227.012	K1+540	249.965	HY9	286.765
ZH1	204.040	K0+880	227.341	YH6	249.978	K2+320	287.053
K0+080	204.297	QZ3	227.608	K1+560	250.568	K2+340	288.037
K0+100	204.723	K0+900	228.008	K1+580	251.426	K2+360	289.095
HY1	205.217	YH3	228.272	HZ	252.029	QZ9	289.758
K0+120	205.334	K0+920	228.789	K1+600	252.430	K2+380	290.002
K0+140	205.817	K0+940	229.625	K1+625	253.629	K2+400	290.761
QZ1	205.856	HZ3	230.305	K1+650	254.914	K2+420	291.839
K0+160	206.572	K0+975	231.049	K1+675	256.220	YH9	292.517
YH1	206.787	K1+000	232.021	K1+700	257.456	K2+440	292.823
K0+180	207.166	K1+025	233.125	K1+725	258.688	K2+460	293.658
K0+200	207.736	K1+050	233.933	K1+750	259.884	K2+480	294.698
HZ1	208.275	K1+075	234.489	K1+775	261.087	HZ9、ZH10	294.846
K0+225	208.532	ZH4	234.865	ZH7	261.630	K2+500	295.681
K0+250	209.182	K1+100	235.089	K1+800	262.131	K2+520	296.587
K0+275	209.780	K1+120	235.466	K1+820	262.761	QZ10	297.016
K0+300	210.369	HY4	235.991	HY7	263.358	K2+540	297.279
K0+325	211.076	K1+140	236.034	K1+840	263.478	K2+560	298.087
K0+350	211.783	K1+160	236.655	QZ7K	263.962	K2+580	298.954
K0+375	212.442	QZ4	236.864	K1+860	264.123	HZ10	299.063
ZH2	213.112	K1+180	237.230	YH7	264.534	ZDK2+600	299.873
K0+400	213.242	YH4	237.728	K1+880	264.879		
K0+420	213.792	K1+200	237.909	K1+900	265.848		
K0+440	214.432	K1+220	238.477	K1+920	266.883		
HY2	214.641	K1+240	239.156	HZ7	267.033		
K0+460	215.148	HZ4	239.35	K1+925	267.187		
QZ2	215.667	K1+250	239.518	K1+950	268.410		
K0+480	215.696	K1+275	240.497	K1+975	269.440		
K0+500	216.270	ZH5	240.923	K2+000	270.666		
YH2	216.654	K1+300	241.380	K2+025	271.960		

桩号	中桩地面高程（m）	桩号	中桩地面高程（m）	桩号	中桩地面高程（m）	桩号	中桩地面高程（m）
K0+520	216.876	K1+320	242.034	K2+050	273.376		
K0+540	217.398	HY5	242.591	ZH	274.648		
K0+560	217.850	K1+340	242.644	K2+080	275.001		
HZ2	217.903	QZ5	242.861	K2+100	276.112		
K0+575	218.17	YH5	243.166	K2+120	277.161		
K0+600	218.878	K1+360	243.348	HY8	277.262		
K0+625	219.663	K1+380	244.211	K2+140	278.102		
K0+650	220.297	K1+400	244.845	QZ8	278.225		
K0+675	221.050	HZ5	245.002	K2+160	279.126		
K0+700	221.831	K1+425	245.657	YH8	279.231		
K0+725	222.848	K1+450	246.692	K2+180	280.119		
K0+750	223.667	ZH6	246.738	K2+200	281.052		
K0+775	224.545	K1+460	247.049	HZ8	281.652		
K0+800	225.391	K1+480	247.691	K2+225	282.307		
ZH3	225.876	K1+500	248.346	K2+250	283.518		
K0+820	225.572	HY6	248.386	ZH9	284.158		

5.7.2 设计任务

1. 提交成果

（1）根据所提供技术资料及数据，编写竖曲线要素及设计高程计算说明书。

（2）编制纵坡、竖曲线表（A3）。

（3）绘制公路路线纵断面图（A3图幅，比例尺横向1∶2000，纵向1∶200）。

2. 设计要求

（1）纵断面线形设计指标需满足现行《公路工程技术标准》与《公路路线设计规范》要求，并尽量采用较高设计指标，避免高填深挖，土方量经济合理。

（2）设计计算正确，制表与绘图符合标准，说明书撰写规范。

5.7.3 设计指导

可参照以下步骤进行本次公路纵断面设计：

（1）根据公路等级与设计速度，查阅相关标准与规范，获取最大纵坡、最小纵坡、最大坡长、最小坡长、最小竖曲线半径及长度等指标。

（2）根据最小坡长与最大坡长指标，结合平面设计成果，遵循平纵组合设计要求，选取合适的变坡点位置（10m的整桩号）。

（3）按照填挖量最小的原则，根据最小纵坡与最大纵坡指标，确定变坡点的设计高程。

（4）根据最小竖曲线半径及长度指标，遵循平纵组合设计要求，选取合适的竖曲线半径，计算各变坡点的竖曲线要素与设计高程，编写计算书。

（5）按照前述的样例编制纵坡、竖曲线表，绘制公路路线纵断面图。

第6章 公路横断面设计

道路横断面是指道路中线上各点垂直于路线前进方向的竖向剖面，道路横断面设计是根据道路的用途，结合当地的地形、地质、水文等自然条件来确定横断面的形式、各部分的结构组成和几何尺寸的过程。

6.1 公路横断面组成

6.1.1 标准横断面组成

1. 高速公路与一级公路

高速公路、一级公路的路基标准横断面分为整体式路基和分离式路基两类。公路路基横断面形式应根据公路功能、交通量和地形等条件确定。高速公路、一级公路可根据需要采用整体式路基断面形式和分离式路基断面形式。

（1）整体式路基

如图 6-1 所示，整体式路基的标准横断面应由车道、中间带（中央分隔带、左侧路缘带）、路肩（右侧硬路肩、土路肩）、边坡组成。

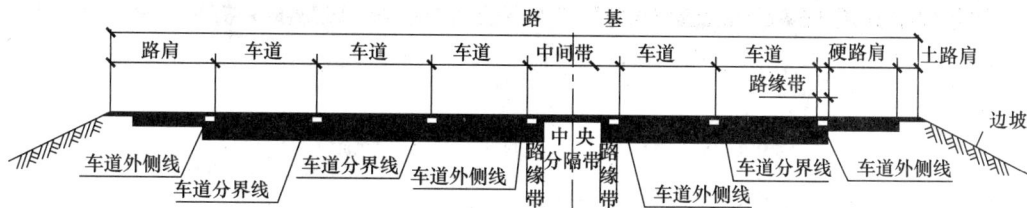

图 6-1　高速公路、一级公路整体式断面形式

1）车道：车道是道路上供各种车辆行驶部分的总称，包括机动车道和非机动车道。

2）路肩：设于车道的外侧，作为路面的横向支撑，起着保护车道稳定、供临时停放车及行人通行的作用，还是侧向净宽的组成部分。

3）中间带：高速公路和一级公路上用于分隔对向车辆的带状构造物，中间带由两条左侧路缘带和中央分隔带组成。

4）边坡：为了保证路基稳定，设在路基两侧、具有一定坡度的坡面。

（2）分离式路基

如图 6-2 所示，分离式路基的标准横断面应由车道、路肩（右侧硬路肩、左侧硬路肩、土路肩）组成。

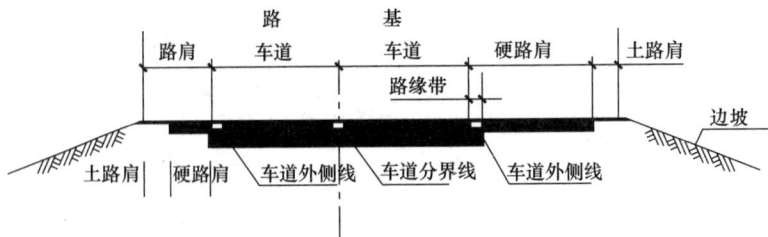

图 6-2　高速公路、一级公路分离式断面形式

（3）复合式断面

十车道及以上车道数的高速公路宜采用主、辅路路基分离的复合式断面形式，如图 6-3、图 6-4 所示。主线宜以过境交通或小型车辆交通为主，辅线以通行区域交通或大型货运车辆为主，且主、辅线两侧均应设置路肩和隔离防护设施。

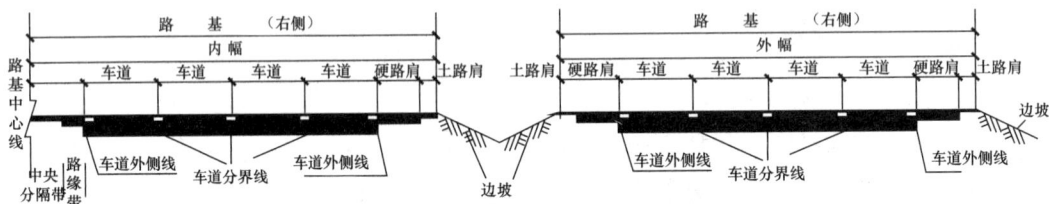

图 6-3　高速公路复合式断面形式（内、外幅路基分离）

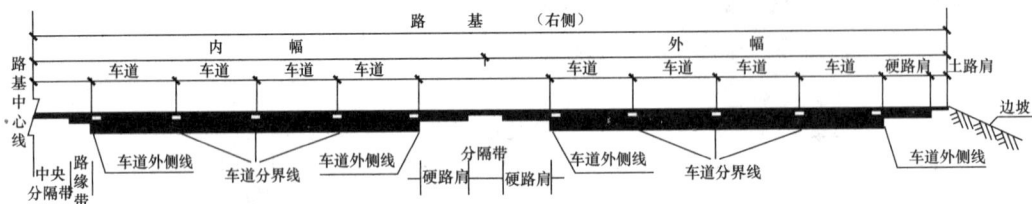

图 6-4　高速公路复合式断面形式（内、外幅整体式）

2. 二级、三级、四级公路

如图 6-5 所示，二级公路路基的标准横断面应由车道、路肩（右侧硬路肩、土路肩）组成；三级公路、四级公路路基的标准横断面应由车道、路肩等部分组成。

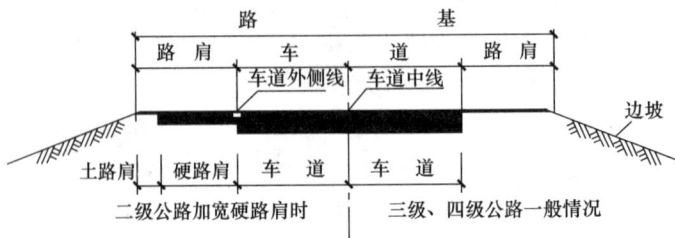

图 6-5　二级、三级、四级公路典型断面形式

在穿越城镇路段，路基标准横断面应包括根据需要设置的侧分隔带、非机动车道和人行道部分。

146

6.1.2　路基横断面的特殊组成

路基横断面的特殊组成包括：紧急停车带、爬坡车道、避险车道、变速车道、错车道、护坡道、边沟、截水沟、碎落台。其中，爬坡车道与避险车道已在第 4 章公路纵断面设计中予以介绍，本章不再介绍。

1. 紧急停车带

紧急停车带是在公路上设置的供临时发生故障或其他原因需紧急停车车辆使用的临时停车地带。高速公路、一级公路的右侧硬路肩宽度小于 2.5m 时，应设紧急停车带，其设置间距不应大于 2km，宽度为 5.0m，有效长度一般为 50m，并设置 100m 和 150m 长的过渡段。高速公路、一级公路的特长桥梁、隧道，根据需要可设置紧急停车带，其间距不宜大于 750m。二级公路根据需要可设置紧急停车带，其间距按实际情况确定。

2. 变速车道

高速公路、一级公路的互通式立体交叉、服务区、停车区、公共汽车停靠站、管理与养护设施等与主线相衔接处设置的供车辆驶入或驶离主线的加速或减速车道统称为变速车道，其宽度应为 3.5m。

3. 错车道

四级公路路基宽度采用单车道时，在不大于 300m 的距离内选择有利地点设置的供车辆交错避让用的一段加宽车道，并使驾驶人能看到相邻两错车道之间的车辆。设置错车道路段的路基宽度应不小于 6.5m，有效长度不小于 20m，如图 6-6 所示。

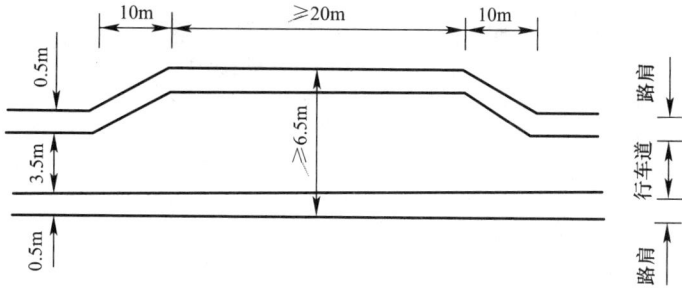

图 6-6　错车道布置

4. 护坡道

当路堤较高时，为保证路基边坡稳定，在取土坑与坡脚之间，沿原地面纵向保留的有一定宽度的平台称为护坡道。当路肩边缘与路侧取土坑底的高差小于或等于 2m 时，取土坑内侧坡顶可与路堤坡脚径直相衔接，并采用路堤边坡坡度；当高差大于 2m 时，应设置宽 1m 的护坡道；当高差大于 6m 时，应设置宽 2m 的护坡道。

5. 边沟

为汇集和排除路面、路肩及边坡流水在挖方或低填方路基两侧设置的纵向排水沟。

6. 截水沟

在地面线较陡的挖方路段，为拦截山坡上流向路基的水，在路堑坡顶以外设置的水沟。

7. 碎落台

在路堑边坡坡脚与边沟外侧边缘之间或边坡上，为防止碎落物落入边沟而设置的具有一定宽度的纵向平台。

6.1.3 路基宽度

公路路基横断面中各组成部分宽度应以满足行车安全要求为前提，根据设计交通量、项目路网功能、各部分所承担功能及沿线地形等建设和通行条件综合确定。公路路基宽度为车道宽度和路肩宽度等各组成部分宽度之和。当设有中间带、变速车道、爬坡车道、紧急停车带、错车道等时，应包括这些部分的宽度。二级公路设计交通量大于 7000pcu/d 时，可根据需要设置慢车道，路基宽度中应包括慢车道部分宽度。

穿越城镇规划区域的集散公路，在增加设置侧分隔带、非机动车道（或慢车道）和人行道时，路基总宽度应计入这些部分的宽度。具集散功能的一级公路可根据需要设置慢车道或部分路段设置慢车道，可利用硬路肩、土路肩的宽度（若宽度不足则另加宽）作为慢车道，并应在车道与慢车道之间设置隔离设施；具集散功能的二级公路可根据需要设置慢车道，利用加固后路肩作为慢车道，应在车道与慢车道之间采用划线分隔，最高限速不应超过 60km/h。四级公路宜采用双车道的路基宽度，交通量小且工程特别艰巨的路段可采用单车道路基宽度。

确定路基宽度时，原则上，上行、下行方向各部分宽度应对称设置。高速公路、一级公路分离式路基宽度如表 6-1 所示。由于《公路工程技术标准》（JTG B01-2014）不再规定中央分隔带宽度推荐值，故取消了高速公路、一级公路整体式路基宽度规定。

高速公路、一级公路分离式路基宽度 表 6-1

公路等级		高速公路							
设计速度（km/h）		120			100			80	
车道数		8	6	4	8	6	4	6	4
路基宽度（m）	一般值	22.00	17.00	13.75	21.75	16.75	13.00	16.00	12.25
	最小值	—	—	13.25	—	—	12.50	—	11.25
公路等级		一级公路							
设计速度（km/h）		100		80		60			
车道数		6	4	6	4	4			
路基宽度（m）	一般值	16.75	13.00	16.00	12.25	11.25			
	最小值	—	12.50	—	11.25	10.25			

表 6-1 中所列一般值为正常情况下的采用值，最小值为条件受限制时可采用的值。八车道的内侧车道宽度如采用 3.5m 时，相应路基宽度可减少 0.25m。

6.2 横断面设计内容

6.2.1 车道

1. 车道宽度

车道宽度应根据设计速度确定，规范中对车道宽度的规定如表 6-2 所示。括号中数值

为设计速度为 30km/h、20km/h，采用单车道时的车道宽度。八车道及以上公路在内侧车道（内侧第 1、2 车道）仅限小客车通行时，其车道宽度可采用 3.5m；对于通行中型、小型客运车辆为主的公路，经论证车道宽度可采用 3.5m；对于设置慢车道的公路，慢车道宽度不得小于 2.5m；对于需要设置非机动车道和人行道的公路，非机动车道和人行道等的宽度，视实际情况而定。

公路车道宽度 表 6-2

设计速度（km/h）	120	100	80	60	40	30	20
车道宽度（m）	3.75	3.75	3.75	3.50	3.50	3.25（3.50）	3.00（3.50）

2. 车道数

各级公路车道数规定如表 6-3 所示。高速公路和一级公路路段车道数应根据设计交通量、设计通行能力确定，当车道数增加时应按双数、两侧对称增加。四级公路一般路段应采用双车道，交通量小且工程特别艰巨的路段可采用单车道。

公路车道数 表 6-3

公路等级	高速、一级公路	二级公路	三级公路	四级公路
车道数（条）	≥4	2	2	2 或 1

6.2.2 中间带

1. 中间带宽度

高速公路、一级公路整体式路基断面必须设置中间带，中间带由两条左侧路缘带和中央分隔带组成。

中间带的作用是：

（1）将对向机动车流分开，减少交通事故的发生，提高通行能力；

（2）种植花草灌木或设置防眩网，防止对向车辆灯光眩目，还可起到美化环境的作用；

（3）为沿线设施（如交通标志、标牌、护栏、防眩网、灯柱、地下管线等）的设置提供场地（不可侵入建筑限界以内）；

（4）设于中央分隔带两侧的路缘带，由于有一定宽度且醒目，既引导驾驶人视线，又增加行车所必须的侧向余宽，从而提高行车的安全性和舒适性。

中间带越宽作用越明显，但对土地资源十分宝贵的地区要采用宽的中间带是有困难的。中央分隔带宽度应根据其分隔对象、设置安全护栏等功能需要确定。

左侧路缘带宽度不宜小于表 6-4 规定的值设计速度为 120km/h、100km/h，受地形、地物限制的路段或多车道公路内侧车道仅限小型车辆通行的路段，左侧路缘带可论证采用 0.50m。

左侧路缘带宽度 表 6-4

设计速度（km/h）	120	100	80	60
左侧路缘带宽度（m）	0.75	0.75	0.50	0.50

2. 中央分隔带开口

互通式立体交叉、隧道、特大桥、服务区设施前后，以及整体式路基与分离式路基的分离（汇合）处，应设置中央分隔带开口。中央分隔带开口间距应视需要而定，最小间距应不小于 2km。

中央分隔带开口长度不宜大于 40m，八车道高速公路开口长度可适当增长，但不应大于 50m，开口处应设置活动护栏。中央分隔带开口应设置在通视良好的路段，若开口设于曲线路段，该曲线半径的超高值不宜大于 3％。

中央分隔带宽度小于 3.0m 时，其开口端部的形状可采用半圆形；中央分隔带宽度大于或等于 3.0m 时，其开口端部的形状宜采用弹头形。

6.2.3 路肩

1. 组成及作用

路肩由土路肩和硬路肩组成，其作用是：

（1）由于路肩紧靠在路面的两侧设置，具有保护路面及支撑路面结构的作用。

（2）供发生故障的车辆临时停车之用，有利于防止交通事故和交通紊乱。

（3）充足的宽度和稳定的路肩能给驾驶人以开阔、安全感，有助于增进行车舒适性和避免驾驶紧张，提高公路的通行能力。

（4）为公路的其他设施（如护栏、绿化、电杆、地下管线等）提供设置的场地（设施的设置不得侵入建筑限界以内），也可供养护人员养护操作及避车之用。

2. 右侧路肩

各级公路右侧路肩宽度规定如表 6-5 所示，表中的一般值为正常情况下的采用值，最小值为条件受限制时可采用的值。高速公路和作为干线的一级公路以通行小客车为主时，右侧硬路肩宽度可采用 2.50m。

高速公路、一级公路应在右侧硬路肩宽度内设置右侧路缘带，其宽度为 0.50m。二级公路的硬路肩可供非汽车交通使用，非汽车交通量较大的路段，亦可采用全铺（在路基全部宽度内都铺筑路面）的方式，以充分利用。

二级公路、三级公路、四级公路在路肩上设置的标志、防护设施等不得侵入公路建筑限界，否则应加宽路肩。

公路右侧路肩宽度 表 6-5

公路等级		高速公路			一级公路（干线功能）		一级公路（集散功能）和二级公路		二级公路		三级公路		四级公路	
设计速度（km/h）		120	100	80	100	80	80	60	80	60	40	30	30	20
硬路肩宽度（m）	一般值	3.00	3.00	3.00	3.00	3.00	1.50	0.75	1.50	0.75	—		—	
	最小值	1.50	1.50	1.50	1.50	1.50	0.75	0.25	1.50	0.25				
土路肩宽度（m）	一般值	0.75	0.75	0.75	0.75	0.75	0.75	0.75	0.50	0.75	0.75	0.50	0.25（双车道）0.50（单车道）	
	最小值	0.75	0.75	0.75	0.75	0.75	0.50	0.50	0.50	0.50				

3. 左侧路肩

高速公路、一级公路的分离式路基应设置左侧路肩，其宽度规定如表 6-6 所示。双向八车道及其以上的高速公路宜设置左侧硬路肩，其宽度应为 2.50m。左侧硬路肩宽度内含左侧路缘带，左侧路缘带宽度为 0.50m。

设计速度（km/h）	120	100	80	60
左侧硬路肩宽度（m）	1.25	1.00	0.75	0.75
左侧土路肩宽度（m）	0.75	0.75	0.75	0.50

6.2.4 路拱

1. 路拱坡度

为了排除行车道的雨水，保证行车安全，将行车道做成中间高两侧低的拱起形状，称为路拱。行车道最高点、最低点的高差与其水平距离的比值称为行车道路拱坡度，以百分比表示。

高速公路、一级公路整体式路基的路拱宜采用双向路拱坡度，由路中央向两侧倾斜。位于中等降雨强度地区时，路拱坡度宜为 2%；位于降雨强度较大地区时，路拱坡度可适当增大。高速公路、一级公路分离式路基的路拱宜采用单向横坡，并向路基外侧倾斜，也可采用双向路拱坡度。积雪、冰冻地区宜采用双向路拱坡度。

六车道以上公路，当超高过渡段的路拱坡度过于平缓时，可设置两个路拱。对于路拱坡度过于平缓路段，必要时应通过路面排水分析，消除可能的路面积水问题。

二级公路、三级公路、四级公路的路拱应采用双向路拱坡度，由路中央向两侧倾斜。路拱坡度应根据路面类型和当地自然条件确定，但不应小于 1.5%。

2. 路肩横坡

（1）硬路肩横坡

直线路段的硬路肩应设置向外倾斜的横坡，其坡度值应与车道横坡值相同。路线纵坡平缓且设置拦水带时，其横坡值宜采用 3%～4%。

曲线路段内、外侧硬路肩横坡的横坡值及其方向：当曲线超高小于或等于 5% 时，其横坡值和方向应与相邻车道相同；当曲线超高大于 5% 时，其横坡值应不大于 5%，且方向相同。硬路肩的横坡应随邻近车道的横坡一同过渡，其过渡段的纵向渐变率应控制在 1/330～1/150 之间。

大中桥梁、隧道区段的硬路肩横坡值应与车道相同。

（2）土路肩横坡

位于直线路段或曲线路段内侧，且车道或硬路肩的横坡值大于或大于 3% 时，土路肩横坡应与车道或硬路肩横坡值相同；车道或硬路肩的横坡值小于 3% 时，土路肩的横坡应比车道或硬路肩的横坡值大 1% 或 2%。

位于曲线外侧的土路肩横坡，应采用 3% 或 4% 的反向横坡值。

3. 路拱形式

路拱的形式有直线形、直线加抛物线形、折线形、抛物线形 4 种。

（1）直线型路拱

其特点是中间有屋脊形，横坡一致。适用于路拱横坡小的水泥路面、有中央分隔带的路面及宽度较小的低等级公路。

（2）直线加抛物线型路拱

如图 6-7 所示，中间的圆顶部分用圆曲线或抛物线连接，所用曲线长度一般不小于车

行道总宽度的 1/10，半径不小于 50m。为便于排水，靠两旁侧石线的横坡度可增加到 3%～4%。其特点是两侧较平缓、中间行车条件得到改善。适用于沥青类路面宽度 20～50m 的道路，其横坡度可用 1.0%～1.5%。

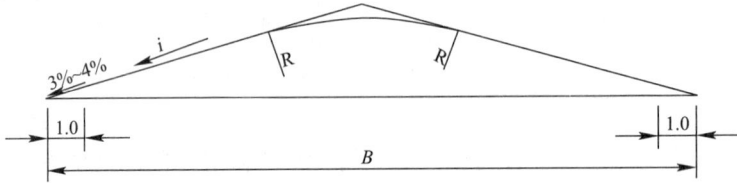

图 6-7　直线加抛物线型路拱

（3）折线形路拱

如图 6-8 所示，其特点是坡度从中央到两侧逐步增大以利于排水，横坡变化缓、对行车有利。适用于多车道水泥混凝土路面。

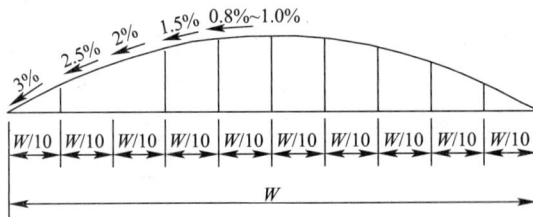

图 6-8　多折线形路拱

（4）抛物线形路拱

如图 6-9 所示，其特点是中间平、两边陡，有利于行车与排水。但当路面较宽时，边缘坡度过大。二次抛物线形式的路拱，适用于路面宽度小于 12.0m 而横坡度又较大的中级或低级路面。

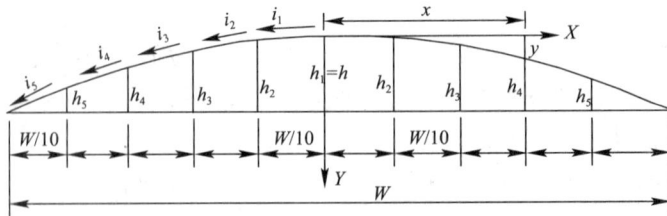

图 6-9　抛物线形路拱的计算图式

6.2.5　路基边坡

为保证路基的稳定，把路基的两侧做成具有一定坡度的坡面，称为路基边坡。路基边坡的最高点称为坡顶，填方路基的坡顶为路肩外边缘点，挖方路基的坡顶为边坡与原地面

相交点；路基边坡的最低点称为坡脚，填方路基的坡脚为边坡与原地面相交点，挖方路基的坡脚为边沟的外侧沟底。坡顶与坡脚的高差称为边坡高度，坡顶与坡脚的水平距离边坡宽度，边坡高度与边坡宽度的比称为边坡坡率。边坡坡率的大小直接影响路基的稳定性、工程经济性与路侧安全，是横断面设计的重要内容之一。

1. 土质路堤

土质路堤的边坡形式和坡率根据填料的工程力学性质、边坡高度和工程地质条件确定。当地质条件良好，边坡高度不大于 20m 时，其边坡坡率不宜陡于表 6-7 中的规定。

表 6-7

土质路堤边坡坡率

填料类别	边坡坡率	
	上部高度（H≤8m）	下部高度（H≤12m）
细粒土	1：1.5	1：1.75
粗粒土	1：1.5	1：1.75
巨粒土	1：1.3	1：1.5

对边坡高度超过 20m 的土质路堤，边坡形式宜采用阶梯式，边坡坡率由稳定性分析计算确定。浸水路堤在设计水位以下的边坡坡率不宜陡于 1：1.75。

2. 砌石路堤

砌石应该选用当地不易风化的片、块石砌筑，内侧填石。岩石风化严重或软质岩石路段不宜采用砌石路基。如图 6-10 所示，砌石顶宽 a 不小于 0.8m，基底向内侧倾斜，砌石高度 H 不宜超过 15m，其襟边宽度 P 按照表 6-8 采用，砌石边坡的内、外坡坡率不宜陡于表 6-9 中的规定。

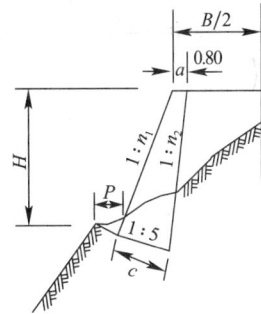

图 6-10　砌石路堤

表 6-8

砌石路堤的襟边宽度

地基地质情况	襟边宽度（m）
轻风化的硬质岩石	0.2～0.6
风化岩石或软质岩石	0.4～1.0
坚实的粗粒土	1.0～2.0

表 6-9

砌石路堤内、外坡坡率

编号	高度（m）	内坡坡率 $1：n_2$	外坡坡率 $1：n_1$
1	≤5	1：0.3	1：0.5
2	≤10	1：0.5	1：0.67
3	≤15	1：0.6	1：0.75

3. 填石路堤

填石路堤可采用与土质路堤相同的路堤断面形式，填石路堤的边坡坡率应根据填石料种类、边坡高度和基底的地质条件确定。易风化岩石与软质岩石用作填料时，应按土质路堤边坡设计。在路堤基底良好时，填石路堤边坡坡率不宜陡于表 6-10 中的规定。表 6-10 中的岩石是根据石料的饱和抗压强度指标予以分类的，具体见表 6-11。

填石路堤边坡坡率 表 6-10

填石料种类	边坡高度（m）			边坡坡率	
	全部高度	上部高度	下部高度	上部	下部
硬质岩石	20	8	12	1：1.1	1：1.3
中硬岩石	20	8	12	1：1.3	1：1.5
软质岩石	20	8	12	1：1.5	1：1.75

岩石分类表 表 6-11

岩石类型	抗压强度（MPa）	代表性岩石
硬质岩石	≥60	1. 花岗岩、闪长岩、玄武岩等岩浆岩类； 2. 硅质、铁质胶结的砾岩及砂岩、石灰岩、白云岩等沉积岩类； 3. 片麻岩、石英岩、大理岩、板岩、片岩等变质岩类
中硬岩石	30～60	
软质岩石	5～30	1. 凝灰岩等喷出岩类； 2. 泥砾岩、泥质砂岩、泥质页岩、泥岩等沉积岩类； 3. 云母片岩或千枚岩等变质岩类

4. 土质路堑

土质路堑边坡形式及坡率应根据工程地质与水文地质条件、边坡高度、排水措施、施工方法、并结合自然稳定山坡和人工边坡的调查及力学分析综合确定。边坡高度不大于20m时，边坡坡率不宜陡于表6-12中的规定值。土质挖方边坡高度超过20m时应单独进行勘察设计与边坡稳定性评价。

土质路堑边坡坡率 表 6-12

土的类别		边坡坡率
黏土、粉质黏土、塑性指数大于3的粉土		1：1
中密以上的中砂、粗砂、砾砂		1：1.5
卵石土、碎石土、圆砾土、角砾土	胶结和密实	1：0.75
	中　密	1：1

5. 岩质路堑

岩质路堑边坡形式及坡率应根据工程地质与水文地质条件、边坡高度、施工方法，结合自然稳定边坡和人工边坡的调查综合确定，必要时可采用稳定分析方法予以检验。边坡高度不大于30m时，无外倾软弱结构面的边坡坡率可按表6-13确定。

岩质路堑边坡坡率 表 6-13

边坡岩体类型	风化程度	边坡坡率	
		$H<15m$	$15m≤H<30m$
Ⅰ类	未风化、微风化	1：0.1～1：0.3	1：0.1～1：0.3
	弱风化	1：0.1～1：0.3	1：0.3～1：0.5
Ⅱ类	未风化、微风化	1：0.1～1：0.3	1：0.3～1：0.5
	弱风化	1：0.3～1：0.5	1：0.5～1：0.75
Ⅲ类	未风化、微风化	1：0.3～1：0.5	
	弱风化	1：0.5～1：0.75	
Ⅳ类	弱风化	1：0.5～1：1	
	强风化	1：0.75～1：1	

有可靠的资料和经验时，可不受表 6-13 的限制，表中的 IV 类强风化岩石包括各类风化程度的极软岩。此外，岩质挖方边坡高度超过 30m 时，应单独进行勘察设计与边坡稳定性评价。

6.2.6 建筑限界

公路建筑限界又称净空，是为了保证公路上各种车辆的正常运行与安全，在一定宽度和高度范围内，不得有任何障碍物侵入的空间范围，由净高和净宽两部分组成。在公路横断面设计中，公路标志、护栏、照明灯柱、电杆、管线、绿化、行道树及跨线桥的梁底、桥台、桥墩等的任何部分不得侵入公路建筑限界之内。

1. 各级公路的建筑限界规定

各级公路的建筑限界规定如图 6-11 所示。当设置变速车道、爬坡车道、慢车道、紧急停车带、错车道时，建筑限界应包括该部分的宽度；八车道及以上整体式路基的高速公路，设置左侧硬路肩时，建筑限界应包括相应部分的宽度；高速公路、一级公路、二级公路的净高应为 5.0m；三级公路、四级公路的净高应为 4.5m；桥梁、隧道设置检修道、人行道时，建筑限界应包括相应部分的宽度，检修道、人行道与车行道分开设置时，其净高应为 2.50m。

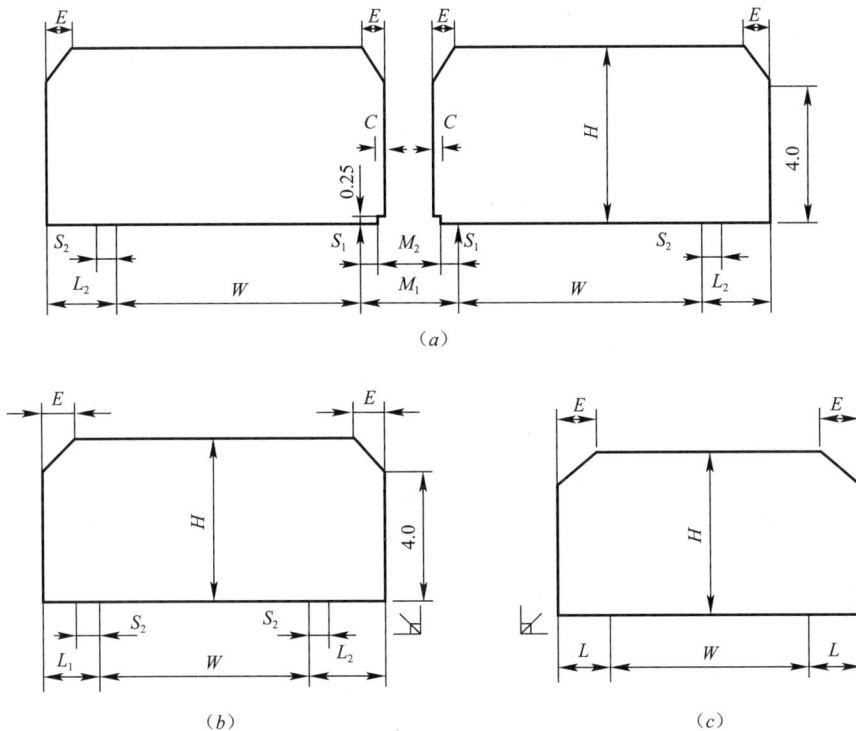

图 6-11　公路建筑限界（单位：m）

（a）高速公路、一级公路（整体式）；（b）高速公路、一级公路（分离式）；（c）二级、三级、四级公路

图 6-11 中，W 为行车道宽度；L_1 为左侧硬路肩宽度，L_2 为右侧硬路肩宽度；S_1 为左侧路缘带宽度，S_2 为右侧路缘带宽度；L 为侧向宽度，高速公路、一级公路的侧向宽度

为硬路肩宽度（L_1 或 L_2），二级、三级、四级公路的侧向宽度为路肩宽度减去 0.25m；M_1 为中间带宽度，M_2 为中央分隔带宽度；E 为建筑限界顶角宽度，当 $L \leqslant 1$m 时，$E = L$；当 $L > 1$m 时，$E = 1$m；H 为净空高度（m）；C 为中央分隔带边缘至建筑限界左侧边界线的距离，当设计速度大于 100km/h 时，$C = 0.5$m；当设计速度等于或小于 100km/h 时，$C = 0.25$m。

2. 建筑限界的边界线划定

（1）建筑限界的上缘边界线

如图 6-12（a）所示，一般路拱路段的上缘边界线为水平线；如图 6-12（b）所示，设置超高路段的上缘边界线与超高横坡平行。

（2）建筑限界两侧的边界线

如图 6-12（a）所示，一般路拱路段的两侧边界与水平线垂直；如图 6-12（b）所示，设置超高路段的两侧边界线与路面超高横坡垂直。

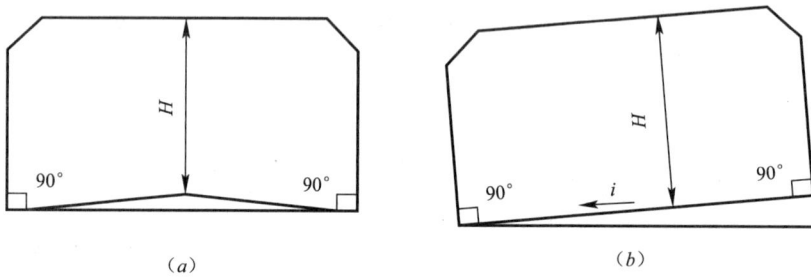

（a）   （b）

图 6-12　建筑限界的边界线划定

（a）一般路拱路段；（b）设置超高路段

3. 净空与预留

（1）根据公路在路网中的地位与位置，同一公路应采用相同的净空高度。

（2）三级公路、四级公路的路面采用沥青贯入、沥青碎石、沥青表面处治或砂石路面时，净空高度宜预留 20cm。

（3）中央分隔带或路肩上设置桥梁墩台、标志立柱时，其前缘除不得侵入公路建筑限界外，且不得紧贴建筑物设置，应留有护栏缓冲变形的余宽。

（4）凹形竖曲线上方有跨线构造物时，其净高应满足鞍式列车有效净空的要求，如图 6-13 所示。

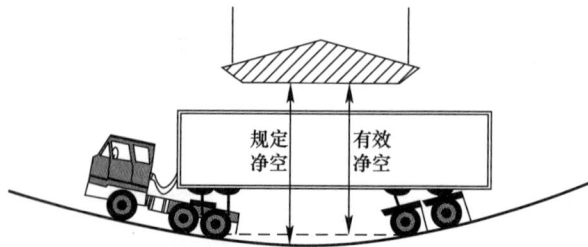

图 6-13　凹形竖曲线上方有效净空高度

（5）公路下穿宽度较宽或斜交角度较大的跨线构造物时，其路面距跨线构造物下缘任一点的净高均应符合相应净空高度的要求。

6.2.7 用地范围

修建公路及布置各种公路设施都需要占用土地，公路用地应遵照合理利用土地，切实保护耕地、促进经济社会可持续发展的原则，合理拟定公路建设规模、技术指标和施工方案，确定公路用地范围。

1. 公路主体

新建公路路堤两侧排水沟外边缘（无排水沟时为路堤或护坡道坡脚）以外，或路堑坡顶截水沟外边缘（无截水沟为坡顶）以外不小于 1m 范围的土地为公路路基用地范围；在有条件的地段，高速公路和一级公路不小于 3m，二级公路不小于 2m 范围的土地为公路路基用地范围。

改建公路可参照新建公路用地范围的规定执行。

2. 交通设施

（1）在风沙、雪害等特殊地质地带，需设置防护林，种植固沙植物，安装防沙或防雪栅栏及设置反压护道（为防止软弱地基产生剪切、滑移，保证路基稳定，对积水路段和填土高度超过临界高度路段在路堤一侧或两侧填筑起反压作用的具有一定宽度和厚度的土体）等设施时，应根据实际需要确定其用地范围。

（2）桥梁、隧道、互通式立体交叉、分离式立体交叉、平面交叉、交通安全设施、服务设施、管理设施、绿化及料场、苗圃等，应根据实际需要确定其用地范围。

（3）有条件或环境保护要求种植多行林带的路段，应根据实际需要确定其用地范围。

6.3 曲线加宽

汽车在平曲线上行驶时，各车轮行驶的轨迹不同，靠曲线内侧后轮的行驶半径最小，靠曲线外侧前轮的行驶曲线半径最大。因此，汽车在弯道上占据的宽度比直线段大，当圆曲线半径较小时，为保证汽车在弯道上行驶时具有与在直线上行驶时同样的富余宽度，路面需要加宽。

6.3.1 加宽值

1. 加宽值的计算

图 6-14 中，R 为平曲线半径，l_0 为汽车后轴至汽车前缓冲器边缘的长度，b 为一个车道的宽度；圆曲线上的路面加宽应设置在圆曲线的内侧，e_1 为一条车道的加宽值，e 为双车道路面的加宽值。

在 $\triangle COD$ 中可得出下列关系：

$$l_0^2 + (R - e_1)^2 = R^2 \quad 或 \quad e_1 = R - \sqrt{R^2 - l_0^2}$$

若为双车道，取 $e = 2e_1$，则

$$e = 2(R - \sqrt{R^2 - l_0^2})$$

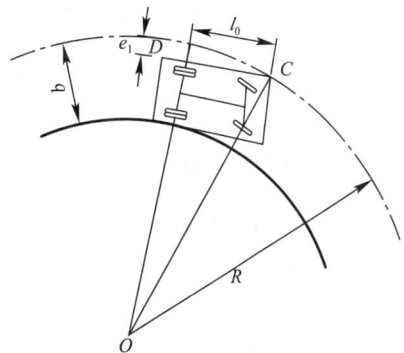

图 6-14 平曲线上的路面加宽

$$R^2 - l_0^2 = \left(R - \frac{e}{2}\right)^2 = R^2 + Re + \frac{e^2}{4}$$

由于 $e^2/4$ 与半径 R 值相比甚小，可忽略不计，因此

$$e = \frac{l_0^2}{R} \tag{6-1}$$

式（6-1）虽为近似公式，但当平曲线半径大于 15m 时，其准确程度已足够。加宽值还与汽车行驶速度有关，需考虑由于车速而产生的汽车横向摆动宽度值 $\frac{0.1V}{\sqrt{R}}$（经验公式），因此平曲线上双车道路面加宽值应按下式计算：

$$e = \frac{l_0^2}{R} + \frac{0.1V}{\sqrt{R}} \tag{6-2}$$

2. 加宽值规定

现行《公路路线设计规范》规定：二级公路、三级公路、四级公路的圆曲线半径小于或等于 250m 时，应在曲线内侧设置加宽，双车道公路路面加宽值规定见表 6-14。当圆曲线半径大于 250m 时，由于加宽值较小，且行车道已具有一定富余宽度，故可不加宽。

平曲线加宽   表 6-14

加宽类别	汽车轴距加前悬（m）	平曲线半径（m）								
		250~200	<200~150	<150~100	<100~70	<70~50	<50~30	<30~25	<25~20	<20~15
1	5	0.4	0.6	0.8	1.0	1.2	1.4	1.8	2.2	2.5
2	8	0.6	0.7	0.9	1.2	1.5	2.0	—	—	—
3	5.2+8.8	0.8	1.0	1.5	2.0	2.5	—	—	—	—

圆曲线加宽类别需根据该公路的交通组成确定，二级公路及设计速度为 40km/m 的三级公路有集装箱半挂车通行时，应采用第 3 类加宽值，港口、场站联络公路还应调查半挂车的类型，必要时应按大型超长车进行加宽验算；不经常通行集装箱半挂车时，可采用第 2 类加宽值；四级公路和设计速度为 30km/h 的三级公路采用第 1 类加宽值。单车道路面加宽值按表 6-14 所列数值折半；交通量很小的单车道公路，受条件限制时可不加宽。

双车道公路采取强制性措施实行分向行驶的路段，其圆曲线半径较小时，若将加宽仅设于曲线内侧，则内侧行车道宽度远超出车辆行驶转弯轨迹的需求，外侧却因无法侵占内侧车道行车道宽度而不能提供车辆转弯所需的宽度，因此，应按内、外侧分别加宽。设计中如果平曲线加宽值本身较小，可采取内、外侧平均加宽的方法；若加宽值较大，内侧车道的加宽值应大于外侧车道的加宽值，并通过计算确定其差值。

6.3.2 加宽过渡段

在圆曲线范围内加宽值为不变的全加宽值时，两端需设置加宽过渡段，以使其加宽值由过渡段起点为零，按比例增加到圆曲线起点处的全加宽值。

1. 加宽过渡段长度与布置

设置回旋线或超高过渡段时，加宽过渡段长度应采用与回旋线或超高过渡段长度相同的数值；不设回旋线或超高过渡段时，加宽过渡段长度应按渐变率为 1：15，且长度不小

于 10m 的要求设置。

在不设回旋线的公路上，此时会在加宽过渡段两端点处形成折点，为了消除此折点使线形圆顺，可采用如图 6-15 所示的插入曲线的连接方式，即使加宽过渡段路面加宽的边缘 AC 与圆曲线段路面加宽后的边缘弧线切于 D 点。

由 A 到 B 的长度是规定的过渡段长度，为使路面加宽边缘顺适，必须先求得 CD 的长度 l，然后由 B 点顺垂直方向量出 BC 而定出 C 点（BC＝ke），于是延长 AC 线并截出 l 长度，就得到 D 点的位置。l 和 k 的数值近似由下式计算：

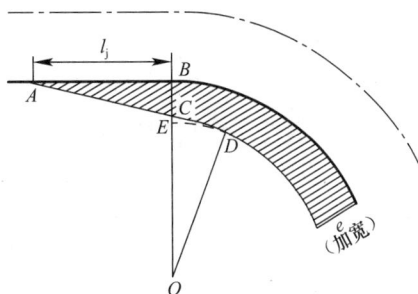

图 6-15 不设回旋线的平曲线路面加宽

$$l = k \frac{R}{l_j} e \tag{6-3}$$

式中 R——平曲线半径，m；

l_j——规定的加宽缓和段长度，m；

e——路面加宽值，m；

k——修正系数，该值可查表 6-15。

			修正系数 k				表 6-15
加宽缓和段长度（m）			10	15	20	25	≥30
修正系数 k 值	平曲线半径（m）	≤30	0.90	0.94	—	—	—
		>30	0.80	0.88	0.95	0.96	0.97

四级公路的加宽过渡段应设置在紧接圆曲线起点或终点的直线上。受地形条件或其他特殊情况限制时，允许将加宽过渡段的一部分插入曲线，但插入曲线内的长度不得超过加宽过渡段长度的 1/2。不同半径的同向圆曲线径相连接构成的复曲线，其加宽过渡段应对称地设置在衔接处的两侧。

2. 加宽过渡方式

二级公路、三级公路、四级公路的加宽过渡段的设置，应采用在相应的回旋线或超高、加宽过渡段全长范围内按其长度成比例增加的方式。

6.4 曲线超高

为迅速排除路面积水，一般把公路路面修筑成具有一定横向坡度的路拱形式，这样在圆曲线路段的弯道上，当汽车沿着双向横坡的外侧车道行驶时，由于车重平行路面的分力与离心力平行路面的分力方向相同，且均指向曲线外侧，将影响行车的横向稳定，圆曲线半径越小，对汽车行驶的横向稳定影响越大。故在弯道设计时，为了能像在路面内侧车道行驶时那样用车重平行路面的分力抵消一部分横向力，以保证行车的横向稳定，可将外侧车道升高，构成与内侧车道倾斜方向相同、具有一定横向坡度的单坡横断面，这样的设置称为超高，如图 6-16 所示。

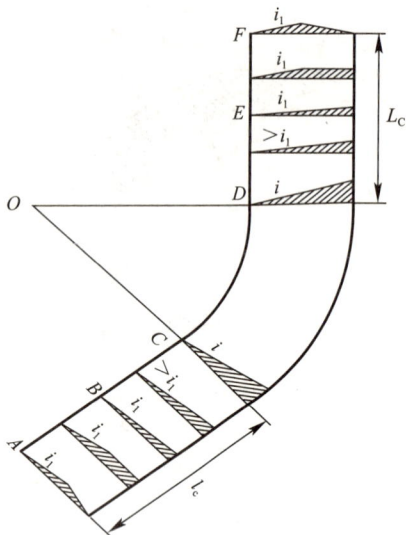

图 6-16　曲线的超高

6.4.1　超高横坡度

圆曲线上单坡横断面（全超高断面）的横向坡度称为超高横坡度。对于确定的行车速度，最大超高横坡度的确定主要取决于圆曲线半径、路面粗糙率及当地气候条件。美国认为对无冰雪地区公路通常使用的最高超高横坡度为 10%，以不超过 12% 为限；在潮湿多雨及季节性冰冻地区，过大的超高易引起车辆向内侧滑移，采用最大超高横坡度为 8%。澳大利亚认为在超高横坡度较大的路段上，当货车的运行速度小于设计速度时，将受到向心加速度的作用，若超高达到 10% 时，上述作用足以使货物发生位移并导致翻车。我国各级公路圆曲线部分的最大超高横坡度规定如表 6-16 所示，对于以通行中、小型客车为主的高速公路和一级公路，最大超高横坡度可采用 10%。

各级公路圆曲线最大超高横坡度　　　　　　　　表 6-16

公路等级	高速公路、一级公路	二级、三级、四级公路
一般地区	8% 或 10%	8%
积雪冰冻地区	6%	
城镇区域	4%	

二级、三级、四级公路接近城镇且混合交通量较大的路段，车速受到限制时，其最大超高横坡度可按表 6-17 执行。

车速受限制时的最大超高横坡度　　　　　　　　表 6-17

设计速度（km/h）	80	60	40、30、20
超高横坡度	4%	4%	2%

各级公路圆曲线部分的最小超高横坡度应与该公路直线部分的正常路拱横坡度值保持一致。高速公路、一级公路的纵坡较大处，其上、下坡的运行速度会有明显的差异，可采用不同的超高横坡度，以策安全。

6.4.2　超高过渡段

由直线段的双向路拱横断面逐渐过渡到到圆曲线段的全超高单向横断面，其间必须设置一个逐渐变化的过渡路段，这一逐渐变化的过渡路段称为超高过渡段。

1. 超高过渡方式

（1）无中间带公路

当超高横坡度等于路拱横坡度时，将外侧车道绕路中线旋转，直至超高横坡度。

当超高横坡度大于路拱坡度时，分别采用以下三种过渡方式：

1）绕未加宽路面内侧边缘旋转

如图 6-17 所示，首先在超高过渡段之前将路肩坡度逐渐变为路拱坡度，然后绕路中心线旋转，使外侧车道变成和内侧车道同样的路拱横坡度，最后绕未加宽前的路面内侧边缘旋转，使单坡横断面的坡度达到超高横坡度。

边轴旋转情况下路面内侧降低较小，仅因路面内侧加宽而降低一些，但需要过渡段较长，新建工程宜采用此方式。

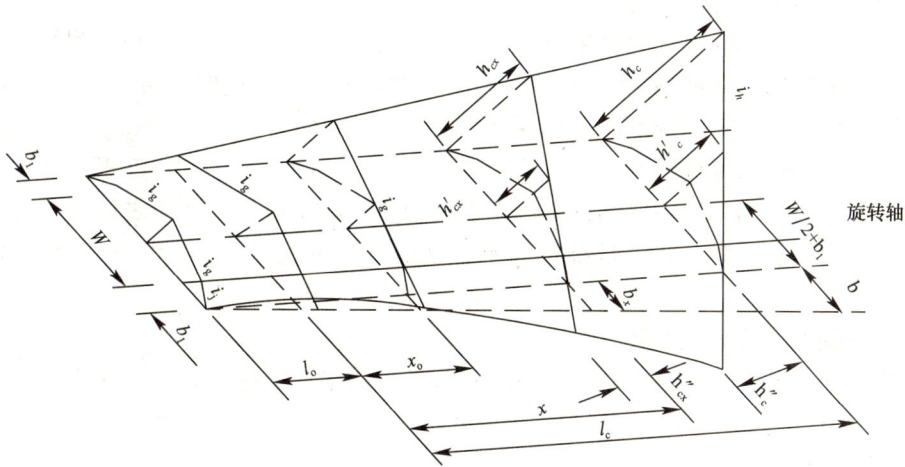

图 6-17　绕未加宽路面内侧边缘旋转

2）绕路中线旋转

如图 6-18 所示，首先在超高缓和段之前将路肩坡度逐渐变为路拱坡度，然后将外侧车道绕中线旋转，当达到与内侧车道构成单向横坡后，整个断面一同绕路中线旋转，直至达到超高横坡度。

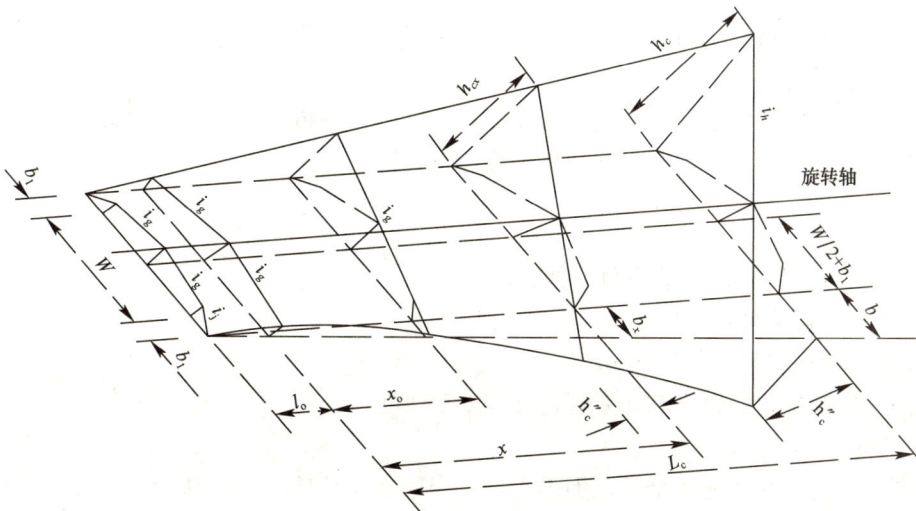

图 6-18　绕路中线旋转

在同样超高横坡度条件下，采用中轴旋转方法所需的过渡段长度比边轴旋转所需的过渡段长度短，但其内侧边缘降低较多，改建工程可采用此种方式，以便控制路中线标高。

3）绕外侧车道边缘旋转

路基外缘标高受限制或路容美观有特殊要求时可采用此种方式。

（2）有中间带公路

1）绕中间带的中心线旋转

如图 6-19（a）所示，先将外侧行车道绕中间带的中心线旋转，达到内侧行车道的单向横坡后，整个断面再绕中心线旋转，直至达到超高横坡度。此时中央分隔带呈倾斜状，中间带宽度小于或等于 4.5m 的公路可采用此方式。

2）绕中央分隔边缘旋转

如图 6-19（b）所示，将两侧行车道分别绕中央分隔带边缘旋转使之各自成为独立的单向超高断面，此时中央分隔带维持原水平状态。各种宽度中间带的公路均可采用此方式。

3）分别绕行车道中线旋转

如图 6-19（c）所示，将两侧行车道分别绕各自的中心线旋转，使之成为独立的单向超高断面，此时中央分隔带两边缘分别升高或降低而成为倾斜断面。车道数大于 4 条的公路可采用此方式。

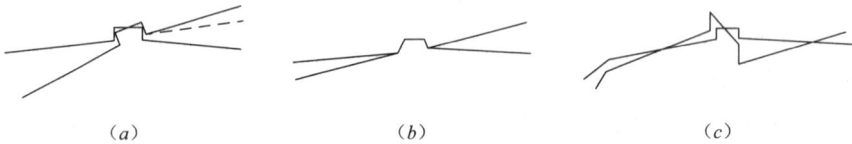

图 6-19　有中间带公路的超高过渡方式

（3）分离式路基公路

分离式路基公路的超高过渡方式，宜按无中间带公路分别予以过渡。

2. 超高渐变率

行车道外侧边缘的抬高值与超高渐变段长度之比称为超高渐变率，即旋转轴线与行车道外侧边缘线之间的相对坡度，其计算公式如下：

$$P = \frac{B\Delta i}{L_c} \tag{6-4}$$

式中　B——旋转轴至行车道外侧边缘的宽度，m；

　　　Δi——超高横坡度与路拱坡度的代数差，%；

　　　L_c——超高过渡段长度，m。

不同旋转轴位置的超高渐变率规定如表 6-18 所示。

3. 超高过渡段长度与布置

超高的过渡应在回旋线全长范围内进行。当回旋线较长时，超高渐变率过小，将导致曲线段内的路面排水不畅。此时，超高过渡段可设在回旋线的某一区段范围内，其超高过渡段的纵向渐变率不得小于 1/330，全超高断面宜设置在缓圆点或圆缓点处。

162

超高渐变率		表 6-18

设计速度（km/h）	超高旋转轴位置	
	中线	边线
120	1/250	1/200
100	1/225	1/175
80	1/200	1/150
60	1/175	1/125
40	1/150	1/100
30	1/125	1/75
20	1/100	1/50

四级公路的超高过渡段长度，应分别按超高和加宽的有关规定计算超高、加宽过渡段长度，取其较长者，但最短应符合渐变率为 $1:15$ 且不小于 10m 的要求。四级公路的超高过渡段应设置在紧接圆曲线起点或终点的直线上；受地形条件或其他特殊情况限制时，允许将超高过渡段的一部分插入曲线，但插入曲线内的长度不得超过超高过渡段长度的 1/2。不同半径的同向圆曲线径相连接构成的复曲线，其超高过渡段应对称设置在衔接处的两侧。

6.4.3 超高值

超高过渡段上各断面处的路肩外缘、内缘和路中心线的设计高程与路基设计高程之差称为超高值。超高值确定后，即可根据路基设计高程计算超高过渡段上各断面处的设计高程，这些高程是弯道施工的依据。

1. 无中间带公路超高值的计算

以绕行车道内边缘线旋转为例，假设路基设计高程位于路肩的外边缘，可分为以下四个阶段计算超高值。

（1）直线段的正常断面

如图 6-20 所示，直线段正常断面的超高值可按下式计算：

$$h_3 = h_3'' = 0$$
$$h_2 = h_2'' = b_1 i_j \tag{6-5}$$
$$h_1' = b_1 i_j + \frac{w}{2} i_g$$

式中　h_3、h_3''——路肩外缘超高值，m；

h_2、h_2''——路肩内缘超高值，m；

h_1'——路中超高值，m；

b_1——路肩宽度，m；

i_j——路肩横坡度；

w——路面宽度，m；

i_g——路拱横坡度。

（2）超高起始断面（ZH 点处）

如图 6-21 所示，超高起始断面的超高值可按下式计算：

$$h_3 = h''_3 = b_1(i_j - i_g)$$

$$h_2 = h''_2 = b_1 i_j \qquad\qquad (6\text{-}6)$$

$$h'_1 = b_1 i_j + \frac{w}{2} i_g$$

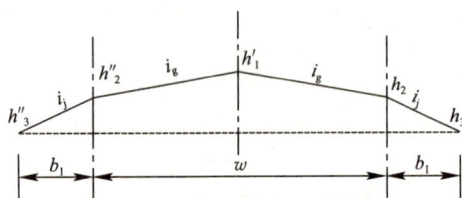

图 6-20　无中间带公路直线段断面超高值　　　图 6-21　无中间带公路超高起始断面超高值

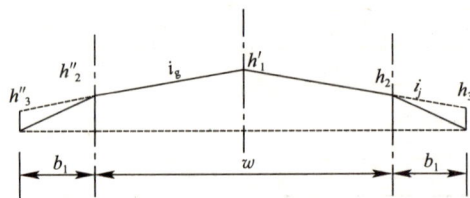

（3）双坡段范围内

1）双坡阶段长度计算

双坡阶段长度是指行车道外边缘高程按正比例升高，直到路拱横坡度的单一断面所需的水平距离，按下式计算：

$$x_0 = \frac{2i_g \times \frac{w}{2}}{2i_g \times \frac{w}{2} + (i_h - i_g)w} L_c = \frac{i_g}{i_h} L_c \qquad\qquad (6\text{-}7)$$

式中　　x_0——双坡段长度，m；

　　　　i_h——超高横坡度；

　　　　L_c——超高过渡段长度，m。

2）双坡阶段超高值计算

如图 6-22 所示，双坡阶段的超高值可按下式计算：

$$h_{3x} = b_1(i_j - i_g) + \frac{x}{x_0}(w + 2b_1)i_g$$

$$h''_3 x = b_1 i_j - (b_1 + b_x)i_g$$

$$h_{2x} = b_1 i_j + \frac{x}{x_0} w i_g \qquad\qquad (6\text{-}8)$$

$$h''_{2x} = b_1 i_j - b_x i_g$$

$$h'_{1x} = b_1 i_j + \frac{w}{2} i_g$$

式中　　x——双坡段范围内任意一桩位至超高起始断面的距离，m；

　　　　b_x——双坡段范围内任意一桩位的路面加宽值，m，按下式计算。

$$b_x = \frac{x}{L_c} \times b \qquad\qquad (6\text{-}9)$$

式中　　b——公路圆曲线路段的路面加宽值，m。

（4）单坡段范围内

如图 6-23 所示，单坡段范围内（$x_0 < x \leqslant L_c$）的超高值按下式进行计算：

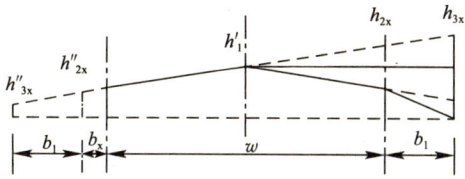

图 6-22　无中间带公路双坡段超高值

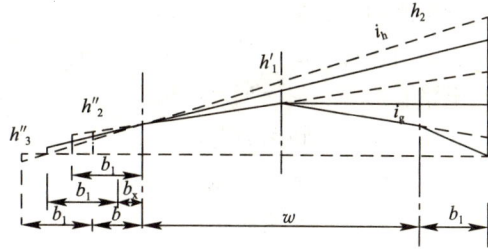

图 6-23　无中间带公路单坡段超高值

$$h_{3x} = b_1 i_j + (w + b_1) i_x$$
$$h''_{3x} = b_1 i_j - (b_1 + b_x) i_x$$
$$h_{2x} = b_1 i_j + w i_x$$
$$h''_{2x} = b_1 i_j - b_x i_x$$
$$h'_{1x} = b_1 i_j + \frac{w}{2} i_x$$

$$(6\text{-}10)$$

式中　i_x——单坡段范围内任意一桩位的横向坡度，按下式计算。

$$i_x = \frac{x}{L_c} \times i_h \tag{6-11}$$

当 $x = L_c$ 时，为全超高断面，此时的超高值为：

$$h_3 = b_1 i_j + (w + b_1) i_h$$
$$h''_3 = b_1 i_j - (b_1 + b) i_h$$
$$h_2 = b_1 i_j + w i_h$$
$$h''_2 = b_1 i_j - b i_h$$
$$h'_1 = b_1 i_j + \frac{w}{2} i_h$$

$$(6\text{-}12)$$

2. 有中间带公路超高值的计算

以绕中央分隔带边缘旋转为例，假设路基设计高程位于中央分隔带边缘的路缘带，可分为以下 4 个阶段计算超高值。

（1）直线路段断面

如图 6-24 所示，各特征点的超高计算如下：

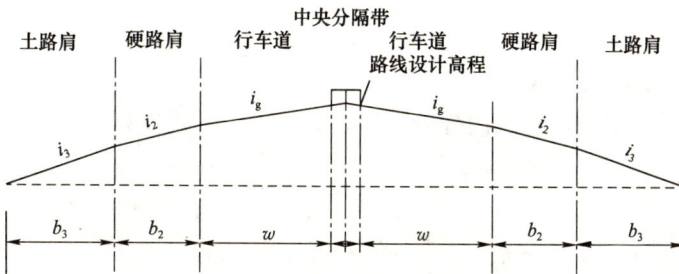

图 6-24　有中间带公路直线路段断面超高值

行车道边缘：$h_1 = h_1'' = -wi_g$

硬路肩边缘：$h_2 = h_2'' = -b_2 i_2 - wi_g$

土路肩边缘：$h_3 = h_3'' = -b_3 i_3 - b_2 i_2 - wi_g$ $\qquad$ (6-13)

式中 b_2——硬路肩宽度，m；

$\qquad$ b_3——土路肩宽度，m；

$\qquad$ i_2——硬路肩横坡度；

$\qquad$ i_3——土路肩横坡度。

（2）双坡段范围内

1）双坡段长度计算

双坡段长度按下式计算：

$$x_0 = \frac{i_g - (-i_g)}{i_h - (-i_g)} L_c = \frac{2i_g}{i_g + i_h} L_c \qquad (6\text{-}14)$$

2）内侧行车道超高值计算

如图 6-25 所示，双坡段范围内内侧车道超高值可按下式计算：

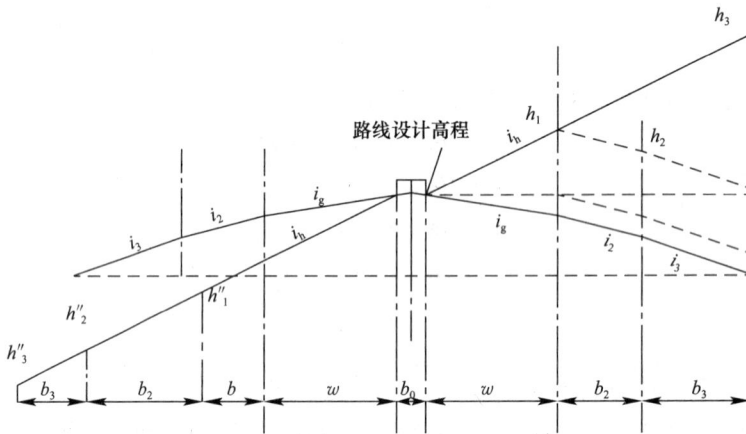

图 6-25 有中间带公路双坡段超高值

$$h_{1x}'' = (w + b_x)i_g$$

$$h_{2x}'' = -(w + b_x + b_2)i_g$$

$$h_{3x}'' = -(w + b_x + b_2 + b_3)i_g \qquad (6\text{-}15)$$

3）外侧行车道超高值计算

如图 6-25 所示，双坡段范围内外侧车道超高值可按下式计算：

$$h_{1x} = \left(2\frac{x}{x_0} - 1\right)wi_g$$

$$h_{2x} = \left(2\frac{x}{x_0} - 1\right)(w + b_2)i_g$$

$$h_{3x} = \left(2\frac{x}{x_0} - 1\right)(w + b_2 + b_3)i_g \qquad (6\text{-}16)$$

当外侧路肩向外侧倾斜（硬路肩宽度≥2.25m）时

$$h_{2x} = h_{1x} - b_2 i_2$$
$$h_{3x} = h_{2x} - b_3 i_3$$

（6-17）

（3）单坡段范围内

1）内侧行车道超高值计算

如图 6-25 所示，单坡段范围内内侧车道超高值可按下式计算：

$$h''_{1x} = -(w + b_x) i_x$$
$$h''_{2x} = h''_{1x} - b_2 i_x$$
$$h''_{3x} = h''_{2x} - b_3 i_x$$

（6-18）

2）外侧行车道超高值计算

如图 6-25 所示，单坡段范围内外侧车道超高值可按下式计算：

$$h_{1x} = w i_x$$
$$h_{2x} = h_{1x} + b_2 i_x$$
$$h_{3x} = h_{2x} + b_3 i_x$$

（6-19）

当外侧路肩向外侧倾斜（硬路肩宽度≥2.25m）时

$$h_{2x} = h_{1x} - b_2 i_2$$
$$h_{3x} = h_{2x} - b_3 i_3$$

（6-20）

（4）全超高断面

如图 6-25 所示，用 i_h 代替 i_x，得到全超高断面超高值。

1）内侧行车道超高值计算

$$h''_1 = -(w + b_x) i_h$$
$$h''_2 = h''_{1x} - b_2 i_h$$
$$h''_3 = h''_{2x} - b_3 i_h$$

（6-21）

2）外侧行车道超高值计算

$$h_1 = w i_h$$
$$h_2 = h_1 + b_2 i_h$$
$$h_3 = h_2 + b_3 i_h$$

（6-22）

6.4.4 超高纵断面图

超高的过渡常以超高纵断面图来表示。该图是以设计高程线为横坐标轴，在横坐标轴上按比例标出各桩号的位置；纵坐标是相对高程，以设计高程为 0。如图 6-26 所示，S'、S'' 分别为路面内、外侧边缘线，J'、J'' 分别为路基内、外侧边缘线。图 6-26 所示为绕中轴旋转时的情况，其他超高过渡方式的纵断面图与其类似，不再赘述。

该图只有高速公路需要给出，其他等级公路只编制超高计算表。

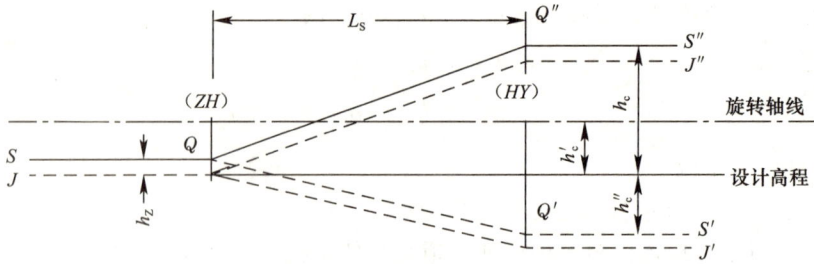

图 6-26　超高纵断面图

6.5　路基土石方计算及调配

土石方数量计算和调配的目的是通过计算土石方数量，提出挖方的利用、填方的来源及其运距、运量，为选定合适的施工方案和施工机具、安排工程进度、编制工程预算等提供依据。

6.5.1　路基横断面面积的计算

路基横断面面积是原地面线与路基设计线所包围的面积，高于地面线者为填，低于地面线者为挖，两者应分别计算。

1. 计算方法

（1）积距法

如图 6-27 所示，积距法的原理是：按单位宽度 b，把断面面积分成若干等份，若 b 足够小时，每一小块的面积为其平均高度 h_i 与 b 的乘积，则总面积 A 为：

$$A = b \cdot \sum_{i=1}^{n} h_i \tag{6-23}$$

（2）几何图形法

当横断面地面线较规则时，可将横断面当成几个规则的几何图形看待，如图 6-28 所示的横断面可以划分为两三角形和一个矩形，或者看成一个规则的梯形，然后分别从图上量出有关数据后就可算出面积。

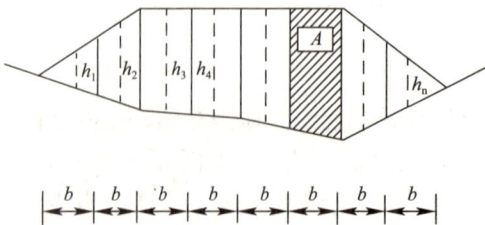

图 6-27　横断面面积计算—积距法

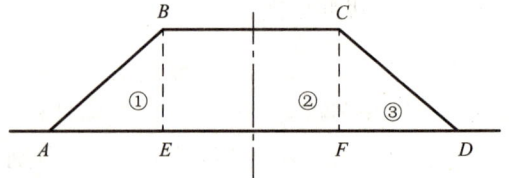

图 6-28　横断面面积计算—几何图形法

（3）坐标法

如图 6-29 所示，由解析几何公式可推出路基横断面面积的计算公式为：

$$A = \frac{1}{2} \sum_{i=1}^{n} (x_i y_{i+1} - x_{i+1} y_i) \qquad (6\text{-}24)$$

坐标法的精度较高，手工计算复杂，只适用于计算机计算。

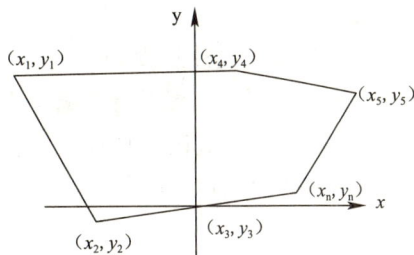

图 6-29 横断面面积计算（坐标法）

2. 应注意的问题

在计算路基横断面面积过程中应注意以下问题：

（1）填方面积、挖方面积分开计算。

（2）填方面积中填石、填土应分开计算；砌石、护坡要单计；挡土墙、护脚也要单计。

（3）挖方中挖土、挖石分开计算。

（4）大、中桥起、终点之间的土石方数量不计。

（5）基底换土时，先算出挖出的面积，再计算换土填方面积，即同一面积需计算 2 次。

同理，在陡于 1∶5 的原地面填方时，挖方台阶的面积也应计算 2 次。

（6）路堤面积中，应去掉路槽的面积。

（7）路堑面积中，应加上路槽的面积。

6.5.2 路基土石方数量的计算

1. 计算方法

路基土石方计算工作量较大，加之路基填挖变化的不规则性，要精确计算土石方体积是十分困难的，在工程上通常采用近似计算。如图 6-30 所示，假定相邻断面间为一棱柱体，则其体积为：

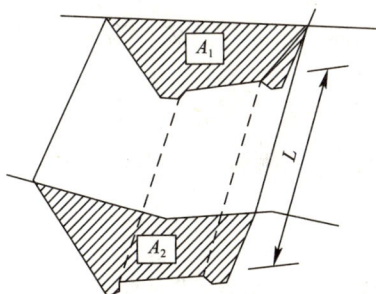

图 6-30 平均断面法

$$V = \frac{1}{2}(A_1 + A_2)L \qquad (6\text{-}25)$$

式中　A_1、A_2——相邻两断面的填方或挖方面积，m^2；

　　　　L——相邻两断面的桩距，m。

此种方法称为平均断面法，用平均断面法计算土石方体积简便、实用，是公路上目前常采用的方法。但其精度较差，只有当 A_1、A_2 相差不大时才较准确。当 A_1、A_2 相差较大时，则按棱台体公式计算更为接近，其计算公式如下：

$$V = \frac{1}{3}(A_1 + A_2)L\left(1 + \frac{\sqrt{m}}{1+m}\right) \qquad (6\text{-}26)$$

$$m = \frac{A_1}{A_2}, A_2 > A_1 \qquad (6\text{-}27)$$

169

2. 应注意的问题

（1）施工图设计阶段

在施工图设计阶段，计算路基土石方数量时需注意以下问题：

1）填方工程量包括路堤土石方量、原地面处理增加的工程量、路堤沉降增加的工程量，同时桥涵、隧道、路面等结构物所占的空间，应从路基土石方工程数量中扣除。

2）挖方工程量包括路堑土石方量、原地面处理增加的工程量、路面结构层增加的工程量、排水设施开挖增加的工程量。

3）填方体积以压实方计量，而挖方是以天然密实方计量；在土石方调配中，要找到土石方不同状态的换算系数。

（2）施工阶段

在公路施工阶段，填方工程量除了包括施工图设计阶段的土石方量，还应包括路堤宽填增加的工程量（为了满足压实度要求必须进行宽填，宽填宽度为单层单侧宽填 50cm 左右）。此外，计价土石方数量为挖方数量与借方数量之和。

6.5.3　路基土石方调配

土石方调配是指将路基挖方合理移用于填筑路堤，以及适当地布置取土坑及弃土堆的土石调运和运量计算工作。通过土石方调配，合理解决各路段土石平衡与利用问题，达到填方有所"取"，挖方有所"用"，尽量少"借"少"废"，少占耕地。

1. 运距与运量

（1）免费运距

免费运距是指只计挖方费用而不计算运费的某一特定距离。在该距离内的运输消耗已反映在《公路工程概算定额》和《公路工程预算定额》的基本定额工作中，因而不再计算运费。如人工运输的免费运距为 20m，推土机为 20m，铲运机为 100m 等。

（2）平均运距

平均运距是指土石方调配时，从挖方体积重心到填方体积重心的距离。为简化设计计算，通常平均运距按挖方路段中心到填方路段中心的距离计。

（3）超运运距

当平均运距小于或等于免费运距时，不另计运费；当平均运距大于免费运距时，超出的运距称为超运运距，超运运距的运输应另加运费。

（4）经济运距

经济运距是指路堤所需的土石方采用"纵向调运"或是"路外借土"的运距限度，可用下式求算：

$$L_{经} = \frac{B_1 + B_2}{T} + L_{免} \tag{6-28}$$

式中　$L_{经}$——经济运距，km；

　　　B_1——借方单价，元/m³；

　　　B_2——弃方单价，元/m³；

T——超运运费单价，元/m³/km；

$L_免$——免费运距，km。

当调运的距离小于或等于经济运距时，采用"调"是经济的，若调运距离超过经济运距，则应考虑就近借土。

（5）运量

土石方运量为平均运距与土石方调配数量的乘积。土石方调配时，超运运距的运土才另加计运费，故运量应按平均超运运距计。运量的计算公式为：

$$W = Q \cdot n \tag{6-29}$$

式中　W——运量，m³；

　　　Q——调配土石方数量，m³；

　　　n——平均超运运距的数量级，其值为：

$$n = \frac{L - L_免}{L_级} \tag{6-30}$$

其中　L——平均运距，m；

　　　$L_级$——超运距的数量级单位，m，如人工运输 10m 为一级，即 $L_级 = 10$m。

2. 调配原则

在进行路基土石方调配的过程中，应遵循以下原则：

（1）在半填半挖断面中，应首先考虑在本路段内移挖作填进行横向平衡，然后再作纵向调配，以减小总的运输量。

（2）土石方调配应考虑桥涵位置对施工运输的影响，一般大沟不作跨越调运，同时尚应注意施工的可能与方便，尽可能避免和减少上坡运土。

（3）为使调配合理，必须根据地形情况和施工条件，选用适当的运输方式，确定合理的经济运距，用以分析工程用土是调运还是外借。

（4）土石方调配"移挖作填"时，要综合考虑弃方和借方所带来的费用、赔偿青苗损失及对农业产生的影响等。

（5）不同的土方和石方应根据工程需要分别进行调配，以保证路基稳定和人工构造物的材料供应。

（6）位于山坡上的回头曲线路段，要优先考虑上下线的土石方竖向调运。

（7）土石方调配对于借土和弃土应事先同地方商量，妥善处理。借土应结合地形、农田规划等选择借土地点，并综合考虑借土还田，整地造田等措施；弃土应不占或少占耕地，在可能条件下宜将弃土平整为可耕地，防止乱弃乱堆，或堵塞河流，损坏农田。

3. 调配方法与步骤

土石方调配方法有许多种，公路测设中多用土石方计算表调配法，即在路基土石方数量计算表上作土石方调配。其调配的步骤如下：

（1）对路基土石方数量计算表中的"挖方"、"填方"栏的计算复核无误后，将桥涵位置、陡坡、大沟等标注于表旁，供调配时参考。

（2）计算并填写表中"本桩利用"、"填缺"、"挖余"各栏。当以石作填土时，石方数应填入"土"中，并以符号区别之；然后按填、挖方分别进行核算，其核算式为：填方＝本桩利用＋填缺，挖方＝本桩利用＋挖余。

（3）根据"填缺"、"挖余"的分布情况，可以大致看出调运的方向及数量，并按此进行初试调配。调配时应先按施工方法、运输方式来选定经济运距，并以此确定最大调运距离。经调配后，如有填方不足，不足部分按借方计；如有未调用的挖方，则按废方计。

（4）复核初试调配并符合上述要求后，在表中"纵向调配示意"栏上，用箭头线表示调配方向，并标注调运土、石方数量及平均超运运距"级数"。

（5）调配完成后，应分页进行核算，核算式为：借方＝填缺—远运利用，废方＝挖余—远运利用。

（6）本公里调配完毕，应进行本公里合计，总闭合核算除上述外，尚有：跨公里调入方＋挖方＋借方＝跨公里调出方＋填方＋废方。

（7）土石方调配一般在本公里内进行，必要时也可跨公里调配，但需将调配的方向及数量分别注明，以免混淆。

（8）每公里土石方数量计算与调配完成后，需汇总列入路基每公里土石方数量表，并进行全线总计与核算，全线总的调运量复核式为：挖方＋借方＝填方＋废方，至此完成全部土石方计算与调配工作。

6.6 公路横断面设计主要成果

公路横断面设计的主要成果是"两图两表"，即路基标准横断面图、路基横断面设计图及路基土石方数量表、路基设计表。

6.6.1 路基标准横断面图

如图 6-31 所示，路基标准横断面图是路基横断面设计图中所出现的所有路基形式的汇总，它示出了所有设计线（包括边坡、边沟、挡墙、护肩等）的形状、比例及尺寸，用以指导施工。这样就不必对每一个断面都进行详细的标注（其中很多断面的比例、尺寸都是相同的），避免了工作的重复与繁琐，也使横断面设计图比较简洁。

6.6.2 路基横断面设计图

如图 6-32 所示，路基横断面设计图是路基每一个中桩的法向剖面图，也称逐桩横断面图。它反映了每个桩位处横断面的尺寸及结构，是路基施工及横断面面积计算的依据。图中应给出地面线与设计线，并标注桩号、施工高度与断面面积。相同的边坡坡度可只在一个断面上标注，挡墙等圬工构造物可只绘出形状不标注尺寸，边沟也只需绘出形状。横断面设计图应按从下到上，从左到右的方式进行布置，一般采用 1∶200 的比例。

图6-31 路基标准横断面图

土方挖方路基

石方挖方路基

H<2m护肩路基

H>2-4m护肩路基

土方加固路基

水田段填方路基

一般填方路基

填石路基

斜坡填方路基

低填方路基

砌石护坡路基

挡墙路基

表面用>25cm块石码砌

填石范围

5号浆砌片石

水田

挖淤

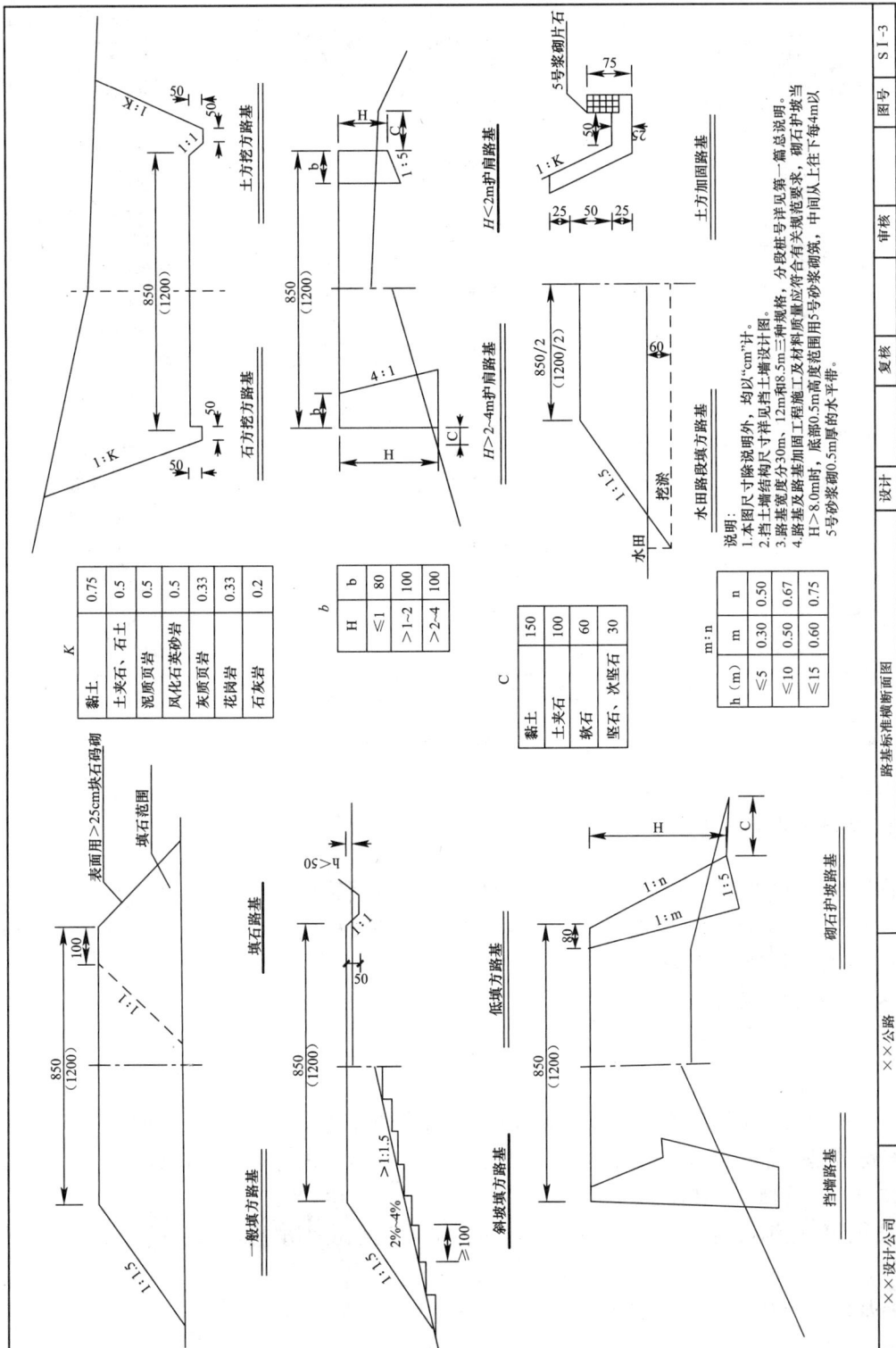

K	
黏土	0.75
土夹石、石土	0.5
泥质页岩	0.5
风化石夹砂岩	0.5
灰质页岩	0.33
花岗岩	0.33
石灰岩	0.2

b	
H	b
≤1	80
>1~2	100
>2~4	100

C	
黏土	150
土夹石	100
软石	60
坚石、次坚石	30

m:n		
h (m)	m	n
≤5	0.30	0.50
≤10	0.50	0.67
≤15	0.60	0.75

说明：
1. 本图尺寸除说明外，均以"cm"计。
2. 挡土墙结构尺寸详见挡土墙设计图。
3. 路基宽度分30m、12m和18.5m三种规格，分段桩号详见第一篇总说明。
4. 路基及路基加固工程施工及材料质量应符合有关规范要求，砌石护坡或当H>8.0m时，底部0.5m高度范围用5号砂浆砌筑，中间从上往下每4m以上用5号浆砌0.5m厚的水平带。

路基标准横断面图

| ××设计公司 | ××公路 | | 设计 | | 复核 | | 审核 | | 图号 | S1-3 |

图中横断面数据（自左至右、自上而下）：

- K0+100　H=1.70 Wz=4.25 Wy=4.25　At=16.90 Aw=0.00
- K0+080　H=1.90 Wz=4.25 Wy=4.25　At=19.52 Aw=0.00
- K0+065.236　H=1.99 Wz=4.25 Wy=4.25　At=19.26 Aw=0.00
- K0+051.600　H=2.13 Wz=4.25 Wy=4.25　At=25.57 Aw=0.00
- K0+050　H=2.17 Wz=4.25 Wy=4.25　At=24.74 Aw=0.00
- K0+046　H=2.04 Wz=4.25 Wy=4.25　At=23.58 Aw=0.00
- K0+025　H=3.14 Wz=4.25 Wy=4.25　At=33.66 Aw=0.00
- K0+013　H=2.87 Wz=4.25 Wy=4.25　At=22.54 Aw=0.00
- K0+000　H=0.44 Wz=4.25 Wy=4.25　At=0.54 Aw=1.55

- K0+225　H=0.48 Wz=4.25 Wy=4.25　At=1.92 Aw=0.46
- K0+216.663　H=0.51 Wz=4.25 Wy=4.25　At=2.20 Aw=0.27
- K0+200　H=0.60 Wz=4.25 Wy=4.25　At=3.41 Aw=0.00
- K0+180　H=0.63 Wz=4.25 Wy=4.25　At=3.81 Aw=0.00
- K0+166.663　H=0.68 Wz=4.25 Wy=4.25　At=2.94 Aw=0.00
- K0+160　H=0.74 Wz=4.25 Wy=4.25　At=3.67 Aw=0.00
- K0+140.950　H=1.09 Wz=4.25 Wy=4.25　At=7.77 Aw=0.00
- K0+140　H=1.11 Wz=4.25 Wy=4.25　At=1.05 Aw=0.00
- K0+140　H=1.32 Wz=4.25 Wy=4.25　At=10.20 Aw=0.00
- K0+115.236　H=1.38 Wz=4.25 Wy=4.25　At=11.63 Aw=0.00

- K0+44.5729　H# Wz=4.25 Wy=4.25　At=2.99 Aw=3.40
- K0+440　H=0.57 Wz=4.25 Wy=4.25　At=3.21 Aw=3.11
- K0+420　H=0.60 Wz=4.25 Wy=4.25　At=3.44 Aw=3.19
- K0+400　H=0.56 Wz=4.25 Wy=4.25　At=2.67 Aw=3.94
- K0+395.729　H=0.56 Wz=4.25 Wy=4.25　At=2.65 Aw=4.00
- K0+375　H=0.63 Wz=4.25 Wy=4.25　At=3.41 Aw=3.50
- K0+350　H=0.60 Wz=4.25 Wy=4.25　At=2.71 Aw=0.00
- K0+325　H=0.64 Wz=4.25 Wy=4.25　At=3.06 Aw=0.00
- K0+300　H=0.67 Wz=4.25 Wy=4.25　At=3.41 Aw=0.00
- K0+275　H=0.58 Wz=4.25 Wy=4.25　At=2.51 Aw=0.04
- K0+250　H=0.51 Wz=4.25 Wy=4.25　At=2.11 Aw=0.31

设计单位名称	工程名称	路基横断面设计图	设计	复核	审核	图号	日期

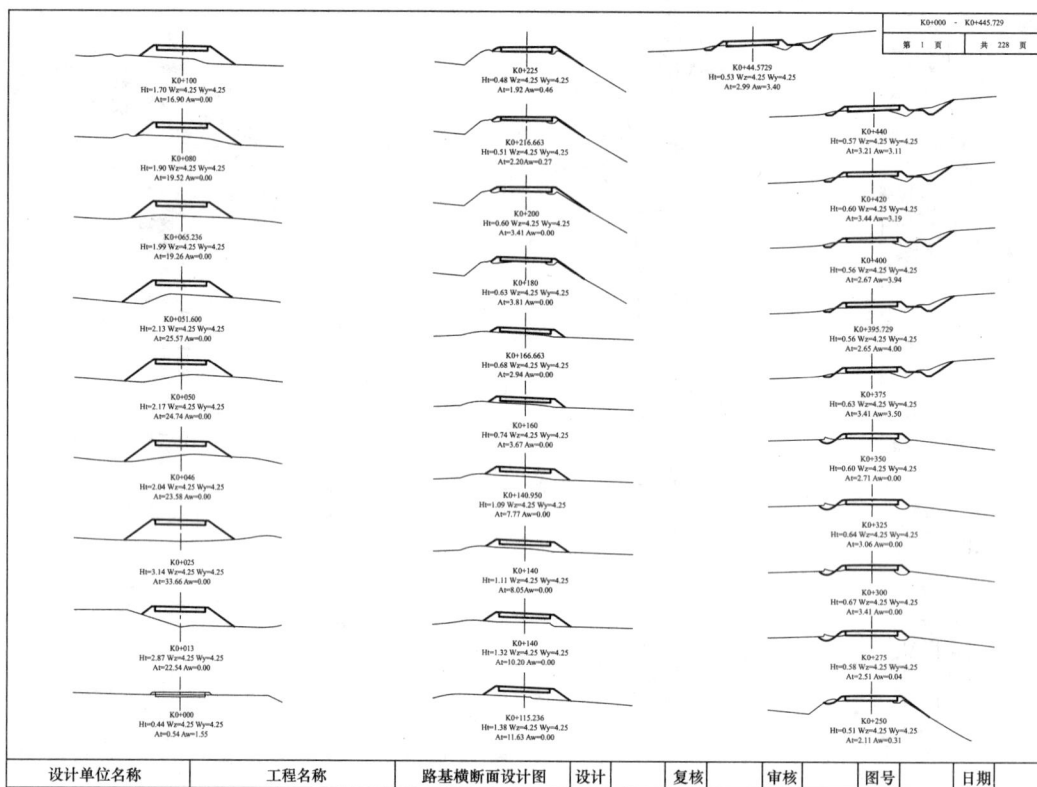

图 6-32　路基横断面设计图

6.6.3　路基土石方数量表

路基土石方是公路工程的一项主要工程量，所以在公路设计和路线方案比较中，路基土石方数量的多少是评价公路测设质量的主要技术经济指标之一，也是编制公路施工组织计划和工程概预算的主要依据。

路基土石方数量表形式参见表 6-19。

6.6.4　路基设计表

路基设计表严格地说不能只作为横断面设计的成果，它是路线设计成果的一个汇总，其前半部分是平面与纵面设计的成果。横断面设计完成后，再将"路基宽度"、"特征点高程"、"坡口、坡脚至中庄距离"等栏填上。

若边沟沟底纵坡与道路纵坡一致，则"边沟坡度"栏可不填写，如果不一致，则需另外填写。

路基设计表形式参见表 6-20。

174

表 6-19

路基土石方数量表

桩号	横断面积(m²) 挖方	横断面积(m²) 填方	距离(m)	挖方分类及数量(m³) 总数量	土 I %	土 I 数量	土 II %	土 II 数量	土 III %	土 III 数量	石 IV %	石 IV 数量	石 V %	石 V 数量	石 VI %	石 VI 数量	填方数量(m³) 总数量	填方 土	填方 石	本桩利用 土	本桩利用 石	填缺 土	填缺 石	挖余 土	挖余 石	运利用及纵向调配示意	借方数量(m³)及运距(Km) 土	借方数量(m³)及运距(Km) 石	弃方数量(m³)及运距(Km) 土	弃方数量(m³)及运距(Km) 石	备注
1	2	3	4	5	6	7	8	9	10	11	12	13	14	15	16	17	18	19	20	21	22	23	24	25	26	27	28	29	30	31	32
K0+000	2	1																													
K0+013		23	13	10			80	8					20	2			150	150		8		142			2						
K0+025		34	12				80						20				337	337				337									
K0+046		24	21				80						20				601	601				601									
K0+050		25	4				80						20				97	97				97									
K0+051.600		26	2				80						20				40	40				40									
K0+065.236		19	14				80						20				306	306				306									
K0+080		20	15				80						20				286	286				286									
K0+100		17	20				80						20				364	364				364									
K0+115.236		12	15				80						20				217	217				217									
K0+120		10	5				80						20				52	52				52									
K0+140		8	20				80						20				183	183				183									
K0+140.950		8	1				80						20				8	8				8									
K0+160		4	19				80						20				109	109				109									
K0+166.663		3	7				80						20				22	22				22									
K0+180		4	13				80						20				45	45				45									
K0+200	0	3	20	0			80	0					20	0			72	72		0		72			0						

续表

桩号	横断面面积(m²)		距离(m)	总数量	挖方分类及数量(m³) 土 I		土 II		土 III		石 IV		石 V		石 VI		填方数量(m³)			利用方数量及调配(m³) 本桩利用		填缺		挖余		运利用及纵向调配示意	借方数量(m³)及运距(Km)		弃方数量(m³)及运距(Km)		备注
	挖方	填方			%	数量	%	数量	%	数量	%	数量	%	数量	%	数量	总数量	土	石	土	石	土	石	土	石		土	石	土	石	
1	2	3	4	5	6	7	8	9	10	11	12	13	14	15	16	17	18	19	20	21	22	23	24	25	26	27	28	29	30	31	32
K0+216.663	0	2	17	2			80	2					20	0			47	47		2		45			0	0					
K0+225	0	2	8	3			80	2					20	1			17	17		2		15			1						
K0+250	0	2	25	10			80	8					20	2			50	50		8		43			2						
K0+275	0	3	25	4			80	3					20	1			58	58		3		54			1						
K0+300		3	25	0			80	0					20	0			74	74		0		74			0						
K0+325		3	25				80						20				81	81				81									
K0+350	0	3	25	0			80	0					20	0			72	72		0		72			0						
K0+375	3	3	25	44			80	35					20	9			76	76		35		41			9						
K0+395.729	4	3	21	78			80	62					20	16			63	63		62		1			16						
K0+400	4	3	4	17			80	14					20	3			11	11		11				2	3						
小计				168				135						34			3438	3438		132		3306		2	34						
累计				168				135						34			3438	3438		132		3306		2	34						

编制： 复核：

176

路基设计表

表 6-20

桩号	平曲线 左偏	平曲线 右偏	竖曲线 凹形	竖曲线 凸形	地面高程 (m)	设计高程 (m)	填挖宽度 填	填挖宽度 挖	路基宽度 左侧 W1	左侧 W2	左侧 W3	中分带 W0	右侧 W3	右侧 W2	右侧 W1	左侧 A1	左侧 A2	左侧 A3	右侧 A3	右侧 A2	右侧 A1	坡口、坡脚至中桩距离 左侧 (m)	右侧 (m)	备注
K0+000					204.86	205.30	0.44		0.50	0.25	3.50	0.00	3.50	0.25	0.50	205.23	205.24	205.24	205.24	205.24	205.23	4.71	4.83	
+013			1.13%		202.57	205.44	2.87		0.50	0.25	3.50	0.00	3.50	0.25	0.50	205.37	205.39	205.39	205.39	205.39	205.37	5.80	8.28	
+025					202.44	205.58	3.14		0.50	0.25	3.50	0.00	3.50	0.25	0.50	205.51	205.52	205.53	205.53	205.52	205.51	8.56	8.36	
+046			QD	150	203.77	205.82	2.04		0.50	0.25	3.50	0.00	3.50	0.25	0.50	205.74	205.76	205.76	205.76	205.76	205.74	8.70	7.65	
+050					203.69	205.86	2.17		0.50	0.25	3.50	0.00	3.50	0.25	0.50	205.79	205.80	205.81	205.81	205.80	205.79	8.63	7.71	
+051.600					203.75	205.88	2.13		0.50	0.25	3.50	0.00	3.50	0.25	0.50	205.81	205.82	205.83	205.83	205.82	205.81	8.82	7.94	
+065.236		K0+065.235 (ZH)			204.04	206.03	1.99		0.50	0.25	3.50	0.00	3.50	0.25	0.50	205.96	205.98	205.98	205.98	205.98	205.97	7.60	7.68	
+080		K0+118.533	R-4000 T-31.47 E-0.12		204.30	206.20	1.90		0.50	0.25	3.50	0.00	3.50	0.25	0.50	206.19	206.20	206.20	206.15	206.14	206.13	7.04	8.87	
+100				206.99	204.72	206.42	1.70		0.50	0.25	3.50	0.00	3.50	0.25	0.50	206.50	206.51	206.51	206.34	206.34	206.32	6.43	7.95	
+115.236		K0+115.235 (HY)		K0+150	205.22	206.60	1.38		0.50	0.25	3.50	0.00	3.50	0.25	0.50	206.73	206.73	206.74	206.46	206.45	206.43	6.20	6.99	
+120		JD1 I-14°31′43″ R-400 ls-50 Ly-51.43	ZD		205.33	206.65	1.32		0.50	0.25	3.50	0.00	3.50	0.25	0.50	206.78	206.80	206.79	206.51	206.50	206.48	6.17	6.89	
+140					205.82	206.93	1.11		0.50	0.25	3.50	0.00	3.50	0.25	0.50	207.07	207.08	207.07	206.79	206.78	206.76	5.84	6.50	
+140.950			2.7%	230	205.86	206.95	1.09		0.50	0.25	3.50	0.00	3.50	0.25	0.50	207.08	207.10	207.09	206.81	206.80	206.78	5.81	6.47	
+160			QD		206.57	207.31	0.74		0.50	0.25	3.50	0.00	3.50	0.25	0.50	207.45	207.46	207.45	207.17	207.16	207.14	5.31	5.90	
+166.663		K0+166.664 (YH)	K0+353		206.79	207.46	0.68		0.50	0.25	3.50	0.00	3.50	0.25	0.50	207.60	207.61	207.60	207.32	207.31	207.29	5.21	5.80	
+180				213.2	207.17	207.80	0.63		0.50	0.25	3.50	0.00	3.50	0.25	0.50	207.88	207.89	207.89	207.71	207.70	207.69	5.28	9.29	
+200			R-18000 T-27 E-0.02	K0+380	207.74	208.34	0.60		0.50	0.25	3.50	0.00	1.50	0.25	0.50	208.33	208.35	208.35	208.28	208.28	208.27	5.19	9.41	
+216.663		K0+216.664 (HZ)		QD 150	208.28	208.79	0.51		0.50	0.25	3.50	0.00	3.50	0.25	0.50	208.72	208.73	208.73	208.73	208.73	208.72	5.06	8.61	
+225			ZD		208.53	209.01	0.48		0.50	0.25	3.50	0.00	3.50	0.25	0.50	208.94	208.96	208.96	208.96	208.96	208.94	5.03	8.26	
+250					209.18	209.69	0.51		0.50	0.25	3.50	0.00	0.35	0.25	0.50	209.62	209.63	209.63	209.63	209.63	209.62	5.05	8.48	
+275			3% +407		209.79	210.36	0.58		0.50	0.25	3.50	0.00	3.50	0.25	0.50	210.29	210.31	210.31	210.31	210.31	210.29	5.40	5.49	
+300					210.37	211.04	0.67		0.50	0.25	3.50	0.00	3.50	0.25	0.50	210.97	210.98	210.98	210.98	210.98	210.97	5.51	5.55	

桩号	平曲线		竖曲线		地面高程 (m)	设计高程 (m)	填挖宽度 (m)		路基宽度 (m)							以下各点高程 (m)						坡口、坡脚至中桩距离 (m)		备注
	左偏	右偏	凹形	凸形			填	挖	左侧			中分带	右侧			左侧			右侧			左侧	右侧	
									W1	W2	W3	W0	W3	W2	W1	A1	A2	A3	A3	A2	A1			
+325					211.08	211.71	0.64		0.50	0.25	3.50	0.00	3.50	0.25	0.50	211.64	211.66	211.66	211.66	211.66	211.64	10.12	5.53	
+350					211.78	212.39	0.60		0.50	0.25	3.50	0.00	3.50	0.25	0.50	212.32	212.33	212.33	212.33	212.33	212.32	10.07	5.51	
+375					212.44	213.08	0.63		0.50	0.25	3.50	0.00	3.50	0.25	0.50	213.00	213.02	213.02	213.02	213.02	213.00	10.80	11.94	
+395.729	K0+396.728 (ZH)				213.11	213.67	0.56		0.50	0.25	3.50	0.00	3.50	0.25	0.50	213.61	213.62	213.62	213.62	213.62	213.60	10.69	12.06	
+400					213.24	213.80	0.56		0.50	0.25	3.50	0.00	3.50	0.25	0.50	213.73	213.74	213.75	213.76	213.76	213.74	10.68	12.04	
+420					213.79	214.40	0.61		0.50	0.25	3.50	0.00	3.50	0.25	0.50	214.33	214.34	214.34	214.42	214.42	214.41	10.76	11.85	
+440					214.43	215.00	0.57		0.50	0.25	3.50	0.00	3.50	0.25	0.50	214.89	214.90	214.91	215.08	215.09	215.08	10.63	11.80	

编制：　　　　　　　　　　　　复核：

6.7 公路横断面设计实例

6.7.1 设计资料

1. 技术参数

(1) 公路等级：二级公路（改建公路，积雪冰冻地区，不经常通行集装箱半挂车）；

(2) 设计速度：60km/h。

2. 设计数据

经外业勘测，已掌握的公路横断面设计数据及成果包括：

(1) 公路平面设计数据及成果，参加第 4 章中的公路平面设计实例；

(2) 公路纵断面设计数据及成果，参加第 5 章中的公路纵断面设计实例；

(3) 横断面的地面高程数据（直线段桩间距 25m，曲线段桩间距 20m），见表 6-21。

公路横断面的地面高程数据 表 6-21

左侧距中桩距离及高差（m）				中桩桩号	右侧距中桩距离及高差（m）			
			20	K0+000	13	18	20	
			0.252		−0.053	−2.308	−2.143	
		20	17	K0+025	8.5	11.7	20	
		−0.068	0.397		0.334	0.866	0.679	
	20	6	2.5	K0+050	0.5	11	20	
	−0.188	−0.967	−0.355		0.2	−0.395	−1.57	
20	10	6	4.2	ZH1	9.5	20		
−0.107	−0.5	−0.188	0.053		−0.445	−1.56		
8.2	7.5	7	6.5	K0+080	4	8	20	
0.348	0.032	0.03	0.22		−0.318	−1.221	−1.519	
10.5	9.7	9.1	8.5	K0+100	1.5	3.5	20	
0.559	0.261	0.241	0.423		−0.095	−0.72	−1.251	
20	13.6	11.5	9.6	HY1	1.2	1.5	12.5	20
−0.347	−0.361	0.1911	0.331		−0.107	−0.308	−0.932	−1.65
20	12	9.6	8.5	K0+120	1.1	3.7	4.4	9.6
−0.403	−0.306	0.063	0.233		−0.051	−0.09	−0.54	−0.691
20	9.7	8.2	7.1	K0+140	0.5	4.3	9.8	20
−0.616	−0.439	0.057	0.233		−0.071	−0.457	−0.706	−0.911
20	9.7	8.2	7.1	QZ1	0.5	4.3	9.8	20
−0.616	−0.439	0.057	0.233		−0.071	−0.457	−0.706	−0.911
8	5.9	5.7	5.1	K0+160	1.9	2.3	3	3.4
−0.576	0.264	−0.081	−0.056		−0.124	−0.358	−0.381	−0.035
8	5.9	5.7	5.1	YH1	1.9	2.3	3	3.4
−0.576	0.264	−0.081	−0.056		−0.124	−0.358	−0.381	−0.035
6.5	5.3	4.8	4.1	K0+180	2.9	3.3	4.1	4.6
−0.173	0.041	−0.25	−0.171		−0.197	−0.44	−0.499	0.003

左侧距中桩距离及高差（m）				中桩桩号	右侧距中桩距离及高差（m）			
6.5	5.3	4.8	4.1	K0+200	2.9	3.3	4.1	4.6
−0.173	0.041	−0.25	−0.171		−0.197	−0.44	−0.499	0.003
6.5	5.3	4.8	4.1	HZ1	2.9	3.3	4.1	4.6
−0.173	0.041	−0.25	−0.171		−0.197	−0.44	−0.499	0.003
6.5	5.3	4.8	4.1	K0+225	2.9	3.3	4.1	4.6
−0.173	0.041	−0.25	−0.171		−0.197	−0.44	−0.499	0.003
6.5	5.3	4.8	4.1	K0+250	2.9	3.3	4.1	4.6
−0.173	0.041	−0.25	−0.171		−0.197	−0.44	−0.499	0.003
7	6.9	5.2	4.1	K0+275	3.2	4.1	4.9	5.6
−0.301	−0.046	−0.285	−0.13		−0.145	−0.732	−0.78	−0.232
7	6.9	5.2	4.1	K0+300	3.2	4.1	4.9	5.6
−0.301	−0.046	−0.285	−0.13		−0.145	−0.732	−0.78	−0.232
7	6.9	5.2	4.1	K0+325	3.2	4.1	4.9	5.6
−0.301	−0.046	−0.285	−0.13		−0.145	−0.732	−0.78	−0.232
7	6.9	5.2	4.1	K0+350	3.2	4.1	4.9	5.6
−0.301	−0.046	−0.285	−0.13		−0.145	−0.732	−0.78	−0.232
	20	7.6	5.8	K0+375	3	4.8	6.6	8.4
	−1.383	−0.691	−0.241		−0.221	−0.831	0.234	0.367
	20	7.6	5.8	ZH2	3	4.8	6.6	8.4
	−1.383	−0.691	−0.241		−0.221	−0.831	0.234	0.367
	20	7.6	5.8	K0+400	3	4.8	6.6	8.4
	−1.383	−0.691	−0.241		−0.221	−0.831	0.234	0.367
	20	7.6	5.8	K0+420	3	4.8	6.6	8.4
	−1.383	−0.691	−0.241		−0.221	−0.831	0.234	0.367
	20	7.6	5.8	K0+440	3	4.8	6.6	8.4
	−1.383	−0.691	−0.241		−0.221	−0.831	0.234	0.367
	20	7.6	5.8	HY2	3	4.8	6.6	8.4
	−1.383	−0.691	−0.241		−0.221	−0.831	0.234	0.367
5.8	4.7	4.1	3.7	K0+460	4.4	5.3	6	7.4
−0.348	−0.345	−0.449	−0.282		−0.162	0.809	0.804	0.137
5.8	4.7	4.1	3.7	QZ2	4.4	5.3	6	7.4
−0.348	−0.345	−0.449	−0.282		−0.162	0.809	0.804	0.137
5.8	4.7	4.1	3.7	K0+480	4.4	5.3	6	7.4
−0.348	−0.345	−0.449	−0.282		−0.162	0.809	0.804	0.137
5.8	4.7	4.1	3.7	K0+500	4.4	5.3	6	7.4
−0.348	−0.345	−0.449	−0.282		−0.162	0.809	0.804	0.137

左侧距中桩距离及高差（m）				中桩桩号	右侧距中桩距离及高差（m）			
5.8	5	4.6	4.2	YH2	3.8	4.5	5.3	6
−0.114	−0.352	−0.384	−0.22		−0.172	−0.71	−0.832	−0.348
5.8	5	4.6	4.2	K0+520	3.8	4.5	5.3	6
−0.114	−0.352	−0.384	−0.22		−0.172	−0.71	−0.832	−0.348
5.8	5	4.6	4.2	K0+540	3.8	4.5	5.3	6
−0.114	−0.352	−0.384	−0.22		−0.172	−0.71	−0.832	−0.348
5.8	5	4.6	4.2	K0+560	3.8	4.5	5.3	6
−0.114	−0.352	−0.384	−0.22		−0.172	−0.71	−0.832	−0.348
5.8	5	4.6	4.2	HZ2	3.8	4.5	5.3	6
−0.114	−0.352	−0.384	−0.22		−0.172	−0.71	−0.832	−0.348
5.6	4.9	4.1	3.7	K0+600	3.4	4.2	5.4	8.1
0.063	−0.382	−0.334	−0.149		−0.134	−0.547	0.085	0.688
5.6	4.9	4.1	3.7	K0+625	3.4	4.2	5.4	8.1
0.063	−0.382	−0.334	−0.149		−0.134	−0.547	0.085	0.688
6	5.3	4.7	4.4	K0+650	4.1	4.9	6.2	9
−0.064	−0.392	−0.395	−0.246		−0.182	−0.517	0.154	2.15
	15	7	4.8	K0+675	5.1	6.2	8.5	20
	−1.3	−0.865	−0.202		−0.175	−0.448	−1.695	−0.198
	15	7	4.8	K0+700	5.1	6.2	8.5	20
	−1.3	−0.865	−0.202		−0.175	−0.448	−1.695	−0.198

6.7.2 设计任务

1. 提交成果

（1）绘制路基标准横断面图（A3 图幅，比例尺 1∶100）。

（2）绘制路基横断面设计图（A3 图幅，比例尺 1∶200）。

（3）编制路基土石方数量计算表。

（4）编制路基设计表。

2. 设计要求

（1）横断面线形设计指标需满足现行《公路工程技术标准》与《公路路线设计规范》的要求。

（2）独立完成公路横断面设计，按时提交相应的设计成果。

（3）设计计算正确，制表与绘图符合标准，说明书撰写规范。

6.7.3 设计指导

可参照以下步骤进行本次公路横断面设计：

（1）根据公路等级与设计速度，查阅相关标准与规范，获取车道宽度、路肩宽度、路拱横坡、路基边坡坡率等指标，按要求的比例绘制填方路段、挖法路段及半填半挖路段的路基标准横断面图。

（2）根据公路等级、交通组成情况及圆曲线半径，确定曲线是否需要加宽及加宽值；

根据地区类型、公路等级及建设性质确定超高横坡度与超高过渡方式。

（3）根据平、纵断面设计成果及横断地面高程数据，在各桩号的横断面图上点绘横断面地面线。

（4）在直线段上，对于路堤，在中线地面桩位上按填土高度作水平线，找到路基两侧边缘点；再按所需边坡坡率绘出边坡线，与地面线的交点即为坡脚点；再按需要绘出所需边沟断面。对于路堑，用与路堤相同方法按挖方深度找到路基两侧边缘后，按需要绘出边沟断面；再以边沟沟底外缘为起点，按所需边坡坡率作出路堑边坡线，与地面线相交点即为坡顶。对于半填半挖路基，则分别按路堤、路堑绘得填、挖部分即得。

（5）在圆曲线段上，如无加宽、超高，横断面图的绘制与直线段的相同；若有加宽、无超高，在需加宽的一侧按加宽值求得该侧的路基边缘点外，其余与直线段的绘制相同；若同时有加宽和超高时，先按超高横坡度绘得路基顶面线，再按加宽要求绘得路基边缘点，其后步骤同上。同理，缓和曲线段按各桩号的加宽、超高值，用圆曲线段的绘制方法即可绘得。

（6）按比例绘制路基横断面设计图，按从下到上，从左到右的方式进行布置。边沟、截水沟、排水沟及挡墙等圬工构造物只需要绘出形状，其土石方量的计算可通过路基标准横断面图的具体尺寸计算。计算各桩号横断面的填方面积和挖方面积，并分别标注于路基横断面设计图上。

（7）计算路基土石方数量，编制路基土石方数量表，并进行合理调配。

（8）根据公路平、纵、横设计成果，编制路基设计表。

第7章 城市道路线形及公用设施设计

城市道路路线设计应根据城市总体规划、城市综合交通规划、市政专项规划，合理确定道路等级、横断面布置、平纵线形及交叉口形式等。城市道路公用设施设计包括行人交通设施、公共交通设施及公共停车场设计。

7.1 城市道路总体设计

7.1.1 一般规定

快速路、主干路、大桥和特大桥、隧道、交通枢纽应进行总体设计，其他道路可根据相关因素、重要程度进行总体设计。总体设计应贯穿于道路设计的各个阶段，应系统、全面地协调道路工程项目外部与内部各专业间的关系，确定本项目及其各分项的技术标准、建设规模、主要技术指标和设计方案，并符合安全、环保、可持续发展的总体目标。

总体设计应包括下列内容：

（1）制定设计原则；

（2）明确道路形式、功能定位、服务对象；

（3）确定技术标准、建设规模、主要技术指标；

（4）确定工程范围、总体方案和道路用地，并协调与相邻工程的衔接；

（5）提出交通组织设计方案；

（6）落实节能环保、风险控制措施。

7.1.2 总体设计要点

城市道路总体设计要点如下：

（1）路线走向应符合城市路网总体规划，确定工程起终点位置时，应有利于相邻工程及后续项目的衔接。

（2）设计速度应根据道路等级、功能定位和交通特性，并结合沿线地形、地质与自然条件等因素，经论证确定。当不同设计速度的路段衔接时，路段前后的线形技术指标应协调。

（3）快速路、主干路应根据预测交通量进行通行能力和服务水平评价，并结合定性分析确定机动车车道数规模；非机动车车道数、人行道宽度也可根据预测交通量和使用要求，按通行能力论证确定。

（4）横断面布置应根据道路等级、红线宽度、交通组织和建设条件等，划分机动车道、非机动车道、人行道、分车带、设施带、绿化带，并确定相应的宽度，同时应满足地下管线综合布置要求；特殊断面还应包括停车带、港湾式停靠站、路肩和排水沟。

（5）人行过街设施应根据道路等级、横断面形式、机动车交通量、行人过街流量和流线确定，可分别采用人行横道、人行天桥或人行地道的形式，并应提出设置行人过街设施的规模及配套要求。

（6）公共交通设施应结合公交线网规划设计，提出公交专用道、公交站点的布置形式。

（7）道路设计应分别对路段、交叉口、出入口提出机动车、非机动车、行人及客车、公交车、货车的交通组织设计方案。

（8）分期修建的道路工程，应按远期规划的技术标准进行总体设计，并应制定分期修建的设计方案，应近、远期工程相结合。

7.2 城市道路横断面设计

城市道路横断面设计需在城市道路规划红线宽度范围内进行，应根据道路等级、服务功能、交通特性、沿线地形、两侧建筑物及用地性质等合理布设，并分别满足机动车道、非机动车道、人行道、分车带等宽度的规定。此外，城市道路横断面设计应与轨道交通线路、环保设施、地上杆线及地下管线布设等协调。

7.2.1 横断面布置

1. 常规路段横断面

城市道路横断面可分为单幅路、两幅路、三幅路及四幅路四种布置形式。当路侧有路边停车时，应增加设置停车带的宽度。

（1）单幅路

如图 7-1 所示，单幅路也称"一块板"断面，适用于交通量不大的次干路、支路及用地不足、拆迁困难的旧城区城市道路。

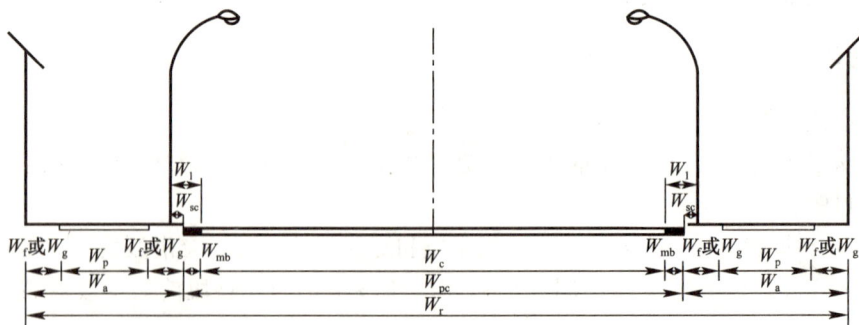

图 7-1 单幅路横断面

（2）两幅路

如图 7-2 所示，两幅路也称"两块板"断面，适用于专供机动车行驶的快速路、非机动车较少的主干路或次干路；对横向高差较大的特殊地形路段，宜采用上下行分行的两幅路。两幅路单向机动车车道数不应少于 2 条。

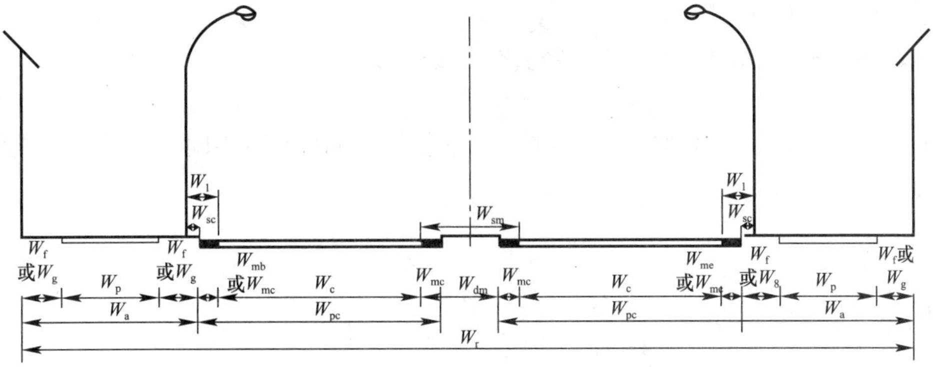

图 7-2　两幅路横断面

（3）三幅路

如图 7-3 所示，三幅路也称"三块板"断面，适用于机动车流量较大、车速较高、非机动车较多的主干路或次干路。

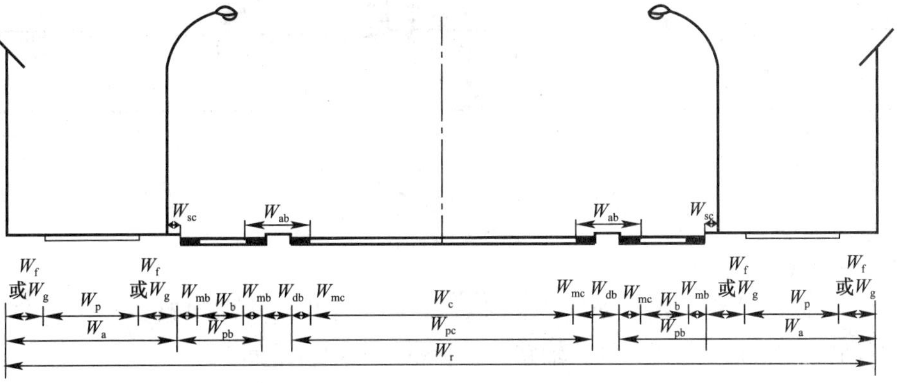

图 7-3　三幅路横断面

（4）四幅路

如图 7-4 所示，四幅路也称"四块板"断面，适用于机动车流量大、车速高、非机动车多的快速路或主干路。四幅路主路单向机动车车道数不应少于 2 条。

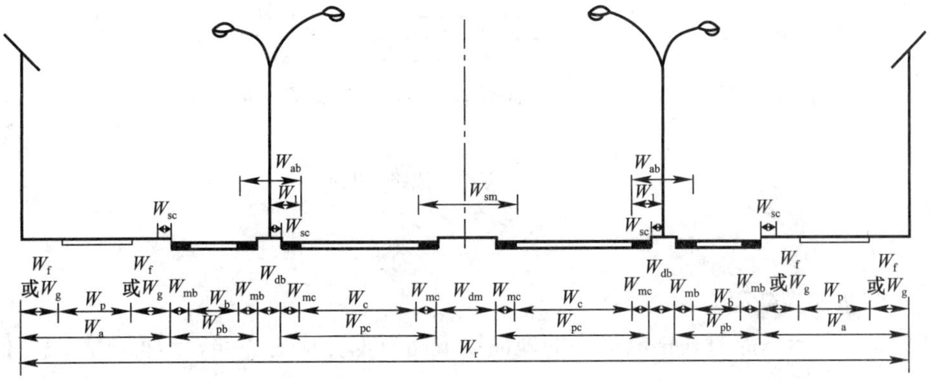

图 7-4　四幅路横断面

2. 高架路横断面

高架路横断面可分为整体式和分离式两种布置形式。

(1) 整体式

图 7-5 所示，整体式高架路中，主路上、下行车道间应设置中间防撞设施；辅路宜布置在高架路下的桥墩两侧。

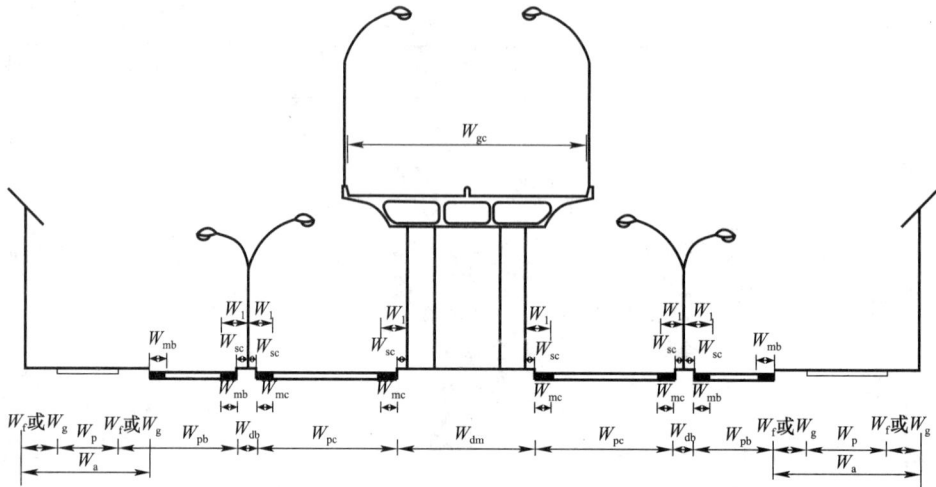

图 7-5 整体式高架路横断面

(2) 分离式

如图 7-6 所示，分离式高架路中，地面辅路的布置宜与高架路或周围地形相适应，上、下行两幅桥梁桥墩分开布置，辅路宜设在桥下两幅桥中间。

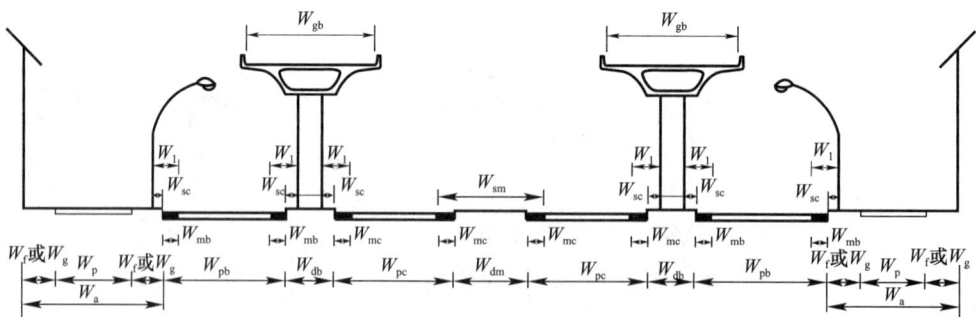

图 7-6 分离式高架路横断面

3. 路堑式和隧道式横断面

(1) 路堑式横断面

如图 7-7 所示，路堑式横断面中的地面以下路堑部分应为主路，地面两侧或一侧宜设置辅路。

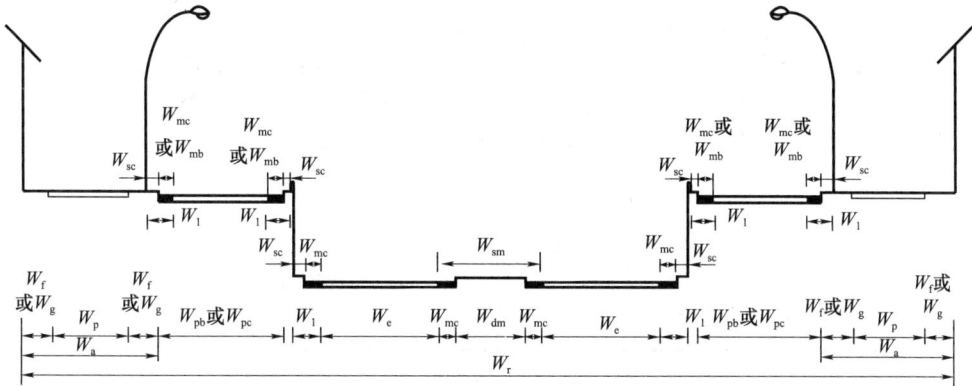

图 7-7　路堑式横断面

（2）隧道式横断面

如图 7-8 所示，隧道式横断面中的地面以下隧道部分应为主路，地面道路宜设置辅路。

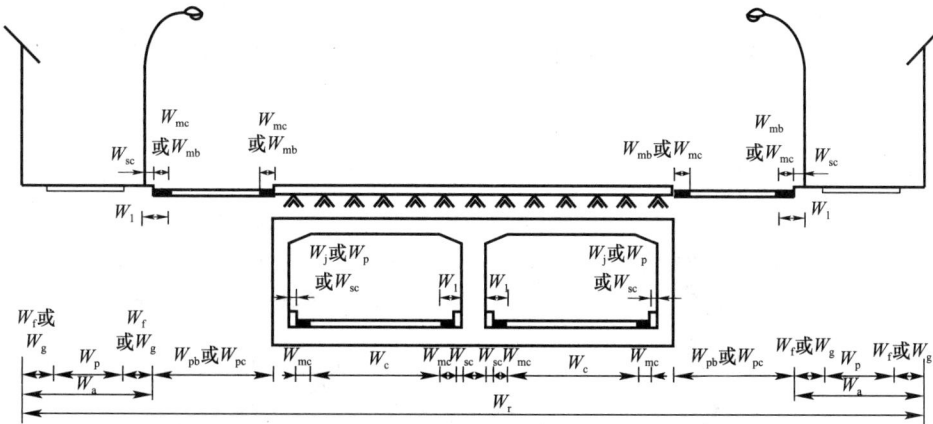

图 7-8　隧道式横断面

7.2.2　横断面组成及宽度

城市道路横断面宜由机动车道、非机动车道、路侧带（人行道、设施带、绿化带）及分车带等组成，特殊断面还应包括应急车道、路肩和排水沟等。

1. 机动车道

机动车道路面宽度应包括车行道宽度及两侧路缘带宽度，单幅路及三幅路采用中间分隔物或双黄线分隔对向交通时，机动车道路面宽度还应包括分隔物或双黄线的宽度。一条机动车道最小宽度应符合表 7-1 中的规定。

城市道路一条机动车道最小宽度　　　　　　　　　　　表 7-1

车道类型	设计速度（km/h）	
	＞60	≤60
大型车或混行车道宽度（m）	3.75	3.50
小客车专用车道宽度（m）	3.5	3.25

187

2. 非机动车道

一条非机动车道宽度应符合表 7-2 中的规定。非机动车道数宜根据自行车设计交通量与每条自行车道设计通行能力计算确定，车道数单向不应小于 2 条，宽度不应小于 2.5m。非机动车专用道路面宽度应包括车道宽度及两侧路缘带宽度，单向不宜小于 3.5m，双向不宜小于 4.5m。

一条非机动车道宽度　　　　　　　　　　　　表 7-2

车辆种类	自行车	三轮车
非机动车道宽度（m）	1.0	2.0

主干路及设计速度大于或等于 40km/h 的次干路，非机动车道宜与机动车道分隔设置。非机动车专用路的设计速度宜采用 15～20km/h，并应设置相应的交通安全、排水、照明、绿化等设施。

3. 路侧带

路侧带可由人行道、绿化带及设施带等组成。

（1）人行道

人行道宽度必须满足行人安全顺畅通过的要求，并应设置无障碍设施。人行道宽度按式（7-1）计算：

$$W_p = N_w / N_{w_1} \tag{7-1}$$

式中　W_p——人行道宽度，m；

N_w——人行道高峰小时行人流量，P/h；

N_{w_1}——1m 宽人行道的设计通行能力，P（h·m）。

人行道最小宽度应符合表 7-3 中的规定，表中的一般值为正常情况下采用的值，最小值为条件受限制时采用的值。

人行道最小宽度　　　　　　　　　　　　　表 7-3

项目	人行道最小宽度（m）	
	一般值	最小值
各级道路	3.0	2.0
商业或公共场所集中路段	5.0	4.0
火车站、码头附近路段	5.0	4.0
长途汽车站附近路段	4.0	3.0

（2）绿化带

绿化带的宽度应符合现行行业标准《城市道路绿化规划与设计规范》（CJJ 75—1997）的相关要求。车行道两侧的绿化应满足侧向净宽要求，并不得侵入道路建筑限界和影响视距。

（3）设施带

设施带宽度应包括设置护栏、照明灯柱、标志牌、信号灯、城市公共服务设施等的要求，各种设施布局应综合考虑。设施带可与绿化带结合设置，但应避免各种设施与树木间的干扰。不同设施独立设置时占用的宽度如表 7-4 所示。

不同设施独立设置时占用的宽度 表 7-4

项目	宽度（m）	项目	宽度（m）
行人护栏	0.25～0.50	长凳、座椅	1.0～2.0
灯柱	1.0～1.5	行道树	1.2～1.5
邮箱、垃圾箱	0.6～1.0		

4. 分车带

分车带按其在横断面中的不同位置及功能，可分为中间分车带（简称中间带）及两侧分车带（简称两侧带），分车带由分隔带及两侧路缘带组成。

分车道最小宽度应符合表 7-5 中的规定。表中的侧向净宽为路缘带宽度与安全带宽度之和；括号外为两侧均为机动车道时取值；括号内数值为一侧为机动车道、另一侧为非机动车道时的取值；分隔带最小宽度值系按设施带宽度为 1m 考虑的，具体应用时，应根据设施带实际宽度确定。

分车带最小宽度 表 7-5

类别		中间带		两侧带	
设计速度（km/h）		≥60	<60	≥60	<60
路缘带宽度（m）	机动车道	0.50	0.25	0.50	0.25
	非机动车道	—	—	0.25	0.25
安全带宽度（m）	机动车道	0.25	0.25	0.25	0.25
	非机动车道	—	—	0.25	0.25
侧向净宽（m）	机动车道	0.75	0.50	0.75	0.50
	非机动车道	—	—	0.50	0.50
分隔带最小宽度/m		1.50	1.50	1.50	1.50
分车带最小宽度/m		2.50	2.00	2.50（2.25）	2.00

5. 应急车道

目前我国已建成的快速路中，从单向两车道与三车道的使用效果看，单向两车道快速路未设置应急车道的，受车辆故障影响较大，易造成交通堵塞。而单向三车道快速路此现象不太严重，这说明在交通量不太大时，其最外侧车道可临时起应急停车带的作用。

因此，当快速路单向机动车道数小于 3 条时，应设不小于 3.0m 的应急车道；当连续设置有困难时，应设置应急停车港湾，间距不应大于 500m，宽度不应小于 3.0m。

应急车道的作用不仅仅是停车，交通拥堵时也可作为交管、消防、救护等特殊车辆通行的车道。

6. 路肩

路肩具有保护及支撑路面结构的功能，城市道路一般与两侧建筑或广场相接，不需要路肩。如果城市道路两侧为自然地面或排水边沟时，应设置保护性路肩，以保护路基的稳定和设置护栏、栏杆、交通标志等设施。

路肩设置应符合下列规定：

（1）采用边沟排水的道路应在路面外侧设置保护性路肩，中间设置排水沟的道路应设置左侧保护性路肩。

（2）保护性路肩宽度自路缘带外侧算起，快速路不应小于 0.75m；其他等级道路不应

小于 0.50m；当有少量行人时，不应小于 1.5m。

（3）当需设置护栏、杆柱、交通标志时，路肩的宽度应满足设置设施的要求。

7.2.3 路拱与横坡

1. 路拱设计坡度

路拱坡度的确定应以有利于路面排水和保障行车安全平稳为原则，坡度的大小应根据路面宽度、路面类型、表面平整度、粗糙度、设计速度、道路纵坡大小及气候条件等确定。

路拱设计坡度应符合表 7-6 中的规定。快速路、降雨量大的地区路拱设计坡度宜取高值，可选 1.5%～2.0%；道路纵坡大时路拱设计坡度取小值，纵坡小时取大值；积雪冰冻地区、透水路面的路拱设计坡度宜采用小值。

路拱设计坡度 表 7-6

路面类型		路拱设计坡度（%）
水泥混凝土		1.0～2.0
沥青混凝土		
沥青碎石		
沥青贯入式碎（砾）石		1.5～2.0
沥青表面处治		
砌块路面	混凝土预制块	2.0
	天然石材	

2. 路拱形式

单幅路应根据道路宽度采用单向或双向路拱横坡；多幅路应采用由路中线向两侧的双向路拱横坡。采用单向坡时一般采用直线形路拱，采用双向坡时应采用抛物线加直线的路拱。

非机动车道路拱形式宜采用直线单面坡，横坡度按表 7-6 规定取值。人行道宜采用单向横坡，横坡宜为 1.0%～2.0%。

保护性路肩应向道路外侧倾斜，横坡度可比路面横坡度加大 1.0%，宜为 3.0%。

7.2.4 路缘石

1. 缘石种类

缘石为设置在路面边缘的界石，分为平缘石和立缘石。

平缘石是指顶面与路面平齐的路缘石，有标定路面范围、整齐路容、保护路面边缘的作用。适用于出入口、人行道两端及人行横道两端，便于推车、轮椅及残疾人通行。当设置路肩时，路面边缘也采用平缘石。人行道外侧设置的边缘石宜采用小型平缘石，缘石顶面高度宜与人行道高度相同。

立缘石是指顶面高出路面的路缘石，有标定车行道范围和纵向引导排除路面积水的作用。其外露高度是考虑满足行人上下及车门开启的要求确定的，一般高出路面 10cm～20cm。在分隔带端头或交叉口小半径处，宜采用曲线立缘石。

2. 设置位置及高度

立缘石应设置在中间分隔带、两侧分隔带及路侧带两侧。当设置在中间分隔带及两侧分隔带时，外露高度宜为 15～20cm；当设置在路侧带两侧时，外露高度宜为 10～15cm。

平缘石宜设置在人行道与绿化带之间，以及有无障碍要求的路口或人行横道范围内。

7.2.5 城市道路建筑限界

1. 建筑限界几何形状

如图 7-9 所示，城市道路建筑限界几何形状应为上净高线和两侧侧向净宽边线组成的空间界线，顶角宽度（E）不应大于机动车道或非机动车道的侧向净宽（W_1）。道路建筑限界内不得有任何物体侵入。

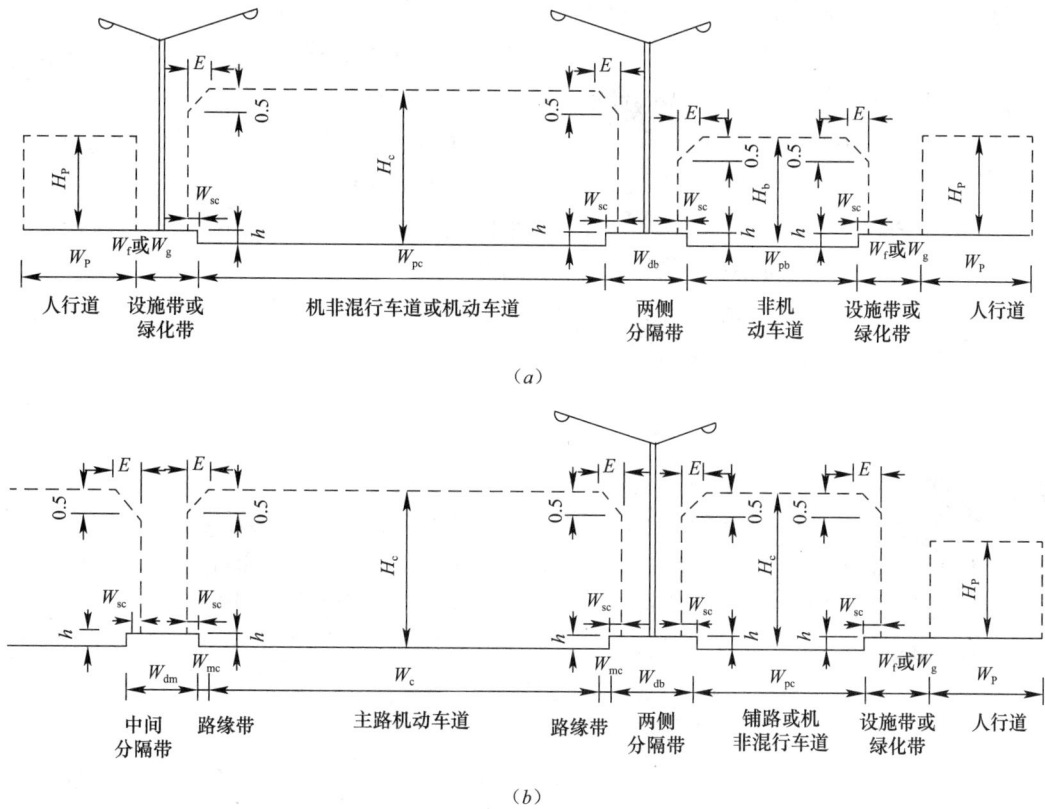

图 7-9 城市道路建筑限界
（a）无中间分隔带；（b）有中间分隔带

2. 城市道路净高要求

城市道路的最小净高应符合表 7-7 的规定，同一等级道路应采用相同的净高。

城市道路最小净高   表 7-7

道路种类	行驶车辆类型	最小净高（m）
机动车道	各种机动车	4.5
	小客车	3.5
非机动车道	自行车、三轮车	2.5
人行道	行人	2.5

191

城市道路与公路及不同净高要求的道路之间应衔接过渡，并应设置必要的指示、诱导标志及防撞等设施。

对加铺罩面、冬季积雪的道路，净高宜适当预留。

对通行无轨电车、有轨电车、双层客车等特种车辆的道路，最小净高应满足特种车辆通行的要求。

7.3 城市道路平面设计

7.3.1 设计原则

城市道路平面设计应遵循以下原则：

（1）平面设计应符合城市道路网规划、道路红线、道路功能，并应综合技术经济、土地利用、征地拆迁、文物保护、环境景观及航道、水利、轨道等因素。

（2）平面设计应与地形地物、水文地质、地域气候、地下管线、排水等结合，与周围环境协调，并应符合各级道路的技术指标，满足线形连续、均衡的要求。

（3）道路平面线形由直线和平曲线组成，平曲线由圆曲线、缓和曲线组成，应协调好直线与平曲线的衔接，合理地设置缓和曲线、超高、加宽等。

（4）平面设计应结合交通组织设计，合理布置交叉口、出入口、分隔带开口、公交停靠站及人行设施等。

7.3.2 直线

1. 直线的最小长度

道路的短直线不能保证平面线形的连续性，使驾驶人操作方向盘有困难，不利于行车安全。因此，对两相邻同向或反向平曲线（设置缓和曲线情况）之间的直线单元的最小长度做如下规定：两相邻平曲线间的直线段最小长度应大于或等于缓和曲线最小长度。

当两圆曲线间以直线径向连接时，直线的长度宜符合下列规定：

（1）当设计速度≥60km/h 时，同向圆曲线间最小长度（以 m 计）不宜小于设计速度（以 km/h 计）数值的 6 倍；

（2）当设计速度≥60km/h 时，反向曲线间最小长度（以 m 计）不宜小于设计速度（以 km/h 计）数值的 2 倍；

（3）当设计速度＜60km/h 时，可不受上述限制。

2. 直线的最大长度

城市道路的路线走向基本在路网规划阶段已经确定，设计阶段调整的余地不大。并且，不同路段的城市道路街景和设施处于变化中，长直线并不容易使驾驶人产生疲劳感。因此，城市道路对直线的最大长度不做规定。

城市道路直线长度的选择应与地形相适应，与沿线建筑、绿化等相协调，加强与道路纵断面线形、横断面布置的组合设计，改善路容与行车环境，并考虑驾驶人的视觉、心理状态等合理布设。同时，长直线的线路走向还应考虑与太阳入射角的关系，避免驾驶人行车时阳光直射产生炫目。

7.3.3 平曲线

路线转角处应设置平曲线。当受现状道路红线或建筑物限制，设计速度≤40km/h 的路线转角位于交叉口范围内时，可不设置平曲线，但应保证交叉口范围直行车道的连续、顺直。

1. 圆曲线最小半径

城市道路圆曲线最小半径分为：不设超高最小半径、设超高最小半径一般值、设超高最小半径极限值。在城市道路建成区，由于两侧建筑已形成，如设超高，则两侧建筑物标高不宜配合且影响街景美观，因此城市道路可适当降低标准。结合我国城市道路大型客货车较多、车道机非混行、交叉口多的特点，横向力系数可适当加大些。城市道路不设超高的横向力系数经验数据取 $\mu = 0.067$，虽然比公路 0.040 大些，但乘客舒适感程度差别不大，为减小超高，该取值对城市道路是合适的。

城市道路圆曲线最小半径应符合表 7-8 中的规定。不设超高最小半径计算中，μ 值采用 0.067，路面横坡度取为 -0.02；设超高最小半径一般值计算中，μ 值采用 0.067，超高值为 0.02~0.06；设超高最小半径极限值计算中，μ 值采用 0.14~0.16，超高值为 0.02~0.06。

城市道路圆曲线最小半径   表 7-8

设计速度（km/h）		100	80	60	50	40	30	20
不设超高最小半径（m）		1600	1000	600	400	300	150	70
设超高最小半径（m）	一般值	650	400	300	200	150	85	40
	极限值	400	250	150	100	70	40	20

一般情况下应采用大于或等于不设超高最小半径值；当地形条件受限制时，可采用设超高最小半径的一般值；当地形条件特别困难时，可采用设超高最小半径的极限值。在设计中应首先考虑安全因素，其次要考虑节约用地及投资，结合工程情况合理选用指标。采用小于不设超高最小半径时，曲线段应设置超高，超高过渡段内应满足路面排水要求。

此外，当设计速度≥40km/h 时，采用最大纵坡的下坡段尽头，其圆曲线半径应大于或等于不设超高的最小半径。当受条件限制而采用设超高最小半径时，应采取防护措施。

2. 缓和曲线

（1）设置条件

直线与圆曲线或大半径圆曲线与小半径圆曲线之间应设置缓和曲线。缓和曲线应采用回旋线；当设计速度<40km/h 时，缓和曲线可采用直线代替，直线长度应满足缓和曲线最小长度的要求。

在直线和圆曲线之间插入缓和曲线后，将产生一个位移量 ΔR，当此位移量 ΔR 与已包括在车道中的富裕宽度相比为很小时，则可将缓和曲线省略，直线与圆曲线可径相连接。设置缓和曲线的 ΔR 以 0.2m 的位移量为界限，缓和曲线长以 3s 行程计，则根据式 (7-2)、式 (7-3) 可以推导出不设缓和曲线的临界半径。

$$\Delta R = \frac{l_s^2}{24R}, \quad l_s = \frac{V}{3.6}t \tag{7-2}$$

当 $\Delta R = 0.2\text{m}$，$t = 3\text{s}$ 时，不设缓和曲线的临界半径为：

$$R = 0.144V^2 \qquad (7\text{-}3)$$

为不影响驾驶人在视觉和行驶上的舒适，不设缓和曲线的最小半径为式（7-2）计算值的 2 倍，不设缓和曲线的最小圆曲线半径计算值及采用值如表 7-9 所示。

不设缓和曲线的最小圆曲线半径   表 7-9

设计速度（km/h）		100	80	60	50	40
不设缓和曲线的最小圆曲线半径（m）	计算值	2880	1843	1037	720	461
	采用值	3000	2000	1000	700	500

当设计速度大于或等于 40km/h 时，半径不同的同向圆曲线连接处应设置缓和曲线。当受地形限制并符合下列条件之一时，可采用复曲线：

1）小圆半径大于或等于不设缓和曲线的最小圆曲线半径；

2）小圆半径小于不设缓和曲线的最小圆曲线半径，但大圆与小圆的内移值之差小于或等于 0.1m；

3）大圆半径与小圆半径之比值≤1.5。

（2）缓和曲线最小长度

按汽车在缓和段行驶 3s，离心加速度变化率取 0.6m/s^3，根据相应等级公路的设计速度，即可计算出缓和曲线最小长度，如表 7-10 所示。当圆曲线按规定需设置超高时，缓和曲线长度还应大于超高缓和段长度。

城市道路缓和曲线最小长度   表 7-10

设计速度（km/h）	100	80	60	50	40	30	20
缓和曲线最小长度（m）	85	70	50	45	35	25	20

（3）缓和曲线参数

缓和曲线参数 A 宜根据线形要求和地形条件确定，并应与圆曲线半径相协调，宜满足 $R/3 \leqslant A \leqslant R$ 的要求。

当圆曲线半径<100m 时，A 宜接近 R；当圆曲线半径>3000m 时，A 宜接近 $R/3$。

3. 平曲线最小长度

平曲线最小长度为车辆 6s 的行驶距离，能达到缓和曲线最小长度的 2 倍，这是一种极限状态，此时为凸形曲线，驾驶人会感到操作突变且视觉不舒顺。因此，最小平曲线长度理论上应大于 2 倍缓和曲线最小长度，即保证平曲线设置缓和曲线最小长度后，还能保留一段长度的圆曲线，将 2 倍缓和曲线最小长度作为平曲线最小长度的极限值，3 倍缓和曲线最小长度作为平曲线最小长度的一般值，得到城市道路平曲线与圆曲线最小长度，如表 7-11 所示。

城市道路平曲线与圆曲线最小长度   表 7-11

设计速度（km/h）		100	80	60	50	40	30	20
平曲线最小长度（m）	一般值	260	210	150	130	110	80	60
	极限值	170	140	100	85	70	50	40
圆曲线最小长度（m）		85	70	50	40	35	25	20

道路转角 $\alpha \leqslant 7°$ 时，设计速度 $\geqslant 60km/h$ 的平曲线最小长度还应符合表 7-12 的规定，当 $\alpha < 2°$ 时，按 $2°$ 计。

城市道路小转角平曲线最小长度　　　　　　　　表 7-12

设计速度（km/h）	100	80	60
平曲线最小长度（m）	$1200/\alpha$	$1000/\alpha$	$700/\alpha$

7.3.4 圆曲线超高

1. 最大超高横坡度

当圆曲线半径小于不设超高最小半径时，在圆曲线范围内应设置超高。城市道路由于受交叉口、非机动车及街坊两侧建筑的影响，不宜采用过大的超高横坡度，综合各方面因素，给出城市道路最大超高横坡度如表 7-13 所示。

城市道路最大超高横坡度　　　　　　　　　表 7-13

设计速度（km/h）	100，80	60，50	40，30，20
最大超高横坡度（%）	6	4	2

2. 超高过渡方式

超高的过渡方式应根据横断面形式，结合地形条件等因素决定，并应有利于路面排水。单幅路及三幅路横断面形式的超高旋转轴宜采用中线，双幅路及四幅路横断面形式的超高旋转轴宜采用中间分隔带边缘线，使两侧车行道成为独立的超高横断面，如图 7-10 所示。

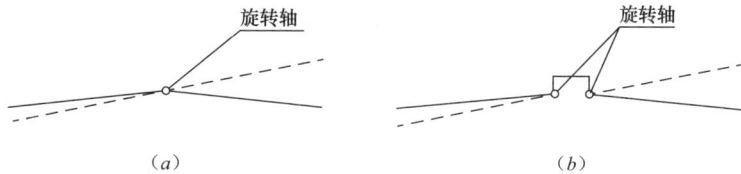

图 7-10　城市道路超高过渡方式
（a）绕中线旋转；（b）绕中央分隔带边缘旋转

3. 超高缓和段

由直线上的正常路拱断面过渡到圆曲线上的超高断面时，必须在其间设置超高缓和段。超高缓和段按下式计算：

$$L_e = b\Delta i / \varepsilon \tag{7-4}$$

式中　L_e——超高缓和段长度，m；

　　　b——超高旋转轴至路面边缘的宽度，m；

　　　Δi——超高横坡度与路拱坡度的代数差，%；

　　　ε——超高渐变率，超高旋转轴与路面边缘之间相对升降的比例，应符合表 7-14 的规定。

城市道路最大超高渐变率							表 7-14
设计速度（km/h）	100	80	60	50	40	30	20
超高 渐变率　绕中线旋转	1/225	1/200	1/175	1/160	1/150	1/125	1/100
绕边线旋转	1/175	1/150	1/125	1/115	1/100	1/75	1/50

对于设置超高的城市道路，一般双向四车道沿中线旋转的超高缓和段长度基本能被包含在缓和曲线内。但是，对以车行道边缘线为旋转轴的或车道数较多的道路，则可能超高所需的缓和段长度大于曲率变化所需的缓和段长度，因此应在超高缓和段与回旋线长度两者中取大值作为缓和曲线的计算长度。

超高缓和段应在回旋线全长范围内进行。当回旋线较长时，超高缓和段可设置在回旋线的某一区段范围内，其超高渐变率不得小于 1/330，全超高断面宜设在缓圆点或圆缓点处。超高缓和段起、终点处路面边缘出现的竖向转折，应予以圆顺。

7.3.5 圆曲线加宽

1. 加宽值

当圆曲线半径小于或等于 250m 时，应在圆曲线范围内设置加宽，每条车道加宽值应符合表 7-15 的规定。圆曲线上的路面加宽应设置在圆曲线的内侧；当条件受限制时，次干路、支路可在圆曲线的两侧加宽。圆曲线范围内的加宽应为不变的全加宽值，两端应设置加宽缓和段。

城市道路圆曲线每条车道的加宽值（单位：m）										表 7-15
加宽 类型	汽车前悬 加轴距/m	车型	圆曲线半径							
			200<R≤ 250	150<R≤ 200	100<R≤ 150	80<R≤ 100	70<R≤ 80	50<R≤ 70	40<R≤ 50	30<R≤ 40	20<R≤ 30
1	0.8+3.8	小客车	0.30	0.30	0.35	0.40	0.40	0.45	0.50	0.60	0.75
2	1.5+6.5	大型车	0.40	0.45	0.60	0.65	0.70	0.90	1.05	1.30	1.80
3	1.7+5.8+ 6.7	铰接车	0.45	0.60	0.75	0.90	0.95	1.25	1.50	1.90	2.75

2. 加宽缓和段

在圆曲线范围内加宽，为不变的全加宽值，两端设置加宽缓和段，其加宽值由直线段加宽为零逐渐按比例增加到圆曲线起点处的全加宽值。

加宽缓和段的长度可按下列两种情况确定：

（1）设置缓和曲线或超高缓和段时，加宽缓和段长度应采用与回旋线或超高缓和段长度相同的数值。

（2）不设回旋线或超高缓和段时，加宽缓和段长度应按加宽侧路面边缘宽度渐变率 1：15～1：30 且长度不小于 10m 的要求设置。

7.3.6 视距

1. 一般规定

在城市道路设计中，主要考虑停车视距。若行车道上对向行驶的车辆有会车可能时，

应采用会车视距，会车视距为停车视距的 2 倍。

城市道路停车视距规定如表 7-16 所示。

城市道路停车视距　　　　　　　　　　　表 7-16

设计速度（km/h）	100	80	60	50	40	30	20
停车视距（m）	160	110	70	60	40	30	20

积雪或冰冻地区的停车视距应适当增长，并应根据设计速度和路面状况计算取用。平曲线内侧的路堑边坡、挡墙、绿化、声屏障、防眩设施等构筑物或建筑物均不得妨碍视线。

2. 货车停车视距

对以货运交通为主的道路，应验算货车的停车视距，尤其是下坡路段。货车停车视距的物高为 0.1m，目高为 2.0m。下列路段可按货车停车视距进行检查：

1）减速车道及出口端部；

2）主线下坡路段且竖曲线半径小于一般值的路段；

3）主线分、汇流处，车道数减少，且该处竖曲线半径小于一般值的路段；

4）要求保证视距的圆曲线内侧，当圆曲线半径小于 2 倍一般值或路堑边坡陡于 1∶1.5 的路段；

5）道路与道路、道路与铁路平面交叉口附近。

城市道路货车停车视距不应小于表 7-17 的规定值。

城市道路货车停车视距　　　　　　　　　　表 7-17

设计速度（km/h）		100	80	60	50	40	30	20
纵坡坡度（%）	0	180	125	85	65	50	35	20
	3	190	130	89	66	50	35	20
	4	195	132	91	67	50	35	20
	5	—	136	93	68	50	35	20
	6	—	—	95	69	50	35	20
	7	—	—	—	—	50	35	20
	8	—	—	—	—	—	35	20

7.3.7 分隔带及缘石开口

1. 快速路中间分隔带开口

快速路宜在互通式立体交叉出口上游与入口下游、特大桥与隧道及道路路堑段两端、分离式路基的分离（汇合）处设置中间分隔带开口。

中间分隔带开口间距应视需要而定，最小间距不宜小于 2km；开口长度应视道路宽度及可通行车辆确定，宜采用 20～30m；开口处应设置活动护栏。

2. 主干路两侧分隔带开口及路侧带缘石开口

主干路的两侧分隔带开口间距不宜小于 300m，开口长度应满足车辆出入安全的要求。

路侧带缘石开口距交叉口间距应大于进出口道展宽段长度，道路两侧建筑物出入口宜设置在横向支路或街坊内部道路。

7.4 城市道路纵断面设计

7.4.1 设计原则

城市道路纵断面设计应遵循以下原则：

（1）纵断面的设计高程宜采用道路设计中线处的路面设计高程；当有中间分隔带时可采用中间分隔带外侧边缘线处的路面设计高程。

（2）纵断面设计应参照城市竖向规划控制高程，并适应临街建筑立面布置，确保沿线范围地面水的排除。

（3）纵断面设计应根据道路等级，综合交通安全、建设期间的工程费用、运营期间的经济效益、节能减排及环境效益等因素，合理确定路面设计纵坡和设计高程。

（4）纵坡应平顺、视觉连续，并应与周围环境协调。

（5）纵断面设计应满足路基稳定、管线覆土及防洪排涝等要求。

7.4.2 纵坡坡度

1. 最大纵坡

（1）机动车道最大纵坡

城市道路机动车道最大纵坡规定值见表7-18。新建道路应采用小于或等于表中规定的最大纵坡一般值；改建道路、受地形条件或其他特殊情况限制时，可采用最大纵坡极限值。

城市道路机动车道最大纵坡 表 7-18

设计速度（km/h）		100	80	60	50	40	30	20
最大纵坡（%）	一般值	3	4	5	5.5	6	7	8
	极限值	4	5	6	6	7	8	8

除快速路外的其他等级道路，受地形条件或其他特殊情况限制时，经技术经济论证后，最大纵坡极限值可增加1.0%。

积雪冰冻地区的快速路最大纵坡不应大于3.5%，其他等级道路最大纵坡不应大于6.0%。

海拔3000m以上的高原地区城市道路最大纵坡一般值可减少1.0%，当最大纵坡折减后小于4.0%时，仍可采用4.0%。

（2）非机动车道最大纵坡

城市中的非机动车主要是指自行车，其爬坡能力低，车道应考虑恰当的纵坡度与坡长。非机动车道纵坡宜小于2.5%，当纵坡大于或等于2.5%时，应进行最大坡长限制。

机动车与非机动车混合行驶的车行道，宜按非机动车骑行的设计纵坡控制。

（3）桥隧最大纵坡

特大桥、大桥、中桥的桥面纵坡不宜大于4.0%，桥头引道纵坡不宜大于5.0%。

隧道内的道路最大纵坡不宜大于3.0%，困难时不应大于5.0%。隧道出入口外的接

线道路纵坡宜坡向洞外。

2. 最小纵坡

城市道路最小纵坡应符合下列规定：

（1）道路最小纵坡不应小于0.3%；当特殊困难纵坡小于0.3%时，应设置锯齿形边沟或采取其他排水措施。

（2）特大桥、大桥、中桥的桥面最小纵坡不宜小于0.3%，且竖向高程最低点不应位于主桥范围内。

（3）高架路的桥面最小纵坡不应小于0.5%；困难时不应小于0.3%，并应采取保证高架路纵横向及时排水的措施。

3. 合成坡度

在设有超高的平曲线上，超高横坡度与道路纵坡度的最大合成坡度应符合表7-19的规定。积雪冰冻地区道路的合成坡度应小于或等于6.0%。在超高缓和段的变化处，当合成坡度小于0.5时，应采取综合排水措施。

城市道路最大合成坡度 表7-19

设计速度（km/h）	100，80	60，50	40，30	20
最大合成坡度（%）	7.0	7.0	7.0	8.0

7.4.3 纵坡坡长

1. 最小坡长

最小坡长的限制是从汽车行驶的平顺度、乘客乘坐的舒适性、视距与相邻两竖曲线布设等方面考虑的，坡长过短、起伏频繁将影响行车顺适与线形美观。通过一段坡长应有一定的时间，现行《城市道路工程设计规范》规定为10s，纵坡的最小坡长应符合表7-20的规定，且应大于相邻两个竖曲线切线长度之和。

城市道路最小坡长 表7-20

设计速度（km/h）	100	80	60	50	40	30	20
最小坡长（m）	250	200	150	130	110	85	60

道路起讫点一段可不受最小坡长限制。当主干路与支路相交时，支路纵断面在相交范围内可视为分段处理，不受最小坡长限制。对沉降量较大的改建道路，需加铺罩面，为降低工程投资、加快改建速度与减少施工期间的交通影响，可按降低一级的设计速度控制最小坡长，但应满足相邻纵坡偏差小于或等于0.5%的要求。

2. 最大坡长

（1）机动车道最大坡长

当道路纵坡大于表7-18中的一般值时，机动车道纵坡最大坡长应符合表7-21中的规定。道路连续上坡或下坡，应在不大于表7-21规定的纵坡长度之间设置纵坡缓和段。缓和段的纵坡不应大于3%，其长度应符合表7-20中的最小坡长规定。

城市道路机动车道最大坡长 表7-21

设计速度（km/h）	100	80	60			50			40		
纵坡（%）	4	5	6	6.5	7	6	6.5	7	6.5	7	8
最大坡长（m）	700	600	400	350	300	350	300	250	300	250	200

(2) 非机动车道最大坡长

当非机动车道的纵坡大于或等于 2.5% 时，其最大坡长应符合表 7-22 的规定。

非机动车道最大坡长

表 7-22

纵坡（%）		3.5	3.0	2.5
最大坡长（m）	自行车	150	200	300
	三轮车	—	100	150

7.4.4 竖曲线

当汽车行驶在变坡点处时，为了缓和因运动变化而产生的冲击和保证视距，必须插入竖曲线。竖曲线形式可为圆曲线或抛物线，经计算比较，圆曲线与抛物线计算值基本相同。

1. 竖曲线最小半径

(1) 凸形竖曲线极限最小半径

城市道路凸形竖曲线极限最小半径计算公式如下：

$$R_v = \frac{S_s^2}{2(\sqrt{h_e} + \sqrt{h_0})^2} \tag{7-5}$$

式中　R_v——凸形竖曲线极限最小半径，m；

　　　S_s——停车视距，m；

　　　h_e——驾驶人目高，采用 1.2m；

　　　h_0——物高，采用 0.1m。

城市道路凸形竖曲线极限最小半径的计算值与采用值如表 7-23 所示。

城市道路凸形竖曲线极限最小半径

表 7-23

设计速度（km/h）	停车视距（m）	极限最小半径（m）	
		计算值	采用值
100	160	6421	6500
80	110	3035	3000
60	70	1229	1200
50	60	903	900
40	40	401	400
30	30	226	250
20	20	100	100

(2) 凹形竖曲线极限最小半径

城市道路凹形竖曲线极限最小半径计算公式如下：

$$R_c = \frac{V^2}{13a_0} \tag{7-6}$$

式中　R_c——凹形竖曲线极限最小半径，m；

　　　V——设计速度，m；

　　　a_0——离心加速度，采用 0.28m/s²。

城市道路凹形竖曲线极限最小半径的计算值与采用值如表 7-24 所示。

设计速度（km/h）	极限最小半径（m）	
	计算值	采用值
100	2747	3000
80	1785	1800
60	989	1000
50	686	700
40	439	450
30	247	250
20	109	100

（3）竖曲线一般最小半径

竖曲线极限最小半径是汽车在纵坡变更处行驶时，为了缓和冲击和保证视距所需的最小半径的计算值，设计时只有受地形等特殊情况限制方可采用。竖曲线一般最小半径为极限最小半径的 1.5 倍，国内外均使用此数值。城市道路机动车道竖曲线最小半径规定如表 7-25 所示。非机动车道竖曲线最小半径不应小于 100m，非机动车与行人共板道路竖曲线最小半径不应小于 60m。

城市道路机动车道竖曲线最小半径 表 7-25

设计速度（km/h）		100	80	60	50	40	30	20
凸形竖曲线最小半径（m）	一般值	10000	4500	1800	1350	600	400	150
	极限值	6500	3000	1200	900	450	250	100
凹形竖曲线最小半径（m）	一般值	4500	2700	1500	1050	700	400	150
	极限值	3000	1800	1000	700	450	250	100

2. 竖曲线最小长度

为了使驾驶人在竖曲线上顺适地行驶，竖曲线不宜过短，应在竖曲线范围内有一定的行驶时间，采用 3s 的行驶距离，城市道路竖曲线最小长度按下式计算：

$$l_v = \frac{V}{3.6} \times 3 = 0.83V \tag{7-7}$$

式中 l_v——竖曲线最小长度，m。

V——设计速度，m。

设计中，为了行车安全和舒适，应采用竖曲线最小长度的一般值，一般值规定为极限值的 2.5 倍，如表 7-26 所示。

城市道路竖曲线最小长度 表 7-26

设计速度（km/h）		100	80	60	50	40	30	20
竖曲线最小长度（m）	一般值	210	170	120	100	90	60	50
	极限值	85	70	50	40	35	25	20

7.5 城市道路线形组合设计

7.5.1 一般规定

道路线形设计应协调平面、纵断面、横断面三者间的组合，合理运用技术指标；并应适应地形地物和周边环境，满足行车安全、排水通畅等要求。线形组合设计应符合下列规定：

(1) 设计速度≥60km/h的道路应强调线形组合设计，保证线形连续、指标均衡、视觉良好、安全舒适与景观协调。

(2) 设计速度＜60km/h的道路在保证行驶安全的前提下，宜合理运用线形要素的规定值。

(3) 不同等级道路和不同设计速度的路段之间应衔接过渡。

具体路段平纵技术指标的选用及其组合设计，应分析对车辆实际运行速度的影响，同一车辆相邻路段的运行速度之差不应大于20km/h。

7.5.2 道路线形组合

道路线形设计习惯做法是先进行平面设计，后进行纵断面设计，这样只能以纵断面来迁就平面。因此，在平面设计时要考虑纵断面设计，同样在纵断面设计时也要与平面线形协调配合。线形组合设计强调的是在平面设计的同时，考虑纵断面设计的协调性，甚至横断面设计的配合问题。

1. 平纵组合原则

平、纵线形组合原则上应"相互对应"，且平曲线稍长与竖曲线，即所谓的"平包竖"，但该项基本要求需视平、竖曲线的半径而掌握其符合的程度。当平曲线半径小于2000m，竖曲线半径小于15000m时，平、竖曲线的相互对应对线形组合十分重要。城市道路由于限制条件较多，对于低等级道路不必强求平纵线形的相互对应。

此外，平纵组合设计应符合下列规定：

(1) 在凸形竖曲线的顶部或凹形竖曲线的底部，不应插入急转的平曲线或反向平曲线。

(2) 长直线不宜与陡坡或半径小且长度短的竖曲线组合；长的竖曲线不宜与半径小的平曲线组合。

(3) 长的平曲线内不宜包含多个短的竖曲线，短的平曲线不宜与短的竖曲线组合。

(4) 纵断面设计不应出现使驾驶人视觉中断的线形。

2. 平、纵、横线形组合

平、纵、横线形组合设计应满足下列基本要求：

(1) 平、纵、横设计应分别满足各自规定值的要求，不应将最不利值进行组合，避免平面、纵断面、横断面极限值的相互组合设计。

(2) 平、纵、横组合设计应保持线形的视觉连续性，自然诱导驾驶人视线，满足驾驶人视觉和心理方面的连续性、舒适感。

（3）平、纵线形的技术指标大小应均衡连续，竖曲线半径宜为平曲线半径的 10～20 倍；同时应保证相邻路段各技术指标的均衡连续。

（4）条件受限时选用平面、纵断面设计指标最大、最小值或接近最大、最小值及其组合时，应考虑前后地形、技术指标运用等对实际运行速度的影响。

（5）横坡与纵坡应组合得当，并应有利于路面排水和行车安全。

7.5.3 道路线形与桥隧、沿线设施及环境的协调

1. 道路线形与桥隧线形的协调

（1）道路线形与桥梁线形的协调

为保证道路线形与桥梁线形的协调，桥梁及其引道的线形应满足下列基本要求：

1）桥梁及其引道的位置、线形应与路线线形相协调，各项技术指标应符合路线布设与总体设计的相关规定。

2）桥梁引道坡脚与平面交叉口停车线之间的距离宜满足交叉口信号周期内的车辆排队和交织长度。

3）桥面行车道宽度应与两端道路的行车道宽度相一致。当桥面宽度与路段的道路横断面总宽度不一致时，应在道路范围内设置宽度渐变段；路面边缘斜率可采用 1：15～1：30，折点处应圆顺。

（2）道路线形与隧道线形的协调

为保证道路线形与隧道线形的协调，隧道及洞口两端的线形应满足下列基本要求：

1）隧道的位置与隧道洞口连接段应与路线线形相协调，各项技术指标应符合路线布设与总体设计的相关规定。

2）隧道洞口内侧和外侧在不小于 3s 设计速度的行程长度范围内，均应保持一致的平纵线形。

3）当隧道洞门内外路面宽度不一致时，隧道洞口外与之相连接的路段应设置距洞口不小于 3s 设计速度的行程长度，且不小于 50m 长度的、同隧道等宽的过渡段。

4）长、特长的双洞隧道，宜在洞口外的合适位置设置联络通道。

5）隧道洞内外应满足相应道路等级对视距的要求，当隧道洞口连接段设置中间分隔带时，应采用停车视距；当无中间分隔带时，应采用会车视距。

2. 道路线形与沿线设施的配合

城市道路线形设计还应与沿线设施相配合，注意事项如下：

（1）道路线形和交叉口设计应与停车场、枢纽、公交停靠站等交通设施布置配合，并应满足交通组织设计和道路使用者的安全。

（2）道路线形和交叉口设计应与标志标线等交通安全设施设计相互配合，应能准确反映路线设计意图。对路侧设计受限的路段，应合理设置防护设施。

（3）互通立交处的照明设施应与道路线形相互配合、布设合理。原则上立交处应采用高杆灯照明，以避免误导行车视线。

（4）道路与沿线设施、街景应一体化设计，功能应相互补充。如道路人行道与两侧建筑前的广场铺装进行整体设计，人行道与两侧建筑进行整体规划等。

3. 线形与环境的协调

同样的线形在不同的环境中给人的感觉不同。调查发现，由于线形与环境景观的不良配合，会给驾驶人造成精神压力或因错觉引发交通事故。所以城市道路线形设计同样应与周边环境相协调，注意事项如下：

（1）道路线形应利用地形、自然风景，宜保留原有的地貌、地形、湖泊、建筑物等景观资源，使道路与自然融为一体，与沿线环境相协调。

（2）路基防护应采用工程防护与植物防护相结合的措施，与景观相协调，恢复自然生态环境，防止水土流失。

（3）道路两侧的绿化应满足道路视距及建筑限界的要求。

（4）不同性质和景观要求的城市道路，宜运用道路空间尺度比例关系，调节并形成道路合适的空间氛围。道路空间尺度是指道路空间宽度 D（两侧建筑之间的水平距离）与两侧建筑高度 H 的比值 D/H。

1）当 $0.7<D/H\leqslant1$ 时，道路空间有亲切感，空间围合感较强，容易形成繁华热闹氛围，沿街建筑立面对人的景观感受影响较大，适用于一般生活性道路；当 $D/H\leqslant0.7$ 时，则会产生压抑感。

2）当 $1<D/H\leqslant2$ 时，仍能保持亲切感，绿化对空间的影响作用开始明显加强，可增加绿化带宽度和树木高度以弥补空间的扩散感，适用于城区一般干路。

3）当 $2<D/H<3$ 时，视觉开始扩散，空间更为开阔，围合感较弱，热闹氛围被冲淡，适用于城郊结合部的城市干路和城区交通性干路；当 $D/H=3$ 时，一般为开阔空间，人们视线主要停留在建筑的群体关系及建筑与环境的关系上。

7.6 城市道路线形设计主要成果

7.6.1 横断面设计主要成果

城市道路横断面设计是城市道路设计的主要内容之一。横断面设计成果主要包括标准横断面图、逐桩横断面图和土石方工程数量计算表。其中，逐桩横断面图与土石方数量计算表与公路基本相同，本章不再详细介绍。

如图 7-11 所示，城市道路标准横断面一般采用 1∶100 或 1∶200 的比例尺，在图上应绘出红线宽度、车行道、人行道、绿带、照明、新建或改建的地下管道等各组成部分的位置和宽度，以及排水方向、横坡等。

7.6.2 平面设计主要成果

城市道路平面设计成果主要包括平面设计图和直线、曲线及转角一览表。其中，直线、曲线及转角一览表的设计内容同公路。

如图 7-12 所示，城市道路平面设计图的比例尺采用 1∶500～1∶2000，主要设计内容包括：道路中线位置、红线宽度、道路宽度、道路施工中线及主要部位的平面布置和尺寸、拆迁房屋征地范围及相交主要道路中线、红线宽度、道路宽度、过街设施、公交车站、主要杆管线和附属构筑物的位置等。

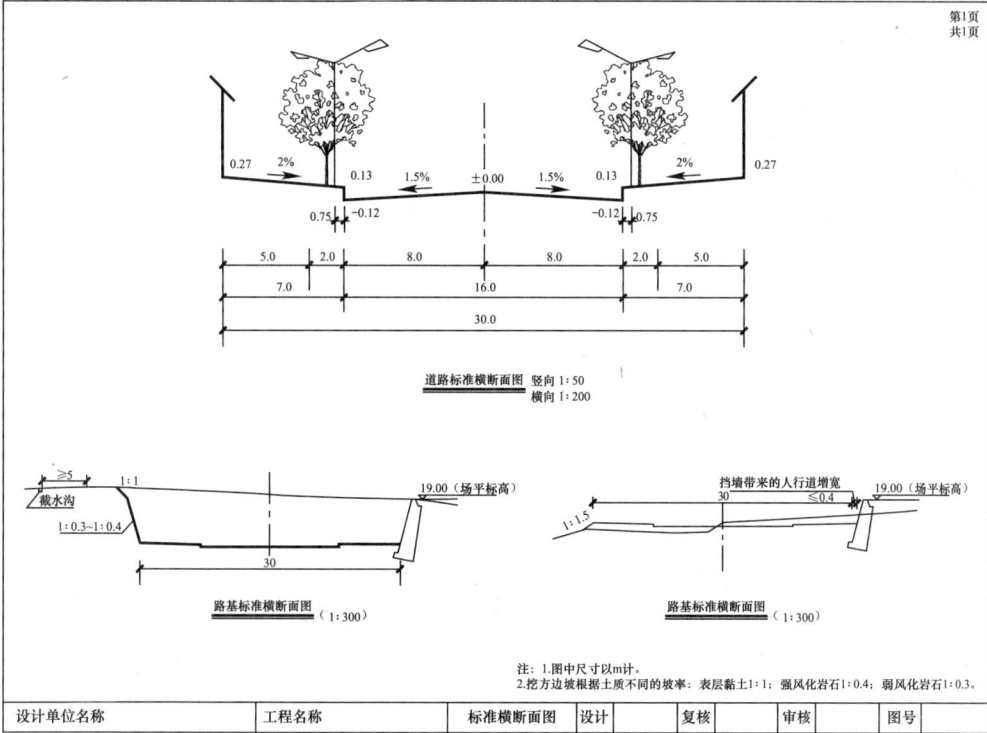

0.27 2%   0.13 1.5% ±0.00 1.5% 0.13   2%   0.27
0.75 -0.12   -0.12 0.75

5.0 2.0   8.0   8.0   2.0 5.0
7.0   16.0   7.0
                 30.0

道路标准横断面图 竖向 1:50
             横向 1:200

截水沟

≥5 1:1
1:0.3~1:0.4   19.00（场平标高）
          30
路基标准横断面图 （1:300）

挡墙带来的人行道增宽
1:1.5   30   ≤0.4   19.00（场平标高）
路基标准横断面图 （1:300）

注：1.图中尺寸以m计。
   2.挖方边坡根据土质不同的坡率：表层黏土1:1、强风化岩石1:0.4、弱风化岩石1:0.3。

设计单位名称		工程名称		标准横断面图	设计		复核		审核		图号	

图 7-11　城市道路标准横断面图

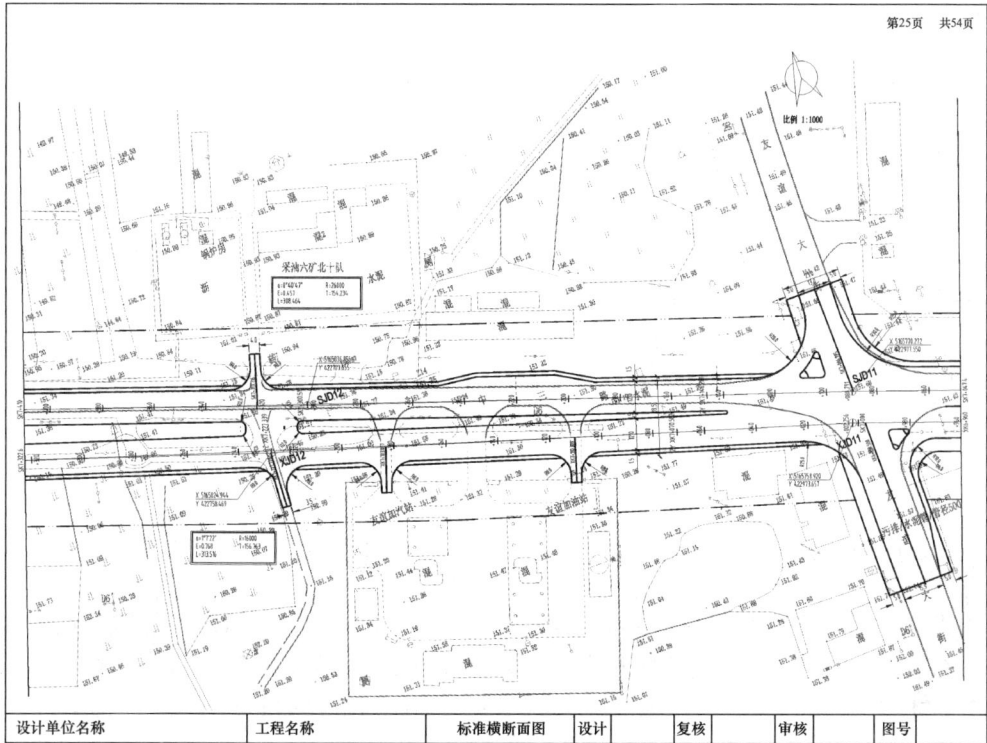

比例 1:1000

设计单位名称		工程名称		标准横断面图	设计		复核		审核		图号	

图 7-12　城市道路平面设计图

7.6.3 纵断面设计主要成果

城市道路纵断面设计成果主要包括纵断面设计图和纵坡、竖曲线表。其中，纵坡、竖曲线表的设计内容同公路。

如图 7-13 所示，城市道路纵断面设计图比例尺纵向采用 1∶50～1∶100，横向采用 1∶500～1∶1000，设计内容包含设计高程，交叉道路、新建桥隧中线位置及高程，边沟纵断面设计线、纵坡及变坡点高程，有关交叉管线位置、尺寸及高程、竖曲线及其参数等。

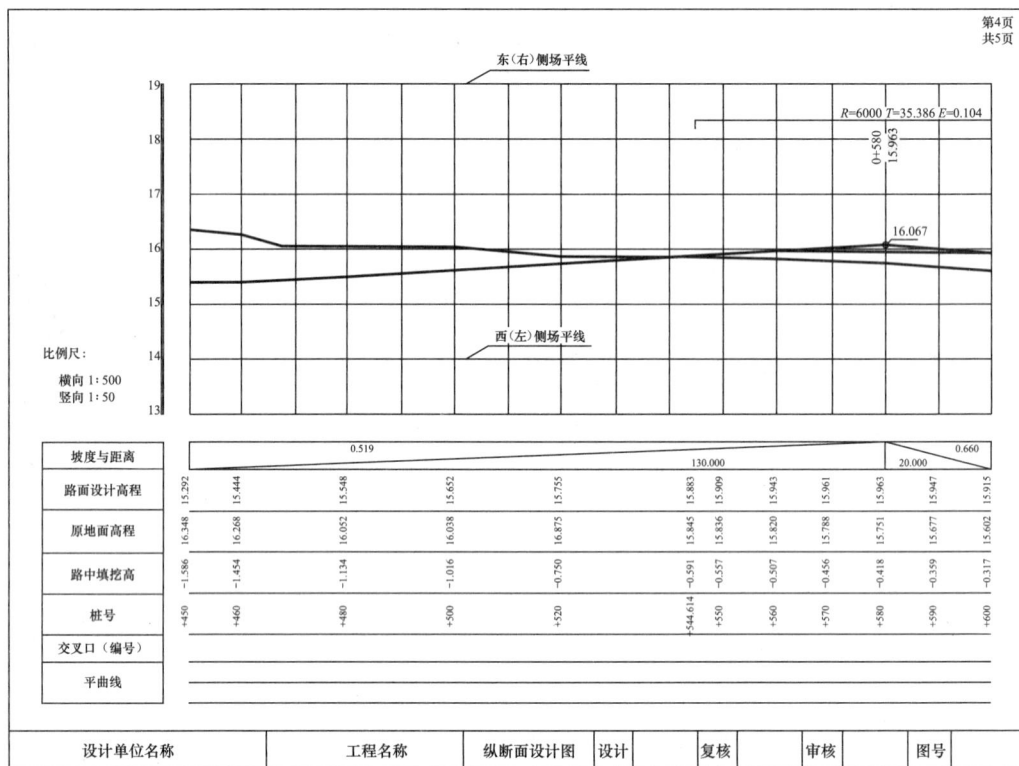

图 7-13　城市道路纵断面设计图

7.7　城市道路公用设施设计

7.7.1　行人交通设施

行人交通设施包括人行道、步行街及人行横道、人行天桥和人行地道等过街设施及无障碍通行设施。设施的设置应根据行人流量和流线确定。有关人行道的设计已在前述章节中介绍，本节主要介绍行人过街设施、步行街及无障碍通行设施的设计。

1. 人行横道

设置人行横道的作用是提高行人过街的安全性，保障交通秩序。如表 7-27 所示，相

关研究表明，在有人行横道线的地方通行，比没有人行横道线的地方更安全，人行过街管理设施越完善的地方越安全。

行人过街设施危险程度对比　　表7-27

过街设施	危险度	过街设施	危险度
无人行横道线、无交通信号	1.00	有人行横道标线、有交通信号	0.53
有人行横道标线、无管理规则	0.89	有人行横道标线、有交通信号及安全岛	0.36

人行横道的具体设计要求如下：

1）交叉口处应设置人行横道，路段内人行横道应布设在人流集中、通视良好的地点，并应设醒目标志，人行横道间距宜为250～300m。

2）当人行横道长度大于16m时，应在分隔带或道路中心线附近的人行横道处设置行人二次过街安全岛，安全岛宽度不应小于2.0m，困难情况下不应小于1.5m。

3）人行横道的宽度应根据过街行人数量及信号控制方案确定，主干路的人行横道宽度不宜小于5m，其他等级道路的人行横道宽度不宜小于3m，宜采用1m为单位增减。

4）对视距受限制的路段和急弯陡坡等危险路段及车行道宽度渐变路段，不应设置人行横道。

人行横道的设置如图7-14所示，当相交道路交叉角是直角且缘石半径不大时，前边线距横向路边线延长线应有4～5m的间距；在缘石转弯半径较大时，则将其完全设在圆弧部分。人行横道的设置方向原则上应垂直于道路；但如道路斜向交叉时，则应与相应的道路平行。

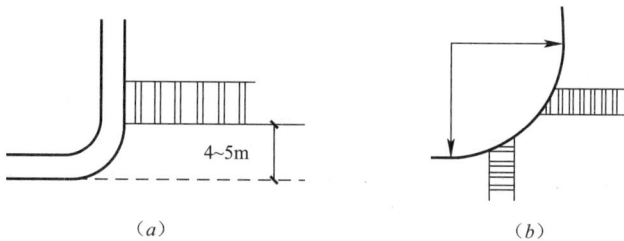

图7-14　人行横道设置位置
(a)相交道路交叉角是直角且缘石半径不大；(b)缘石转弯半径较大

2. 人行天桥和地道

在行人交通较集中的路段及交叉口，修建人行立体过街设施是人车分离、保护过街行人和车流顺畅的最安全措施。为了引导行人上桥过街，避免穿越桥底，需沿街在桥梯两边50～100m设置高栏杆，形式以采用1.1～1.2m竖杆为宜。

（1）设置条件

《城市道路工程设计规范》（CJJ37-2012）规定：快速路行人过街必须设置人行天桥或者人行地道，其他道路应根据机动车交通量和行人过街需求设置人行天桥或者人行地道。

《城市人行天桥与人行地道技术规范》（CJJ69-95）规定：天桥与地道设计布局应结合城市道路网规划，适应交通的需要，并应考虑由此引起附近范围内行人交通所发生的变化，且对此种变化后的步行交通进行全面规划设计。属于下列情况之一时，可设置天桥或

地道：

1）进入交叉口的行人流量达到 18000p/h，或交叉口一个进口横过道路的行人流量超过 5000p/h，且同时在交叉口一个进口或路段上双向当量小汽车交通量超过 1200pcu/h。

2）通过环形交叉口的步行人流总量达 18000 人次/h，且同时进入环形交叉的当量小汽车交通量达到 2000 辆/h 时。

3）行人横过市区封闭式道路或快速干道或机动车道宽度大于 25m 时，可每隔 300～400m 设置 1 座天桥或地道。

4）铁路与城市道路相交道口，因列车通过一次阻塞步行人流超过 1000 人次或道口关闭的时间超过 15min 时。

5）路段上双向当量小汽车交通量达 1200pcu/h，或过街行人超过 5000p/h。

6）复杂交叉路口，机动车行车方向复杂，对行人有明显危险处。

浙江省工程建筑标准《城市道路人行过街设施规划与设计规范》规定：在遵循本规范人行过街设施选型原则的前提下，当同时满足下列所有条件时，可以规划设置路段立体过街设施：

1）路段上横过道路的行人流量超过 5000p/h。

2）机动车限制车速≥50km/h。

3）道路双向车道数＞4 条，且无中央分隔带。

4）机动车高峰时段，路段信号控制人行横道处，在路中设置行人过街安全岛后，任意一个车流行驶方向的机动车绿灯时间＞路段行人过街可忍受等待时间。

5）机动车高峰时段，路段信号控制人行横道处，每个信号周期内，任意一个行驶方向机动车流估计消散时间＞路段行人过街可忍受等待时间。

深圳的《道路交通管理设施设置技术标准》规定：深圳市路段交通状况达到以下条件时，宜设置过街天桥或地下通道：

1）行人横过城市快速路时。

2）铁路与城市道路相交道口，因列车通过一次阻塞步行人流超过 1000 人次或道口关闭的时间超过 15min 时。

3）在大型多层商业建筑、轨道交通车站、快速公交（BRT）车站、交通枢纽站场、大型文体场馆、学校等高密度人流集散点附近，宜结合附近沿街建筑物及相关交通设施规划设置立体过街设施。

4）对于曾经发生重大、特大交通事故的地点，应在分析交通事故成因的基础上，给予人行过街设施的选型以特殊考虑，必要时可规划设置立体过街设施。

人行地道在使用和美观上效果较好，但其工程和维修费用也较高。在下列情况下，可考虑修建人行地道：

1）重要建筑物及风景区附近，修建人行天桥会破坏风景或城市美观；

2）地震多发地区的城市，人行立交过街设施宜采用地道；

3）修建人行地道比修建人行天桥在工程费用和施工方法上有利；

4）受障碍物影响，修建人行天桥需显著提高桥下净空时。

（2）净宽

人行天桥与地道的通道净宽应符合下列规定：

1）天桥与地道的通道净宽，应根据设计年限内高峰小时行人流量及设计通行能力计算。

2）天桥桥面净宽不宜小于 3m，地道通道净宽不宜小于 3.75m。

3）天桥与地道每端梯道或坡道的净宽之和应大于桥面（地道）净宽的 1.2 倍以上，梯（坡）道的最小净宽为 1.8m。

4）桥梯步级的宽度和高度之和等于 45cm 左右为好，一般常用步级宽度为 30cm、高 15cm 或宽为 28cm、高为 17cm；在用地紧张的情况下，也可采用螺旋梯。

5）考虑兼顾自行车推车通过时，一条推车带宽按 1m 计，天桥或地道净宽按自行车流量计算增加通道净宽，梯（坡）道的最小净宽为 2m。

6）考虑推自行车的梯道，应采用梯道带坡道的布置方式，一条坡道宽度不宜小于 0.4m，坡道位置视方便推车流向设置。

（3）净高

人行过街天桥桥下净高应符合下列规定：

1）天桥桥下为机动车道时，最小净高为 4.5m；行驶电车时，最小净高为 5.0m。

2）跨铁路的天桥，其桥下净高应符合现行国标《标准轨距铁路建筑限界》的规定。

3）天桥桥下为非机动车道时，最小净高为 3.5m；如有从道路两侧的建筑物内驶出的普通汽车需经桥下非机动车道通行时，其最小净高为 4.0m。

4）天桥、梯道或坡道下面为人行道时，净高为 2.5m，最小净高为 2.3m。

5）考虑维修或改建道路可能提高路面标高时，其净高应适当提高。

地道的最小净高应符合下列规定：

1）地道通道的最小净高为 2.5m。

2）地道梯道踏步中间位置的最小垂直净高为 2.4m，坡道的最小垂直净高为 2.5m，极限值为 2.2m。

人行过街天桥桥面的最小净高为 2.5m。各级架空电缆与天桥、梯（坡）道面最小垂直距离应符合表 7-28 的规定。

人行天桥桥面与各级电压电力线间的最小垂直距离（单位：m）　　　表 7-28

地区	配电线电压（kV）			送电线电压（kV）		
	1 以下	1～10	35	60～110	154～220	330
居民区	6.0	6.5	7.0	7.0	7.5	8.0
非居民区	5.0	5.5	6.0	6.0	6.5	7.5

3. 步行街

步行街的设计应符合下列规定：

（1）步行街的规模应适应各重要吸引点的合理步行距离，步行距离不宜超过 1000m。

（2）步行街的宽度可采用 10～15m，其间可配置小型广场，步行道路和广场的面积，可按每平方米容纳 0.8～1.0 人计算。

（3）步行街与两侧道路的距离不宜大于 200m，步行街进出口距公共交通停靠站的距离不宜大于 100m。

（4）步行街附近应有相应规模的机动车和非机动车停车场，机动车停车场距步行街进

出口的距离不宜大于 100m，非机动车停车场距步行街进出口的距离不宜大于 50m。

（5）步行街应满足消防车、救护车、送货车和清扫车等的通行要求。

4. 无障碍通行设施

城市道路的无障碍设施的设计内容主要包括盲道和缘石坡道。

（1）盲道

如图 7-15 所示，盲道分为两种形式：行进盲道与提示盲道。行进盲道为指引视残者通过脚感继续向前直行的盲道，表面呈长条形；提示盲道为告知视残者要拐弯或抵达终点处的盲道，表面呈圆点形。

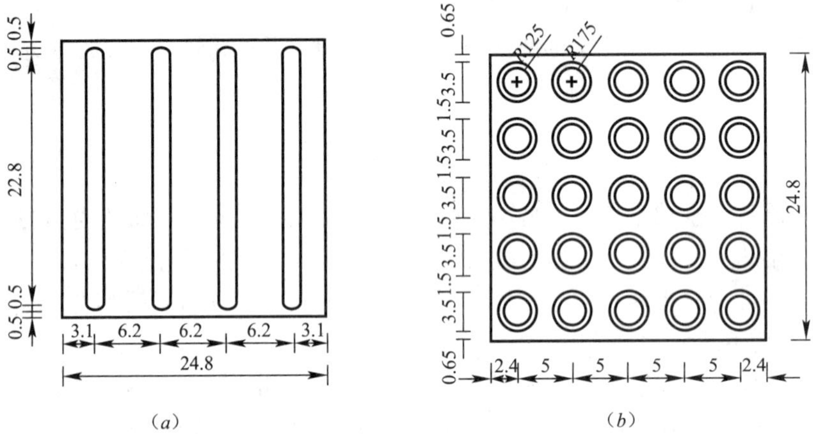

图 7-15 盲道（单位：cm）
（a）行进盲道；（b）提示盲道

人行道设置的盲道位置和走向，应方便视残者安全行走和顺利到达无障碍设施位置，布置在人行道上无障碍、无空间伤害、行人较少的地方。

行进盲道的位置选择可参照下列规定：

1）人行道外侧有围墙、花台、绿篱等，行进盲道应设置在距围墙、花台、绿篱等 0.25～0.5m 处；

2）人行道内侧有树池，行进盲道可在距树池 0.25～0.5m 处；

3）人行道无树池，行进盲道距离立缘石不少于 0.5m。

提示盲道的设置位置可参照下列规定：

1）行进盲道的起点、终点处应设提示盲道；

2）行进盲道在转弯处应设提示盲道，其长度应大于行进盲道的宽度；

3）人行道中有台阶、障碍物、坡道等应设提示盲道；

4）人行横道入口、广场出入口、候车站牌一侧应设提示盲道，且其长度与各入口宽度相等。

（2）缘石坡道

缘石坡道位于人行道口或人行横道两端，是为避免路缘石带来通行障碍、方便乘轮椅者进入人行道的一种坡道。如图 7-16 所示，缘石坡道可分为单面坡缘石坡道和三面坡缘石坡道两种。

210

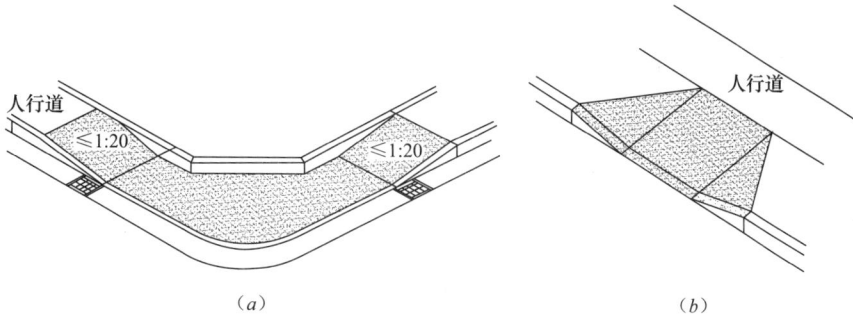

图 7-16　缘石坡道

(a) 单面坡缘石坡道；(b) 三面坡缘石坡道

7.7.2　公共交通设施

城市道路设计中应包括与道路相关的公共交通专用车道和车站的设计。公交专用车道的设计应与城市道路功能相匹配，合理使用道路资源；公交车站应与周边行人、非机动车系统统一设计，并根据需求设置非机动车停车区域。

1. 公共交通专用车道

公共交通专用车道可分为快速公交专用车道和常规公交专用车道。

(1) 快速公交专用车道

快速公交系统（Bus Rapid Transit）简称 BRT，是一种介于快速轨道交通（Rapid Rail Transit，简称 RRT）与常规公交（Normal Bus Transit，简称 NBT）之间的新型公共客运系统，是一种大运量交通方式，通常也被人称作"地面上的地铁系统"。BRT 利用现代化公交技术配合智能交通和运营管理，开辟公交专用道路和建造新式公交车站，实现轨道交通运营服务。快速公交系统 30 年前起源于巴西的库里蒂巴市，与此同时世界上许多城市通过仿效库里蒂巴市的经验，开发建设了不同类型的快速公交系统。

快速公交专用车道的设计应符合现行行业标准《快速公共汽车交通系统设计规范》(CJJ 136-2010) 的有关规定：

1) 快速公交专用车道可布置在道路中央或道路两侧，中央专用车道受其他车辆干扰最小，因此优先选用中央专用车道。中央专用车道按上下行有无物体隔离又可分为分离式和整体式，整体式占用道路空间小，公交车辆运行中有需求时可借道行驶，故优先选用中央整体式。

2) 由于快速公交专用车道和车站占用较大的城市空间资源，城市支路一般不具备设置大容量公交系统的条件，因此，当快速公交专用车道单独布置时，设计速度可采用 40～60km/h；当与其他车道同断面布置时应与道路的设计速度协调统一。

3) 经调研，目前国内大容量快速公交车辆车体宽度一般为 2.55m，根据行驶及安全性要求，快速公交专用车道单车道宽度不应小于 3.5m。

4) 快速公交专用车道与其他车道应采用物体或标线分隔，但分离式单车道当运营车辆发生故障时，会阻碍其他运营车辆。为及时排除故障，应迅速将故障车辆移出专用道。考虑牵引车进出和疏散车上乘客的方便，物体隔离连续长度不应超过 300m。

5) 快速公交系统应优先通过平交路口，可通过为快速公交车辆设计专用信号来实现，

但会增加其他车辆的行车延误。

（2）常规公交专用车道

常规公交专用车道的设计应符合下列规定：

1）主、次干路每条车道交通量大于 500pcu/h 及公交车辆大于 90 辆/h 时，宜设置常规公交专用车道。

2）常规公交专用车道宜设置在最外侧车道上。

3）常规公交专用车道单车道宽度不应小于 3.5m。

4）常规公交专用车道在平交路口宜连续设置。

2. 公共交通车站

公共交通车站可分为快速公交车站、常规公交车站和出租车停靠站。

（1）快速公交车站

快速公交车站的设计应符合现行行业标准《快速公共汽车交通系统设计规范》（CJJ 136-2010）的有关规定：

1）快速公交车站应结合快速公交规划设置，同时应与常规公交及城市轨道交通等其他交通系统合理衔接。

2）快速公交车站可分为单侧停靠车站和双侧停靠车站，考虑建筑结构、出入口通道、售检票亭宽度等因素，双侧停靠站台宽度不应小于 5m，单侧停靠站台宽度不应小于 3m。

3）快速公交多条线路在停靠车站区间应单独布置停车道，停车道的宽度不应小于 3m。

4）快速公交站台长度应满足车辆停靠、人流集散及相关设施布设的要求；车辆停靠长度应根据车辆停靠数量和车型确定，最小长度应满足两辆车同时停靠的要求，车辆长度应根据选择的车型确定。

5）乘客过街既可以采用平面过街方式，也可以采用立体过街方式。

（2）常规公交车站

常规公交车站的设计应符合下列规定：

1）车站应结合常规公交规划、沿线交通需求及城市轨道交通等其他交通站点设置。城区停靠站间距宜为 400m～800m，郊区停靠站间距应根据具体情况确定。

2）公共交通车站服务面积以 300m 半径计算，不得小于城市用地面积的 50%；以 500m 半径计算，不得小于 90%；长途客运汽车站、火车站、客运码头主要出入口 50m 范围内应设公共交通车站。

3）在路段上，同向换乘距离不应大于 50m，异向换乘距离不应大于 100m；对置设站，应在车辆前进方向迎面错开 30m；在道路平面交叉口和立体交叉口上设置的车站，换乘距离不宜大于 150m，并不得大于 200m。

4）道路交叉口附近的公交车站宜安排在交叉口出口道一侧，距交叉口出口缘石转弯半径终点宜大于 50m。

5）站台长度最短应按同时停靠 2 辆车布置，最长不应超过同时停靠 4 辆车的长度，否则应分开设置。

6）站台高度宜采用 0.15m～0.20m，站台宽度不宜小于 2.0m；当条件受限制时，站台宽度不得小于 1.5m。停靠站台上均应铺装，铺装的最小宽度为 1.5m，长度可根据同一

停靠站停车的公共交通线路的数量及乘客流量大小等具体情况确定。

7）车站可分为直接式和港湾式，城市主、次干路和交通量较大的支路上的车站，宜采用港湾式停靠站，如图 7-17 所示。港湾式停靠站出入口的缘石应圆顺，停靠站范围内的路拱坡度应符合其规定值要求，纵坡度应小于或等于 2%，地形困难路段应小于或等于 3%。

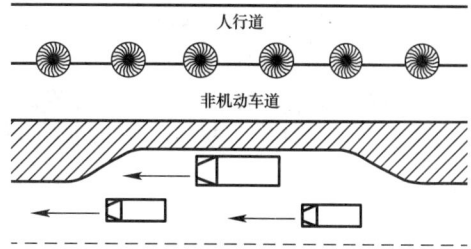

图 7-17　港湾式停靠站

港湾式停靠站各部尺寸设计可参照表 7-29 执行。

港湾式停靠站各部尺寸　　　　　　　　　　　　　　表 7-29

主线设计速度（km/h）	60	50	40	30	20
计算加减速段长度采用速度（km/h）	50	40	35	30	20
减速段长度（m）	65	40	30	25	10
站台长度（m）	20	20	20	20	20
加速段长度（m）	95	60	45	35	15
总长度（m）	180	120	95	80	45

（3）出租车停靠站

为了避免乘客上下出租车对道路的正常交通产生干扰，出租车停靠站的设计应符合以下原则与规定：

1）交通繁忙、行人流量大、禁止随意停车的地段，应设置出租车停靠站。

2）出租车停靠站应结合人行系统设置，方便上落，同时应减少对道路交通的干扰。

3）出租车停靠站应根据道路交通条件而选用直接式或港湾式。

7.7.3　公共停车场

公共停车场的位置、规模应符合城市规划布局和道路交通组织需要，合理布置。在大型公共建筑、交通枢纽、人流与车流量大的广场等处均应布置适当容量的公共停车场。

按停放车辆类型，公共停车场可分为机动车停车场与非机动车停车场。

1. 机动车停车场

（1）设计原则与规定

1）公用停车场的规模应按服务对象的要求、车辆到达与离去的交通特征、高峰日平均吸引车次总量、停车场地日有效周转次数，以及平均停放时间和车位停放不均匀性等因素，结合城市交通发展规划确定。

2）公用停车场的停车区距所服务公共建筑出入口的距离宜采用 50～100m。对于风景名胜区，当考虑到环境保护需要或受用地限制时，距主要入口可增至 150～250m；对于医院、疗养院、学校、公共图书馆与居住区，为保持环境宁静，减少交通噪声或空气污染的影响，应使停车场与这类建筑物之间保持一定距离。

3）停车场的出入口不宜设在主干路上，可设在次干路或支路上并远离交叉口；不应设在人行横道、公共交通停靠站及桥隧引道处；出入口的缘石转弯曲线切点距铁路道口的

最外侧钢轨外缘应大于或等于30m；距人行天桥和人行地道的梯道口不应小于50m。

4）停车场平面设计应有效地利用场地，合理安排停车区及通道，便于车辆进出，满足防火安全要求，并留出布设附属设施的位置。

5）停车场内车位布置可按纵向或横向排列并分组安排，每组停车不应超过50辆；各组之间无通道时，亦应留出大于或等于6m的防火通道；设计时应以停车场停车高峰时所占比重较大的车型为设计车型，如有特殊车型，应以实际外廓尺寸为设计依据。

6）停车场出入口不应少于两个，其净距宜大于30m；条件困难或停车容量小于50辆时，可设一个出入口，但其进出口应满足双向行驶的要求。停车场进出口净宽，单向通行的不应小于5.0m，双向通行的不应小于7.0m。

7）停车场出入口应有良好的通视条件，视距三角形范围内的障碍物应清除，并设置交通标志。

8）停车场的竖向设计应与排水设计相结合，坡度宜为0.3%～3%。

9）停车场出入口及停车场内应设置交通标志、标线，以指明场内通道和停车车位。

（2）车辆的停放方式

停车场内车辆的停放方式影响到停车面积的计算、车位的组合及停车场的设计。按其与通道的关系，车辆的停放方式可分为三种类型：即平行式、垂直式和斜放式。

1）平行式停放方式

车辆平行于通行道的方向停放，如图7-18所示。这种方式的特点是所需停车带较窄，驶出车辆方便、迅速，但占地最长，单位长度内停放的车辆数最少。

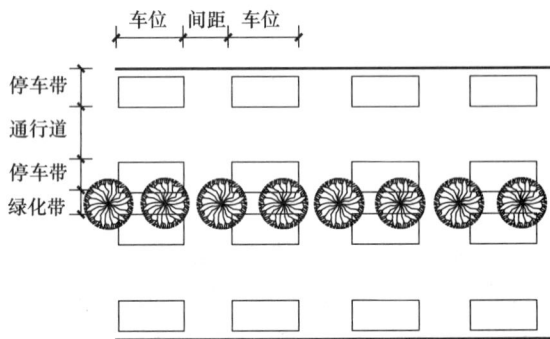

图7-18 平行停车方式

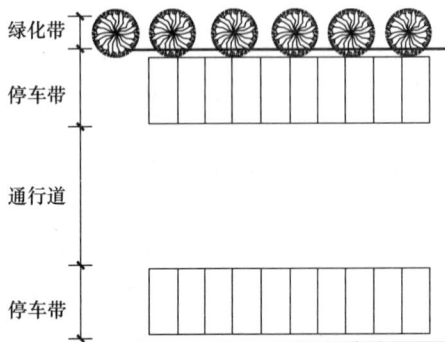

图7-19 垂直停车方式

2）垂直式停放方式

车辆垂直于通行道的方向停放，如图7-19所示。此种方式的特点是单位长度内停放的车辆数最多，用地比较紧凑，但占地较宽，且在进出停车位时，需要倒车1次，因而要求通道至少有2个车道宽。布置时可两边停车，合用中间一条通道。

3）斜放式停放方式

车辆与通道成一定角度停放，如图7-20所

214

示。此种方式一般按 30°、45°、60°三种角度停放。其特点是停车带的宽度随车身长度和停放角度不同而异，适宜于场地受限制时采用。这种方式车辆出入及停车均较方便，故有利迅速停置和疏散。其缺点是单位停车面积大（因部分三角块利用率不高），特别是 30°停放，用地最费，故较少采用。

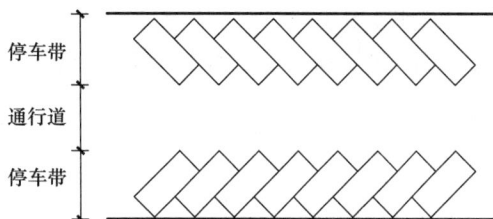

图 7-20　斜放停车方式

以上三种停放方式各有优缺点，选用何种方式布置应根据停车场的性质、疏散要求和用地条件等因素综合考虑。我国一些城市较多采用平行式和垂直式两种停车方式。

（3）停车带和通道宽度的确定

停车带和通道是停车场的主要组成部分，其宽度的确定与下列因素有关：设计时所选定的车型、车辆进入停车位置和发车状况。

1）车型的确定

车辆种类不同，其尺寸大小各异。不同性质的停车场，停放不同类型的车辆，则需要不同的停车面积。

2）车辆停发方式

由于车辆进入停车位置和发车状况不同，其所需回转面积和通道的宽度亦不相同。一般车辆有下列三种停放方式：一是前进式停车、后退式发车；二是后退式停车、前进式发车；三是前进式停车、前进式发车。上述三种方式中，常采用的是后退式停车、前进式发车，其优点是发车迅速方便，占地亦不多。前进式停车、前进式发车虽更为方便，但占地面积较大，除有特殊要求外，一般较少采用。

机动车停车场的停车带尺寸及通道宽度规定如表 7-30 所示。表中 I 类车型指微型汽车，Ⅱ类车型指小型汽车，Ⅲ类车型指中型汽车，Ⅳ类车型指大型汽车，Ⅴ类车型指铰接车。

机动车停车场的停车带尺寸及通道宽度　　　　表 7-30

停车方式		垂直通道方向的停车带宽度（m）					平行通道方向的停车带宽度（m）					通道宽度（m）				
		I	Ⅱ	Ⅲ	Ⅳ	Ⅴ	I	Ⅱ	Ⅲ	Ⅳ	Ⅴ	I	Ⅱ	Ⅲ	Ⅳ	Ⅴ
平行式		2.6	2.8	3.5	3.5	3.5	5.2	7.0	12.7	16.0	22.0	3.0	4.0	4.5	4.5	5.0
斜列式	30° 前进停车	3.2	4.2	6.4	8.0	11.0	5.2	5.6	7.0	7.0	7.0	3.0	4.0	5.0	5.8	6.0
	45° 前进停车	3.9	5.2	8.1	10.4	14.7	3.7	4.0	4.9	4.9	4.9	3.0	4.0	6.0	6.8	7.0
	60° 前进停车	4.3	5.9	9.3	12.1	17.3	3.0	3.2	4.0	4.0	4.0	4.0	5.0	8.0	9.5	10.0
	60° 后退停车	4.3	5.9	9.3	12.1	17.3	3.0	3.2	4.0	4.0	4.0	3.5	4.5	6.5	7.3	8.0
垂直式	前进停车	4.2	6.0	9.7	13.0	19.0	2.6	2.8	3.5	3.5	6.0	6.0	9.5	10.0	13.0	19.0
	后退停车	4.2	6.0	9.7	13.0	19.0	2.6	2.8	3.5	3.5	6.0	4.2	6.0	9.7	13.0	19.0

（4）单位停车面积的确定

单位停车面积是停放一辆汽车所需的用地面积，它与车辆尺寸和停放方式、通道的条数、车辆集散要求，以及绿化面积等因素有关。一般在设计停车场时，可按使用和管理要求，预估停车数量和了解停车类型、停车方式，以确定面积。如图 7-21 系按两种不同停

215

车方式计算单位停车面积的图式：

1）如图 7-21（a）所示，垂直于通道停放时，单位停车面积可按下式计算：

$$A = (l+0.5)(b+c_1) + (b+c_1)\frac{w_1}{2} \tag{7-8}$$

2）如图 7-21（b）所示，平行于通道停放时，单位停车面积可按下式计算：

$$A = (l+c_2)(b+1.0) + (l+c_2)\frac{w_2}{2} \tag{7-9}$$

式中　A——单位停车面积，m^2；

　　　l——车身长度，m；

　　　b——车身宽度，m；

　　　c_1——垂直停放时两车车厢之间的净距，m；

　　　c_2——平行停放时两车车厢之间的净距，m；

　　　w_1——垂直式停车通道宽度，m；

　　　w_2——平行式停车通道宽度，m。

机动车停车场的单位停车面积规定如表 7-31 所示。表中 Ⅰ 类车型指微型汽车，Ⅱ 类车型指小型汽车，Ⅲ 类车型指中型汽车，Ⅳ 类车型指大型汽车，Ⅴ 类车型指铰接车。

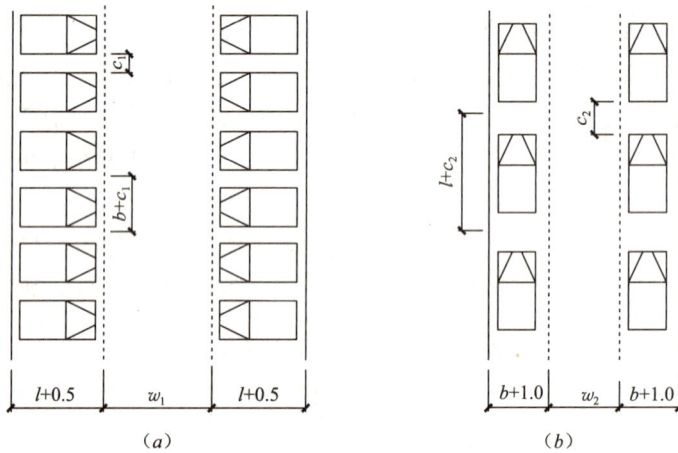

图 7-21　单位停车面积计算图

（a）垂直于通道停放；（b）平行于通道停放

机动车停车场的单位停车面积　　　　　　　　　　　　表 7-31

停车方式			单位停车面积（m²）				
			Ⅰ	Ⅱ	Ⅲ	Ⅳ	Ⅴ
平行式			21.3	33.6	73.0	92.0	132.0
斜列式	30°	前进停车	24.4	34.7	62.3	76.1	78.0
	45°	前进停车	20.0	28.8	54.4	67.5	89.2
	60°	前进停车	18.9	26.9	53.2	67.4	89.2
	60°	后退停车	18.2	26.1	50.2	62.9	85.2
垂直式		前进停车	18.7	30.1	51.5	68.3	99.8
		后退停车	16.4	25.2	50.8	68.3	99.8

2. 非机动车停车场

由于自行车体积小、使用灵活、对场地的形状和大小要求比较自由，布置设计也简单。目前，在自行车较发达的城市，自行车停车场非常缺乏，特别是大型公共建筑、地铁站、商业中心、体育场等附近的自行车停车场往往容量不够，造成自行车到处停放，既妨碍干道交通，威胁行人安全，又影响市容。因此，在城市规划中和设计大型公共建筑时，需要合理选择自行车停车场的位置，并根据具体条件进行设计。

（1）自行车停车场的种类

1）固定的专用停车场

此类停车场设有固定的自行车支架及车棚（也有露天的），并设有专职管理人员。

2）临时性的停车场

没有经常停车的地点，根据聚会活动的临时需要，用绳圈划场地作停车使用，其场地无停车支架和车棚等设施。

3）街道停车场

在繁华街道两侧的商店或交通换乘站附近的人行道上，利用部分用地设置的停车场，以及小街小巷（胡同、里弄）内的停车场（或寄存处）。此类自行车停车场为数最多，是目前解决自行车停车场缺乏的主要方式，可随时改换地点，其场地大小可根据情况随时调整。

（2）自行车停车场的设计

自行车停车场设计应遵循以下原则：

1）自行车停车场的规模应根据所服务的公共建筑性质、平均高峰日吸引车次总量、平均停放时间、每日场地有效周转次数及停车不均衡系数等确定。

2）自行车停车场出入口不应少于2个。出入口宽度应满足两辆车同时进出，一般为2.5~3.5m。场内停车区应分组安排，每组场地长度为15~20m为宜。

3）场地铺装应平整、坚实、防滑。坡度不宜大于4%，最小坡度为0.3%；停车区宜有车棚、存架等设施。

4）自行车停车场应结合道路、广场和公共建筑布置，划定专门用地，合理安排。

第8章 道路平面交叉设计

交叉口是道路系统的重要组成部分，无论是公路还是城市道路，车辆一般只有在交叉口处才可改变其行驶方向，完成转向功能。这完善了道路网的交通功能，但同时也产生了交通干扰，影响了交叉口的通行能力，使交叉口处车速降低，造成交通阻塞，增加行车延误，并易发生交通事故。因此，对交叉口进行合理的规划和设计，具有十分重要的意义。按照相交道路的空间位置，交叉口可分为平面交叉和立体交叉两种基本类型。本章主要介绍道路平面交叉设计，关于立体交叉设计的内容将在第9章、第10章中介绍。

8.1 道路平面交叉的设置与设计概述

8.1.1 设置条件

道路平面交叉设置条件对于公路而言具有较为严格的规定，如表8-1所示（表中"禁止"为不应设置平面交叉的条件，"限制"为应严格控制设置平面交叉的条件，"允许"为可根据需要设置平面交叉的条件）。而对于城市道路，则应根据道路网规划、相交道路等级及有关技术、经济和环境效益的分析合理确定。

公路平面交叉设置条件 表8-1

接入线技术等级	主线技术等级				
	高速公路	一级公路	二级公路	三、四级公路	等外公路
高速公路	禁止	—	—	—	—
一级公路	禁止	限制	—	—	—
二级公路	禁止	限制	允许	—	—
三、四级公路	禁止	限制	允许	允许	—
等外公路	禁止	禁止	限制	允许	允许

公路设置平面交叉应充分考虑相交公路的功能分类和技术等级，功能和等级差异较大的公路相交时，不宜（应）设置平面交叉。高速公路主线上不应设置平面交叉，高速公路互通式立交匝道应根据交通量、车型组成条件等，慎重设置平面交叉。承担干线功能的一级和二级公路应严格控制路网接入条件，控制平面交叉口的数量；有条件时，应尽量加大相邻平面交叉口之间的间距。其他等级公路可根据需要设置平面交叉；有条件时，应加大相邻平面交叉口的间距。

8.1.2 设置间距

道路平面交叉的最小间距对于公路而言具有明确的规定，规定如表8-2所示，有条件时应尽量增大交叉口间距，减少平面交叉数量。

公路等级	一级公路			二级公路	
公路功能	干线公路		集散公路	干线公路	集散公路
	一般值	最小值			
间距（m）	2000	1000	500	500	300

城市道路平面交叉口间距应根据城市规模、路网规划、道路类型及其在城市中的区域位置而定；干路交叉口间距宜大致相等；平面交叉最小间距应能满足转向车辆变换车道所需最短长度、红灯期车辆最大排队长度及进出口道总长度的要求，并不宜小于 150m。

8.1.3　设计原则

1. 公路平面交叉设计原则

公路与公路平面交叉设计应遵循以下原则：

（1）平面交叉位置的选择应综合考虑公路网现状和规划、地形、地物和地质条件、经济与环境因素等。

（2）平面交叉形式应根据相交公路的功能、等级、交通量、交通管理方式、用地条件和工程造价等因素而确定。

（3）平面交叉选型应选用主要公路或主要交通流畅通、冲突点少、冲突区小，且冲突区分散的形式。

（4）平面交叉几何设计应结合交通管理方式并考虑相关设施的布置。

（5）平面交叉范围内相交公路线形技术指标应能满足视距的要求。

（6）相交公路在平面交叉范围内的路段宜采用直线；当采用曲线时，其半径宜大于不设超高的圆曲线半径；纵断面应力求平缓，并符合视觉所需的最小竖曲线半径值。

（7）平面交叉设计应以预测的交通量为基本依据，设计所采用的交通量应为设计小时交通量。

（8）平面交叉处行人穿越岔路口的设施应根据行人流量、公路等级和交通管理方式等设置人行横道、人行天桥或人行通道。

（9）平面交叉的几何设计应与标志、标线和信号设施一并考虑，统筹布设；视距不良的小型平面交叉可根据具体情况设置反光镜。

（10）平面交叉改建时，除应收集交通量以外，还应调查交通延误及交通事故的数量、严重程度、原因等现有交叉的使用状况。

2. 城市道路平面交叉设计原则

为了使城市道路平面交叉口既能适应地形地物等环境因素，又能良好地服务于道路交通，在进行交叉口设计时，应遵循以下原则：

（1）新建平面交叉口不得出现超过 4 叉的多路交叉口、错位交叉口、畸形交叉口及交角小于 70°（特殊困难时为 45°）的斜交交叉口；已有的错位交叉口、畸形交叉口应加强交通组织与管理，并尽可能加以改造。

（2）交叉口设计应根据相交道路的功能、性质、等级、设计速度、设计小时交通量、流向及自然条件等进行，前期工程应为后期扩建预留用地。

（3）在交叉口设计中应做好交通组织设计，正确组织车流、人流、合理布设各种车

道、交通岛、交通标志与标线。

（4）平面交叉范围内相交道路线形的技术指标应能满足视距、平面交叉连接部衔接等的要求。

（5）城市道路交叉口转角处的人行道铺装宜适当加宽，并妥善地组织行人过街。快速路的重要交叉口应修建人行天桥或人行地道；主干路上的重要交叉口宜修建人行天桥或地道。

（6）交叉口竖向设计在满足排水迅速的前提下，应尽量平缓，满足行车安全通畅的要求。城市道路交叉口竖向设计高程还应与周围建筑物地坪标高相协调，以利于布设各类地下管线与地面设施。

（7）交叉口附近设置公交停靠站应根据公交线路走向、道路类型、交叉口交通状况，结合站点类别、规模、用地条件合理确定，应保证乘客安全，方便候乘、换乘、过街，有利于公交车安全停靠、顺利驶出，且不影响交叉口的通行能力。

（8）交叉口范围内有轨道交通时，应做好轨道交通与地面交通换乘设计。

（9）地块及建筑物机动车出入口不得设在交叉口范围内，且不宜设置在主干路上，宜经支路或专为集散车辆用的地块内部道路与次干路相通。

（10）桥梁、隧道两端不宜设置平面交叉口。

8.1.4　设计内容

从道路网的宏观组成看，平面交叉仅仅是一个结点。但在微观上，平面交叉是有一定范围的。一般情况下，平面交叉设计范围应包括该交叉口各条道路相交部分及其进出口道（展宽段和渐变段）以及行人、自行车过街设施所围成的空间。

在进行交叉口设计时，一方面要保证车辆与行人在交叉口能以最短的时间顺利通过，使交叉口的通行能力能适应各条道路的行车要求，另一方面还要正确地进行交叉口竖向设计，保证转弯车辆的行车稳定，同时满足排水要求。交叉口设计的主要内容包括：

（1）交叉口类型及交通管理方式的选择；

（2）进行交通组织设计，布置各种交通设施，包括设置专用车道和组织渠化交通等；

（3）交叉口的平面设计，确定各组成部分的几何尺寸，包括行车道的数量、宽度、转弯半径、各种交通岛及绿化带的尺寸等；

（4）验算交叉口的行车视距，保证安全通视条件；

（5）交叉口竖向设计与排水设计。

8.2　道路平面交叉的类型及其选择

平面交叉口的形式应根据相交道路的交通量、设计速度、交通组成及其在道路网中的作用，并结合道路网的规划、交叉口用地、周围建筑及投资等因素确定。平面交叉根据相交道路的条件和交通管制方式的不同，有多种分类形式。

8.2.1　按相交道路条数分类

按相交道路的条数可将交叉口分为三路交叉、四路交叉与多路交叉三种形式。该分

类方法由于只考虑了相交道路的条数，故而分类较粗略，未能体现各类交叉口的交通特征。

8.2.2 按交通管理与组织方式分类

按交叉口所实行的交通管理与交通组织方式，可将其归纳为四类：加铺转角式、分道转弯式、拓宽路口式及环形交叉。

1. 加铺转角式

该类交叉口是用适当半径的单圆曲线或复曲线平顺连接各个转角而构成的平面交叉，如图 8-1 所示。此类交叉口形式简单、占地少、造价低，设计方便，但行车速度低，通行能力小。适用于车速低、交通量小、转弯车辆少的次要道路或地方道路。若斜交角度不大时，也可用于转弯交通量较小的主要道路与次要道路交叉。设计时主要解决合适的转弯半径和足够的视距选取问题。

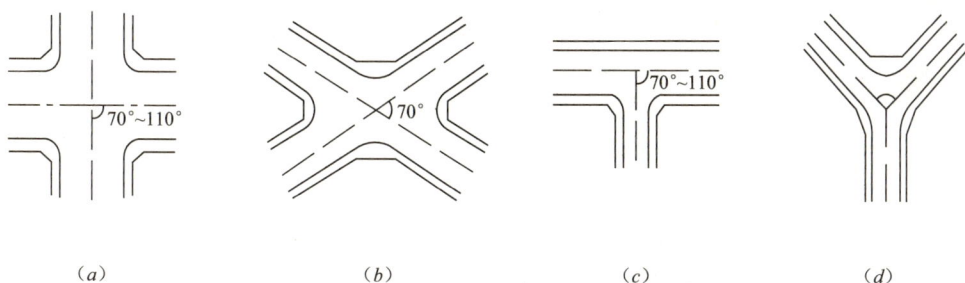

图 8-1 加铺转角式交叉口
(a) 十字形；(b) T 形；(c) X 形；(d) Y 形

2. 分道转弯式

该类交叉口是指采用设置导流岛、划分车道等措施，使转弯车辆分道行驶的平面交叉，如图 8-2 所示。此类交叉口转弯车辆，尤其是右转弯车辆行驶速度和通行能力较强。适用于车速较高、转弯车辆较多的主要道路。设计时需满足分道转弯半径、视距和导流岛端部半径的要求。

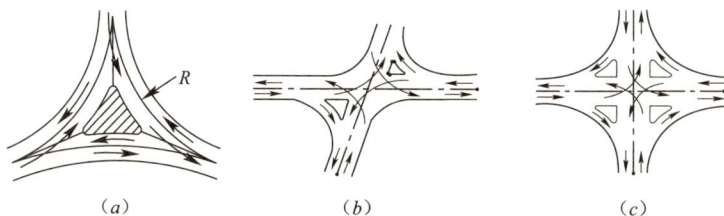

图 8-2 分道转弯式交叉口
(a) 三路交叉；(b) 四路斜交；(c) 四路正交

3. 拓宽路口式

该类交叉口是指在接近交叉口的道路两侧展宽或增辟附加车道的平面交叉。可单增右转或左转车道，也可同时增设左、右转车道，如图 8-3 所示。此类交叉口可减少转弯交通

对直行交通的干扰，车速较高，事故率低，通行能力大；但占地多，投资较大。适用于转弯交通量较大的干线公路和城市主干路。设计时主要是确定拓宽的车道数和位置，也要满足视距和转弯半径的要求。

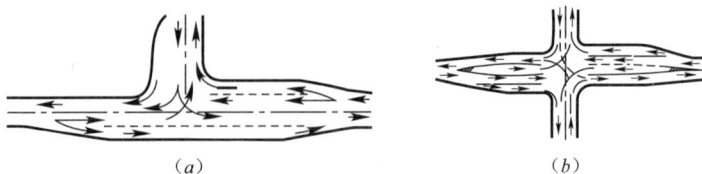

图 8-3　拓宽路口式交叉口

(a) 三路交叉；(b) 四路交叉

4. 环形交叉

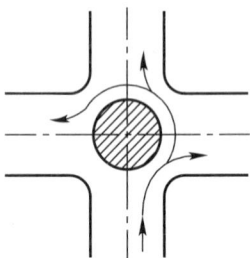

图 8-4　环形交叉口

该类交叉口是指多条道路交汇处设有中心岛的平面交叉。在交叉口中央设置中心岛，用环道组织交通，使进入环道的所有车辆一律按逆时针方向绕岛单向行驶，直至所要去的路口离岛驶出，如图 8-4 所示。

环形交叉口的主要优点包括：驶入交叉口的各种车辆可连续不断地单向运行，没有停滞，减少了车辆在交叉口的延误时间；环道上行车只有分流与合流，消灭了冲突点，提高了行车安全性；交通组织简便，对多路交叉和畸形交叉，用环道组织交通更为有效；中心岛绿化可美化环境。其缺点为：占地面积较大，城区改建困难；增加了车辆绕行距离，特别是左转弯车辆；一般造价高于其他类型平面交叉。

环形交叉适用于多条道路相交或转弯交通量较大，且地形较平坦的交叉口。在快速道路和交通量大的干线道路、有大量非机动车和行人交通、位于斜坡较大地形及桥头引道上均不宜采用。按规划需修建立体交叉处，近期可采用平面环形交叉作为过渡形式，并预留远期改建为立交的用地。

环形交叉设计时主要需确定中心岛的形状和半径、环道的布置和宽度、交织段长度、交织角、进出口曲线半径和视距等。

8.2.3　按交通控制方式分类

1. 无信号控制交叉口

无信号控制交叉应指定优先道路，而在非优先道路的交叉入口处设置"让"或"停"的交通标志，使非优先道路的车辆在进入交叉口前缓行或停候，判断主路车流间隔允许通过时方可进入交叉口。当两条相交道路等级接近时，也可在各个路口均设"让""停"的交通标志，以提醒驾驶人注意谦让并安全通过。

2. 信号控制交叉口

信号控制交叉口在交叉口设置交通信号灯，使发生冲突的车流从通行时间上错开，进而减少或消灭冲突点。适用于交通量较大的城市干路交叉或干路与支路交叉。实施渠化交通的信号控制交叉口适应的交通量更大。在城市出入口通过城镇的地段，对车速有限制

时，可设置信号控制交叉口。

8.2.4 道路平面交叉的选型

1. 公路平面交叉交通管理方式选择

公路平面交叉根据相交公路的功能、等级、交通量等可分别采用主路优先交叉、无优先交叉或信号控制交叉三种交通管理方式。

（1）公路功能、等级、交通量有明显差别的两条公路相交，或交通量交大的 T 形交叉，应采用主路优先交叉交通管理方式。

（2）两条相交公路的等级均低且交通量较小时，应采用无优先交叉的交通管理方式。

（3）下述平面交叉应采用信号交通管理方式：

1）位于城镇路段的平面交叉，有机电等设施条件时；

2）两条交通量均大，且功能、等级相同的公路相交，难以用主路优先的规则管理时；

3）两相交公路虽有主次之别，但交通量均较大（主要公路双向交通量大于或等于600veh/h，次要公路单向交通量大于或等于 200veh/h），采用主路优先交通管理方式会出现较频繁的交通事故和过大的交通延误时；

4）主要公路交通量相当大（主要公路双向交通量大于或等于 900veh/h），而次要公路尽管交通量不大，但采用"主路优先"交通管理方式，次要公路上的车辆由于难以遇到可供驶入的主流间隙而引起不可接受的交通延误，或出现冒险驶入长度不足的主流间隙而危及安全时；

5）两相交公路的交通量虽未达到上述程度，但由于有相当数量的行人和非机动车穿越交叉而引起交通延误，甚至造成阻塞或交通事故时；

6）环形交叉口的入口因交通量大而出现过多的交通延误时。

2. 城市道路平面交叉选型

我国现行的《城市道路工程设计规范》（CJJ 37—2012）与《城市道路交叉口设计规程》（CJJ 152—2010）依据常见的典型交叉口，综合考虑交通控制方式与交通组织方式两方面因素，提出了城市道路交叉口的综合分类方法，如表 8-3 所示。各级城市道路相交时，平面交叉口选型依据如表 8-4 所示。

城市道路平面交叉口分类 表 8-3

序　号	类　别	说　明
1	平 A 类	信号控制交叉口
	平 A1 类	进出口道展宽的信号交叉口
	平 A2 类	进出口道不展宽的信号交叉口
2	平 B 类	无信号控制交叉口
	平 B1 类	支路只准右转通行的交叉口
	平 B2 类	减速让行或停车让行标志管制交叉口
	平 B3 类	全无管制交叉口。
3	平 C 类	环形交叉口

平面交叉口类型	选型	
	推荐形式	可选形式
主干路-主干路	平 A1 类	—
主干路-次干路	平 A1 类	—
主干路-支路	平 B1 类	平 A1 类
次干路-次干路	平 A1 类	—
次干路-支路	平 B2 类	平 A1 类或平 B1 类
支路-支路	平 B2 类或平 B3 类	平 C 类或平 A2 类

8.3　道路平面交叉线形设计

8.3.1　设计速度

1. 公路平面交叉设计速度

《公路路线设计规范》（JTG D20—2006）规定：

（1）平面交叉范围内主要公路的设计速度宜与路段设计速度相同。

（2）两相交公路的等级或交通量很相近时，平面交叉范围内的直行车道设计速度可适当降低，但不得低于路段的 70%；

（3）次要公路因交角等原因改线、或因条件受限采用较低的线形指标时，可适当降低设计速度。

（4）转弯车道的设计速度应根据路段设计速度、交通量、交叉类型、交通管理方式和用地情况等因素综合确定。

2. 城市道路平面交叉设计速度

《城市道路交叉口设计规程》（CJJ 152—2010）规定：城市道路交叉口内的设计速度在保证安全的前提下，应按组成交叉口各条道路设计速度的 50%~70% 计算。转弯车取小值，直行车取大值。在交叉口视距三角形验算时，进口道直行车设计速度应与相应道路设计速度一致。

8.3.2　公路平面交叉线形设计

1. 平面线形

两相交公路应正交或接近正交，且平面线形宜为直线或大半径圆曲线，不宜采用设超高的曲线。

新建公路与等级较低的现有公路斜交时，交角不应小于 70°；受地形条件或其他特殊情况限制时，应不小于 60°。

公路平面交叉岔数不应多于 4 条，岔数多于 4 条时应采用环形交叉。环形交叉的岔数不宜多于 5 条，有条件实行"入口让路"规则管理时，应采用"入口让路"环形交叉。新建公路不应直接与已建的 4 岔或 4 岔以上的平面交叉相连接。

2. 纵断面线形

平面交叉范围内，两相交公路的纵断面宜平缓，纵断面线形应满足停车视距的要求。

主要公路在交叉范围内的纵坡应在0.15%～3%的范围内。次要公路紧接交叉的引道部分应以0.5%～2%的上坡通过交叉。

主要公路在交叉范围内的圆曲线设置超高时，次要公路的纵坡应服从主要公路的横坡。

3. 视距

为了保证交叉口上的行车安全，驾驶人在进入交叉口前的一段距离内，必须能看清相交道路上车辆的行驶情况，以便能顺利地驶过交叉口或及时停车，避免发生碰撞，这一距离必须大于或等于停车视距。

（1）引道视距

如图8-5所示，每条岔路上都应提供与行驶速度相适应的引道视距。引道视距在数值上等于停车视距，但量取标准为：眼高1.2m，物高为0。各种设计速度所对应的引道视距及凸形竖曲线最小半径规定如表8-5所示。

引道视距及相应的凸形竖曲线最小半径 表8-5

设计速度（km/h）	100	80	60	40	30	20
引道视距（m）	160	110	75	40	30	20
引道凸形竖曲线最小半径（m）	10700	5100	2400	700	400	200

（2）通视三角区

如图8-6所示，两相交公路间，由各自停车视距所组成的三角区不得存在任何有碍通视的物体。

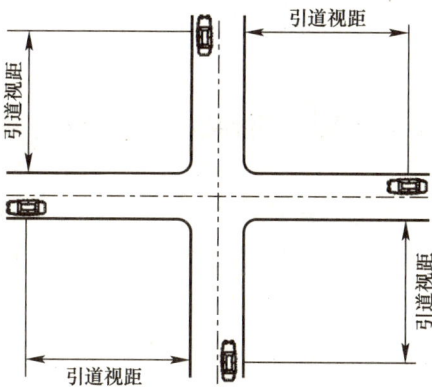

图8-5 引道视距

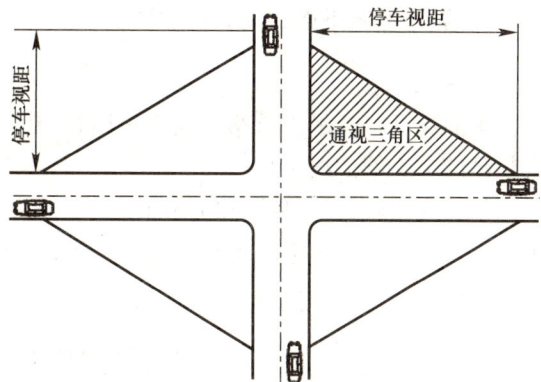

图8-6 通视三角区

条件受限制不能保证停车视距所构成的通视三角区时，则应保证主要公路的安全交叉停车视距和次要公路至主要公路边车道中心线5～7m所组成的通视三角区，如图8-7所示。安

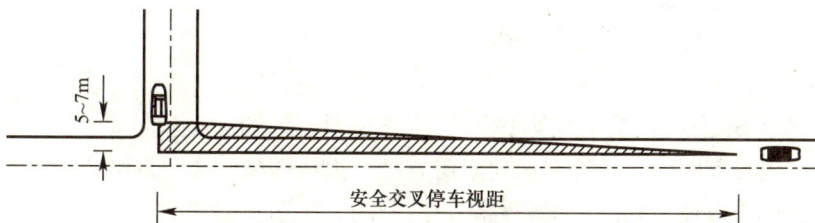

图8-7 安全交叉停车视距通视三角区

全交叉停车视距值规定如表8-6所示。

安全交叉停车视距						表8-6
设计速度（km/h）	100	80	60	40	30	20
停车视距（m）	160	110	75	40	30	20
安全交叉停车视距（m）	250	175	115	70	55	35

4. 转弯设计

鞍式列车在各种转弯速度情况下，路面内缘的最小圆曲线半径规定如表8-7所示，表中括号内的数值为条件受限制时可以采用的值。

路面内缘的最小半径							表8-7
转弯速度（km/h）	≤15	20	25	30	40	50	60	70
最小半径（m）	15	20（15）	25（20）	30	45	60	75	90
最小超高（%）	2	2	2	2	3	4	5	6
最大超高（%）	一般值：6，极限值：8						

转弯路面边缘线形应符合车辆转弯时的行驶轨迹。非渠化平面交叉以载重汽车为主，转弯路面边缘可采用半径15m的圆曲线。当按鞍式列车设计时，路面边缘可采用符合转弯行驶轨迹的复曲线。渠化平面交叉的右转弯车道内侧路面边缘应采用三心圆复曲线，左转弯内侧路面边缘以一单圆曲线来控制分隔岛端的边缘线。

8.3.3 城市道路平面交叉线形设计

1. 平面线形

平面交叉口范围内道路中线宜采用直线，当需要采用曲线时，其曲线半径不宜小于不设超高的最小圆曲线半径。

平面交叉转角处缘石宜为圆曲线或复曲线，其转弯半径应满足机动车和非机动车的行驶要求，按表8-8选定。当平面交叉口为非机动车专用交叉口时，路缘石转弯半径可取5～10m。

城市道路平面交叉路缘石转弯半径				表8-8
右转弯设计速度（km/h）	30	25	20	15
无非机动车道路缘石推荐半径（m）	25	20	15	10

2. 纵断面线形

平面交叉进口道的纵坡度，宜小于或等于2.5%；困难情况下不宜大于3%。山区城市等特殊情况，在保证行车安全的条件下，可适当增加。

3. 视距

由停车视距S_T所组成的三角形称为视距三角形，如图8-8和图8-9中的阴影部分所示。在视距三角形范围内，不能有任何阻碍驾驶人视线的障碍物，否则应将其全部清除。

视距三角形应以最不利的情况来绘制，绘制的方法和步骤如下：

（1）计算确定停车视距S_T。可采用现行《城市道路工程设计规范》中给出的停车视

距，如表 8-9 所示。

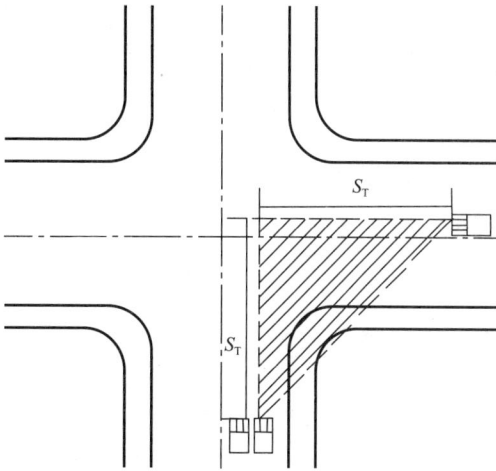

图 8-8 十字交叉口的视距三角形

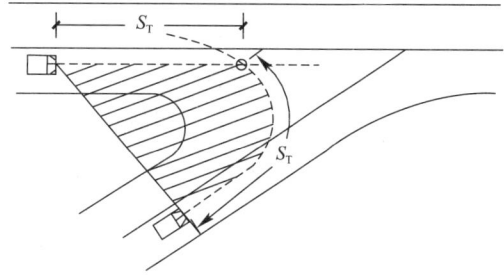

图 8-9 Y 形交叉口的视距三角形

城市道路平面交叉口视距三角形要求的停车视距　　　　表 8-9

直行车设计速度（km/h）	60	50	45	40	35	30	25	20	15	10
停车视距（m）	75	60	50	40	35	30	25	20	15	10

（2）根据交叉口的具体情况，找出行车可能的最危险冲突点。十字形交叉口最危险的冲突点是靠右侧的第一条直行机动车道的轴线与相交道路靠中心线的第一条直行车道的轴线所构成的交叉点，如图 8-8 所示；Y 字形或 T 字形交叉口，其最危险的冲突点则为最靠右侧的第一条直行车道的轴线与相交道路最靠中心线的一条左转车道的轴线所构成的交叉点，如图 8-9 所示。

（3）从最危险的冲突点向后沿行车轨迹线（可取车行道中线）各量取停车视距 S_T 值。

（4）连接停车视距末端构成视距三角形，在三条线所构成的视距范围内，不允许有阻碍视线的障碍物存在。

4. 进口道车道数与车道宽度

（1）设计交通量

城市道路平面交叉机动车设计交通量应区分直行与左右转交通量。确定进口道车道数等平面设计时，应采用高峰小时信号周期平均到达车辆数。当确定渠化及信号相位方案时，应当用信号配时时段的高峰小时内高峰 15min 的到达车辆数。

平面交叉口非机动车设计交通量的确定方法与机动车相同，平面交叉口行人过街设计交通量应采用高峰小时内的信号周期平均到达量。

应根据交通量、相交道路等级、交叉口所处的区域位置及用地条件合理确定交叉口的通行能力和服务水平。

（2）车道数

信号控制交叉口应根据交通流量、流向确定进口道车道数。进口道车道数应大于上游路段的车道数，有条件时宜分设各流向的专用车道，并应满足其交通量所需的车道数要求。

227

（3）车道宽度

平面交叉口一条进口车道的宽度宜为 3.25m，困难情况下最小宽度可取 3.0m；当改建交叉口用地受到限制时，一条进口车道的最小宽度可取 2.8m。转角导流岛右侧右转专用车道应按设计速度计转弯半径大小设置车道加宽。

8.4 道路平面交叉交通组织设计

8.4.1 交通流线与交通特征点

将车辆的行驶轨迹用一条标明方向的线来表示，此线称为交通流线。交通流线分叉点称为分流点，交通流的汇合点称为合流点，交通流线以较大角度相互交叉的点称为冲突点。交通特征点中，以冲突点的影响和危险性最大，冲突点的数量可按下式计算：

$$N_c = \frac{n^2(n-1)(n-2)}{6} \tag{8-1}$$

式中 N_c——冲突点数量；

n——相交道路的条数。

可以看出，冲突点数量与相交道路条数有关，且呈指数增加，应尽可能减少相交道路条数。如图 8-10 所示，冲突点的产生来源于左转及直行车辆（右转车辆不会产生冲突点），并以左转所产生的冲突点数量为最多。因此，对于交叉口车辆交通组织设计，应着重于解决左转车辆和直行车辆的交通组织。

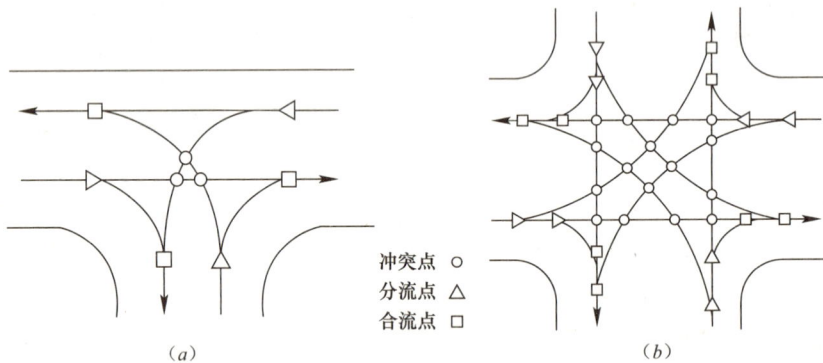

冲突点 ○
分流点 △
合流点 □

图 8-10 平面交叉交通特征点
(a) 三路交叉；(b) 四路交叉

8.4.2 左转弯车辆的交通组织

左转弯车辆不仅是产生冲突点的主要因素，而且也影响直行方向主要车流的通行。无论是为了保证交通安全还是提高交叉口的通行能力，组织好左转弯车辆都是一个关键问题。组织左转弯车辆，可采用以下几种形式。

1. 设置专用左转车道

左转弯车辆在停车线后等候开放通行色灯时才通行。如直行车辆较多，最好能为左转

弯车辆设置专用的车道，以免阻碍直行车辆的通行；如原有车行道的宽度不够，以致左转弯车辆在停候时影响直行和右转弯车辆的通行，可在靠近交叉口一定距离的范围内拓宽车行道，以便驶入交叉口的车辆能按渠化交通的原则分道停候和行驶。

当高峰 15min 内每信号周期左转车平均流量达 2 辆时，宜设置左转专用车道；当每信号周期左转车平均流量达 10 辆，或需要的左转专用车道长度达 90m 时，宜设两条左转专用车道；左转交通量特别大且进口道上游路段单向车道数为 4 条或 4 条以上时，可设置 3 条左转专用车道。

2. 实行交通管制

实行交通管制，在规定时间内不准左转，如图 8-11 所示。

3. 变左转为右转

通过车流右转来实现左转目的，可采用下述两种方法：

（1）环形交通

在交叉口中央设置圆形或椭圆形交通岛，进入交叉口的车辆一律绕岛单向行驶。

（2）绕街坊变左转为右转

绕街坊变左转为右转的主要缺点是使左转弯车辆绕行距离增加很多。当旧城改建有困难或在桥头引道有十字交叉口时，可采用这种方法，如图 8-12 所示。

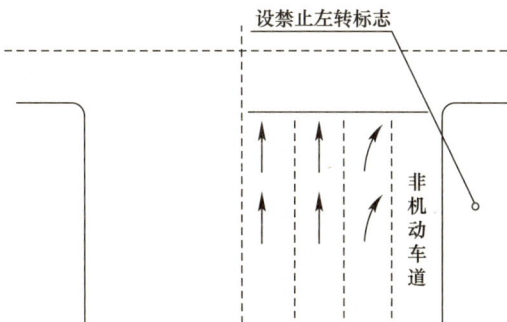

图 8-11　禁止左转

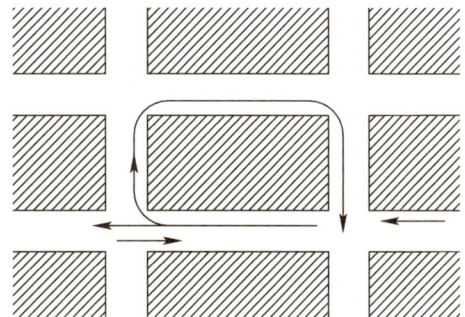

图 8-12　绕街坊变左转为右转

8.4.3　专用车道设置

1. 专用车道组合形式

通过设置专用车道，可以组织不同车种和不同行驶方向的左转、直行和右转车辆在各自的车道上各就各位，分道行驶。根据车行道的宽度和左、直、右行车辆的不同组成，可划分成如下不同的组合形式，如图 8-13 所示。

（1）如左、直、右车辆组成均匀并都有一定数量，可各设一条专用车道；对于非机动车交通，可施划快、慢分道线或设分隔带（墩）组织分流行驶；为了节省用地，特别是当车行道宽度不足时，左转车道可向路中心线稍左偏移布置，对向的车道为反对称布置，如图 8-13（a）所示。

（2）如直行车辆特别多、左转车辆也有一定数量，可分设两条直行车道和一条左转车道；对向的车道为反对称布置，如图 8-13（b）所示。

（3）如左转车辆多而右转车辆少，可设一条左转车道，右转与直行车辆合用一条车

道；对向的车道为反对称布置，如图 8-13（c）所示。

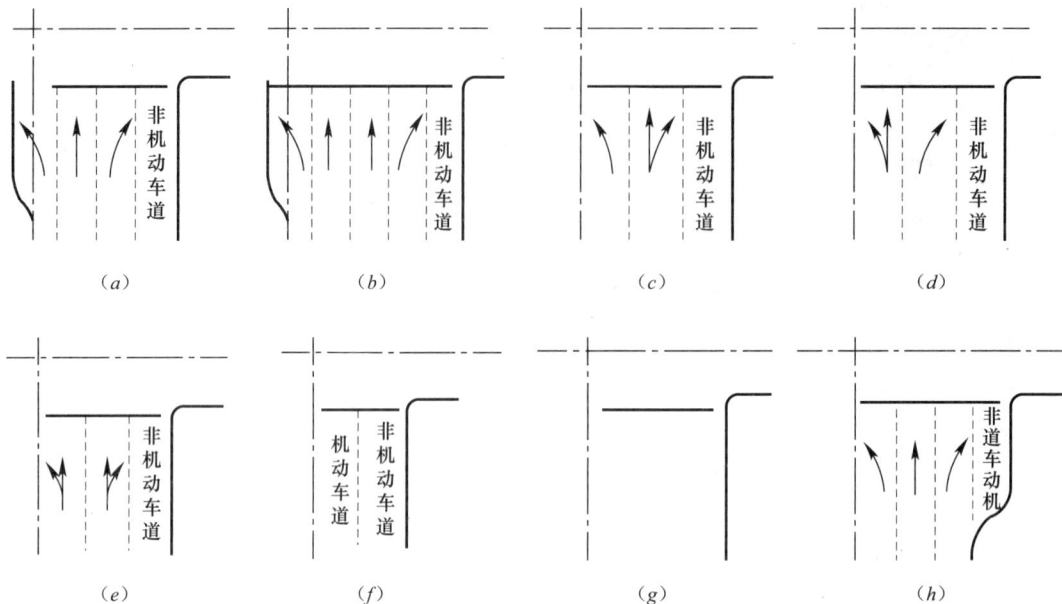

图 8-13　交叉口车道划分

（4）如左转车辆少而右转车辆多，可设一条右转车道，左转与直行车辆合用一条车道，如图 8-13（d）所示。

（5）如左、右转车辆较少，可分别与直行车道合用，如图 8-13（e）所示。

（6）如车行道较窄，则可只划分快、慢车分道线，如图 8-13（f）所示。

（7）如车行道很窄，无法划分快、慢分道线，或划分了反而对车道的相互调剂使用不利，则可不划分，如图 8-13（g）所示。

（8）压缩人行道拓宽入口，增设车道，如图 8-13（h）所示。

2. 附加车道设置

（1）城市道路平面交叉附加车道

1）左转弯附加车道

常见的左转弯附加车道设置方法有以下几种：

① 展宽进口道，以便新增左转专用车道。

② 压缩较宽的中央分隔带，新辟左转专用车道。压缩后的中央分隔带宽度，对于新建交叉口至少为 2m，对改建交叉口至少应为 1.5m，其端部宜为半圆形，如图 8-14（a）所示。

③ 道路中线偏移，以便新增左转专用车道，如图 8-14（b）所示。

④ 在原直行车道中分出左转专用车道。

2）右转弯附加车道

右转弯附加车道的常用设置方法主要有以下两种：

① 展宽进口道，新增右转专用车道，如图 8-15 所示。

② 在原直行车道中分出右转专用车道。

230

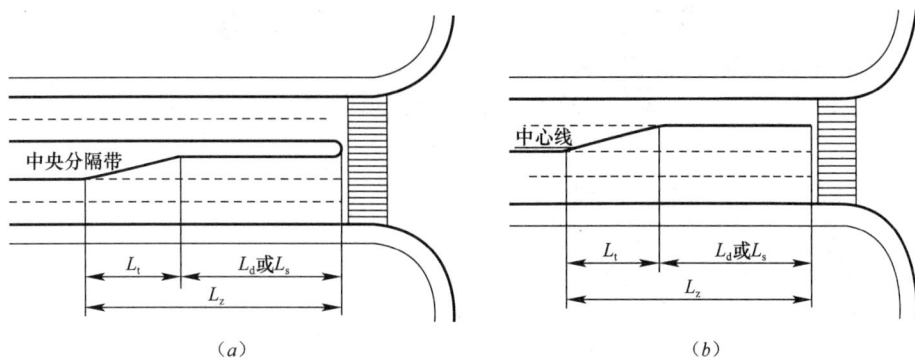

图 8-14　左转弯附加车道设置

(a) 压缩中央分隔带；(b) 中线偏移

L_t——变换车道所需的展宽渐变段长度（m）；L_d——展宽段长度（m）；

L_s——相邻候驶车辆排队长度（m）；L_z——专用左转车道最小长度（m）

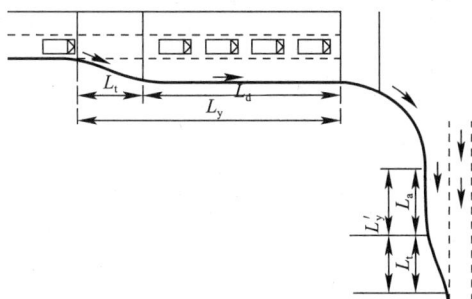

图 8-15　右转弯附加车道设置

L_t——展宽渐变段长度（m）；L_d——展宽段长度，不小于相邻候驶车队长度（m）；

L_a——车辆加速所需距离（m）；L_y——展宽右转专用车道长度（m）；L_y'——展宽加速车道长度（m）

3）展宽段与渐变段长度

由图 8-14 和图 8-15 可以看出，进口附加车道长度由展宽渐变段长度 L_t 与展宽段长度 L_d 组成。渐变段长度 L_t 按车辆以 0.7 倍的路段设计速度行驶 3s 横移一条车道宽度来计算确定，其最小长度要求如下：支路 20m，次干路 25m，主干路 30m～50m。展宽段最小长度应保证左转或右转车不受相邻候驶车辆排队长度的影响。相邻候驶车辆排队长度 L_s 可由公式（8-2）计算确定。需要说明的是，上述参数的确定，同样适用于右转弯附加车道的设置参数。

$$L_s = N \cdot l \tag{8-2}$$

式中　N——高峰时段一个信号周期内与展宽段相邻车道的停候车辆数，veh；

l——停候车辆的平均车头间距，m，一般取车身长加 3m。

当需设两条转弯专用车道时，展宽段长度可取一条专用车道长度的 60%。无交通资料时，展宽段最小长度规定如下：支路 30～40m，次干路 50～70m，主干路 70～90m，与支路相交取下限，与主干路相交取上限。

（2）公路平面交叉附加车道

231

1）左转弯附加车道

四车道公路除左转交通量很小且对直行交通不造成阻碍或延误者外，均应在平面交叉范围内设置左转弯附加车道。二级公路符合下列情况之一者，应设置左转弯附加车道：

① 与高速公路或一级公路互通式立体交叉连接线相交的平面交叉；

② 非机动车较多且未设置慢车道的平面交叉；

③ 左转弯交通会引起交通拥阻或交通事故时。

公路左转弯附加车道应由渐变段、减速段和等候段组成。渐变段长度规定见表8-10，减速车道长度规定见表8-11，等候段长度不应小于30m。当左转弯交通量很小时，可不考虑等候段长度。

渐变段长度   表 8-10

设计速度（km/h）	100	80	60	40
渐变段长度（m）	60	50	40	30

2）右转弯附加车道

主要公路设计速度≥60km/h时，应在主要公路上增设减速分流车道和加速汇流车道，二者的长度规定分别见表8-11和表8-12。

两条一级公路相交或一级公路与交通量大的二级公路相交时，其右转弯运行应设置经渠化分隔的右转弯车道。

公路平面交叉减速车道长度   表 8-11

公路类别	设计速度（km/h）	减速车道长度（m）		
		$a=-2.5\text{m/s}^2$		
		末速度（km/h）		
		0	20	40
主要公路	100	100	95	70
	80	60	50	32
	60	40	30	20
	40	20	10	—
次要公路	80	45	40	25
	60	30	20	10
	40	15	10	—
	30	10	—	—

公路平面交叉加速车道长度   表 8-12

公路类别	设计速度（km/h）	加速车道长度（m）		
		$a=2.5\text{m/s}^2$		
		始速度（km/h）		
		0	20	40
主要公路	100	250	230	190
	80	140	120	80
	60	100	80	40
	40	40	20	—

公路类别	设计速度（km/h）	加速车道长度（m）		
		$a=2.5\text{m/s}^2$		
		始速度（km/h）		
		0	20	40
次要公路	80	90	80	50
	60	65	55	25
	40	15	15	—
	30	10	—	—

一级公路、二级公路的平面交叉中，符合下列情况之一者应设置右转弯附加车道：

① 斜角角度接近 70°的锐角象限；

② 交通量较大，右转弯交通会引起不合理的交通延误时；

③ 右转弯车流中重车比例较大时；

④ 右转弯行驶速度大于 30km/h 时；

⑤ 互通式立体交叉连接线中的平面交叉右转弯交通量较大时。

8.4.4 渠化交通

所谓渠化交通，是指在道路上通过划线、绿地和交通岛来分隔车道，使各种不同类型和不同速度的车辆能像渠道内的水流那样，顺着一定的方向，互不干扰地通行。三级及以上公路的平面交叉应根据其交通管理方式和功能特点，采用导流岛、标志、标线措施等进行渠化设计，对交通流进行合理组织，减少交通冲突和干扰。三级以下公路的平面交叉可根据需要进行渠化设计。城市道路平面交叉在条件允许的情况下则全部需要进行渠化设计。

1. 设计原则

渠化交通可以有效地缓解城市的交通拥挤状况，提高车速和通行能力，保障交通安全，它对于解决畸形交叉口的问题尤为有效。进行渠化交通设计时，应遵循下述原则：

（1）尽量减少交叉口车辆可能发生冲突的路面面积，如图 8-16（a）所示。交叉口内路面铺装面积过大时，车辆及行人通过交叉口的路径选择余地很大，这反而增加了车辆及行人发生冲突的范围，使通过交叉口的危险性增大。采取渠化措施压缩路面面积，使车辆及行人通过交叉口的路径单一且集中，可有效地控制冲突范围。在较小的冲突范围内，道路使用者可以做出准确的判断并采取应急措施，从而增加安全度。

（2）增大交通流线的交叉角度，如图 8-16（b）所示。车辆交叉通过时，其交叉角度越接近直角越有利，这样可以减少可能发生冲突的路面面积，使车辆通过交叉点的时间缩短，驾驶人更易判断被交叉车辆的通过速度。

（3）减少车流的分流、合流角度，如图 8-16（c）所示。由于车流在进行小角度的分流、合流运行时，可采用实现两股车流最小的速度差，在合流时还可充分利用较小的车头间距，因此应尽量减小分流、合流角度，一般该角度应控制在 10°~15°。

（4）曲线上交叉口的渠化如图 8-16（d）所示，这时渠化交通应促使次要道路上的车流进入交叉口时减速缓行，并尽量保证次要道路上的交通流顺畅。

（5）有利于车流进入交叉口时减速和驶出交叉口时加速，如图 8-16（e）所示。交叉

口的设计速度一般低于相交路段的设计速度，因此，车辆进入交叉口时要减速，驶出交叉口时则要加速，渠化交通应满足这一要求，一般将出入口渠化成喇叭型。

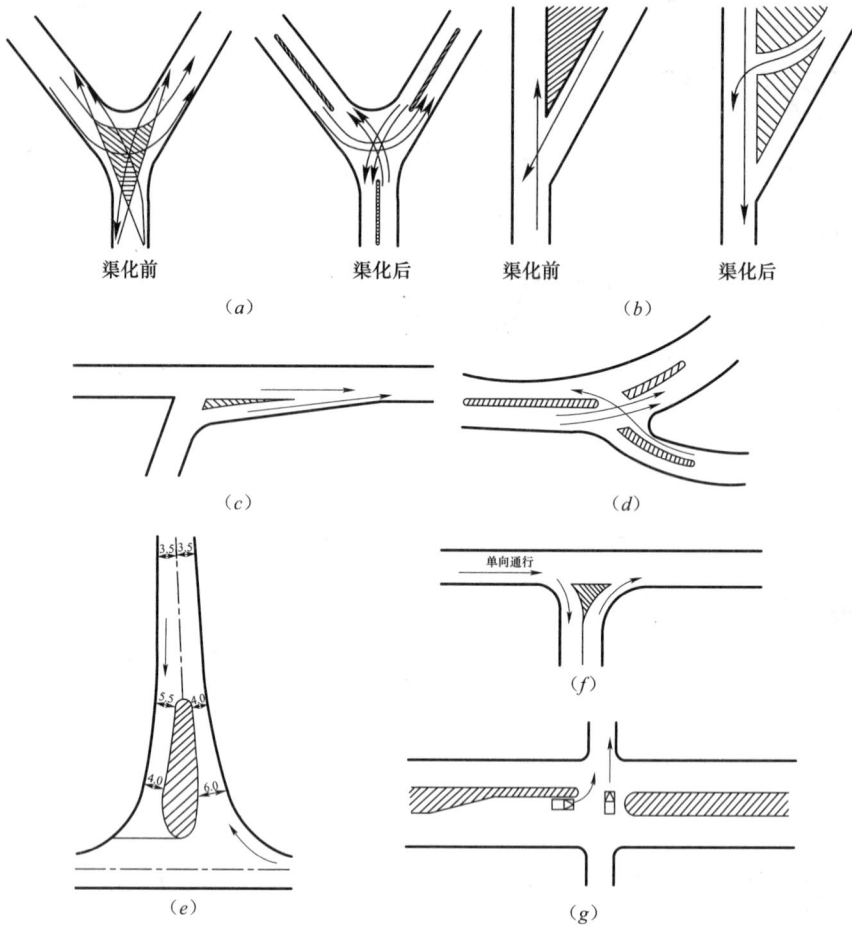

图 8-16　渠化交通示例

（6）渠化交通采用的交通岛位置和形状应配合交通组织指示或强制车辆按正确路径行驶，使车辆不致误入禁行车道或方向，如图 8-16（f）所示。

（7）有利于车辆及行人横穿对方交通流的安全，如图 8-16（g）所示。在可能情况下，在较宽的道路方向上设置尽量宽的交通分隔带，以形成行人过街的安全岛，或成为车辆过街时的避让带。这既有利于提高穿越道路的通行能力，也有利于交通安全。

2. 交通岛

（1）交通岛类型

在渠化交通中，最常用的是高出路面用缘石标界的交通设施，即交通岛。交通岛一般要高出路面 15～25cm，有行人通过时则高出路面 12～15cm。其形状为直线与圆曲线的组合图形。按其作用不同可分为分隔岛、安全岛、中心岛和方向岛等，如图 8-17 所示。

分隔岛是用来分隔机动车和非机动车、快车和慢车，以及对向行驶的车流，保证行车速度和交通安全的长条形交通岛，有时也可在路面上划线来代替分隔岛。

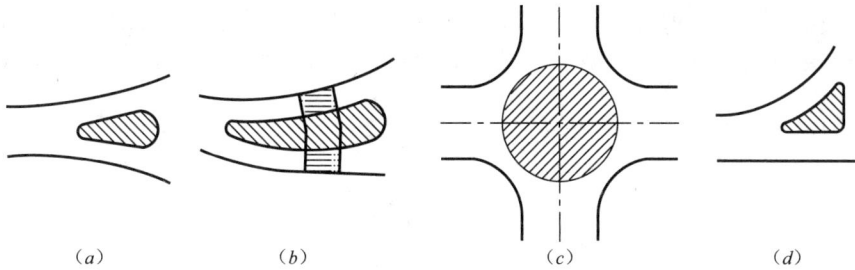

图 8-17 交通岛

(a) 分隔岛；(b) 安全岛；(c) 中心岛；(d) 方向岛（导流岛）

安全岛供行人过街时避让车辆之用。在宽阔的交通繁忙的街道上，宜在人行横道线中央设置安全岛，以保证行人过街安全。

中心岛是设在交叉口中央，用来组织左转弯车辆和分隔对向车流的交通岛。

方向岛又称导流岛，用以指引行车方向，它在渠化交通中起着很大作用，许多复杂的交叉口，往往只需用几个简单的方向岛，就能组织好交通，减少或消灭冲突点。方向岛还可用于约束车流，使车辆减速转弯，保证行车安全。

公路渠化平面交叉中应按下列情况设置交通岛：

1）需专辟右转弯车道时应设置导流岛。

2）信号交叉口中，左转弯为 2 条车道时，左转弯与同向直行车道间宜设置导流岛。

3）左转车道与对向直行车道间应设置分隔岛。

4）T 形交叉中，次要公路引道上的 2 条左转弯行驶轨迹间应设置分隔岛。

5）对向行车道间需提供行人的避险场所，或需设置标志、信号立柱时，应设置分隔岛。

当被交通岛分隔的车行道有不少于 2 条的车道，或虽为一条车道但设置绕避故障车辆的加宽时，或岛中需设置标志、信号住时，应采用由缘石围成的实体岛。岛的面积较小，或不宜采用强行分隔时，宜采用在路面上由标线示出的隐形岛；岛的面积很大时，宜采用由附宽度不小于 0.5m 的路缘带的行车道围成的浅碟式岛。

（2）交通岛的设计

交通岛面积不宜小于 $7.0m^2$，面积窄小时，可用路面标线表示。转角交通岛兼作行人过街安全岛时，面积（包括岛端尖角标线部分）不宜小于 $20m^2$。导流岛间导流车道的宽度应适当，以避免因过宽而引起车辆并行、抢道。当需设右转专用车道而布设交通岛时，右转专用车道曲线半径应大于 25m，并应按设计速度及曲线半径大小设置车道加宽，加宽后的车道宽度应符合表 8-13 的规定。

右转专用车道加宽后的宽度（单位：m）　　　　　　　表 8-13

曲线半径（m）	设计车辆	大　型　车	小　型　车
20～30		5.0	4.0
>30		4.5	3.75

交通岛不应设在竖曲线顶部，其端部应醒目，并在外形上能诱导车辆前进方向，必

要时可兼作行人过街安全岛。导流岛的偏移距、内移距及端部圆曲线半径（如图 8-18 所示）最小值可按表 8-14 取用，导流岛各部分要素（如图 8-19 所示）最小值可按表 8-15取用。

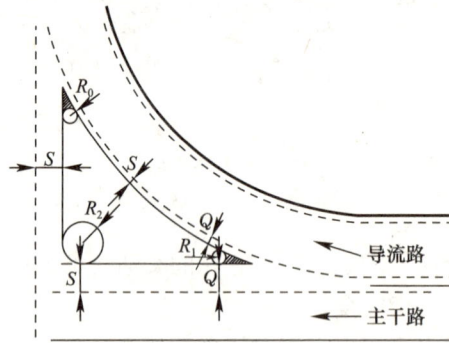

图 8-18　导流岛偏移距、内移距及端部圆曲线半径

导流岛偏移距、内移距、端部圆曲线半径最小值　　　　　表 8-14

设计速度（km/h）	偏移距 S（m）	内移距 Q（m）	R_0（m）	R_1（m）	R_2（m）
≥50	0.50	0.75	0.5	0.5~1.0	0.5~1.5
<50	0.25	0.50			

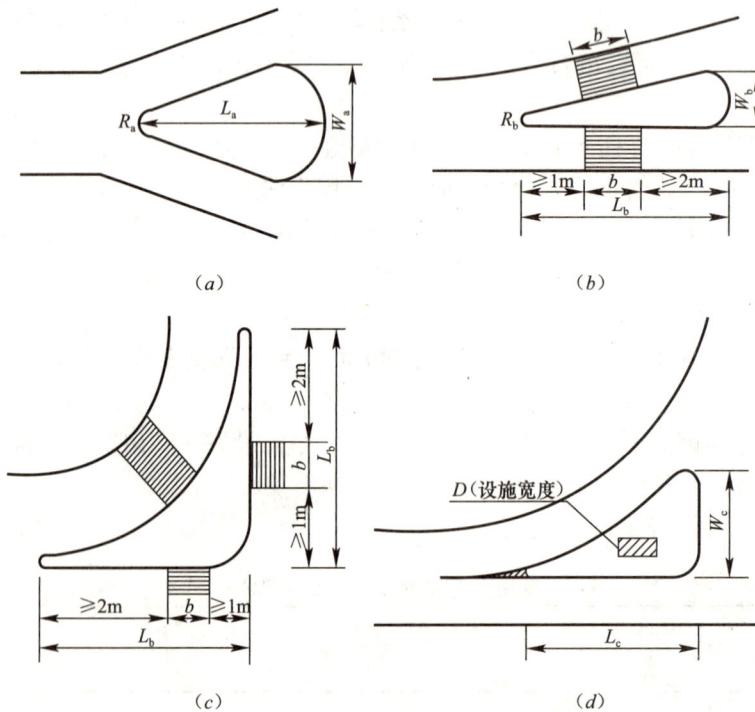

（a）

（b）

（c）

（d）

图 8-19　导流岛各部分要素
（a）只分割交通；（b）兼作安全岛；（c）兼作安全岛；（d）设置设施

236

图示	图 8-19 (a)			图 8-19 (b)、(c)			图 8-19 (d)	
要素	W_a	L_a	R_a	W_b	L_b	R_b	W_c	L_c
最小值	3.0	5.0	0.5	3.0	$b+3$	1.0	$D+3$	5.0

导流岛各要素的最小值（单位：m）　　　　　　　　　表 8-15

8.4.5　行人与非机动车的交通组织

公路设计中常较少考虑行人和非机动车交通。但对城市道路而言，有大量行人和非机动车存在。因此，合理组织行人和非机动车交通，是消除交叉口交通阻塞，保障交通安全的有效方法。

1. 行人交通组织

行人交通组织的主要任务是组织行人在人行道上行走，在人行横道线内安全过街，使人、车分离，干扰最小。

人行道通常对称布置在行车道两侧。交叉口内相邻道路的人行道应相互连通，并将转角处人行道加宽，以适应人流集中转向的需要。为使行人安全、有序地横穿行车道，应在交叉路口设置人行横道。交叉范围的人行道和人行横道相互连接，共同组成可达任意方向的步行道网。尽量不将吸引大量人流公共建筑的出入口设在交叉口上。

行人设施设计已在第 7 章中介绍，本章不再复述。

2. 非机动车交通组织

在交叉路口，非机动车道通常布置在机动车道和人行道之间。在交叉口内，一般车流量下非机动车随机动车按交通规则在右侧行驶，并施划分隔标线；车流量较大时，可采用分隔带或隔离墩将机动车与非机动车分离行驶，减少相互干扰。上述两种情况与机动车交通组织共同考虑。

当车流量很大，机、非之间干扰严重时，可考虑采用立体非机动车交通组织，并与人行天桥或地道合并设置。上下人行天桥或地道可用梯道、坡道或混合式。一般行人宜用梯道型升降方式；非机动车应采用坡道型；非机动车较多，又因地形或其他条件限制不能设置坡道时，可用梯道带坡道的混合型升降方式。

8.5　环形交叉口设计

环形交叉口是在交叉口中央设置一个中心岛，用环道组织交通的一种形式。其交通特点是进入交叉口的不同交通流只允许按照逆时针方向绕中心岛做单向行驶，交通运行上以较低的速度合流并连续地进行交织行驶，直至出口分流驶出。

8.5.1　环形交叉口的组成、形式及适用条件

1. 环形交叉口的组成

图 8-20 示出了环形交叉口的组成。采用环形交叉的目的，是为了避免在交叉口产生周期性的阻滞，并消除交叉口上的冲突点，从而提高行车安全性并减小车辆在交叉口的延误。

237

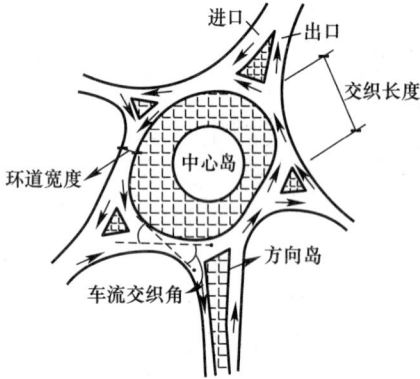

图 8-20　环形交叉口组成示意图

2. 环形交叉口的基本形式

根据交叉口占地面积、中心岛大小和交通组织等因素，环形交叉口可分为以下三种基本形式：

（1）普通环形交叉口：中心岛直径>25m；

（2）小型环形交叉口：中心岛直径为 4~25m；

（3）微型环形交叉口：中心岛直径<5m。

3. 环形交叉口的优缺点

环形交叉的主要优点：驶入交叉口的各种车辆，不论左、右转弯和直行车辆，都无需停车，可同时连续不断地通行，节约时间；车辆在环道上行驶的车流方向一致，有利于渠化交通，且交叉行驶的车流以较小的交织角向同一方向行驶，消除了冲突点，减少交通事故；交通组织简便，尤其对五条以上的道路交叉和畸形交叉口，更为有效。

主要缺点：占地面积大，对旧城改建较难实现；增加车流绕岛行驶距离，对左转弯车辆及直行车辆的行驶均不利。

4. 环形交叉口的适用条件

环形交叉口适用于多路交汇或转弯交通量较均衡的交叉口，相邻道路中心线间夹角宜大致相等。为控制扩建用地，近期作为过渡阶段的重要交叉口也可选用环形交叉口。

常规环形交叉口不宜用于城市干路交叉口；坡向交叉口的道路，总坡度大于或等于 3%时，不宜采用环形交叉口。此外，在具有大量非机动车交通和行人众多的交叉口上，不宜采用环形交叉，因为它不仅增加了大量非机动车和行人通过交叉口时的行程和时间，而且在环道的外侧和进、出口处将被大量的非机动车车流和人流所包围，使机动车进、出环岛时均会发生很大困难，从而影响车辆的连续通行，使通行能力下降甚至经常造成交通阻塞。

在桥头引道上，也不宜采用环形交叉，因为它使下坡的车辆等于走小半径的反向曲线，这对行车安全是很不利的。

8.5.2　中心岛设计

1. 中心岛形状

普通环形交叉口是在交叉口中央布置一个直径足够大的中心岛，保证车辆能按一定速度在环道上连续不断地行驶，并以交织方式进出环道。我国目前大多数环形交叉口属于这种形式。中心岛的形状，一般采用圆形；对主次道路相交的交叉口也可用椭圆形的中心岛，这时应使长轴沿主要道路方向布置。此外，根据地形、地物及相交道路的特点，也可采用规则或不规则几何形状的中心岛。

2. 中心岛半径

中心岛半径的计算，首先要考虑满足设计速度的需要，然后再按相交道路的条数和宽度，验算路口之间的交织段长度是否符合车辆交织行驶的需要，最后加以确定。

（1）按设计速度计算

因为绕岛行驶的车辆是在紧靠中心岛的车道宽度 b 的中间行驶，故实际采用的中心岛半径还应减去 $b/2$，即：

238

$$R_d = \frac{V^2}{127(\mu \pm i)} - \frac{b}{2} \tag{8-3}$$

式中　R_d——中心岛半径，m；

V——环道设计速度，km/h，按相交道路中最大设计速度的 $50\% \sim 70\%$ 取值，宜取低值；

μ——横向力系数，$\mu = 0.14 \sim 0.18$；

i——环道横坡，取 $i = 1.5\% \sim 2.0\%$。

对应不同环道设计速度的中心岛最小半径规定如表 8-16 所示。

环道设计速度与中心岛最小半径　　　　　　　　　　　　　　表 8-16

环道设计速度（km/h）	20	25	30	35	40
中心岛最小半径（m）	20	25	35	50	65

（2）按交织段长度的要求计算

因环形交叉口的交通量是以交织方式来完成车辆互换车道而进出交叉口的。所以，中心岛的尺寸，不但要适应设计速度所需要的转弯半径，同时，还应满足相邻路口之间最小交织段长度的要求。

如图 8-21 所示，所谓交织段长度是指进环和出环的两辆车在环道上行驶时互相交织，变换一次车道位置所行驶的路程。交织长度主要取决于车辆在环道上的行驶速度。当两个路口之间有足够距离时，在该环道上行驶的车辆均可在合适的时机交织。

中心岛的半径必须满足两个路口之间最小交织段的要求，否则，行驶中需要互相交织的车辆，就要在环道上停车等让，不符合环形交叉口连续交通的基本原则。最小交织长度不应小于以环道设计速度行驶 4s 的距离，行驶铰接车时，最小交织长度不应小于 30m，最小交织长度应符合表 8-17 的规定

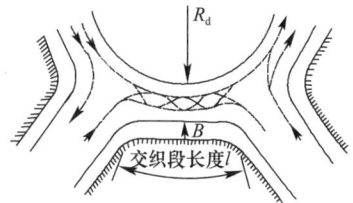

图 8-21　车辆在环道上交织行驶

环道上不同车速所需的最小交织段长度　　　　　　　　　　表 8-17

环道设计速度（km/h）	20	25	30	35	40
最小交织段长度（m）	25	30	35	40	45

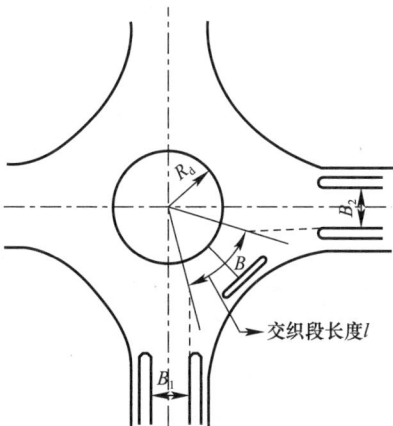

图 8-22　交织段长度的位置

如图 8-22 所示，按交织段长度所要求的中心岛半径 R_d，可近似地按交织段长度围成的圆周大小来计算，即：

$$R_d = \frac{n(l + B_{平均})}{2\pi} - \frac{B}{2} \tag{8-4}$$

式中　n——相交道路的条数；

l——两个路口之间的交织段长度，m；

$B_{平均}$——交汇道路的平均宽度，m，当中心岛为圆形，交汇的道路为十字正交时，$B_{平均}$ 取交叉口相邻两路口车道宽度的平均值。

由以上公式可知，当相交道路的条数越多（即 n 越大），则要求中心岛的半径 R 就越大，这样，将大

239

幅度地增加交叉口的用地面积；同时，也大大增加绕岛车辆的行程，这是很不经济合理的。因此，环形交叉口的相交道路不宜多于 6 条。

如按行车速度已确定中心岛半径 R，可按公式（8-5）验算其交织段长度 l 是否符合要求。

$$\left.\begin{array}{l} l = \dfrac{2\pi}{n}\left(R + \dfrac{B}{2}\right) - B_{平均} \\[3mm] l = \dfrac{2\pi a^{\circ}}{360^{\circ}}\left(R + \dfrac{B}{2}\right) - B_{平均} \end{array}\right\} \qquad (8\text{-}5)$$

式中　a——相邻道路中心线所形成的交角，当交角不相等时，应采用最小夹角值。

一般在设计四条道路交汇的环形交叉口时，所采用的中心岛半径都应按公式（8-3）和（8-4）验算，选取较大者。

我国大、中城市目前所采用的圆弧形中心岛直径一般多数为 40～60m，只有个别城市修建较早的环交采用了较大的直径，如长春市人民广场的环岛直径为 220m。根据观测结果，在城市道路上选用环形交叉口，其中心岛直径以采用 40～80m 为宜。

8.5.3　环道设计

1. 环道进、出口的曲线半径

环道进、出口的曲线半径取决于环道的设计速度。为了使环道上的车速比较一致，对入环车辆的车速应加以限制。因此，环道进口的曲线半径应接近于或小于中心岛半径。环道出口的曲线半径可较进口的曲线半径大些，以便车辆加快驶出，保持交叉口畅通，各相交道路的进口曲线半径不能相差太大，以免造成入环车速差别过大，影响环道的行车安全。

2. 环道的横断面

环道的横断面形状直接影响行车平稳和排水是否顺畅。通常横断面的路拱脊线是设在交织车道的中间，如图 8-23 所示。在进、出环道处，横坡度的变化应较缓和。中心岛的四周应设置雨水口，保证环道上积水的排除。在进、出口之间无交通的地方可设置三角形的方向岛。

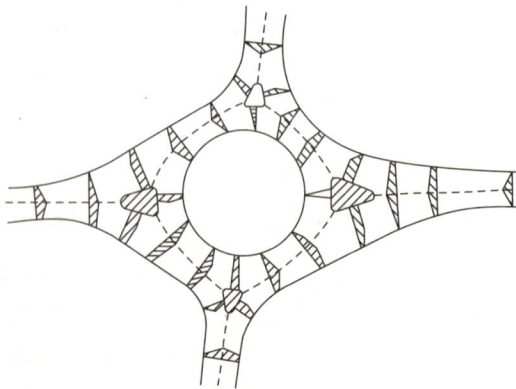

图 8-23　环道的路拱脊线

3. 环道的外缘石

环道外缘石平面多做成反向曲线形式（图8-24），虽然比较美观，但从交通的观点来看是不合理的。实际观测证明，这种形状的环道外侧有20%的路面是从来无车行驶的。因此，环道的外缘石宜采用直线圆角形式，如图8-24中虚线所示。

4. 交织角

交织角是检验车辆在环道上交织行驶时的安全情况的一个指标，它以右转弯车道的外缘1.5m的两条切线的交角来表示，如图8-25所示。交织角的大小取决于环道的宽度和交织段长度。交织角过大，行车易出事故，一般限制在20°~40°以内。

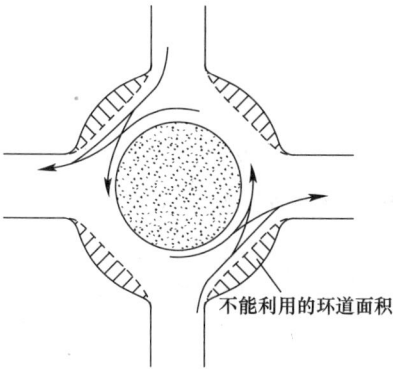

图8-24 环道的外缘石平面形状

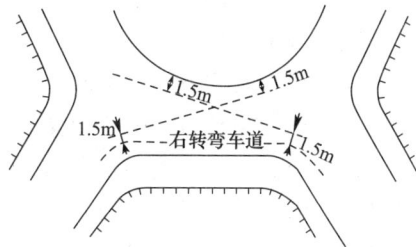

图8-25 交织角的绘制

5. 环道的宽度

环道的宽度取决于相交道路的交通量和交通组织。一般是将靠近中心岛的一条车道作绕行之用，靠最外面一条车道提供右转弯，当中再加一条车道供交织用。根据观测标明，当环道车道数从2条增加到3条时，通行能力提高得最为显著；当车道数在4条以上时，则通行能力增加极少。因为车辆在绕岛行驶时需要交织，在一定的交织段长度范围内交织车辆必定顺序行进，不可能同时出现2辆以上车辆交织，故不论车道数设计多少条，在交织段断面上只能算有一条车道能起作用。

因此，环道上不宜设计太多的车道，一般设计3条车道即足够；如交织段长度较长，一般大于60m时，可考虑布置2条交织车道，环道共4条车道。如相交道路的车行道较窄，也可采用2条车道。

环道上的车道宽度必须按照弯道加宽值予以加宽。根据机动车的车长，环道上每条车道的加宽值按表8-18确定。非机动车道所需宽度不应小于相交道路中的最大非机动车道宽度，也不宜大于6m。

环道上车道加宽值　　　　　　　　　　　　　表8-18

中心岛半径（m）		$10<R\leqslant15$	$15<R\leqslant20$	$20<R\leqslant30$	$30<R\leqslant40$	$40<R\leqslant50$	$50<R\leqslant60$
车型	小型车	0.80	0.70	0.60	0.50	0.40	0.40
	大型车	3.00	2.40	1.80	1.30	1.00	0.90

6. 非机动车道与人行道的布置

环道的车行道可根据交通流的情况，采用机动车与非机动车混行或分行布置。分行时可用分隔带、分隔物或标线分隔。分隔带宽度应大于或等于1.0m。

中心岛上不应布置人行道。环道外侧人行道宽度，不宜小于交汇道路中的最大人行道宽度。环道上应满足绕行车辆的停车视距要求。

8.6 交叉口竖向设计

交叉口竖向设计是交叉口几何设计的内容之一。竖向设计是通过调整交叉口范围内道路的纵坡和横坡，完成交叉口范围内各点的标高设计。

8.6.1 竖向设计的目的和原则

交叉口竖向设计的目的是满足行车平顺稳定，同时保证排水通畅，还要协调好交叉口附近建筑物的标高及地下管线、照明和绿化等问题。

交叉口竖向设计应遵循以下原则：

（1）相同等级道路相交时，一般维持各自的纵坡不变，而改变它们的横坡度。

（2）主要道路与次要道路相交时，主要道路的纵、横断面均维持不变，调整次要道路横坡和纵坡，以保证主要道路的交通便利。

（3）设计时至少应有一条道路的纵坡方向背离交叉口，以利于排水。如遇盆状地形，所有道路纵坡方向都倾向交叉口时，可将中心部抬起。否则在进交叉口之前应设置雨水口和排水管道，以保证交叉口的排水要求。

（4）在交叉口范围内布置雨水口时，一条道路的雨水不应流进交叉口的人行横道，或流入另一条道路，也不能使交叉口内产生积水。所以，雨水口应设在人行横道之前或低洼处。

（5）交叉口范围内横坡要平缓些，一般不大于路段横坡，以利于行车；纵坡度不宜大于 2%，困难情况下应不大于 3%。

（6）交叉口竖向设计标高应与周围建筑物的地坪标高协调一致。

8.6.2 交叉口竖向设计的基本型式

交叉口竖向设计形式主要取决于相交道路的等级、交通量、横断面形状、纵坡的大小和方向及周围地形等。以十字形交叉口为例，按其所处地形及相交道路纵坡方向，可划分为 6 类设计等高线的基本形式。

（1）四条道路的纵坡全部由交叉口中心向外倾斜，如图 8-26（a）所示，其地形为凸形。设计时往往只需把交叉口的坡度做成与相交道路同样的坡度，调整一下接近交叉口时的道路横坡，让地面水向交叉口四个街角的街沟排去即可，在交叉口内不需设置雨水口。

（2）四条道路纵坡向交叉口中心倾斜，如图 8-26（b）所示，其地形为凹形。在这种情况下，地面水向交叉口中心集中，必须对应设置雨水口以排泄地面水，设计时可使交叉口中心地带略升高一些，在交叉口人行横道之外四个角低洼处设置雨水口，但这样做会使交叉口内的纵坡有起伏变化，不利于行车。因此，最好是一条主要道路的纵坡向交叉口外倾斜，把其纵坡转折点设计在交叉口外。

（3）三条道路的纵坡由交叉口向外倾斜，而另一条道路纵坡向交叉口倾斜，如图 8-26（c）所示，其地形特点为相交道路之一位于分水线上，设计时可保持相交道路的横断面形状，对倾向交叉口的道路在其进入交叉口范围后将原来的拱顶线改变为三个方向离开交叉口，并

在倾向交叉口的道路接近人行横道处设置雨水口，以截住路面水，不让其流入交叉口内。

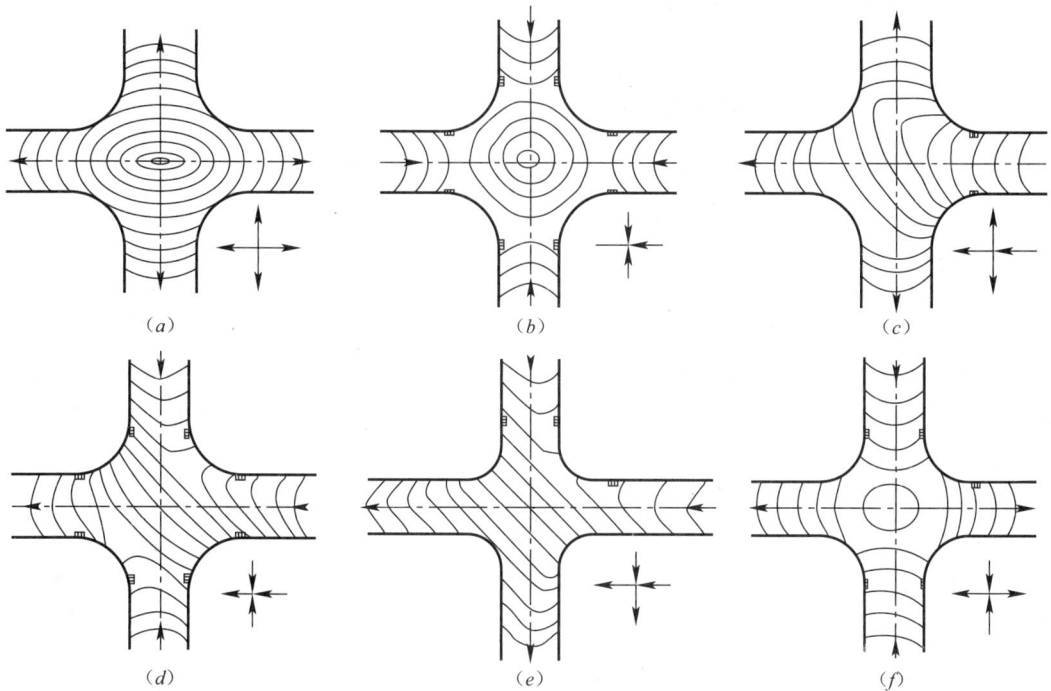

图 8-26　竖向设计的基本型式

（4）三条道路的纵坡向交叉口中心倾斜，而另一条道路纵坡由交叉口中心向外倾斜，如图 8-26（d）所示，其地形特点为相交道路之一位于河谷线上。设计时，因有一条道路位于河谷线上，另一条道路的纵断面在进入交叉口前产生转折点而形成过街横沟，对行车不利。所以应尽量使纵坡的转折点离开交叉口远些，并插入竖曲线加以缓和，在纵坡倾向交叉口的三条道路的人行横道前都设置雨水口，以截住地面水，不让其流入交叉口内。

（5）相邻道路的纵坡向交叉口倾斜，而另外两条道路的纵坡由交叉口向外倾斜交叉口位于斜坡地形上，如图 8-26（e）所示。设计时可不改变相交道路的纵坡，按照自然斜坡地形，将两条道路的横坡在进入交叉口前逐渐向相交道路的纵坡方向倾斜，使交叉口形成一个单向倾斜的斜面，此时，在倾向交叉口的道路上接近人行横道的上方设置雨水口，以截住地面水，不让其流入交叉口内。

（6）相对道路的纵坡分别向交叉口倾斜和交叉口向外倾斜，交叉口位于马鞍地形上，如图 8-26（f）所示。这种形式设计时，若主要道路向交叉口倾斜，则应在交叉口边界处设置雨水口；若次要道路向交叉口中心倾斜，则雨水口的位置应往外移，不使雨水排入相邻的主要道路上。

除以上 6 种基本形式外，还有一种特殊型式，即交叉口位于水平地形上。在这种情况下，只要把交叉口的设计标高稍微抬高一些，就可设计成如图 8-26（a）所示的形式。必要时，也可以不改变纵坡，而将相交道路的街沟都设计成锯齿形，用以排除地面水。

以上所述仅是几个典型十字形交叉口的竖向设计形式，尚有其他形式的交叉口。竖向设计形式虽然不同，但竖向设计的要求和原则都是一样的。从以上所列的竖向设计图形可

以看出，竖向设计图形不同，其使用效果也有差异，最主要的原因是与相交道路纵坡方向的组合有密切关系。所以，为了获得交叉口理想的竖向设计，在进行路段的纵断面设计时，就要为交叉口的竖向设计创造良好条件。

8.6.3　交叉口竖向设计的方法与步骤

交叉口竖向设计的方法通常有方格网格法、设计等高线法、方格网设计等高线法三种。

方格网法是在交叉口范围内以相交道路的中心线为坐标基线画方格网，方格网线为5m×5m或10m×10m与道路中线平行的线，斜交道路应选择便于使用放样的网格线，算出网结点的标高与地面标高之差即为施工高度。这种方法的优点是便于施工放样，但不能直观地看出交叉口的立面形状。

设计等高线法是在交叉口范围内选定路脊线和标高计算线网，算出路脊线和标高计算线上各点的设计标高，勾绘设计等高线，最后标出特征点的设计标高。这种方法的主要优点是能够比方格网法更加清晰地反映出交叉口的竖向设计形状，缺点是设计等高线上的标高点在施工放样时不如方格网法方便。

因此，通常是两种方法结合使用，即采用设计等高线法设计，为了便于施工放样，用方格网标出各点的地面标高、设计标高和施工高度。方格网设计等高线法主要用于大型交叉口和广场的竖向设计。对一般交叉口，通常采用设计等高线法或方格网线法，设计等高线法采用得更普遍一些。采用方格网设计等高线法进行竖向设计的步骤介绍如下：

1. 收集资料

（1）测量资料：交叉口的控制标高和控制坐标；收集或实测1：500或1：200等大比例尺地形图，详细标注附近地坪及建筑物标高。

（2）道路资料：相交道路的等级、宽度、半径、纵坡、横坡等平纵横设计或规划资料。

（3）交通资料：交通量及交通组成。

（4）排水资料：排水方式及地下、地上排水管渠的位置和尺寸。

2. 绘制交叉口平面图

按比例绘出道路中心线、车行道、人行道及分隔带的宽度，缘石曲线和交通岛等。以相交道路中心线为坐标基线打方格网，方格的大小一般采用5m×5m～10m×10m，水泥混凝土路面的方格网应结合交叉口路面分块设置，并量测方格点的地面标高。

3. 确定交叉口的设计范围

交叉口的设计范围一般为缘石曲线的切点以外5～10m（相当于一个方格的距离），主要用于交叉口与路段的标高或横坡的过渡处理。

4. 确定竖向设计图式和等高距

根据相交道路的等级、纵坡方向、地形情况及排水要求等，参照图8-26所示的各种图式确定需采用的立面设计图式。根据纵坡度的大小和精度要求选定等高距 h，一般 $h=0.02～0.10m$，纵坡较大时取大值，纵坡较小时取小值。

5. 勾绘设计等高线

（1）路段设计等高线的勾绘

当道路的纵坡、横断面形式及路拱横坡确定以后，可按照所需要的等高距 h，计算路段设计等高线的水平距离。

如图 8-27 所示，图中 i_1 和 i_3 分别为车行道中心线和边线的设计纵坡（通常情况下，$i_1=i_3$），%；i_2 为车行道拱横坡度，%；B 为车行道宽度，m；h_1 为车行道的路拱高度，m。

中心线上相邻等高线的水平距离 l_1 为：

$$l_1 = \frac{h_1}{i_1} \qquad (8\text{-}6)$$

设置路拱以后，等高线在车行道边线上的位置沿纵向上坡方向偏移的水平距离 l_2 为：

图 8-27 路段设计等高线的绘制

$$l_2 = h_1 \cdot \frac{1}{i_3} = \frac{B}{2} \cdot i_2 \cdot \frac{1}{i_3} = \frac{B}{2} \cdot \frac{i_2}{i_3} \qquad (8\text{-}7)$$

计算出 l_1 和 l_2 位置后，由 l_1 定出中心线上其余等高线的位置，再由 l_2 定出沿边线上相应等高线的位置，最后连接相应等高点，即得到路段设计等高线图。当路拱为抛物线时，等高线应勾绘为曲线，直线型路拱则勾绘为折线等高线。

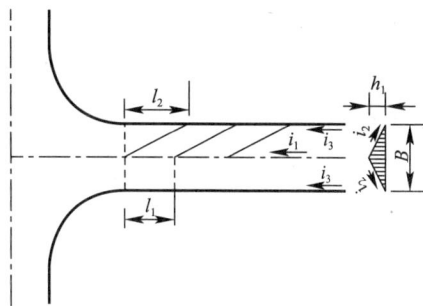

（2）交叉口设计等高线的计算和勾绘

1）选定路脊线和控制标高

选定路脊线时，既要考虑行车平顺，又要考虑整个交叉口的均衡美观。路脊线通常是对向行车轨迹的分界线，即车行道的中心线。对于斜交过大的 T 形交叉口，考虑到道路中心线不是对向行车轨迹的分界线，其路中心线不宜作为路脊线，应加以调整。如图 8-28 所示，调整路脊线的起点 A、C、D 一般为转角曲线切点断面处，而 B' 的位置原则上应选在双向车流的中间位置。

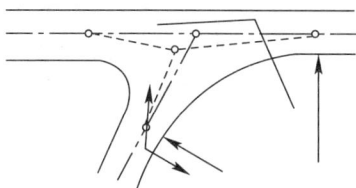

图 8-28 调整路脊线

交叉口的控制标高应以整个道路系统的规划标高为依据，并综合考虑相交道路的纵坡、交叉口周围的地形和建筑物的布置等来确定。在定控制标高时，不宜使相交道路的纵坡相差太大，一般要求差值不大于 0.5%，可能时尽量使纵坡大致相等，以利于竖向设计处理。

2）确定标高计算线网

由于路脊线上的设计标高尚不能反映交叉口的立面形状，依靠它来勾绘交叉口的等高线比较困难，需要增加一些标高计算的辅助线，即标高计算线。标高计算线设置的依据是它所在的位置就是该断面的路拱位置，而标准的路拱横断面是与车辆行驶方向垂直的。所以，应尽量使标高计算线与路拱横断面的方向一致，即标高计算线位置应与行车方向垂直。确定标高计算线网的方法主要有方格网法、圆心法、等分法和平行线法 4 种，其中等分法或圆心法比较符合转弯行车要求。下面对 4 种标高计算线网方法分别作简要介绍。

① 方格网法

如图 8-29 所示，方格网法标高计算线网就是在交叉口平面图打上 5m×5m 或 10m×10m 的方格网线，算出

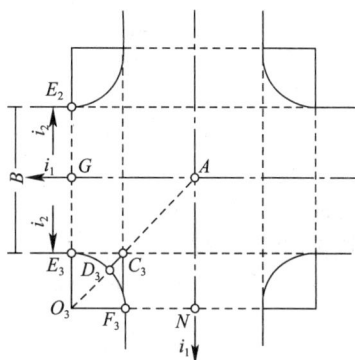

图 8-29 方格网法设计标高的计算图式

245

各网结点的标高。方格网法适宜用在道路正交的交叉口。

根据路脊线交点 A 的控制标高 h_A，按路拱横坡可求出缘石曲线切点横断面上的三点标高。

$$h_G = h_A - AG \cdot i_1$$

$$h_{E_3}（\text{或} h_{E_2}）= h_G - \frac{B}{2} \cdot i_2$$

同理，可求得其他三个切点横断面上的三点标高。

由 E_3 或 F_3 点的标高可推算出车行道边线延长线交叉点 C_3 的标高，如不相等取平均值，即

$$h_{C_3} = \frac{(h_{E_3} + R \cdot i_1) + (h_{F_3} + R \cdot i_1)}{2}$$

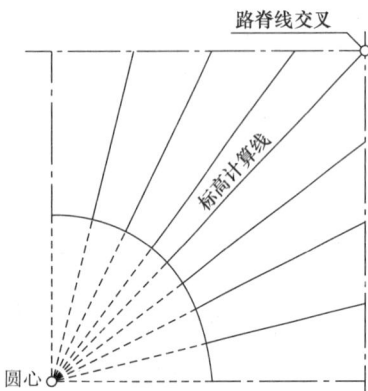

图 8-30　圆心法

过 C_3 的 A、O_3 的连线与转角曲线相交于 D_3，则 D_3 点的标高为：

$$h_{D_3} = h_A - \frac{h_A - h_{C_3}}{AC_3} \times AD_3$$

转角曲线 $E_3 F_3$ 和路脊线 AG、AN 上所需其他各点标高，可根据已算出的特征点标高，用外插法求得。同理，可推算出其余所需各点的设计标高。

② 圆心法

如图 8-30 所示，将路脊线等分为若干份，并将等分点与转角曲线的圆心连成直线（只连到转角曲线上），这些直线即为标高计算线网。

③ 等分法

如图 8-31 所示，将路脊线等分为若干份，相应地把缘石曲线也等分为相同份数，连接对应等分点，即得等分法标高计算线网。

④ 平行线法

如图 8-32 所示，先把路脊线交叉点与各缘石曲线的圆心连成直线，然后按施工要求在路脊线上分若干点，过这些点作该直线的平行线交于行车道边线，即得平行线法标高计算线网。

对于主要道路与次要道路相交的情况，由于主要道路在交叉口的横坡不变，这时次要道路应在主要道路的车行道边线处衔接，路脊线的交点 A 应移到主要道路车行道边线的 A' 处，如图 8-33 所示。此时，无论采用哪一种标高计算线网，都必须以位移后的交点 A' 为准。

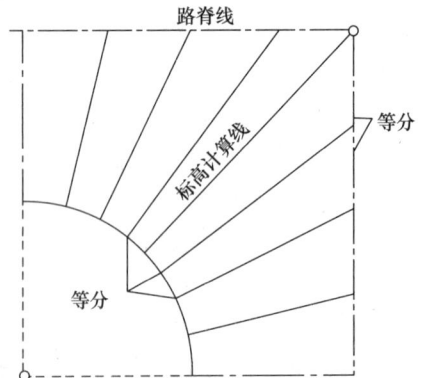

图 8-31　等分法

3）勾绘和调整等高线

把各等高点连接起来，就得初步的设计等高线图。对疏密不匀的等高线可进行适当调整，使坡度变化均匀。然后检查各方向坡度是否满足行车和排水要求，否则再进行调整，直到设计等高线图满足行车平顺和路面排水通畅的要求。最后合理地布置雨水口的位置和标高。

246

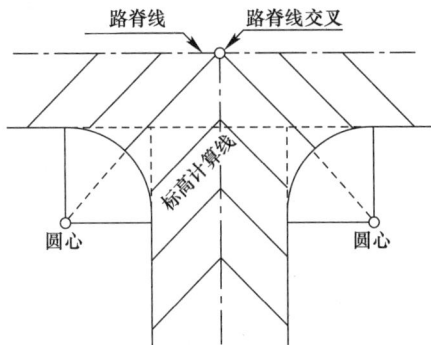

图 8-32 平行线法

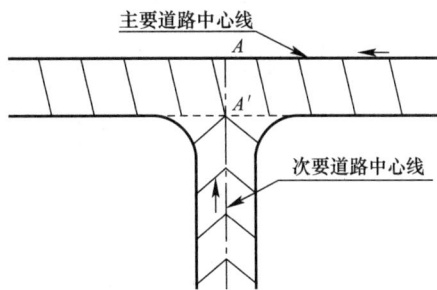

图 8-33 路脊线交叉点位移

（3）计算标高计算线上的标高

标高计算线确定以后，就可按路拱坡度及等高距的要求算出标高计算线上的标高，应注意的是，这时的路拱坡度需根据标高计算线两端的高差形成，一般为单向坡度。

6. 计算设计标高

根据设计等高线图，用内插法求出方格点上的设计标高。与原地面标高的差值即为施工高度。

8.6.4 交叉口竖向设计示例

【例】 已知某正交的十字形交叉口位于斜坡地形上。相交道路车行道中心线及边线的纵坡 i_1 及 i_3 均为 3%，路拱横坡 $i_2=0.02$，车行道宽度 $B=15\text{m}$，缘石半径 $R=10\text{m}$，交叉口中心的控制标高为 2.05m，若等高线间距 h 采用 0.10m，试绘制交叉口的竖向设计图。

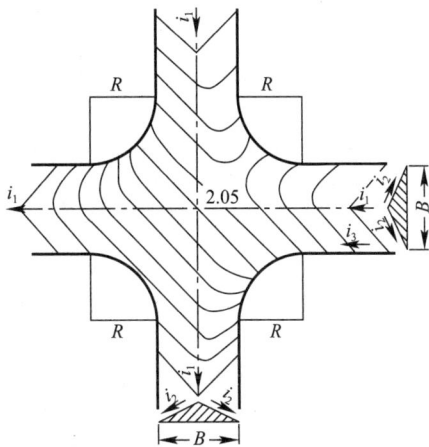

图 8-34 交叉口竖向设计图式

本例题所采用的竖向设计方法是方格网设计等高线法，竖向设计图式如图 8-34 所示。

本交叉口的竖向设计图可按下列步骤绘制：

（1）路段上设计等高线的绘制

$$l_1 = \frac{h_1}{i_1} = \frac{0.10}{0.03}\text{m} = 3.33\text{m}$$

$$l_2 = \frac{B}{2} \cdot \frac{i_2}{i_3} = \frac{15}{2} \times \frac{0.02}{0.03}\text{m} = 5.00\text{m}$$

（2）交叉口上的设计等高线的绘制

1）根据交叉口中心的控制标高计算 F_3、N、F_4 三点标高

$$h_N = h_A - AN \cdot i_1 = 2.05\text{m} - 17.5\text{m} \times 0.03 = 1.52\text{m}$$

$$h_{F_3} = h_{F_4} = h_N - \frac{B}{2} \cdot i_2 = 1.52\text{m} - \frac{15}{2}\text{m} \times 0.02 = 1.37\text{m}$$

同理，可求得其余道口切点横断面的三点标高分别为：

$$h_M = 2.58\text{m}, \quad h_{E_4} = h_{E_1} = 2.43\text{m};$$

$$h_K = 2.58\text{m}, \quad h_{F_1} = h_{F_2} = 2.43\text{m};$$

247

$$h_G = 1.52\text{m}, \quad h_{E_2} = h_{E_3} = 1.37\text{m};$$

2）根据 A、F_4、E_4 点的标高，求交叉口范围内 C_4、D_4 等点的设计标高

$$h_{C_4} = \frac{(h_{F_4} + R \cdot i_1) + (h_{E_4} - R \cdot i_1)}{2}$$

$$= \frac{(1.37\text{m} + 10\text{m} \times 0.03) + (2.43\text{m} - 10\text{m} \times 0.03)}{2}$$

$$= \frac{1.67\text{m} + 2.13\text{m}}{2} = 1.90\text{m}$$

$$h_{D_4} = h_A - \frac{h_A - h_{C_4}}{AC_4} \times AD_4$$

$$= 2.05\text{m} - \frac{2.05\text{m} - 1.90\text{m}}{\dfrac{7.5\text{m}}{\cos 45°}} \times \left[\frac{7.5\text{m}}{\cos 45°} + \left(\frac{10\text{m}}{\cos 45°} - 10\text{m} \right) \right]$$

$$= 2.05 - \frac{0.15}{10.61} \times 14.76\text{m} = 1.84\text{m}$$

同理，可得

$$h_{C_1} = 2.13\text{m}, \quad h_{C_2} = 1.90\text{m}, \quad h_{C_3} = 1.67\text{m}$$

$$h_{D_1} = 2.16\text{m}, \quad h_{D_2} = 1.84\text{m}, \quad h_{D_3} = 1.52\text{m}$$

3）根据 F_4、D_4、E_4 各点标高，求出缘石曲线上的各等高点的标高
本例题采用平均分配法确定。

$F_4 D_4$ 及 $D_4 E_4$ 的弧长为

$$L = \frac{1}{8}(2\pi R) = \frac{1}{8}(2 \times 3.1416 \times 10\text{m}) = 7.85\text{m}$$

$F_4 D_4$ 间应有设计等高线为 $\dfrac{1.84 - 1.37}{0.10}$ 根 ≈ 5 根

等高线的平均间距为 $\dfrac{7.85\text{m}}{5} = 1.57\text{m}$

同理可得，$D_4 E_4$ 间应有设计等高线为 $\dfrac{2.43 - 1.84}{0.10}$ 根 ≈ 6 根

等高线的平均间距为 $\dfrac{7.85\text{m}}{6} = 1.31\text{m}$

$F_3 D_3$ 及 $D_3 E_3$ 间应有设计等高线为 $\dfrac{1.52 - 1.37}{0.10}$ 根 ≈ 2 根

等高线的平均间距为 $\dfrac{7.58\text{m}}{2} \approx 3.93\text{m}$

$F_4 D_4$、$D_4 E_4$ 分别与 $F_4 D_4$、$D_4 E_4$ 相同。

$F_1 D_1$ 及 $D_1 E_1$ 间应有设计等高线为 $\dfrac{2.43 - 2.16}{0.10}$ 根 ≈ 3 根

等高线的平均间距为 $\dfrac{7.85\text{m}}{3} \approx 2.62\text{m}$

4）根据 A、M、K、G、N 各点标高，分别求出路脊线 AM、AK、AG、AN 上的等高点。对路脊线上的标高点位置，也可以根据待定等高线标高、A 点标高及纵坡 i_1 来确

定。比如南端标高为 1.70m 的等高点距 A 点在路脊线上的距离为：$(2.05-1.70)/0.03=$ 11.67m

5）按所选定的竖向设计图式，将对应等高点连接起来，即得初步竖向设计图。

6）根据交叉口等高线中间应疏一些、边缘应密一些，且疏与密过渡应均匀的原则，对初定竖向设计进行调整，即得图 8-35 所示的交叉口竖向设计图。

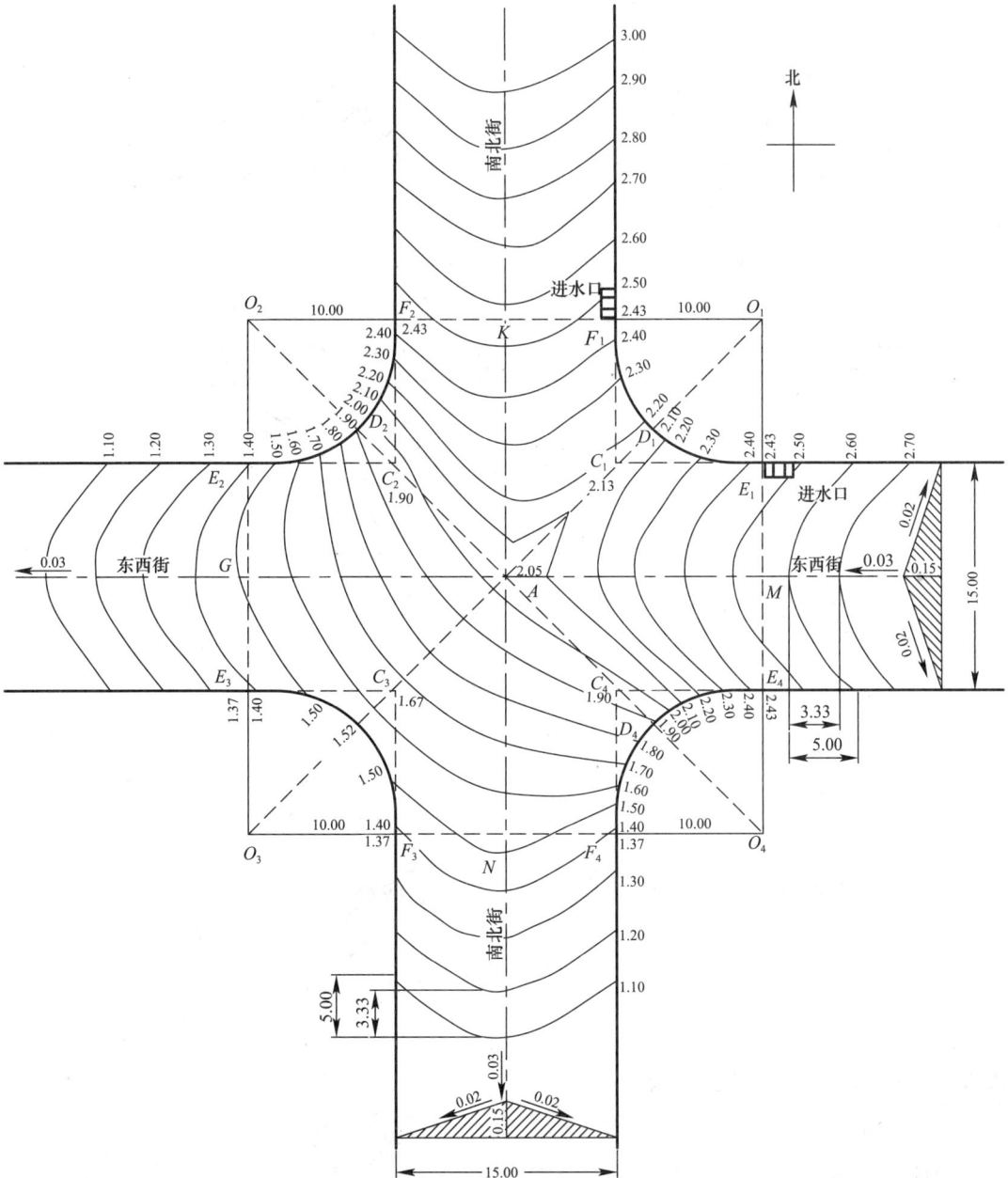

图 8-35　交叉口竖向设计图示例

图 8-36 为按设计等高线法设计的刚性路面正交十字形交叉口的竖向设计图例。

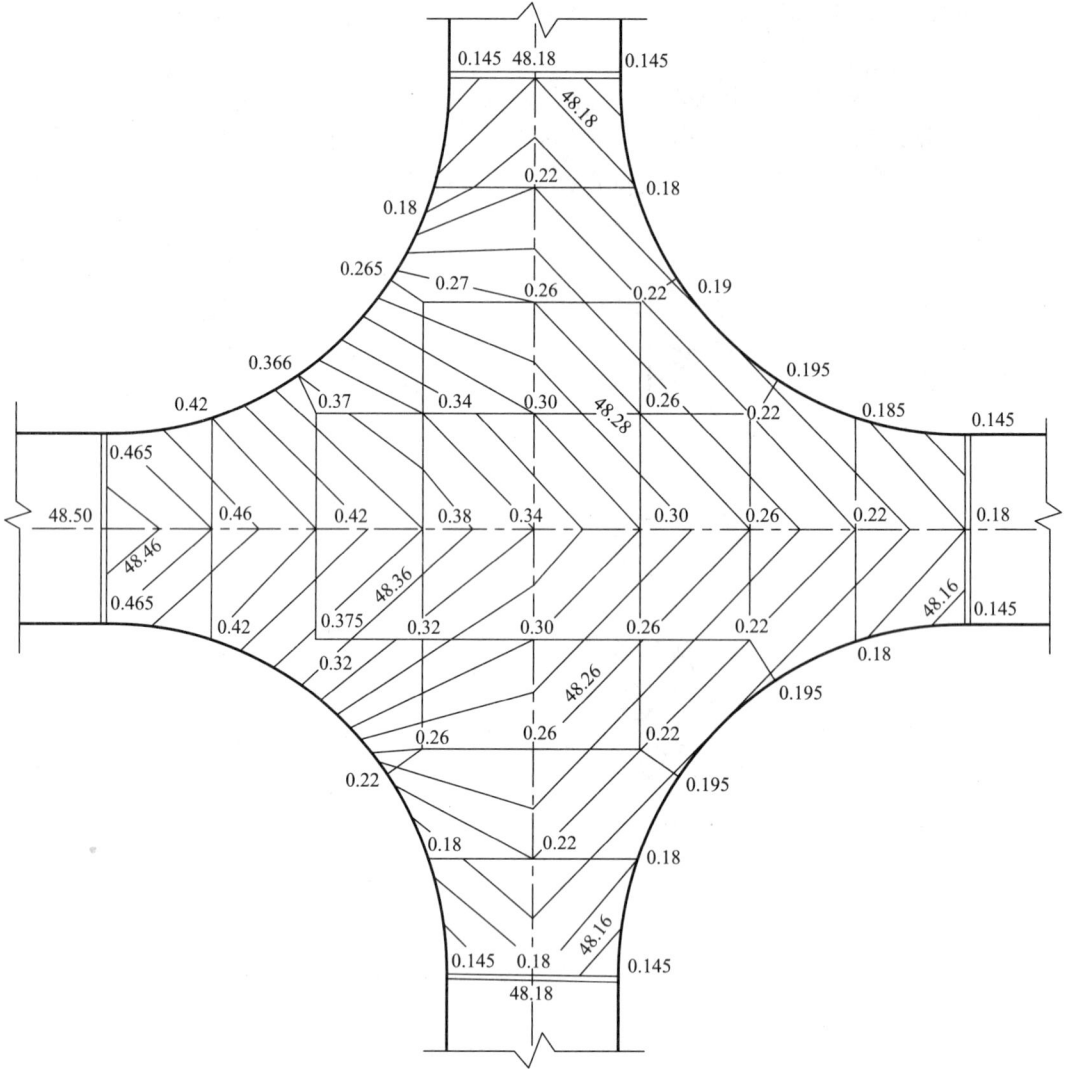

图 8-36　刚性路面交叉口竖向设计示范图（正交）

注：（1）本图为水泥混凝土路面竖向设计图；

　　（2）因水泥混凝土路面为刚性板体，每块板不能有凹凸折面，板边必须是直线，故等高线为直线或折线；

　　（3）按混凝土板块式样在板角加注设计高程。

8.7　道路与铁路、乡村道路及管线的交叉

8.7.1　道路与铁路平面交叉设计要点

1. 公路与铁路平面交叉

公路与铁路平面交叉设计应符合以下规定：

（1）公路与铁路平面交叉以垂直交叉为宜，必须斜交时，其交叉的锐角应不小于 $60°$；受地形条件或其他特殊情况限制时，应不小于 $45°$。

（2）公路与铁路平面交叉道口应设置在汽车瞭望视距不小于表 8-19 规定值的地点。

250

瞭望视距为汽车驾驶人在距道口相当于该级公路停车视距并不小于 50m 处，能看到两侧铁路上火车的范围。道口不得设置在铁路站场、道岔、桥头、隧道洞口及有调车作业的地段附近。受地形等条件限制汽车在距铁路最外侧钢轨 5m 处停车后，汽车驾驶人的侧向瞭望视距小于表 8-19 规定的道口必须设置看守。

公路与铁路平面交叉道口汽车瞭望视距　　　　表 8-19

路段旅客列车设计行车速度（km/h）	140	120	100	80
汽车瞭望视距（m）	470	400	340	270

（3）公路与铁路平面交叉道口附件的铁路路线以直线为宜，公路路线宜为直线，道口两侧公路的直线长度从最外侧钢轨算起，不应小于 50m。

（4）道口两侧公路的水平路段长度（不包括竖曲线），从铁路最外层钢轨算起，不应小于 16m；紧接水平路段的公路纵坡，不应大于 3%；当受地形条件及其他特殊情况限制时不得大于 5%。对于重车驶向道口一侧的公路下坡路段，紧邻道口水平路段的纵坡不应大于 3%。

（5）道口应设置坚固、平整、稳定且易于翻修的铺砌层，其长度应延伸至钢轨以外 2.0m。道口两侧公路在距铁路钢轨外侧 20m 范围内，宜铺筑中级以上的路面，道口铺砌宽度和公路引道宽度均不应小于相交公路的路基宽度。

2. 城市道路与铁路平面交叉

城市道路与铁路平面交叉设计应符合以下规定：

（1）城市道路与铁路平面交叉道口不应设在铁路道岔处、站场范围内、铁路曲线路段及道路与铁路通视条件不符合行车安全要求的路段上。

（2）城市道路与铁路平面交叉道口处道路与铁路宜为正交。斜交时，交叉角宜大于 60°；特殊困难时，应大于 45°。

（3）城市道路与铁路平面交叉时，道路线形宜为直线，直线段从最外侧钢轨算起应大于或等于 30m。道路平面交叉口的缘石转弯曲线切点距最外侧钢轨外缘不应小于 30m。无栏木设施的铁路道口，停止线位置距最外侧钢轨外缘不应小于 5m。

（4）道口两侧应设置平台，自最外侧钢轨外缘到最近竖曲线切点间的通行各类汽车大道口平台不应小于 16m，并应满足设计速度的要求；平台纵坡度应小于或等于 0.5%，紧接道口平台两端的道路纵坡度不应大于表 8-20 规定的数值。

紧接道口平台两端的道路纵坡度　　　　表 8-20

道路类型	机动车与非机动车混合车道	机动车道
一般值	2.5%	3.0%
限制值	3.5%	5.0%

（5）道口铺面高程应等于轨面高程。道口处有两股或两股以上铁路线时，不宜有轨面高程差。困难条件下两线轨面高程差不应大于 10cm；线间距大于 5m 的并肩道口中，相邻两线轨面高程形成的道路纵坡度不应大于 2%。

（6）道口铺面宽度不应小于相交道路车行道和人行道宽度之和。困难条件下，人行道部分铺面宽度可按高峰小时行人流量确定，但每侧宽度不得小于 1.5m。利用边沟排水的道路，道口宽度应与道路路基同宽。当道口宽度超过 20m，不能采用标准栏木时，应与铁路有关部门协商处理；有困难时可局部变更道路横断面形式以增加栏木支撑点，但不得压缩各种车行

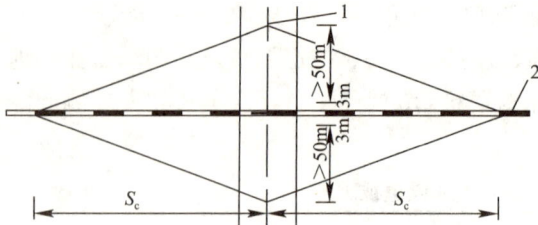

图 8-37　城市道路与铁路平交道口视距三角形
1—道路中心线；2—铁路

道与人行道宽度，断面变更处两端应按规定设置过渡段。道口铺面沿道路方向的铺砌长度应延伸至最外侧钢轨外 0.5～2.0m。

（7）如图 8-37 所示，无人看守或未设置自动信号的铁路道口视距三角形范围内严禁有任何妨碍机动车驾驶人视线的障碍物，机动车驾驶人要求的最小瞭望视距 S_c 应符合表 8-21 的规定。

城市道路与铁路平交道口最小瞭望视距　　　　　　表 8-21

铁路类别	国有铁路				工业企业铁路		
铁路设计最高行车速度（km/h）	140	120	100	80	70	55	40
机动车驾驶人最小瞭望视距 S_c（m）	470	400	340	270	240	190	140

（8）城市道路与铁路平面交叉的道口均应满足现行国家标准《铁路路线设计规范》（GB 50090-2006）的要求。

（9）城市道路与铁路平面交叉道口两侧的道路上应按道路交通管理有关规定设置交通标志、标线、防护设施和信号设备等。

（10）城市道路与铁路平面交叉道口应有完整通畅的排水设施，并应使铁路、道路排水设施相配合，综合形成良好的排水系统。

8.7.2　公路与乡村道路交叉设计要点

1. 设计要点

二级公路、三级公路与乡村道路的交叉可采用平面交叉，其设计要点如下：

（1）以垂直相交为宜；斜交时，其锐角应不小于 70°；受地形条件或其他特殊情况限制时，应不小于 60°。

（2）交叉处公路两侧的直线长度应各不小于 20m。

（3）交叉处公路两侧应分别设置不小 10m 的水平段，紧接水平段的纵坡不应大于 3％，困难地段不应大于 6％。

（4）平面交叉处应使驾驶者在距交叉处 20m 处，能看到两侧二级、三级公路相应停车视距并不小于 50m 范围内的车，视距范围内不得有障碍物。

（5）经常有覆带耕作机械通行时，交叉口范围内的公路路面、路肩应进行加固；公路路基边缘外侧乡村道路各有不小于 10m 的加固段。

2. 乡村道路改线

公路与乡村道路相交，符合下列情况者应对乡村道路进行改线：

（1）交叉的锐角小于 60°。

（2）按规划或交叉总体设计对交叉予以合并或调整交叉位置。

（3）交叉处的地形、地质、视距或原乡村道路平面线形不适宜设置交叉。

（4）改造原平面交叉其工程量增加较大时。

改线段平、纵技术指标不应低于四级公路的最小值。

8.7.3　公路与管线交叉设计要点

1. 公路与架空送电线路交叉

公路与架空送电线路交叉设计应符合以下规定：

（1）公路与架空送电线路交叉时，以正交为宜，必须斜交时，其交叉的锐角应不小于60°；受地形条件或其他特殊情况限制时，应不小于45°。

（2）公路从架空送电线路下穿过时，应从导线最大弧垂与杆塔间通过，并使送电线路导线交叉处距路面垂直距离不小于表8-22中的规定值。

架空送电线路导线距路面最小的垂直距离　　表8-22

架空送电线路标称电压（kV）	35～110	154～220	330	500	750	1000	
						单回路	双回路
距路面最小垂直距离（m）	7.0	8.0	9.0	14.0	195	27.0	25.0

（3）架空送电线路导线与路面的垂直距离，应按根据最高气温或覆冰无风情况求得的最大弧垂和根据最大风速情况或覆冰情况求得的最大风偏进行计算确定。

2. 公路与油气输送管道交叉

公路与油气输送管道交叉设计应符合以下规定：

（1）公路与原油天然气输送管道相交，以垂直交叉为宜；必须斜交时，其交叉锐角宜不小于60°；受地形条件或其他特殊情况限制时应不小于45°。

（2）原油、天然气输送管道与高速公路、一级公路相交，应采用穿越方式，埋置地下专用通道；原油、天然气输送管道穿越二级、三级、四级公路时，应埋置保护套管，套管顶面距路面底基层的底面应不小1.0m。

（3）穿越公路的地下专用通道的埋置深度，除应符合石油天然气行业标准的荷载相关规定外，还应符合《公路桥涵设计通用规范》（JTG D60—2004）的有关规定，并按所穿越公路的车辆荷载等级进行验算。

（4）严禁天然气和输送其他易燃、易爆、有毒及有污染物质的管道利用公路桥梁跨越河流，利用公路隧道穿越山体。此类管道穿（跨）越河流时，管道距大桥的距离不应小于100m；距中桥不应小于50m。

（5）各种管线跨越公路的设施，不得侵入公路建筑限界，不得妨碍公路交通安全，损害公路设施，也不得对公路及其设施形成潜在威胁。

8.8　道路平面交叉口工程实例

一般情况下，城市道路交叉口处的交通情况比公路交叉口更加复杂，需要考虑的渠化交通方案也较复杂，还要兼顾交叉口非机动车及行人的影响。故而城市道路交叉口更能全面反映交叉口平面设计与竖向设计的具体内容，本书从实际工程案例中选取两例进行介绍。

8.8.1　仙来大道交叉口设计实例

仙来大道位于新余市中部，东西走向，是新余市"二横四纵加环路"道路系统中的"二横"之一，交通地位非常重要。此次改造工程西起天工大道，东至孔目江大桥西桥头，全长5074.895m。设计标准采用城市主干路Ⅰ级，设计速度为50km/h。

仙来大道与天工大道交叉口位于本工程的西起点，为四路正交的十字形交叉口。依据

道路平面设计成果，主线仙来大道设计标准横断面为一块板形式，机动车双向六车道，两侧设有3m宽非机动车道，6m宽景观绿化带与5m宽人行道。标准横断面布置为：人行道5m＋绿化带6m＋非机动车道3m＋机动车道3.5m×3＋中央隔离栏栅1m＋机动车道3.5m×3＋非机动车道3m＋绿化带6m＋人行道5m＝50m。现状天工大道为两块板断面，双向六车道，中央分隔带宽度为3m。

经过现状交通调查发现，天工大道南北进口均有较多的右转车与左转车在该交叉口处驶入主线仙来大道。故而采用压缩中央分隔带的方式，设置左转专用车道，采用从直行车道中分离出右转专用车道的方式，设置右转专用车道。仙来大道西进口均采用从直行车道中分离出左转及右转专用车道的方式，设置专用车道；东进口设置左转专用车道的同时，采用向外侧拓宽、压缩路侧绿化带的方式，设置右转专用车道。交叉口设置导流岛以组织渠化交通并缩小交叉口范围。利用交叉口的渠化岛，兼作行人过街的安全岛，并设置人行横道及行人信号灯设施。设计完成的交叉口平面设计图如图8-38所示。

根据交叉口平面设计图，确定交叉口竖向设计范围。根据道路纵断面设计成果，查出该交叉口中心点的控制高程为82.31m，东进口的坡度为0.65%，水流方向向东。由于交叉口相交道路施工边界处的竖向设计高程要与原地面高程相接，故而根据现状地形图资料，确定该交叉口北西南三个进口道施工边界处道路中心点地面高程分别为：82.36m，82.31m及81.85m。该交叉口其他边界特征点的控制高程，可按本教材介绍的方法进行推算。最终结合现状交叉口排水方向，将该交叉口设计为一口进、三口出的分水线地形，竖向设计图如图8-39所示。

8.8.2　中三路交叉口设计实例

大庆市中三路东起东干路与育才路交叉口，西至庆虹桥，全长17.5km。中三路是大庆市主城区"三纵四横"干线道路网的"四横"之一，贯穿大庆市东西交通走廊，是连接大庆市东西两城区的重要交通纽带。设计标准采用城市主干路I级，设计速度为50km/h。中三路与西一路交叉口位于中三路K9＋966.786处，为四路斜交的X形交叉口。根据道路平面设计成果可知，中三路在该交叉口处的设计标准横断面为两块板形式，双向六车道，中央分隔带4m宽。现状西一路为双向两车道的城市支路。

经现场交通调查发现，中三路交通流量较大，特别是改造后将吸引附近更多的交通由该路通行。同时，中三路在该交叉口处的左右转车辆比例均较高。故而，对中三路东西两进口的交通组织设计方案为：均采用从直行车道中分离的方式设置右转专用车道；均采用压缩中央分隔带的方式设置左转专用车道。调查同时发现，相交西一路交通量较小，故而只在其南北进口道处向外侧拓宽一条车道作为直右车道；原内侧车道为直左车道。完成的交叉口平面设计图如图8-40所示。

根据交叉口平面设计图，确定交叉口竖向设计范围。根据道路纵断面设计成果，查出该交叉口中心点的控制高程为151.949m，东西两进口的坡度为分别为0.04%与0.05，水流方向均向东。根据现状地形图资料，确定该交叉口西一路南、北进口施工边界处道路中心点地面高程分别为151.748m与151.563m。该交叉口其他边界特征点的控制高程仍可按本教材介绍的方法进行推算。最终结合现状交叉口排水方向，将该交叉口设计为一口进、三口出的分水线地形，竖向设计图如图8-41所示。

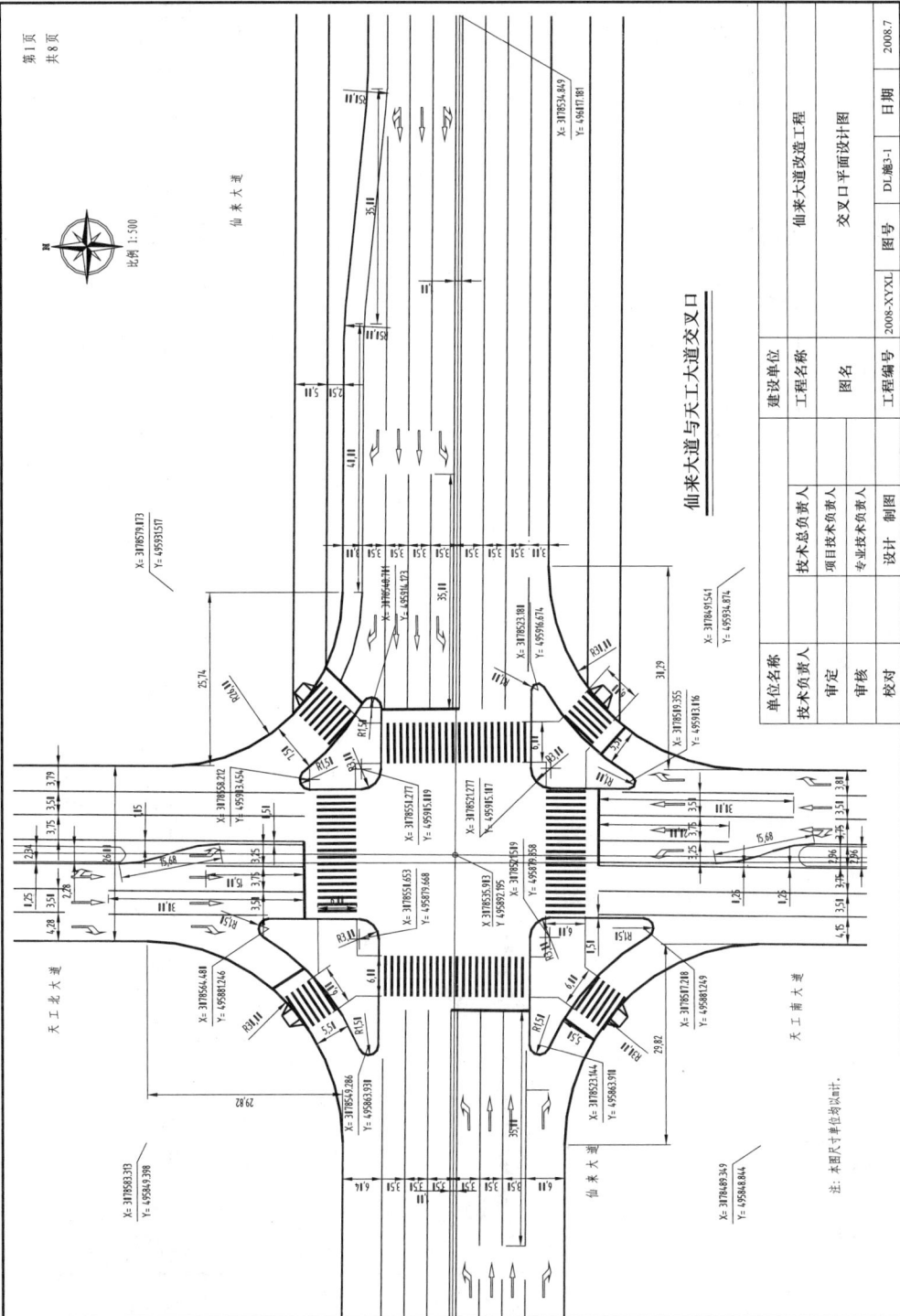

图8-38 仙来大道与天工大道交叉口平面设计图

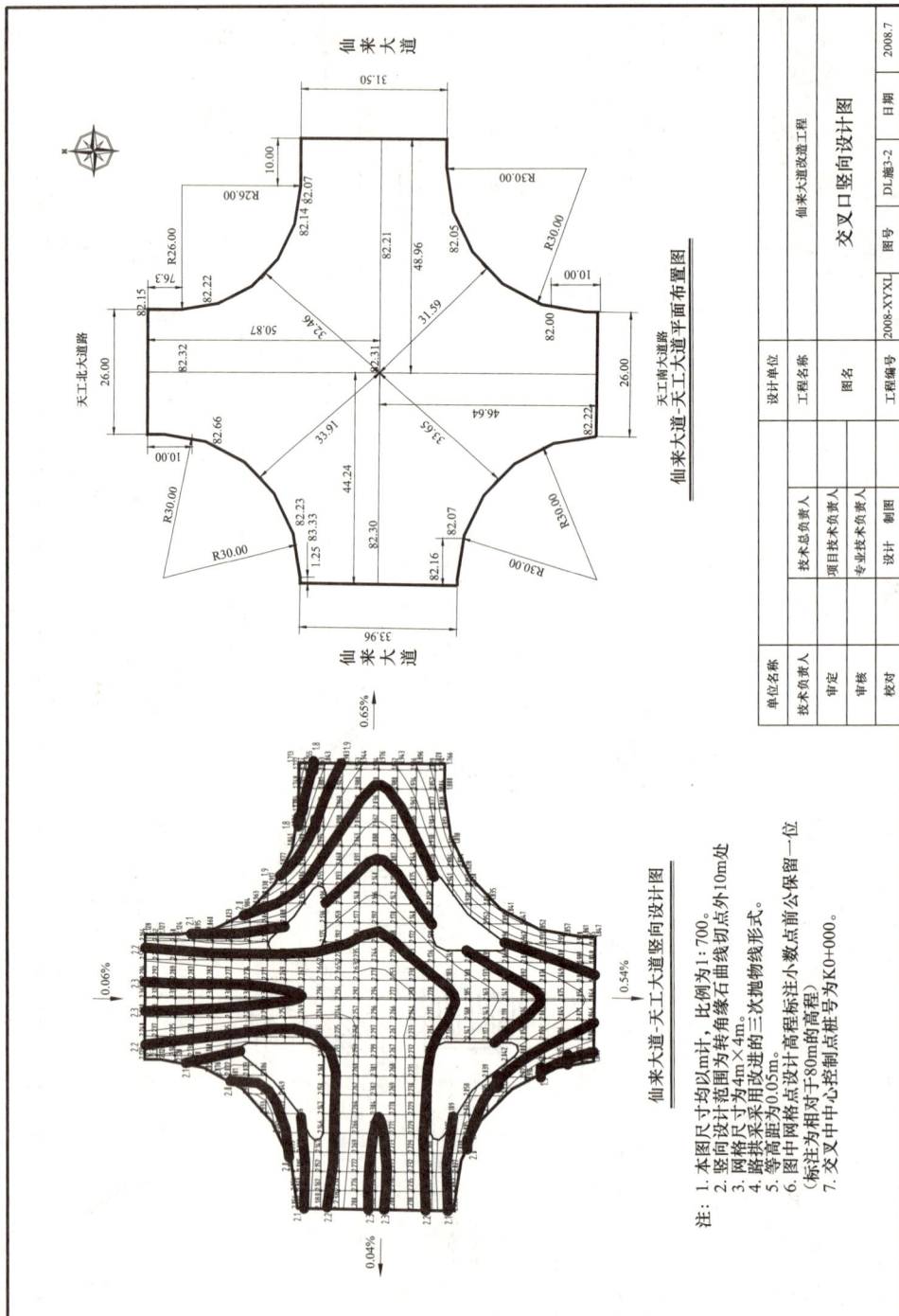

仙来大道-天工南大道平面布置图

仙来大道-天工大道竖向设计图

注:
1. 本图尺寸均以m计,比例为1:700。
2. 竖向设计范围用为转角缘石曲线切点外10m处。
3. 网格尺寸为4m×4m。
4. 路缘采采用改进的三次抛物线形式。
5. 等高距为0.05m。
6. 图中网格点设计高程标注小数前公保留一位(标注为相对于80m的高程)
7. 交叉中中心控制点桩号为K0+000。

图8-39 仙来大道与天工大道交叉口竖向设计图

交叉口竖向设计图

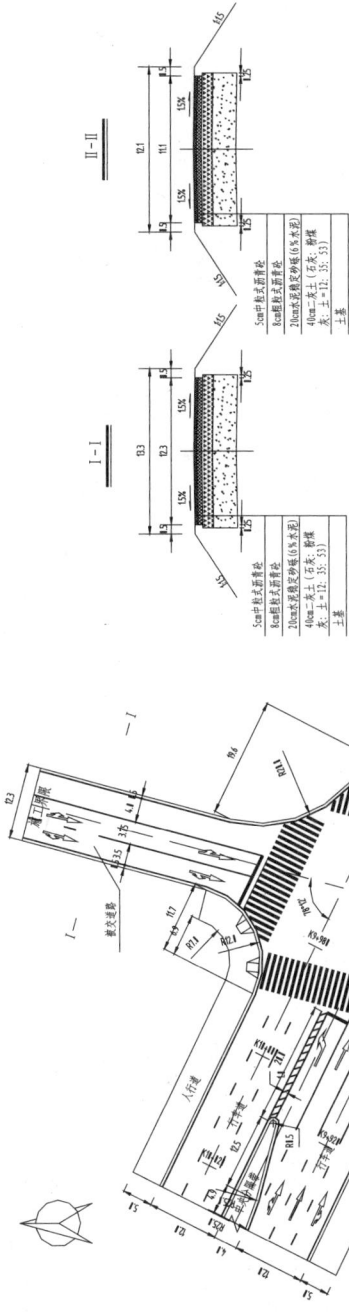

尺寸表

尺寸 断面	交叉形式	交角 (°)	路基宽度 (m)	路肩宽度 (m)	路面宽度 (m)
I—I	十字	78 12	691	13.3	15
II—II	十字	79 23	652	12.1	15

工程数量表

项目 断面	交叉形式	5cm中粒式 沥青混凝土 (m²)	8cm粗粒式 沥青混凝土 (m²)	20cm水泥 稳定砂砾 (m²)	40cm 二灰土 (m²)	填土 (m³)	挖土 (m³)	纲除旧路 (m²)	素混凝土块 (m²)
I—I	十字	691	691	723	723	1	1	173	47
II—II	十字	652	652	691	691	1	1	131	53

注: 1. 本图尺寸均以m计, 比例为1:700。
2. 被交道路路面铺至加宽车道起点处。
3. 人行横道宽度为6m。
4. 停车线与人行横道间距为1m。
5. 上行桩号为SK9+966.786, 下行桩号为SK9+878.365。

中三路-西一路平面设计图

图8-40 中三路与西一路交叉口平面设计图

| 大庆市中三路改造工程 | SK9+966.786交叉口平面设计图 | 设计 | | 复核 | | 审核 | | 图号 | 路-40-1 |

257

中三路-西一路竖向设计图

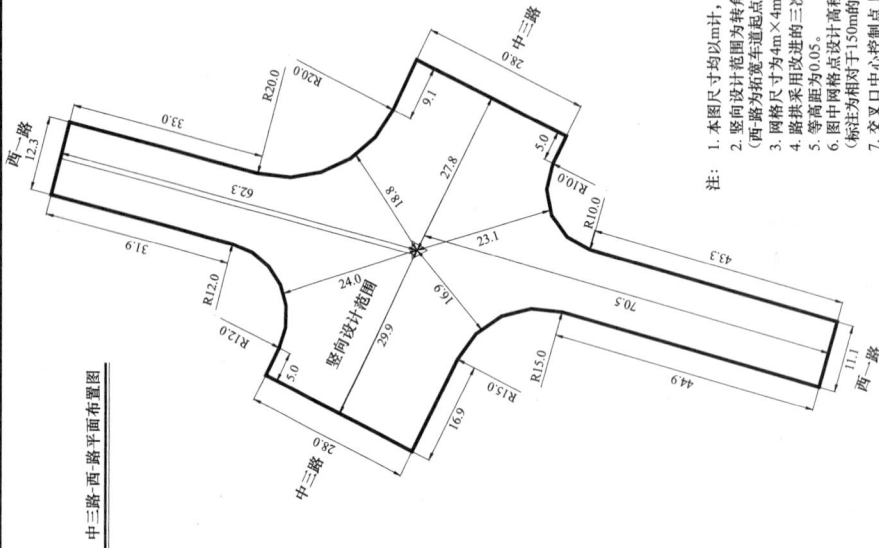

中三路-西一路平面布置图

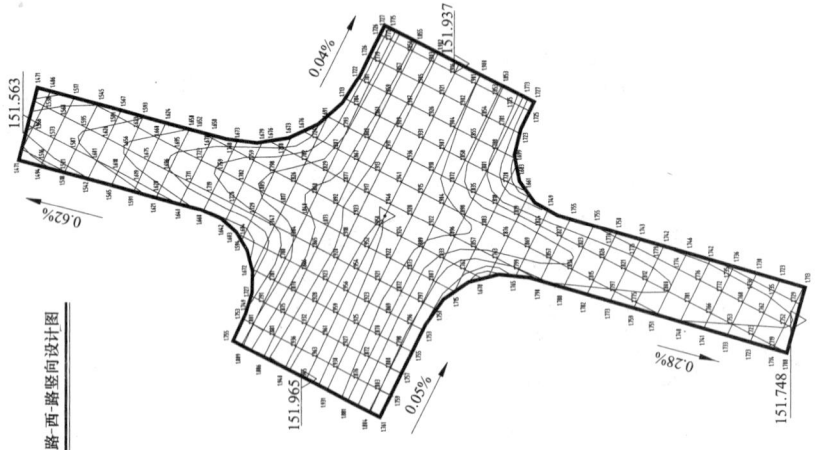

图8-41 中三路与西一路交叉口竖向设计图

注：
1. 本图尺寸均以m计，比例为1：600。
2. 竖向设计范围为转角缘石线切点外5m外（西一路为拓宽车道起点）。
3. 网格尺寸为4m×4m。
4. 路拱采用改进的三次抛物线形式。
5. 零高距为0.05。
6. 图中网格点设计高程标注小数点前仅保留一位（标注为相对于150m时的高程）。
7. 交叉口中心控制点上行桩号为SK9+966.786，下行线桩号为XK9+878.365。

大庆市中三路改造工程 | XK9+966.786交叉口竖向设计图 | 设计 | 复核 | 审核 | 图号 | 路－40-2

第9章 公路立体交叉设计

利用跨线构造物使道路与道路或道路与铁路在不同标高处相互交叉的连接方式称为道路立体交叉，立体交叉可使各方向车流在不同标高的平面上行驶，从而消除或减少了冲突点，提高了道路通行能力，节约了运行时间和燃料消耗。

9.1 公路立体交叉的类型及选择

9.1.1 立体交叉的基本类型

道路与道路立体交叉分为互通式立体交叉和分离式立体交叉。

1. 分离式立体交叉

如图 9-1 所示，一条道路跨越另一条道路，两条道路之间不设置匝道、互不连接，相交道路的交通流之间不能转移过渡的立体交叉称为分离式立体交叉，这种立

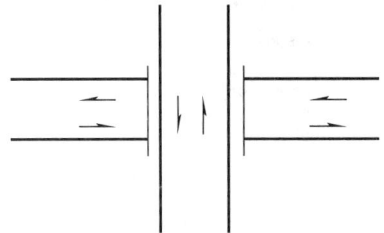

图 9-1 分离式立体交叉

体交叉完全消除了平面交叉，占地较少、构造简单，但其交通功能受限。

2. 互通式立体交叉

互通式立体交叉通过匝道将相交道路连接起来，可以保证相交道路上车辆的转移运行。这类立体交叉占地多、造价较高，但其交通功能比较完善。

（1）按交通流线相互关系分类

交通流在立体交叉口的行驶轨迹称为交通流线，一个行车方向上的交通流形成一条交通流线。立体交叉交通流线之间的关系有空间分离、交织和平面交叉等三种基本情况，相对应地可将立体交叉分为完全立交型立体交叉、交织型立体交叉和不完全立交型立体交叉三种类型。

1）完全立交型立体交叉

如图 9-2 所示，相交道路的所有交通流线均空间分离的立体交叉称为完全立交型立体

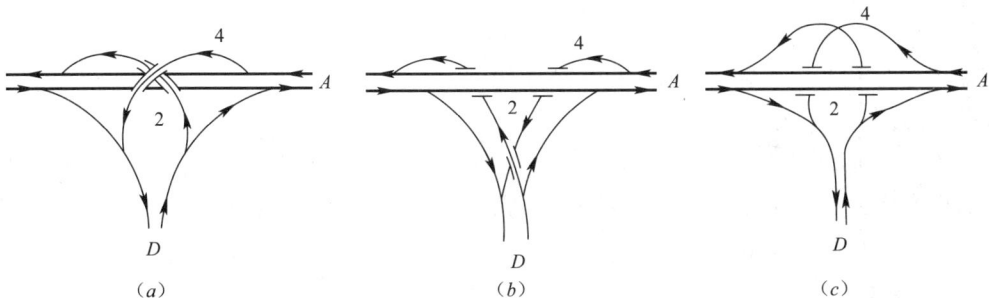

图 9-2 完全立交型立体交叉

交叉。此类立体交叉各转弯方向或主要转弯方向有直接专用匝道，转弯行驶直接方便，无冲突点和交织段，是最理想的立体交叉类型。但立交桥多，结构复杂，投资较大，在城市中修建与环境不易协调，主要用于高速公路上。

完全立交型立体交叉也称为全定向式或半定向式立体交叉。全定向式互通式立体交叉的左转弯匝道采用直连式匝道，车辆直接从左侧驶出，左转弯，从左侧汇入相交车道，如图9-3所示。直连式匝道的优点是：长度短，可降低营运费用；没有反向运行，最为自然，不会在立交处引起错路运行；缺点是：跨越构造物较多，相交道路的双向行车之间需有足够间距，对重型车和慢速车左侧高速驶出困难且不安全。

半定向式互通式立体交叉的左转弯匝道采用半直连式匝道，左转车辆从右驶出或从右驶入。这时车辆为了左转还需作反向的右转运行，但匝道上车辆运行的总方向仍然是向左转弯的，可以有如下3种形式：

① 左出右入式

如图9-4所示，左转弯车辆从正线左侧直接驶出后左转弯，到相交道路时由右侧驶入。这种形式存在前述直接式匝道的缺点，而且构造物较多。但从右边驶入主线，车辆驶入安全方便是其优点。

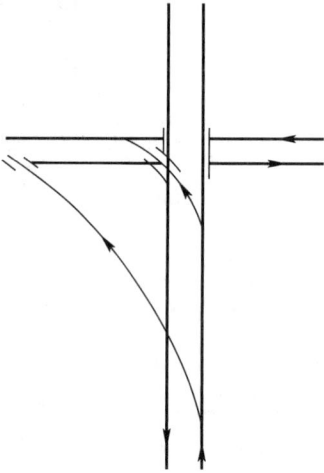

图9-3　直连式左转弯匝道　　　　　图9-4　半直连式左转弯匝道—左出右入式

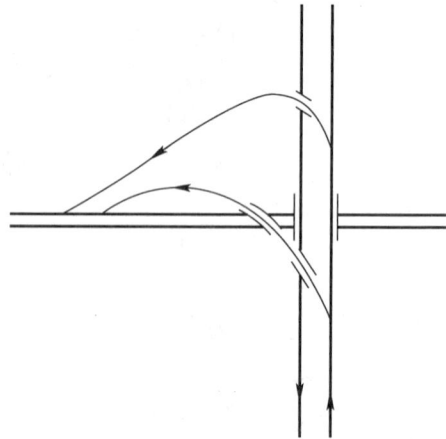

② 右出左入式

如图9-5所示，左转弯车辆从正线右侧右转驶出后左转弯，到相交道路后直接由左侧驶入。这种形式改善了左出的缺点，车辆驶出方便。但左进仍然存在，驶入道路双向车道之间需有足够间距。其余特征与左出右进式相同。

③ 右出右入式

如图9-6所示，左转弯车辆都是从正线右侧右转弯驶出或驶入，在匝道上左转改变方向。右出右入式是常用的左转弯匝道形式，完全消除了左出左进的缺点，行车安全，但匝道绕行最长，构造物最多。

2）交织型立体交叉

相交道路的交通流线之间相互重叠，即存在交织路段的立体交叉称为交织型立体交

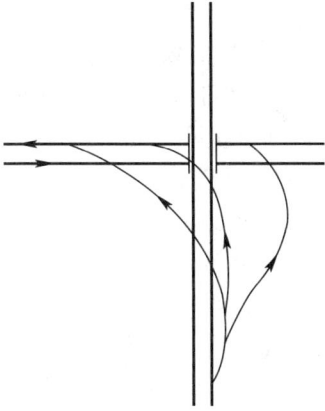

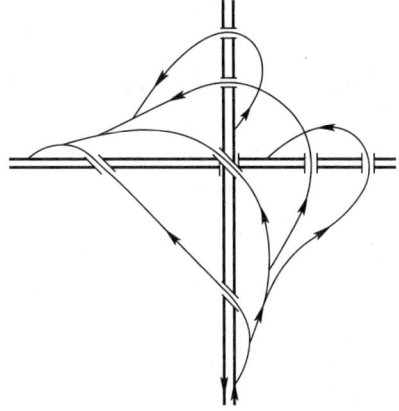

图 9-5　半直连式左转弯匝道—右出左入式　　　　图 9-6　半直连式左转弯匝道—右出右入式

叉。这类立体交叉虽然存在一些交织点，但却完全消除了冲突点，如图 9-7 所示。

3）不完全立交型立体交叉

相交道路的交通流线之间至少存在一个平面冲突点的立体交叉称为不完全立交型立体交叉。此类立体交叉一般通过立体交叉消除直行交通流线间的冲突点，但直行流线与左转流线间所形成的冲突点

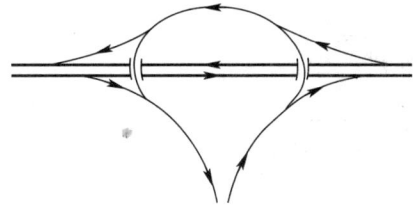

图 9-7　交织型立体交叉

至少存在一处，如图 9-8 所示。因为存在有冲突点，通常只是在干线道路与一般道路相交的立体交叉上才采用这种类型。这时，应将冲突点安排在一般道路或交通量较小的道路上。

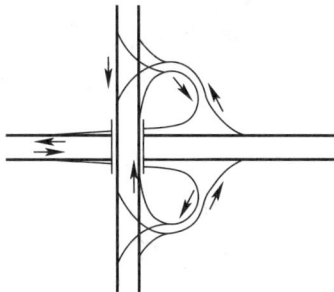

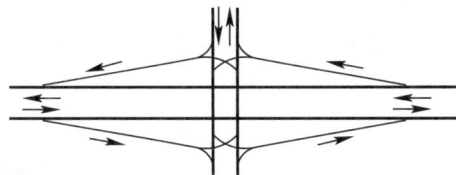

（a）　　　　　　　　　　　　　　　　　　（b）

图 9-8　不完全立交型立体交叉

（2）按平面几何形状分类

按照平面几何形状分类，互通式立体交叉可分为苜蓿叶形立体交叉、喇叭形立体交叉、环形立体交叉、叶形立体交叉、菱形立体交叉等形式。

1）苜蓿叶形立体交叉

左转弯采用环形匝道、右转弯采用直连式匝道、形似苜蓿叶的四路互通式立体交叉称

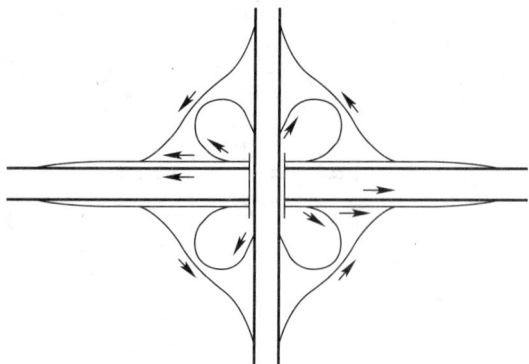

图 9-9　苜蓿叶形立体交叉

为苜蓿叶形立体交叉，如图 9-9 所示。根据是否属于完全立交型立体交叉，又可分为全苜蓿式和部分苜蓿式两种。

2）喇叭形立体交叉

两左转弯匝道分别为半直连式和环形的三路（丁字形或 Y 字形）互通式立体交叉称为喇叭型立体交叉，分为 A、B 两种形式，左转弯出口匝道为半直连式称作 A 型，左转弯出口匝道为环形称作 B 型，如图 9-10 (a)、(b) 所示。一般情况下宜采用 A 型；当左转驶离主线的交通量很小、左转进入主线的交通量相对较大或交通量均较小且受地形、地物的限制时，可采用 B 型。

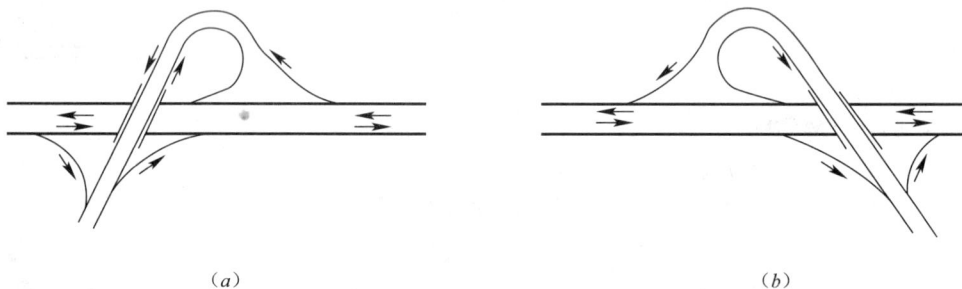

(a)

(b)

图 9-10　三路喇叭形互通式立体交叉

(a) A 型；(b) B 型

对于四路一般互通式立体交叉，被交叉公路可与主线设分离式立体交叉，主线和被交叉公路上分别设置三路交叉并以主匝道相连。其中主线侧为喇叭形时称为四路喇叭形互通式立体交叉。四路喇叭形互通式立体交叉一般仅适用于设置集中收费站的四路一般互通式立体交叉，A、B 型的选用要点同上。

当主线侧为喇叭形，被交叉道路侧为平面交叉时，称其为四路单喇叭形互通式立体交叉，如图 9-11 (a) 所示；当主线和被交叉道路侧均采用喇叭形时，称其为四路双喇叭形互通式立体交叉，如图 9-11 (b)；当主线侧为喇叭形、被交叉道路为 T 形时，称其为四路喇叭＋T 形互通式立体交叉，如图 9-11 (c) 所示。

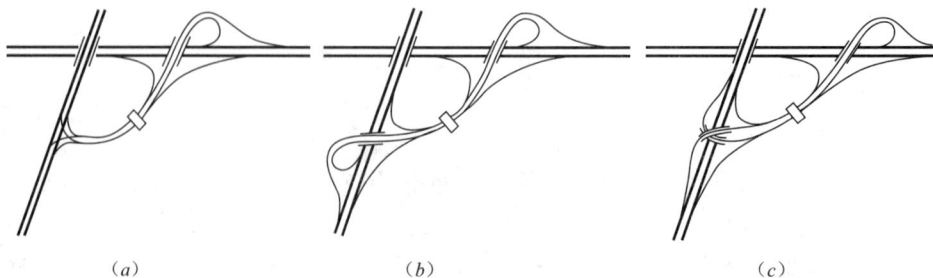

(a)

(b)

(c)

图 9-11　四路喇叭形互通式立体交叉

当被交叉公路侧出入交通量较小、平面交叉满足通行能力的要求时，可采用四路单喇叭形互通式立体交叉；当被交叉公路侧出入交通量较大时，可采用四路双喇叭形互通式立体交叉；当被交叉公路侧出入交通量较大且受地形限制时，可采用四路喇叭＋T形互通式立体交叉。

3）环形立体交叉

如图9-12所示，主干线为直通式、次要路线与主干线转弯车道呈环形的互通式立体交叉称为环形立体交叉。

环形立体交叉具有结构紧凑、占地面积少、匝道转弯半径大、左转车辆行驶路线短等优点。但由于左转匝道公用，因而有交织段影响通行能力的缺点。

4）叶形立体交叉

如图9-13所示，两左转弯匝道均为环形的三路互通式立体交叉称为叶形互通式立体交叉。叶形互通式立体交叉具有造型美观、结构简单、占地较少等优点。但在主线侧两环形匝道之间存在交织段，对主线直行车流有一定干扰，必要时应加设集散道。

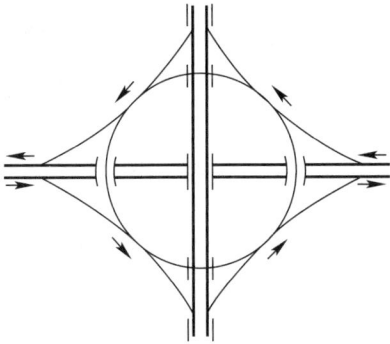

图9-12　环形立体交叉

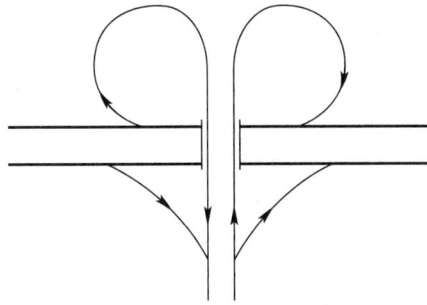

图9-13　叶形立体交叉

叶形互通式立体交叉适用于各左转弯交通量相当且较小的三路交叉，当被交叉公路远期将延伸形成四路交叉、且规划为苜蓿叶形互通式立体交叉时亦可采用。

5）菱形立体交叉

如图9-14所示，设有四条匝道连通相交道路，在次要道路上的连接部分有冲突点的呈菱形的互通式立体交叉称为菱形立体交叉。一般用于四路交叉的一般互通式立体交叉。

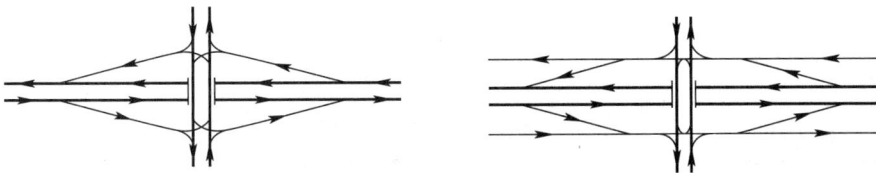

图9-14　菱形立体交叉

6）混合式立体交叉

也称组合式立体交叉，该种形式的立体交叉根据各转向交通的行驶要求，选用标准立交形式的某些部位进行组合。最常见的混合式立体交叉为苜蓿叶式加定向式立体交叉。

9.1.2 公路立体交叉选型

高速公路与其他公路相交，必须采用立体交叉；一级公路同交通量大的其他公路交叉宜采用立体交叉；二级、三级公路间的交叉，在交通条件需要或有条件的地点，可采用立体交叉。

1. 互通式立体交叉设置条件

符合下列条件者应设置互通式立体交叉：

（1）高速公路间及其同一级公路相交处。

（2）高速公路、一级公路同通往县级以上城市、重要政治或经济中心的主要公路相交处。

（3）高速公路、一级公路同通往重要工矿区、港口、机场、车站和游览胜地的主要公路相交处。

（4）高速公路同通往重要交通源的公路相交而使该公路成为支线时。

（5）两条具有干线功能的一级公路相交时。

（6）一级公路上，当平面交叉的通行能力不能满足需要或出现频繁的交通事故时。

（7）由于地形或场地条件等原因设置互通式立体交叉的综合效益大于设置平面交叉时。

高速公路间、或高速公路与具干线功能的一级公路间、或具干线功能的一级公路间的互通式立体交叉，应为枢纽互通式立体交叉。枢纽互通式立体交叉的匝道应具有良好自由流的线形，匝道上不设置收费站，匝道端部不出现穿越冲突。

高速公路与具集散功能的一级公路间及其与其他等级公路相交的互通式立体交叉应为一般互通式立体交叉，其匝道可设置收费站，且高速公路出入口以外允许设置平面交叉。

2. 分离式立体交叉设置条件

符合下列条件者应设置分离式立体交叉：

（1）高速公路同其他各等级公路交叉，除因交通转换而设置互通式立体交叉外，均必须设置分离式立体交叉。

（2）具有干线功能的一级公路同其他各级公路的交叉，除因交通转换需要而设互通式立体交叉外，为减少平面交叉，且相交的公路又不能截断时，应设置分离式立体交叉。

（3）二级、三级、四级公路间的交叉，直行交通量很大或地形条件适宜，且不考虑转换交通时，可设置分离式立体交叉。

（4）十车道及以上高速公路采用复合式路基断面时，同向内、外幅间的分、合流匝道交叉，应采用分离式立体交叉。

3. 互通式立体交叉选型

公路互通式立体交叉选型应综合考虑相交公路的功能、等级、匝道设计速度、地形、地物、用地条件、交通量、造价及是否设置收费站等因素。

（1）两条干线或功能相似的高速公路相交时，应采用设计速度较高、能使转弯车流保持良好自由流的各种直连式匝道；非干线公路间的枢纽互通式立体交叉宜采用直连式匝道。当左转交通量较小时，可采用非直连式匝道。

（2）高速公路与一级公路相交或两条一级公路相交时，可采用混合式立体交叉。当转弯交通量不大且不致因交织困难而干扰直行车流时，允许在较次要公路的一方设置相邻象

限的环形匝道。

（3）两条一级公路相交时，宜采用有附加右转弯车道的部分苜蓿叶形、苜蓿叶形、环形或混合式立体交叉。

（4）高速公路同一级公路或交通量大的二级公路相交，且设置收费站时，宜采用双喇叭型互通式立体交叉。

（5）高速公路与交通量小的二级公路相交时，宜采用在被交公路上设置平面交叉的单喇叭型、部分苜蓿叶形。匝道不设收费站时，宜采用菱形互通式立体交叉。

（6）一级公路与二级、三级、四级公路相交，因交通转换而设置互通式立体交叉时，宜采用菱形、部分苜蓿叶形互通式立体交叉。在特殊情况下，也可采用单象限形互通式立体交叉。

（7）因地形有利而设置互通式立体交叉时，可采用匝道布置简单的单象限形或菱形互通式立体交叉。

（8）路网密度较高的地区，可利用路网结点转换交通时，可将某些立体交叉设计成仅为部分交通转换提供往返匝道的部分互通式立体交叉。

9.2 公路互通式立体交叉主线线形设计

9.2.1 设置位置

确定互通式立体交叉的位置时，应综合考虑公路网的现状和规划情况，并设在两相交公路线形指标良好，地形、地质和环境条件有利的位置。与之相连的公路应符合以下条件：

（1）连接公路在路网中不应低于次要干道或集散路的功能，不应有较大的横向干扰。

（2）通行能力应满足过境和集散交通量的需求。

（3）与主要交通源的连接应短捷。

（4）分配到路网中附近公路的交通量应适当，不应使某些道路或路段负荷过重。

（5）根据路网布局等条件而选定的被沟通的道路，在通行能力和其他方面不能满足需要时，应进行改建设计。

互通式立体交叉与相邻的其他有出入口的设施或隧道间距应满足如下要求：

（1）互通式立体交叉与服务区、停车区、公共汽车停靠站之间的距离应能满足设置出口预告标志的需要；条件受限时，间距可适当减小，但上一入口终点至下一出口起点的距离不应小于1km。否则，当必须设置时，应将两者按合并为类似于复合式互通式立体交叉的方式处理。

（2）隧道出口与前方互通式立体交叉的间距，应满足设置出口预告标志的需要；条件受限时，隧道出口至前方互通式立体式交叉出口起点的距离不应小于1000m；小于1000m时，应在隧道入口前或隧道内设置预告标志，隧道出口至减速车道渐变段起点距离不小于15s设计速度行程长度，且隧道出口至匝道流出端部的距离不小于500m。

（3）互通式立体交叉与前方隧道进口间的距离，应满足设置标志和标志以后对洞口判断所需的距离。

9.2.2 主线平纵线形

公路互通式立体交叉范围内，主线线形的主要平纵线形指标应满足表 9-1 中的规定。当主要公路以较大的下坡进入互通式立体交叉，且所接的减速车道为下坡，同时后随的匝道线形指标较低时，主要公路的纵坡不得大于括号内的值。

互通式立体交叉范围内主线平纵线形指标 表 9-1

设计速度（km/h）			120	100	80	60
最小圆曲线半径（m）		一般值	2000	1500	1100	500
		极限值	1500	1000	700	350
最小竖曲线半径（m）	凸形	一般值	45000	25000	12000	6000
		极限值	23000	15000	6000	3000
	凹形	一般值	16000	12000	8000	4000
		极限值	12000	8000	4000	2000
最大纵坡（%）		一般值	2	2	3	4.5 (4)
		极限值	2	3	4 (3.5)	5.5 (4.5)

9.2.3 主线横断面

1. 基本车道数和车道数的平衡

高速公路应在全长范围内或重要结点之间的较长路段内保持固定的基本车道数。相邻的两路段之间，一个方向行车道上的基本车道数的变化不得大于 1。

高速公路上，主线与匝道的分、汇流处应保持车道数的平衡，即图 9-15 所示的各部分的车道数应满足下式的规定：

$$N_C \geqslant N_F + N_E - 1 \tag{9-1}$$

式中 N_C——分流前或汇流后的主线车道数；

      N_F——分流后或汇流前的主线车道数；

      N_E——匝道车道数。

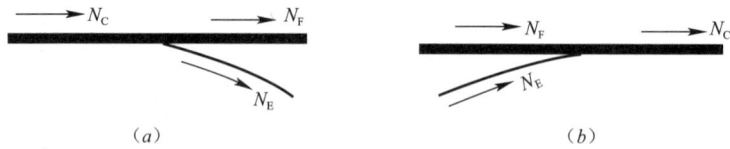

图 9-15 分、汇流处的车道数平衡

2. 辅助车道

高速公路保持基本车道连续的路段，当互通式立体交叉的匝道车道数 $N_E > 1$ 时，出、入口应增设辅助车道，如图 9-16 所示。

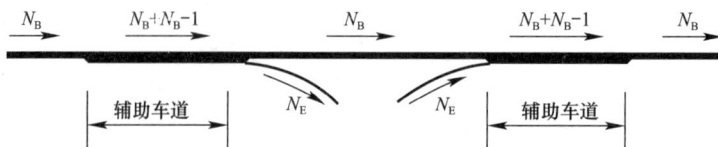

图 9-16 双车道出入口的辅助车道

辅助车道及渐变段的长度应满足表 9-2 中的规定。出口匝道辅助车道长度取用时，枢纽型、东中部地区主线和匝道交通量大的互通式立体交叉应取高限值；反之，方可取接近或等于低限值。

辅助车道及其渐变段的长度

表 9-2

主线设计速度（km/h）		120	100	80
辅助车道长度（m）	入口	400	350	300
	出口	300~580	250~510	200~440
渐变段长度（m）	入口	180	160	140
	出口	90	80	70

当互通式立体交叉入口与下一个互通式立体交叉出口均设有或其中之一设有辅助车道时，若入口终点至出口起点的距离小于 1000m，则应增长辅助车道而将两者贯通。当交通量大，交织运行比例较高，且增加车道的成本不高时，即使此间距达 2000m，也宜采用贯通的辅助车道。

辅助车道的宽度与主线车道相同，且与主线车道间不设路缘带。辅助车道右侧的硬路肩，其宽度一般与正常路段的主线硬路肩相同；用地受限时可减窄，但不得小于 1.5m。

9.2.4　主线的分岔、合流

如图 9-17 所示，一条高速公路的一幅行车道分成两条连接到另一条高速公路的多车道匝道分叉部（A），或者由一条高速公路分成两条高速公路的分叉部（A′），应按主线分岔设计。自一条高速公路引出的两条直连式或半直连式多车道匝道汇合成另一条高速公路的一幅行车道（B），或者两条高速公路的同向行车道合并而成一条高速公路的一幅行车道（B′）应按主线合流设计。

主线的分岔与合流部的设计应符合车道数平衡的规定，并设置渐变段，其渐变段的设计应符合以下规定：

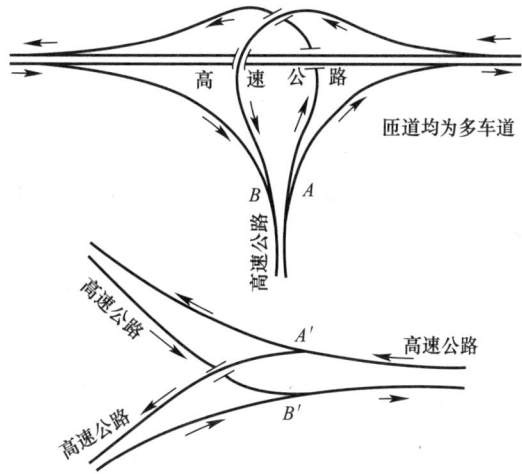

图 9-17　主线的分岔与合流

（1）自分岔前或合流后的路幅至增加或减少一条车道的渐变段内，路幅宽度应线性变化。

（2）分岔与合流渐变段的渐变率分别为 1∶40 和 1∶80。

（3）渐变段的边线及其邻接的双幅路段的边线线形应连续。

9.3　公路互通式立体交叉匝道线形设计

9.3.1　匝道的类型

匝道是主线之间的联络道路，其形式很多。下面介绍几种常用的匝道分类方法及相应

的匝道类型。

1. 按匝道的功能及车辆进出主线位置分类

匝道按其基本功能即提供转弯车道及其行驶的状况，可分为右转弯匝道和左转弯匝道两大类型。

(1) 右转弯匝道

车辆从右侧驶出，右转 90°到相交路线的右侧驶入，行驶最为有利。如图 9-18 所示，(a) 称为直接式，(b) 称为平行式。当立体交叉右转弯匝道以内还加有环圈式匝道或其他障碍物而需绕远时，这种右转匝道称为外连式，如图 9-18 (c) 所示。

右转弯匝道可以不用任何桥跨结构物。

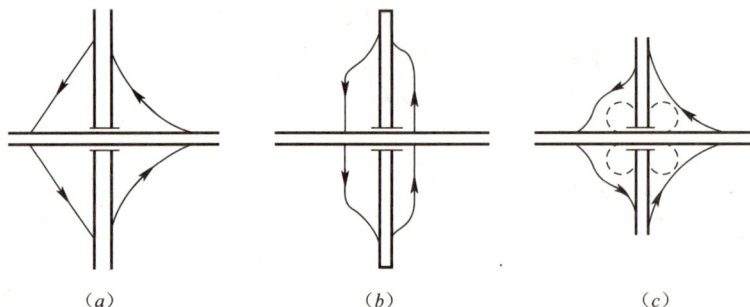

图 9-18　右转弯匝道

(2) 左转弯匝道

车辆需转约 90°～270°越过对向车道，除环形左转弯匝道外，至少需要一座跨线构造物。左转弯匝道可以按直连式、半直连式、间接式三种形式布设。其中，直连式与半直连式在前述章节已有所介绍；所谓间接式左转弯匝道，即左转弯不向左转，却反向连续右转 270°达到左转目的，形成一个环圈，因而也称为环圈形匝道或环形匝道。

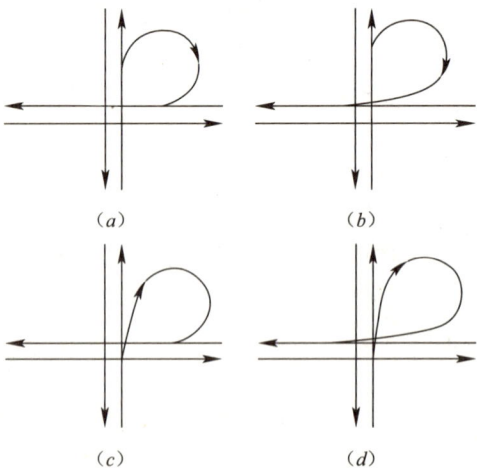

图 9-19　间接式左转弯匝道

这种匝道从右侧驶出，从右侧汇入，不需要任何跨线结构物就可达到左转弯的目的，是十分巧妙而经济的做法，为苜蓿叶和喇叭形立交的基本组成部分。根据匝道的驶出或驶入位于结构物之前或之后的组合情况，这种匝道可能有如图 9-19 所示的 4 种形式。

2. 按匝道的交通流方向及分隔与否分类

按此方法可以将匝道分为以下 4 种类型。

(1) 单向匝道

适用于一般的左转弯、右转弯匝道，通常按标准设计的单车道匝道可以承担 1000veh/h 左右的交通量。若转向交通量很大，单车道匝道通行能力不能满足交通要求时，可设置双车道的单向匝道。有时虽然交通量较小，并不需要设置双车道，但考虑到定向式或半定向式立体交叉路线的连续性，也会设置成双车道。

268

（2）双向无分隔匝道

将左、右转弯匝道（或其中一段）合并在一起且不加以实体分隔，就形成了双向无分隔匝道。如果左、右转弯匝道均为单车道，则形成了一条一般的双车道道路，这时应按主线与另一条道路相交来处理。这种匝道有时用于高速公路与交通量较少的次要道路相交的情况，一般的立体交叉不常采用。

（3）双向有分隔匝道

左转弯匝道与右转弯匝道（或其中一段）设置在同一幅路基上，对左、右转弯匝道加以分隔，形成双向有分隔匝道。这种型式的匝道适用于高速公路与交通量较大的道路相交叉的情况。

（4）双向分离式匝道

双向分离式匝道是最常用的匝道型式，左转弯匝道与右转弯匝道分离设置，分别按各自的交通量确定匝道车道数，并分别进行设计。这种匝道的立体交叉一般占地较多，形成较多的三角形地带，可供绿化使用。

9.3.2 匝道设计速度

互通式立体交叉的匝道设计速度规定如表 9-3 所示，右转弯匝道、直连式或半直连式左转弯匝道宜采用上限或中间值。

公路匝道设计速度 　　表 9-3

匝道类型		直连式	半直连式	环形匝道
匝道设计速度 （km/h）	枢纽互通式立交	80、70、60、50	80、70、60、50、40	40
	一般互通式立交	60、50、40	60、50、40	40、35、30

9.3.3 匝道横断面

1. 匝道横断面组成与宽度

公路匝道横断面由以下部分组成：车行道、路缘带、硬路肩、土路肩、中央分隔带，各组成部分宽度应符合以下规定：

（1）车行道宽度：3.5m。

（2）路缘带宽度：0.5m。

（3）左侧硬路肩（含路缘带）宽度：1.00m。

（4）右侧硬路肩（含路缘带）宽度：设供紧急停车用硬路肩时为 2.5m，条件受限制时可采用 1.5m，但为双向分隔式双车道时宜采用 2.00m；不设供紧急停车用硬路肩时为 1.00m。

（5）土路肩宽度：0.75m，条件受限、不设路侧护栏时可采用 0.5m。

（6）中央分隔带宽度：不小于 1.00m。

主线分岔、或合流的多车道匝道，其车道、硬路肩的宽度应与主线相同。

2. 匝道横断面类型及选择

根据匝道交通量与匝道长度，将匝道横断面划分为四种类型，如图 9-20 所示，分别为Ⅰ型—单车道匝道、Ⅱ型—双车道匝道（不设供紧急停车用硬路肩）、Ⅲ型—双车道匝道（设供紧急停车用硬路肩）、Ⅳ型—对向分隔式双车道匝道。图中所标宽度不包括曲线加宽值。

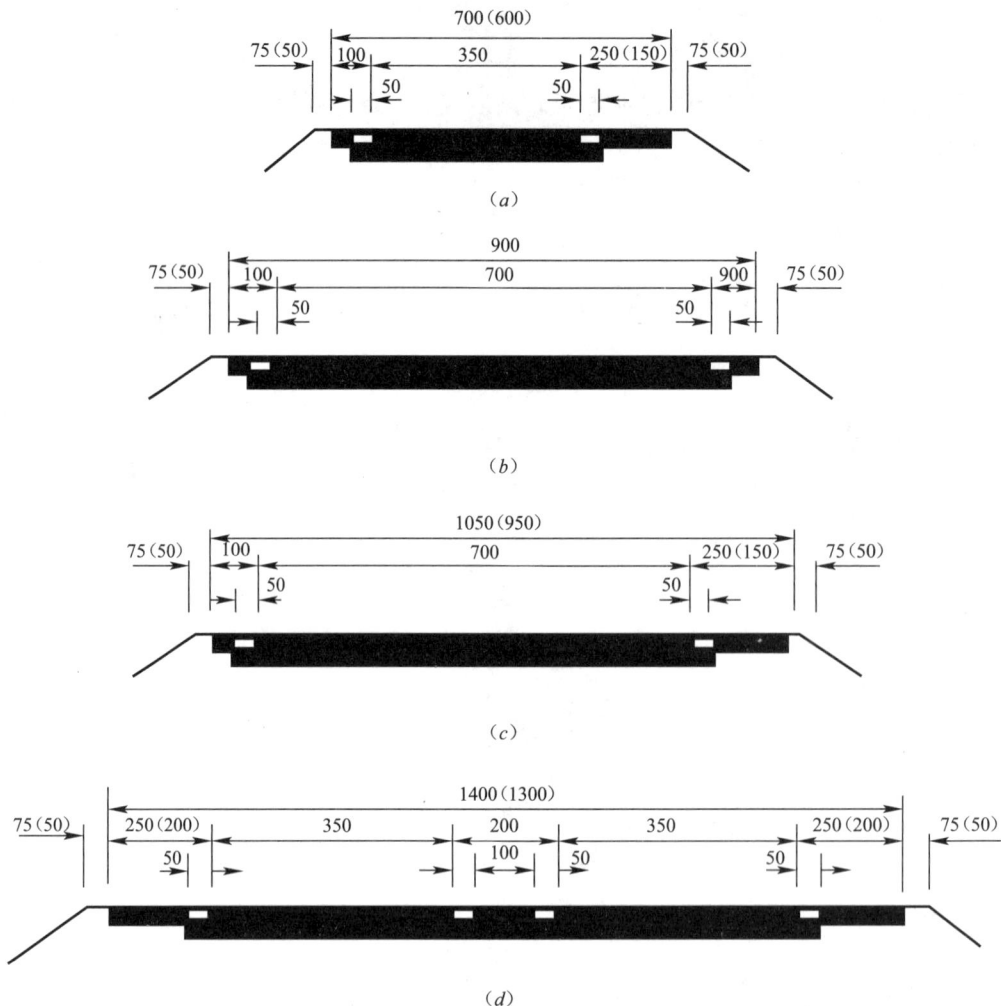

图 9-20　匝道横断面形式

(a) Ⅰ型—单车道匝道；(b) Ⅱ型—双车道匝道（不设供紧急停车用硬路肩）

(c) Ⅲ型—双车道匝道（设供紧急停车用硬路肩）；(d) Ⅳ型—对向分隔式双车道匝道

各类型匝道横断面的适用条件如下：

（1）Ⅰ型：交通量 $Q<300\text{pcu/h}$、匝道长度<500m；或 $300\text{pcu/h}\leqslant Q<1200\text{pcu/h}$、匝道长度<300m；环形匝道宜采用单车道匝道，其设计通行能力为 $800\sim1000\text{pcu/h}$。

（2）Ⅱ型：交通量 $Q<300\text{pcu/h}$、匝道长度≥500m，或 $300\text{pcu/h}\leqslant Q<1200\text{pcu/h}$、匝道长度≥300m，应考虑超车之需；或 $1200\text{pcu/h}\leqslant Q<1500\text{pcu/h}$。

（3）Ⅲ型：交通量 $Q\geqslant1500\text{pcu/h}$ 时。

（4）Ⅳ型：两条对向单车道匝道相依，且平、纵线形一致时，应采用Ⅳ型；当设计速度≤40km/h 且位于非高速公路一方时，可采用Ⅱ型。

9.3.4　匝道平面线形

匝道的平面线形应根据匝道设计速度、交叉类型、交通量、地形、用地条件及造价等因素确定。

270

1. 设计要点

匝道平面线形设计要点如下：

（1）从出口、入口至匝道中平面线形紧迫路段的范围内，圆曲线的半径应与变化着的速度相适应。

（2）右转弯匝道和左转弯直连式或半直连式匝道应采用较高的平面指标。

（3）直连式互通式立体交叉中，纵断面起伏时凸形竖曲线前后的平面线形应一致，或具备良好的线形诱导；严禁在小半径凸形竖曲线以后紧接反向平曲线。

（4）匝道平面线形指标应与交通量相适应，交通量大的匝道应具有较高的平面线形指标，同时应避免不必要的反向曲线。

（5）匝道中径向衔接的复曲线，其大小半径之比不应大于1.5，否则应设回旋线。

2. 设计指标

（1）圆曲线半径

公路匝道的圆曲线最小半径规定如表9-4所示，选用匝道平曲线最小半径时，应根据匝道设计速度选用表9-4中所规定的一般值；当受地形条件或其他特殊情况限制时，方可采用极限值。

公路匝道圆曲线的最小半径   表9-4

匝道设计速度（km/h）		80	70	60	50	40	35	30
匝道圆曲线最小半径（m）	一般值	280	210	150	100	60	40	30
	极限值	230	175	120	80	50	35	25

（2）回旋线参数及长度

公路匝道及其端部设置回旋线时，其参数及长度宜不小于表9-5中的规定值。

公路匝道回旋线参数及长度   表9-5

匝道设计速度（km/h）	80	70	60	50	40	35	30
回旋线参数 A（m）	140	100	70	50	35	30	20
回旋线长度（m）	70	60	50	40	35	30	25

（3）视距

1）识别视距

为使驾驶人及时发现互通式立体交叉的出口，按规定行迹驶离主线，从而防止误行，保证行驶安全，互通式立体交叉的引道上应保证对出口位置的判断视距（其物高为0）称为识别视距。

识别视距应大于表9-6中的规定值，当引道上标志较多或上跨构造物的墩、台净距较小而需要驾驶人时时注意，因而可能会难以估计至出口的距离时，识别视距宜采用表9-6中的较大值。条件受限制时，识别视距应大于1.25倍的主线停车视距。

公路出口匝道识别视距   表9-6

主线设计速度（km/h）	120	100	80	60
识别视距（m）	350～460	290～380	230～300	170～240

2）匝道停车视距

匝道全长范围内应具有不小于表9-7中规定的停车视距，积雪冰冻地区应不小于表9-7

中括号内的数值。

公路匝道停车视距						表 9-7	
匝道设计速度（km/h）	80	70	60	50	40	35	30
匝道停车视距（m）	110（135）	95（120）	75（100）	65（70）	40（45）	35	30

9.3.5 匝道纵断面线形

1. 设计要点

匝道纵断面线形设计要点如下：

（1）匝道的纵坡应平缓，并避免不必要的反坡；难以避免反坡时，凸形竖曲线应具有较大的半径，尤其在其后不远有反向平曲线或匝道分、汇流的情况下。

（2）匝道同主线相连接的部位，其纵断面线形应连续，避免线形的突变。

（3）出口匝道宜为上坡匝道。

（4）上坡加速或下坡减速的匝道应采用较缓的纵坡，避免采用最大纵坡值。

（5）匝道上设置收费站时，邻接收费广场的路段纵坡应平缓，不得以较大的下坡紧接收费广场。

（6）匝道端部纵坡变化处应采用较大半径的竖曲线。

2. 设计指标

（1）最大纵坡

公路匝道的最大纵坡规定如表 9-8 所示，表中的规定值因地形困难或用地紧张时可增大 1%，非积雪冰冻地区在特殊困难情况下，出口上坡匝道和入口下坡匝道的最大纵坡可增加 2%。

公路匝道最大纵坡				表 9-8	
匝道设计速度（km/h）			80、70	60、50	40、35、30
最大纵坡（%）	出口匝道	上坡	3	4	5
		下坡	3	3	4
	入口匝道	上坡	3	3	4
		下坡	3	4	5

（2）竖曲线最小半径与长度

公路匝道竖曲线最小半径及长度规定如表 9-9 所示，表中一般值为正常情况下采用的值，极限值为条件受限时采用的值。

公路匝道竖曲线的最小半径及长度								表 9-9
匝道设计速度（km/h）			80	70	60	50	40	35	30
竖曲线最小半径（m）	凸形	一般值	4500	3500	2000	1600	900	700	500
		极限值	3000	2000	1400	800	450	350	250
	凹形	一般值	3000	2000	1500	1400	900	700	400
		极限值	2000	1500	1000	700	450	350	300
竖曲线最小长度（m）		一般值	100	90	70	60	40	35	30
		极限值	75	60	50	40	35	30	25

9.3.6 匝道的超高与加宽

1. 匝道的超高及其过渡

匝道超高横坡度应根据设计速度、圆曲线半径、公路条件、自然条件等经计算确定。需注意的是，匝道上的超高横坡度应与匝道上变速过程中的行驶速度相适应。例如，收费站附近和匝道端部的平面交叉附近，其超高横坡度应小于按互通式立体交叉的类别和匝道形式而选定的设计速度所对应的超高横坡度；接近分、汇流点处，超高横坡度就应大一些。

匝道上直线与超高圆曲线之间，或两超高不同的圆曲线之间，应设置超高过渡段。超高过渡段的长度应根据设计速度、横断面的类型、旋转轴的位置及渐变率等因素确定。公路匝道超高渐变率规定如表 9-10 所示。

公路匝道超高渐变率 表 9-10

匝道设计速度（km/h）	单向单车道		单向双车道及非分隔式对向双车道	
	左侧路缘带外边线	行车道中心线	左侧路缘带外边线	行车道中心线
80	1/200	1/250	1/150	1/200
70	1/175	1/235	1/135	1/185
60	1/150	1/225	1/125	1/175
50	1/125	1/200	1/100	1/150
≤40	1/100	1/150	1/100	1/150

横坡处于水平状态附近时，其超高渐变率不应小于表 9-11 中的规定值。

公路匝道最小超高渐变率 表 9-11

断面类型		单向单车道	单向双车道及非分隔式对向双车道
旋转轴位置	行车道中心线	1/800	1/500
	路缘带外边线	1/500	1/300

2. 匝道圆曲线加宽

公路匝道圆曲线部分加宽规定如表 9-12 所示，表中的加宽值是对图 9-20 的标准行车道宽度而言的。当遇特殊断面时，加宽值应予以调整，使加宽后的总宽度与标准一致。Ⅳ型匝道应按各自车道的曲线半径所对应的加宽值分别加宽；Ⅲ型匝道的加宽值为Ⅱ型的加宽值减去Ⅱ型、Ⅲ型两者硬路肩的差值。

公路匝道圆曲线加宽值 表 9-12

单车道匝道（Ⅰ型）		单向双车道或对向双车道匝道（Ⅱ型）	
圆曲线半径（m）	加宽值（m）	圆曲线半径（m）	加宽值（m）
25～<27	2.00	25～<26	2.25
27～<29	1.75	26～<27	2.00
29～<32	1.50	27～<29	1.75
32～<36	1.25	29～<31	1.50
36～<42	1.00	31～<33	1.25
42～<48	0.75	33～<36	1.00
48～<58	0.50	36～<39	0.75
58～<72	0.25	39～<43	0.50
≥72	0	43～<47	0.25
		≥47	0

9.3.7 匝道出入口端部设计

互通式立体交叉的出入口除高速匝道外，应设置在主线行车道的右侧，出入口端部的设计内容包括分流鼻与变速车道。

1. 分流鼻

（1）偏置值与鼻端半径

在主线与匝道的分流处，为了给误行车辆提供返回余地而在行车道边缘加宽一定偏置值形成的楔形端部，称为分流鼻，其布置如图 9-21 所示。

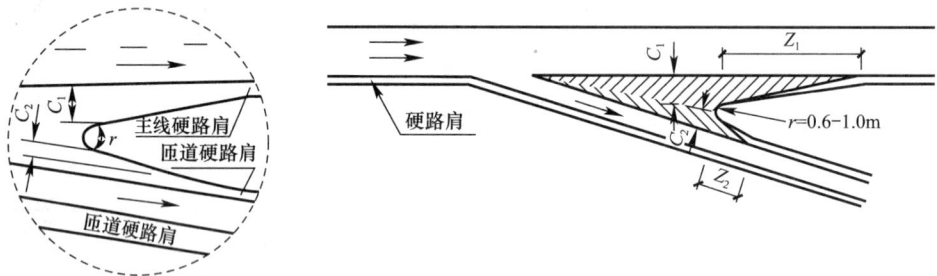

图 9-21　主线与匝道分流处的分流鼻端

偏置加宽值和分流鼻端圆弧半径规定如表 9-13 所示，表中所列的主线分岔时的分流鼻端布置如图 9-22 所示。当主线硬路肩宽度能满足停车宽度要求时，偏置宽度可采用该硬路肩宽度。

分流鼻偏置值及鼻端半径　　　　　　　　　　　　　　表 9-13

分 流 方 式	主线偏置值 C_1（m）	匝道偏置值 C_2（m）	鼻端半径 r（m）
驶离主线	2.5～3.5	0.6～1.0	0.6～1.0
主线分岔	≥1.80		0.6～1.0

（2）偏置加宽渐变率

分流鼻处的加宽路面收敛到正常路面的过渡长度 Z_1 和 Z_2 应不小于依据表 9-14 中渐变率计算的值。

分流鼻端偏置加宽渐变率　　　　　　　　　　　　　表 9-14

设计速度（km/h）	渐变率	设计速度（km/h）	渐变率
120	1/12	60	1/8
100	1/11	≤40	1/7
80	1/10		

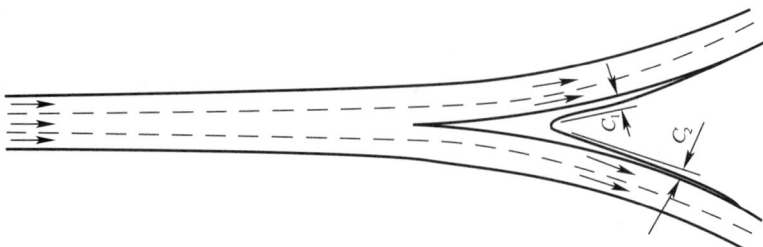

图 9-22　主线分岔时的分流鼻端

274

（3）分流鼻处的匝道平面线形指标

在分流鼻处，匝道平曲线的最小曲率半径与回旋线最小参数规定如表 9-15 所示，相接分流鼻的匝道圆曲线半径及回旋线参数应大于该相接处匝道运行速度对应的一般值，表中枢纽互通式立体交叉的环形流出匝道可按低一级主线设计速度取值。

（4）分流鼻处的匝道纵断面线形指标

分流鼻附近的竖曲线最小半径与最小长度规定如表 9-16 所示，相接分流鼻的匝道竖曲线半径及长度应大于该相接处匝道运行速度对应的一般值。

分流鼻处匝道平曲线最小半径与回旋线最小参数 表 9-15

主线设计速度（km/h）			120		100	80	60
枢纽互通式立体交叉	分流鼻处运行速度（km/h）		80	70	65	60	55
	最小圆曲线半径（m）	一般值	450	350	300	250	200
		极限值	400	300	250	200	170
	回旋线最小参数（m）	一般值	160	100	90	80	70
		极限值	140	90	75	70	60
一般互通式立体交叉	分流鼻处运行速度（km/h）		65	60	55	50	45
	最小圆曲线半径（m）	一般值	300	250	200	170	150
		极限值	250	200	170	150	100
	回旋线最小参数（m）	一般值	90	80	70	60	50
		极限值	75	70	60	50	40

分流鼻附近匝道竖曲线最小半径与最小长度 表 9-16

主线设计速度（km/h）				120		100	80	60
枢纽互通式立体交叉	分流鼻处运行速度（km/h）			80	70	65	60	55
	竖曲线最小半径（m）	凸形	一般值	4500	3500	2800	2000	1800
			极限值	3000	2000	1800	1400	1100
		凹形	一般值	3000	2000	1800	1500	1400
			极限值	2000	1500	1300	1000	850
	竖曲线最小长度（m）		一般值	100	90	80	70	65
			极限值	75	60	55	50	45
一般互通式立体交叉	分流鼻处运行速度（km/h）			65	60	55	50	45
	竖曲线最小半径（m）	凸形	一般值	2800	2000	1800	1600	1300
			极限值	1800	1400	1100	800	700
		凹形	一般值	1800	1500	1400	1300	1100
			极限值	1300	1000	850	700	600
	竖曲线最小长度（m）		一般值	80	70	65	60	50
			极限值	55	50	45	40	40

2. 变速车道

在主线入口处，为使匝道上的车辆逐渐加速，利用主线道路上的车流空隙以等于或接近主线车流速度的车速驶入主线，以便在不干扰或中断主线交通流的情况下完成合流运行，这时应设置供车辆加速行驶所需的车道，即为加速车道。同理，在主线出口处，设置

供车辆减速行驶所需的车道，称为减速车道，二者统称为变速车道。

（1）变速车道的形式

变速车道分为直接式与平行式两种，如图 9-23 所示。减速车道宜采用直接式，加速车道宜采用平行式。当变速车道为双车道时，加、减速车道均应采用直接式。

1）平行式

变速车道位置与主线平行设置。其特点是车道划分明确，行车容易辨认，但车辆进出需沿 S 形曲线行驶，不利于行车。一般加速车道多采用平行式，以减小合流角度。

2）直接式

直接式变速车道不设平行路段，由出、入口沿主线渐变加宽，形成一条附加的变速车道与匝道相连，因此全段均为斜锥形。其特点是线形过渡平顺，与进、出车辆轨迹吻合，有利于行车，但起点不易识别。

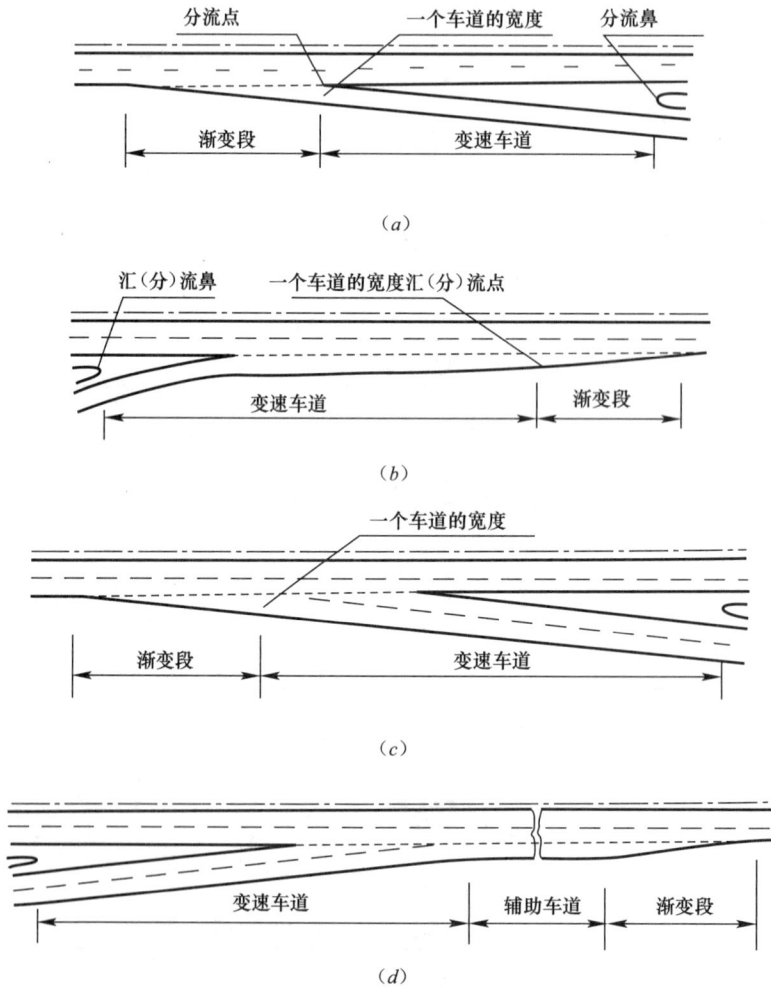

（a）

（b）

（c）

（d）

图 9-23　变速车道的形式

（a）直接式单车道；（b）平行式单车道；

（c）直接式双车道；（d）设辅助车道的直接式双车道

（2）变速车道的横断面

变速车道横断面的组成与单车道匝道基本相同，它由行车道、右路肩（包括路缘带）和左路缘带组成，如图9-24所示。

（3）变速车道的长度

变速车道的长度应不小于表9-17中的规定值，表中单车道入口为平行式，若为直接式则采用括号内的数值；入口为单车道的双车道匝道，其加速车道长度应增加10m或20m。

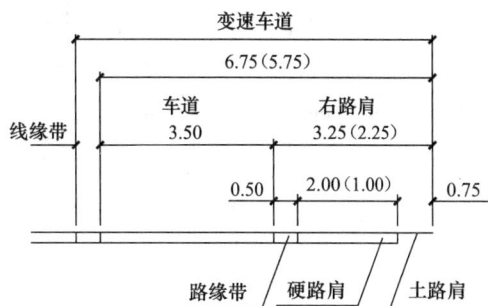

图 9-24　变速车道的宽度

变速车道长度及有关参数　　　　　　　　　　　　　　　表 9-17

变速车道类别		主线设计速度（km/h）	变速车道长度（m）	渐变率	渐变段长度（m）
出口	单车道	120	145	1/25	100
		100	125	1/22.5	90
		80	110	1/20	80
		60	95	1/17.5	70
	双车道	120	225	1/22.5	90
		100	190	1/20	80
		80	170	1/17.5	70
		60	140	1/15	60
入口	单车道	120	230	—（1/45）	90（180）
		100	200	—（1/40）	80（160）
		80	180	—（1/40）	70（160）
		60	155	—（1/35）	60（140）
	双车道	120	400	—（1/45）	180
		100	350	—（1/40）	160
		80	310	—（1/37.5）	150
		60	270	—（1/35）	140

下坡路段的减速车道和上坡路段的加速车道，其长度应有所增长，从而保证行车安全，可按表9-18中的修正系数予以修正。

坡道上变速车道长度的修正系数　　　　　　　　　　　　表 9-18

主线平均坡度（%）	$i \leqslant 2$	$2 < i \leqslant 3$	$3 < i \leqslant 4$	$i > 4$
下坡减速车道修正系数	1.00	1.10	1.20	1.30
上坡加速车道修正系数	1.00	1.20	1.30	1.40

符合下列情况者宜增长变速车道：

1）主线设计速度≤100km/h，且匝道的线形指标又不高时，宜采用高一个设计速度档次的变速车道长度。

2）主线、匝道的预测交通量接近通行能力，或载重车和大型客车比例较高时。

（4）主线为曲线时变速车道的线形

1）平行式变速车道

由于主线与变速车道平曲线的曲率差很小，故平行式变速车道与主线相依部分应采用与主线相同的曲率，平行式变速车道同匝道曲线的连接有两种情况：

① 当为同向曲线时，可采用卵形回旋线或复合形回旋线连接，如图 9-25（a）所示。

② 当为反向曲线时，可采用 S 形回旋线连接，如图 9-25（b）所示。

当主线圆曲线半径＞2000m 时，可采用完整的回旋线。

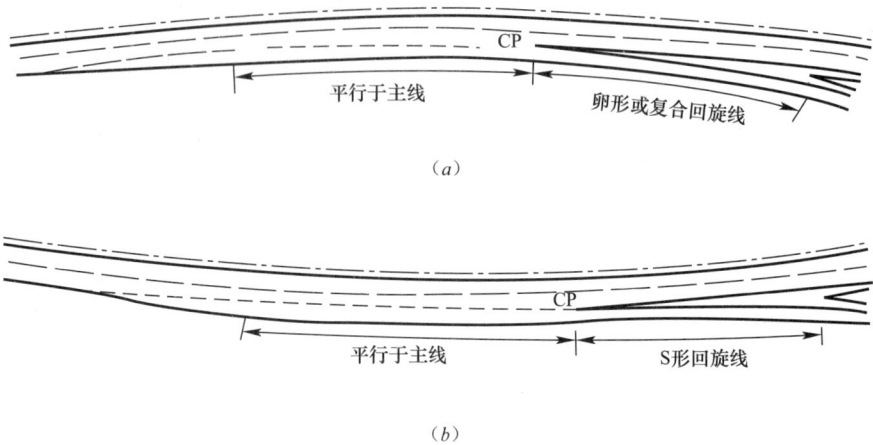

图 9-25　主线为曲线时平行式变速车道的线形

（a）曲线内侧平行式；（b）曲线外侧平行式

2）直接式变速车道

直接式变速车道直至分、汇流鼻端的全长范围内应采用与主线相同的线形，如图 9-26
（a）、（b）所示。如图 9-26（c）所示，曲线外侧的直接式变速车道，当主线为设置大于 3％

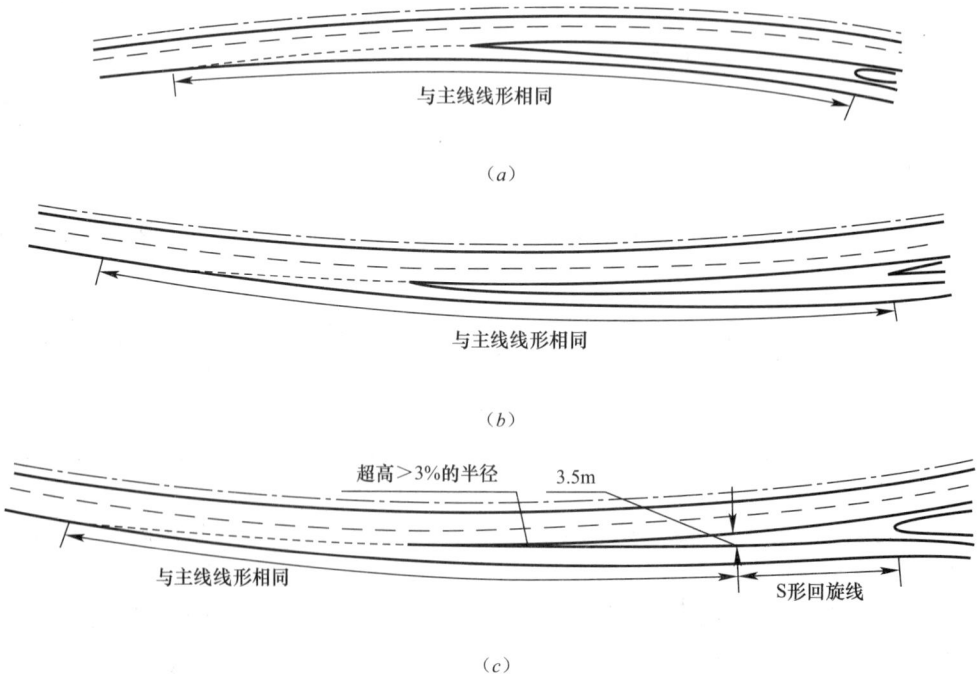

图 9-26　主线为曲线时直接式变速车道的线形

（a）曲线内侧直接式；（b）曲线外侧直接式；（c）曲线内侧直接式

超高横坡度的左转弯曲线时，或因其他原因而不便在接近分、汇流鼻端附近采用与主线相同的线形时，可在主线边车道外缘线和匝道车道内缘线的距离为 3.5m 这一点至分、汇流鼻端范围内采用 S 形回旋线向匝道线形过渡。

3. 汇流鼻前通视三角区

汇流鼻前，匝道与主线间应具有如图 9-27 所示的通视三角区。为保证汇流鼻前的通视三角区，设计中应注意：主线为下坡，匝道为上坡的情况下，通视区范围内的匝道纵坡不得与主线纵坡有较大的差别。尤其是当主线为桥梁并采用实体护栏时，护栏便完全遮挡匝道前方的视线。最理想的通视条件是三角区范围内匝道的路面高于主线的路面。

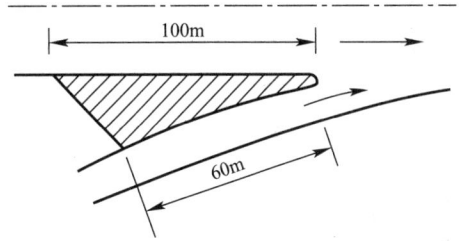

图 9-27　汇流鼻前的通视三角区

9.3.8　匝道间的汇流、分流

1. 匝道间的汇流

如图 9-28 所示，汇流前的匝道系仅为超车之需而采用双车道时，宜在汇流前先并流为单车道。在并流前应设置预告标志，且在并流渐变段内的路面上施划并流标记。

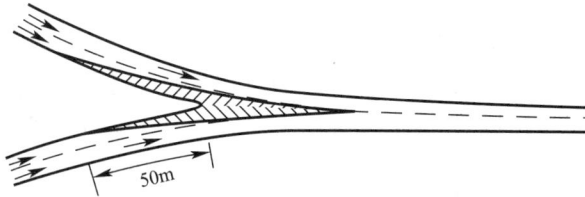

图 9-28　汇流前先并流

2. 汇流、分流渐变段

匝道间的汇流、分流前后车道数不同时，应设汇流、分流渐变段，其最小长度规定如表 9-19 所示。在渐变段范围内行车道两边线的线形应一致并与双幅路段边线的线形相连续。汇流鼻端后或分流鼻端前，两行车道的公共铺面路段的纵断面线形应一致。

匝道间汇流、分流渐变段的最小长度　　　　　　　　　　表 9-19

汇、分流速度（km/h）	渐变段最小长度（m）	
	汇流	分流
40	60	40
60	90	60
80	120	80

9.3.9　相邻的出、入口间距与集散道

1. 相邻的出、入口间距

如图 9-29 所示，高速公路主线上的相邻出口或入口之间、匝道上的相邻出口或入口

之间、主线上的出口至前方相邻入口之间的距离应不小于表 9-20 的规定值。

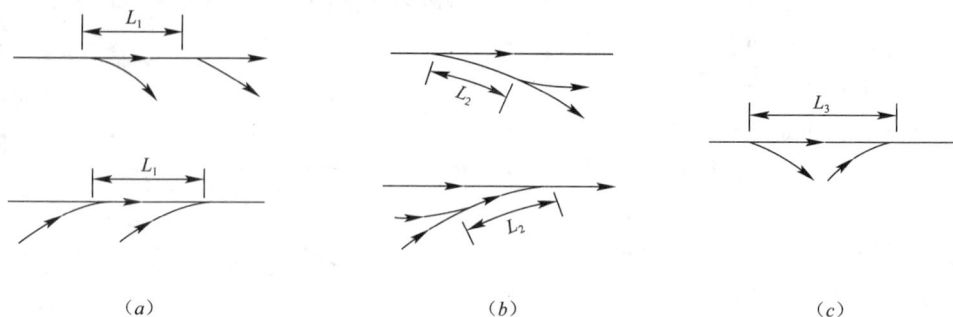

图 9-29　各种相邻的出口、入口之间的距离

（a）主线上的相邻出口或入口；（b）匝道上的相邻出口或入口；（c）主线上的出口至前方相邻入口

2. 集散道

当不能保证主线出口、入口间的应有距离或遇转弯车流的紧迫交织而干扰主线车流时，应采用与主线相分隔的集散道将出入口串联起来。

集散道的横断面由行车道和硬路肩组成，与主线之间应设置边分隔带。集散道一般为双车道；交通量较小时，非交织段可为单车道。右侧硬路肩的宽度一般为 2.50m；当双车道的交通量不大于或略大于单车道的通行能力时，硬路肩的宽度可减至 1.0m。

集散道与主线的连接应按出入口对待，并符合车道数平衡的原则。单车道出入口能满足交通量的需要时，可采用单车道出入口的双车道匝道布置形式。

集散道上相继入口或出口的间距，应满足匝道出入口间距的规定；入口和后继出口的间距应满足交织的需要。

高速公路相邻出、入口最小间距　　　　表 9-20

主线设计速度（km/h）				120	100	80
出、入口间距（m）	L_1	一般值		350	300	250
		最小值	干线	300	250	200
			支线	240	220	200
	L_2	一般值		300	250	200
		最小值	枢纽互通	240	200	200
			一般互通	180	160	160
	L_3	一般值		200	150	150
		最小值	干线	150	150	120
			支线	120	120	100

9.4　公路分离式立体交叉线形设计

9.4.1　总体设计要点

公路分离式立体交叉的总体设计要点如下：

280

（1）主要公路的平、纵线形应保持直捷、顺适，两相交公路不得因增设分离式立体交叉而使平、纵面线形过于弯曲、起伏。

（2）两相交公路以正交或接近正交为宜，且交叉附近平面线形宜为直线或不设超高的大半径曲线。

（3）高速公路、一级公路与二级、三级、四级公路相交而采用分离式立体交叉时，被交公路的线形、线位应充分利用；当交叉角过小或原线形指标过低时，应采用改线方案。

（4）高速公路、一级公路与二级、三级、四级公路相交而采用分离式立体交叉时，被交叉公路的等级、路基宽度、桥梁净宽、净高及车辆荷载等级等技术指标应按被交叉公路现状或已批准的规划公路等级设计。

（5）分离式立体交叉跨线桥的桥面雨水，应通过管道引至桥下公路的排水沟，不得散排于桥下公路路面；跨线桥桥下公路的排水宜采用自流排水。

（6）跨线桥的桥型设计应注重美学要求，桥型应简洁、明快、轻巧，跨顶配置应和谐、悦目，并同周围环境相协调。

（7）分离式立体交叉远期计划改为互通式立体交叉时，应按分期修建原则设计并预留布设匝道的工程条件。

9.4.2　主要公路上跨与下穿设计

1. 上跨及下穿方式选择

分离式立体交叉上跨或下穿交叉方式的选择，应综合考虑以下因素，经技术经济论证后确定：

（1）两相交公路的平面线形和纵坡设计的组合，应使整个工程的造价最低，占地、拆迁数量最少。

（2）不良工程地质条件下，主要公路（尤其是高速公路）宜下穿。

（3）交叉附近需与现有公路设置平面交叉或为路旁用户提供出、入口的公路宜下穿。

（4）交通量大的公路宜下穿。

（5）同已街道化的公路相交时，新建公路宜上跨。

（6）结合地形、已建工程现状或发展规划，使之同周围景观相协调。

2. 主要公路上跨时设计要点

公路分离式立体交叉中的主要公路上跨时，需遵循以下设计要点：

（1）跨线桥布孔和跨径必须满足被交公路建筑限界、视距和前方公路识别、通视的要求。

（2）跨线桥下为双车道公路时，不得在对向行车道中间设置中墩。

（3）跨线桥下为多车道公路时，在中间带设置中墩，其中墩两侧必须设置防撞护栏，并留有护栏缓冲变形的余地；跨线桥下为无中间带多车道公路，若需在行车道中间设置中墩时，其中墩前后必须增设足够长度的中间带，且中墩两侧必须设置防撞护栏，并留有护栏缓冲变形的余地。

（4）主要公路纵断面设计根据路堤平均填土高度、纵坡起伏程度、交叉处被交公路排水设计等因素综合分析后确定。

（5）跨线桥不得压缩桥下公路横断面的任何组成部分，以及原有的渠道、电讯管道等

设施，并留有余地。

（6）分离式立体交叉或被交叉公路采用分期修建时，跨线桥应按规划规模一次建成。

3. 主要公路下穿时设计要点

公路分离式立体交叉中的主要公路下穿时，需遵循以下设计要点：

（1）被交公路的线形、线位应充分利用，当交叉角小或原线形技术指标过低时，宜采用改线方案。

（2）被交公路的等级、路基宽度、车辆荷载等级应按现状或已批准的规划设计。

（3）跨线桥的桥长和布孔必须满足主要公路的建筑限界、视距和对前方公路识别、通视的要求，主孔宜一孔跨越主要公路全断面，除主孔外应有适当长度的边孔。

（4）跨线桥下主要公路（或高速公路）中间带较宽或为四车道以上高速公路，在中间带设置中墩时，中墩两侧必须设置防撞护栏并留有护栏缓冲变形的余地；不得在局部范围内改变中间带宽度而使行车道扭曲。

（5）跨线桥下主要公路（或高速公路）附有以边分隔带分离的慢车道、集散车道、附加车道、非机动车道时，可在边分隔带上设置桥墩。当边分隔带较窄时，应在桥墩前后一定范围内加宽，并宜在右方做变宽过渡。

（6）跨线桥前方主要公路（或高速公路）有出、入口或平面交叉时，跨线桥应增设供通视用辅助桥孔；主要公路（或高速公路）为曲线时，应满足载重汽车停车视距要求。

（7）跨线桥下为路堑时，若路堑不深，宜将桥台置于坡顶之外；若路堑较深或边坡缓而长而需在边坡上设置桥台时，则应将桥台置于坡顶附近，不得布置于坡脚处。

（8）主要公路为高速公路、一级公路时，跨线桥必须设置防撞护栏和防护网，严禁设置商业广告和同交通安全无关的宣传栏目；跨线桥上悬挂交通标志时，不宜采用通栏式，且上下边缘不得超出护栏顶部和边梁外缘底线。

9.5 公路与铁路立体交叉线形设计

公路与铁路交叉不存在互通问题，所以无需设置连接道，形式简单。根据公路、铁路近年来建设发展现状，特别是对交通安全的关注以及建设水平、建设条件等，公路与铁路相交时，应首先考虑采用立体交叉。公路与铁路立交形式有公路上跨和下穿两种，应根据总体规划，并考虑地下设施、地形、地质、水文、环境、施工等因素综合比较后确定。

9.5.1 公路与铁路立体交叉设置条件

高速公路、一级公路与铁路交叉，必须设置立体交叉。

公路与铁路交叉，符合下列情况之一者应设置立体交叉：

（1）高速铁路、Ⅰ级铁路与公路交叉时；

（2）铁路路段旅客列车设计行车速度≥120km/h的地段与公路交叉时；

（3）铁路与二级公路交叉时；

（4）由于铁路调车作业对公路上行驶的车辆会造成较严重延误时；

（5）受地形等条件限制，采用平面交叉会危及公路行车安全时。

9.5.2 公路与铁路立体交叉设计要点

1. 平纵设计要点

公路与铁路立体交叉的平纵设计应遵循以下要点：

（1）公路与铁路立体交叉宜选在双方线形均为直线的地段，或平、纵线形技术指标高且通视良好的地段。

（2）公路与铁路立体交叉，以垂直交叉为宜。必须斜交时，其交叉的锐角应不小于60°；受地形条件或其他特殊情况限制时，应不小于45°。

（3）高速公路、一级公路与铁路交叉，在考虑铁路对立交桥设置要求的同时，其立交位置应符合该路段公路平、纵线形设计总体布局，使线形连续、均衡、顺适，不得在该局部地段降低技术指标。

（4）公路与铁路立体交叉的改建工程应根据公路网规划确定公路等级、交叉位置等。由于改善交叉角或移位而改线时，其路线的平、纵技术指标不得低于相衔接路段的一般值，更不得采用相应公路等级的最小值。

（5）公路与铁路立体交叉的公路引道范围内，不得设置公路平面交叉。

（6）公路与铁路交叉范围内的公路视距要求为：高速公路、一级公路应满足停车视距；二级、三级、四级公路应满足会车视距。

（7）铁路与公路平行相邻时，铁路用地界与高速公路用地界间距不宜小于30m，与一、二级公路用地界间距不应小于15m，与三、四级公路用地界间距不应小于5m。

2. 公路上跨铁路设计要点

公路上跨铁路的立体交叉设计应遵循以下要点：

（1）公路跨线桥的跨径与净高必须符合1435mm标准轨距铁路建筑限界的规定。

（2）公路跨线桥的跨径与布孔应根据地形、地质、桥下净空、铁路排水体系、沿线铁路敷设的专用管线位置等综合确定。

（3）公路上跨电气化铁路时，其跨线桥结构形式应按不中断电力输送的施工工艺与方法确定，以不致危及公路施工和铁路行车的安全。

（4）公路跨线桥及其引道的排水系统应自成体系排除，跨线桥桥面雨水不得直接排至铁路道砟界范围内。

（5）四车道及其以上的公路上跨铁路时，考虑到公路和铁路弯、坡、斜及超高之因素，应对跨线桥的四个周边的铁路建筑限界予以检核。

（6）公路跨越铁路路段（旅客列车设计行车速度140km/h地段）有旅客列车行驶的，其跨线桥应设防撞护栏和防落网。

3. 铁路上跨公路设计要点

铁路上跨公路路的立体交叉设计应遵循以下要点：

（1）铁路跨线桥的跨径与净高必须符合公路建筑限界的规定。

（2）铁路跨越二级公路、三级公路、四级公路时，严禁在行车道上设置中墩；铁路跨越四车道高速公路、一级公路时，不得在中间带设置中墩；铁路跨越六车道及其以上高速公路、一级公路时，若必须在中间带设置中墩时，中墩两侧必须设防撞护栏，并留足设置防撞护栏和护栏缓冲变形的安全距离。

（3）铁路跨线桥所跨越的宽度应包括该路段公路标准横断面宽度及其所附属的变速车道、爬坡车道、边沟等的宽度。

（4）铁路跨线桥的跨径与布孔应留有足够的侧向余宽，不得将墩、台设置在公路排水沟以内，并满足公路视距和对前方公路识别的要求。不能满足公路视距与对前方公路识别要求时，应设置边孔。

（5）铁路跨越高速公路、一级公路时，铁路跨线桥应设置防落网。

（6）铁路跨线桥及其引道的排水系统应自称体系排除，跨线桥桥面雨水不得直接排至公路建筑限界范围内。

第10章　城市道路立体交叉设计

快速路与其他等级城市道路交叉应采用立体交叉形式；主干路—主干路交叉口的预测总交通量超过 12000pcu/h 时，宜采用立体交叉形式。当城市道路与公路相交时，高速公路按快速路、一级公路按主干路、二级和三级公路按次干路、四级公路按支路，确定与公路相交的城市道路交叉口类型。

10.1　城市道路立体交叉选型

10.1.1　城市道路立体交叉分类

城市道路立体交叉根据相交道路等级、直行及转向（主要是左转）车流行驶特征、非机动车对机动车的干扰等，分为立 A 类（枢纽立交）、立 B 类（一般立交）和立 C 类（分离式立交）三类，其各自的交通流行驶特征如表 10-1 所示。

城市道路立体交叉类型及交通流行驶特征　　　　表 10-1

立体交叉类型	直行车流行驶特征	转向车流行驶特征	非机动车及行人干扰情况
立 A 类	连续快速行驶	较少交织、无平面交叉	机非分行、无干扰
立 B 类	主路连续快速行驶，次路存在交织或平面交叉	部分转向交通存在交织或平面交叉	主路机非分行，无干扰；次路机非混行，有干扰
立 C 类	连续行驶	不提供转向功能	—

立 A 类立体交叉可进一步划分为立 A1 类（全定向立体交叉）和立 A2 类（半定向、喇叭形、叶形、苜蓿叶形、组合式立体交叉）。立 B 类立体交叉的主要形式包括：部分苜蓿叶形、环形、菱形立体交叉。

10.1.2　不同类型立交交叉选择

不同类型立体交叉的设置应根据交叉口在路网中的地位、作用、相交道路的等级，结合交通需求和控制条件确定，并应符合表 10-2 的规定。

城市道路不同类型立体交叉选择　　　　表 10-2

立体交叉口类型	选型	
	推荐形式	可选形式
快速路—快速路	立 A1 类	—
快速路—主干路	立 B 类	立 A2 类、立 C 类
快速路—次干路	立 C 类	立 B 类
快速路—支路	—	立 C 类
主干路—主干路	—	立 B 类

10.2 城市道路互通式立体交叉主线线形设计

10.2.1 主线横断面

城市道路立体交叉主线横断面可由车行道、路缘带、分车带、路侧带、集散车道、变速车道及防撞设施等部分组成。主线横断面车行道布置宜与主线路段相同，当设置集散车道时，集散车道布置在主线机动车道右侧，其间宜设置分车带；主线变速车道路段的横断面应根据变速车道平面设计形式确定。

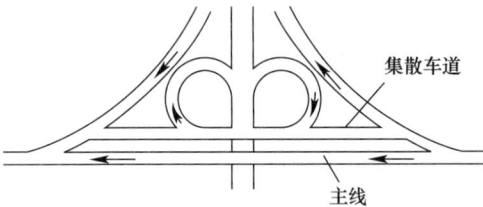

图 10-1　集散车道

1. 集散车道

在互通式立体交叉内使用集散车道的特点是将交织点移出主线道路，并将多出入口变成单一出入口，所有主线出口都在互通立交之前，从而保持统一的出口线形。如图 10-1 所示，苜蓿叶型互通式立体交叉中两条环形匝道的交通流就是典型案例，用集散车道将交织车流和主线车流分离，保证主线交通的正常运行。

当有下列情况之一时，可考虑设置集散车道：

（1）通过车道交通量大，有必要分离时；

（2）2 个以上出口分流岛端部靠得很近时；

（3）3 个以上出入口分流岛端部靠得近时；

（4）所需交织长度得不到保证时；

（5）因交通标志密集而不能适用标志诱导时。

集散车道可为单车道或双车道，每条车道宽度应为 3.5m。

2. 变速车道

在互通式立体交叉匝道出入口处，应设置变速车道。与公路互通式立体交叉相同，城市道路互通式立体交叉的变速车道也分为直接式和平行式两种，减速车道宜采用直接式，加速车道宜采用平行式。

（1）变速车道长度

变速车道长度为加速或减速车道长度与过渡段长度之和，应根据主线设计速度采用大于表 10-3 所列数值。

城市道路互通式立体交叉变速车道长度　　　　　　　　　　　　表 10-3

主线设计速度（km/h）		120	100	80	60	50	40
减速车道长度（m）	1 车道	100	90	80	70	50	30
	2 车道	150	130	110	90	—	—
加速车道长度（m）	1 车道	200	180	160	120	90	50
	2 车道	300	260	220	160	—	—
渐变段长（m）		70	60	50	45	40	40
出口渐变率		1/25		1/20		1/15	
入口渐变率		1/40		1/30		1/20	

（2）变速车道横断面

如图 10-2 所示，城市道路变速车道横断面位置应由主线的路缘带外侧算起，一条变速车道宽度应为 3.5m。变速车道外侧应另加路缘带，当与高速公路相接时为紧急停车带。

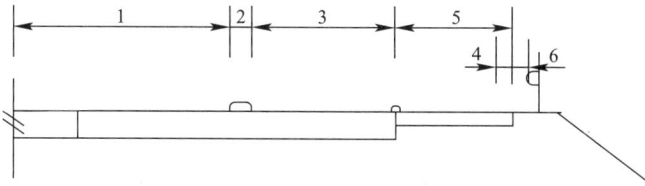

图 10-2　变速车道横断面

1—主线；2—主线路缘带；3—变速车道；4—路缘带；5—停车带；6—安全道

10.2.2　主线平纵线形

1. 机动车道线形

城市道路立体交叉主线平面线形技术要求应与路段一致。在进出立交的主线路段，其行车视距宜大于或等于 1.25 倍的停车视距。

城市道路立体交叉主线机动车道最大纵坡应符合表 10-4 的规定，应采用小于或等于最大纵坡度推荐值，受地形条件或特殊情况限制时，方可采用最大纵坡限制值。山区城市设计速度为 40km/h 的道路，经技术经济论证，最大纵坡可增加 1%。越岭路线连续上坡（或下坡）路段，地形相对高差为 200～500m 时，平均纵坡不应大于 5.5%；地形相对高差大于 500m 时，平均纵坡不应大于 5%。海拔 3000m 以上高原城市道路的最大纵坡推荐值可按表列值减少 1%，最大纵坡折减后若小于 4%，则采用 4%。冰冻积雪地区快速路最大纵坡不得超过 4%，其他道路不得超过 6%。

城市道路立体交叉主线机动车道最大纵坡　　　　　　　　　　　　　表 10-4

设计速度（km/h）	100	80	60	50	40
最大纵坡度推荐（%）	3	4	5	5.5	6
最大总坡度限制（%）	5	6	7		8

城市道路立体交叉主线机动车道纵坡最小长度应符合表 10-5 的规定，且应大于相邻竖曲线切线长度之和。

城市道路立体交叉主线机动车道纵坡最小长度　　　　　　　　　　　表 10-5

设计速度（km/h）	100	80	60	50	40	30	20
最小坡长（m）	250	200	150	140	110	85	60

当城市道路立体交叉主线机动车道纵坡大于表 10-4 所列推荐值时，可按表 10-6 的规定限制坡长。当道路纵坡超过 5%，坡长超过表 10-6 的规定时，应设纵坡缓和段。缓和段的纵坡不应大于 3%，其长度应符合表 10-5 中最小坡长的规定。

设计速度（km/h）	100			80			60			50			40	
纵坡度（%）	4	4.5	5	5	5.5	6	6	6.5	7	6	6.5	7	6.5	7
纵坡限制坡长（m）	700	600	500	600	500	400	400	350	300	350	300	250	300	250

2. 非机动车道线形

城市道路立体交叉非机动车道与主线平行布置时，其平面线形应与主线一致。独立布置的非机动车道平面线形由直线和圆曲线组成，其缘石圆曲线最小半径应为 5m；兼有辅道功能的非机动车道，其圆曲线最小半径应采用机动车道技术指标最小值。

城市道路立体交叉主线非机动车道纵坡度宜小于 2.5%；当大于或等于 2.5% 时，其坡长控制应符合表 10-7 的规定。非机动车道变坡点处应设置竖曲线，竖曲线最小半径宜为 500m。

城市道路立体交叉主线非机动车道纵坡限制坡长　　　　　　表 10-7

纵坡坡度	自行车	三轮车、板车
3.5%	150	—
3%	200	100
2.5%	300	150

10.3　城市道路互通式立体交叉匝道线形设计

10.3.1　匝道设计速度

城市道路互通式立体交叉匝道设计速度需根据主线设计速度选取，具体如下：

（1）主线设计速度 100km/h 时：80km/h、70km/h、60km/h、50km/h；

（2）主线设计速度 80km/h 时：50km/h、40km/h、35km/h；

（3）主线设计速度 60km/h 时：40km/h、35km/h、30km/h、25km/h、20km/h。

城市道路互通式立体交叉匝道选用设计速度时应遵循以下原则：

（1）右转弯匝道宜采用规定值的上限或中间值；

（2）内环匝道宜采用下限值；

（3）定向连接匝道宜采用上限或接近上限值；

（4）驶出匝道分流端的设计速度不得小于主线设计速度的 50%～60%；

（5）驶入匝道与加速车道连接处的设计速度应保证车辆驶至加速车道末端的速度能达到主线设计速度的 70%。

10.3.2　匝道横断面

1. 横断面组成及布置形式

城市道路互通式立体交叉匝道横断面应由车道、路缘带、停车带和防撞护栏或路肩组成，匝道横断面布置如图 10-3 所示。匝道横断面形式单向交通应采用单幅式断面，双向交通应采用双向分离式断面，中央分车带困难路段可采用分隔物（钢护栏和混凝土护栏）。

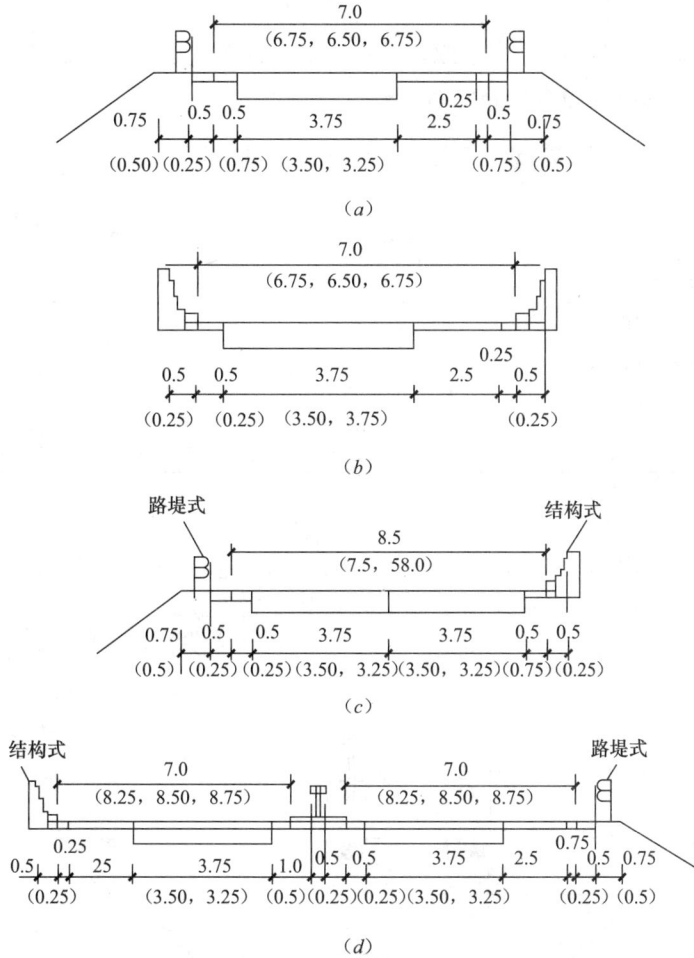

图 10-3　城市道路互通式立体交叉匝道横断面形式

(a) 单向单车道路堤式；(b) 单向单车道结构式；(c) 单向双车道；(d) 双向分离式双车道

2. 各组成部分宽度

(1) 车行道宽度

匝道机动车道宽度应满足表 10-8 所列数值，表中括号内数值为设计速度不超过 40km/h 时，或在困难情况下可采用的最小宽度值。单车道匝道必须设置停车带，停车带含一侧路缘带宽度应为 2.75m；当为小型车专用匝道时可为 2.0m。

城市道路互通式立体交叉匝道机动车道宽度　　　　　　表 10-8

车型及行驶状态	设计速度（km/h）	车道宽度（m）
大型汽车或大小型汽车混行	≥60	3.75
	<60	3.5（3.25）
小型汽车专用道	≥60	3.5
	<60	3.25（3.0）

机非混行匝道车行道宽度应增加非机动车道宽度，一般机动车道与非机动车道应采用物理分隔。

（2）分车带宽度

分车带由分隔带及两侧路缘带组成，其宽度应根据匝道设计速度确定，最小值规定如表 10-9 所示，表中的侧向净宽为路缘带与安全带宽度之和，如图 10-4 所示。

城市道路互通式立体交叉匝道分车带最小宽度　　表 10-9

分车带类别	中间带			两侧带		
设计速度（km/h）	80～70	60～50	≤40	80～70	60～50	≤40
分隔带最小宽度 W_{dm}（m）	1.5	1.5	1.5	1.5	1.5	1.5
路缘带最小宽度 W_{mc}（m）	0.5	0.5	0.25	0.5	0.5	0.25
安全带最小宽度 W_{sc}（m）	0.5	0.25	0.25	0.25	0.25	0.25
最小侧向净宽 W_1（m）	1	0.75	0.5	0.75	0.75	0.5
分车带最小宽度 W_{sm}（m）	2.5	2.5	2.0	—	—	—

3. 建筑限界

图 10-4 中的最小净高 h 应满足表 10-10 的规定，穿越铁路、公路的最小净高还应满足相关规范的规定。顶角抹角宽度应与机动车道侧向净宽一致。

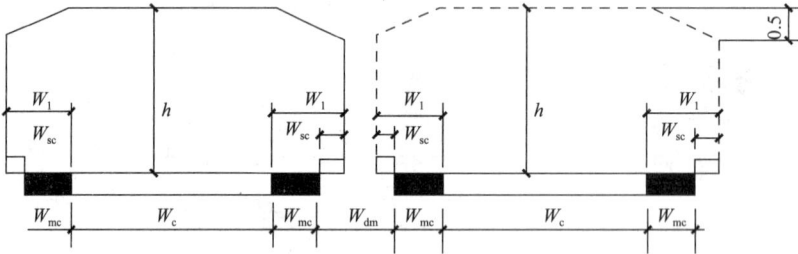

图 10-4　城市道路互通式立体交叉匝道建筑限界

城市道路互通式立体交叉范围内的最小净高　　表 10-10

车行道种类	机动车			非机动车	
行驶车辆种类	各种汽车	无轨电车	有轨电车	自行车、行人	其他非机动车
最小净高（m）	4.5	5.0	5.5	2.5	3.5

4. 双车道匝道设置条件

城市道路互通式立体交叉双车道匝道设置应符合下列条件：

（1）交通量超过单车道匝道设计通行能力时。

（2）单车道匝道和匝道出入口通行能力满足交通需求，但遇以下情况之一应采用双车道匝道，且宜采用划线方式控制出入口为 1 车道：

1）匝道长度大于 300m；

2）预计匝道上或匝道和街道连接处的管制（如信号灯控制）可能形成车辆排队，需增加蓄车空间。

3）纵坡采用极限值的陡坡匝道。

290

10.3.3 匝道平面线形

1. 圆曲线最小半径

城市道路互通式立体交叉匝道的圆曲线最小半径应符合表 10-11 的规定，不设缓和曲线的匝道圆曲线最小半径与不设超高情况相同。

城市道路互通式立体交叉匝道的圆曲线最小半径　　　　表 10-11

匝道设计速度（km/h）		80	70	60	50	40	35	30	25	20
积雪冰冻地区		—	—	240	150	90	70	50	35	25
一般地区	不设超高	420	300	200	130	80	60	45	30	20
	$i_{max}=0.02$	315	230	160	105	65	50	35	25	20
	$i_{max}=0.04$	280	205	145	95	60	45	35	25	15
	$i_{max}=0.06$	255	185	130	90	55	40	30	25	15

2. 缓和曲线最小长度

匝道平面线形中，直线与圆曲线或大半径圆曲线与小半径圆曲线之间应设置缓和曲线，缓和曲线最小长度应符合表 10-12 的规定。缓和曲线形式采用回旋线，回旋线参数应满足 $A \leqslant 1.5R$，并符合表 10-13 的规定。

匝道反向曲线间的两个回旋线，其参数宜相等，不相等时其比值应小于 1.5。回旋线的长度还应满足超高过渡的需要。

城市道路互通式立体交叉匝道的缓和曲线最小长度　　　　表 10-12

匝道设计速度（km/h）	80	70	60	50	40	35	30	25	20
缓和曲线最小长度（m）	75	70	60	50	45	40	35	25	20

城市道路互通式立体交叉匝道的回旋曲线参数　　　　表 10-13

匝道设计速度（km/h）	80	70	60	50	40	35	30	25	20
回旋曲线参数 A（m）	135	110	90	70	50	40	35	25	20

3. 平曲线与圆曲线最小长度

城市道路互通式立体交叉匝道平曲线可由 1 条圆曲线及 2 条缓和曲线组成，也可由 2 条缓和曲线直接衔接，平曲线与圆曲线长度应大于或等于表 10-14 的规定。

城市道路互通式立体交叉匝道平曲线与圆曲线最小长度　　　　表 10-14

匝道设计速度（km/h）	80	70	60	50	40	35	30	25	20
平曲线最小长度（m）	150	140	120	100	90	80	70	50	40
圆曲线最小长度（m）	70	60	50	45	35	30	25	20	20

4. 停车视距

城市道路互通式立体交叉匝道的停车视距不应小于表 10-15 中的规定值，匝道平曲线内侧宜采用视距包络图作为视距界限。

城市道路互通式立体交叉匝道停车视距　　　　表 10-15

匝道设计速度（km/h）	80	70	60	50	40	35	30	25	20
停车视距（m）	110	90	70	55	40	35	30	25	20

10.3.4 匝道纵断面线形

1. 最大纵坡

城市道路匝道最大纵坡不应大于表 10-16 中的规定值，在设计匝道纵断面线形时应平缓，不宜采用断背纵坡线（两同向竖曲线间设置一短直线段）。机非混行匝道纵坡应满足非机动车行驶纵坡要求。匝道驶入（出）主线附近的纵断面，宜与主线有适当长度的平行段。

城市道路互通式立体交叉匝道最大纵坡　　　　　　表 10-16

匝道设计速度（km/h）	匝道最大纵坡（%）				
	80	70	60	50	≤40
一般地区	5	5.5	6	7	8
积雪冰冻地区	4				

2. 竖曲线最小半径与长度

城市道路互通式立体交叉各种设计速度的匝道所对应的最小竖曲线半径及竖曲线长度应符合表 10-17 的规定。

对凸形竖曲线和立交桥下的凹形竖曲线应校核行车视距，验算时物高宜为 0.1m；目高在凸形竖曲线上宜为 1.2m，在凹形竖曲线上宜采用 2.2m。

城市道路互通式立体交叉匝道最小竖曲线半径与长度　　　　　　表 10-17

匝道设计速度（km/h）			80	70	60	50	40	35	30	25	20
竖曲线最小半径（m）	凸形	一般值	4500	3000	1800	1200	600	450	400	250	150
		极限值	3000	2000	1200	800	400	300	250	150	100
	凹形	一般值	2700	2025	1500	1050	675	525	375	255	165
		极限值	1800	1350	1000	700	450	350	250	170	110
竖曲线最小长度（m）		一般值	105	90	75	60	55	45	40	30	30
		极限值	70	60	50	40	35	30	25	20	20

10.3.5 匝道的超高与加宽

1. 匝道的超高

（1）超高横坡度

城市道路立体交叉匝道路拱横坡应满足最低路表排水要求，并不大于 2%。当匝道平曲线半径引起的离心力不能由正常路拱横坡和正常轮胎摩阻力所平衡时，应取消反向横坡，采用单向路拱和设置超高横坡。

最大超高横坡度的取值应根据当地气候、地形、地区性质和交通特点来确定。一般地区最大超高横坡不应超过 6%，积雪冰冻地区不应超过 3.5%。设计超高横坡度可根据容许最大超高横坡度、最大横向力系数、圆曲线半径和设计速度，按下式计算：

$$i = \frac{V^2}{127R} - \mu_{\max} \qquad (10\text{-}1)$$

式中　i——设计超高横坡度，%；

V——匝道设计速度，km/h；

R——圆曲线半径，m；

μ_{max}——最大横向力系数，可查表 10-18 取用。

最大容许横向摩阻力系数　　　　　　　　　　　表 10-18

匝道设计速度（km/h）	80	70	60	50	40	35	30	25	20
横向力系数 μ_{max}	0.14	0.15	0.16	0.17	0.18	0.18	0.18	0.18	0.18

（2）超高缓和段

城市道路立体交叉匝道超高设置方式有以下三种，可根据地形状况、车道数、景观要求、排水需要进行选择。

1）车道绕中心线旋转；

2）车道绕内侧边缘线旋转；

3）车道绕外侧边缘线旋转。

匝道正常路拱与全超高路段之间应设置超高缓和段，其长度可按下式计算，缓和曲线长度实际取值为超高缓和段长度和平曲线缓和段长度两者中的大值。

$$L_{\varepsilon} = \frac{b \times \Delta i}{\varepsilon} \tag{10-2}$$

式中　L_{ε}——超高缓和段长度，m，不少于 2s 的设计速度行驶距离；

　　　b——超高旋转轴至路面边缘的宽度，m；

　　　Δi——超高横坡度与正常路拱坡度的代数差，%；

　　　ε——超高渐变率，超高旋转轴与路面边缘之间相对升降的比率，可按表 10-19 取值。

城市道路互通式立体交叉匝道超高渐变率　　　　　　　　表 10-19

匝道设计速度（km/h）	20	30	40	50	60	70	80
超高渐变率 $\varepsilon_{中}$	1/100	1/125	1/150	1/160	1/175	1/185	1/200
超高渐变率 $\varepsilon_{边}$	1/50	1/75	1/100	1/115	1/125	1/135	1/150

（3）合成坡度

匝道坡道上的平曲线设置超高时，必须考虑纵坡对实际超高的不利影响。合成坡度一般地区最大不应超过 8%，积雪冰冻地区不应超过 6%。匝道合成坡度应按下式计算：

$$i_{H} = \sqrt{i_{N}^{2} + i_{Z}^{2}} \tag{10-3}$$

式中　i_{H}——匝道合成坡度，%；

　　　i_{N}——匝道超高横坡，%；

　　　i_{Z}——匝道纵坡，%。

2. 匝道的加宽

（1）加宽值

当匝道圆曲线半径≤250m 时，应设置加宽，每条车道加宽值应符合表 10-20 的规定。曲线加宽的过渡应按主线加宽的方式执行。

车型	圆曲线半径（m）								
	$200<R$ $\leqslant250$	$150<R$ $\leqslant200$	$100<R$ $\leqslant150$	$60<R$ $\leqslant100$	$50<R$ $\leqslant60$	$40<R$ $\leqslant50$	$30<R$ $\leqslant40$	$20<R$ $\leqslant30$	$15<R$ $\leqslant200$
小型汽车	0.28	0.30	0.32	0.35	0.39	0.40	0.45	0.60	0.70
普通汽车	0.40	0.45	0.60	0.70	0.90	1.00	1.30	1.80	2.40
铰接车	0.45	0.55	0.75	0.95	1.25	1.50	1.90	2.80	3.50

匝道路面加宽的设置应在内侧进行，当内侧加宽有困难，或加宽后对几何线形设计有较大影响时，可在内、外侧均等分配加宽值。在外侧加宽时，其加宽值宜小于车道中心线的缓和曲线内移值。

（2）加宽缓和段

设置缓和曲线时，加宽缓和段和超高缓和段长度宜采用回旋曲线全长。加宽缓和段的过渡方法可采用以下两种：

1）曲线加宽值在整个缓和曲线全长上作线性分配，如图 10-5 所示，加宽缓和段上任一点的加宽值可按下式计算：

$$b_x = kb \qquad (10\text{-}4)$$

$$k = L_x/L \qquad (10\text{-}5)$$

式中　b_x——加宽缓和段上任一点的加宽值，m；

　　　L_x——加宽缓和段上任一点到加宽缓和段起点距离，m；

　　　L——加宽缓和段全长，m；

　　　b——匝道圆曲线部分路面加宽值，m。

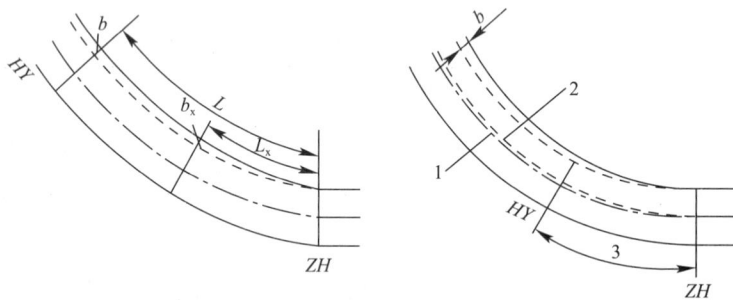

图 10-5　匝道圆曲线部分路面加宽过渡方式
1—原中心线；2—设回旋线后中心线；3—回旋线

2）曲线加宽值在整个缓和曲线全长按高次抛物线分配，匝道曲线加宽值较大，计算过渡曲线不顺适时，可采用下式计算：

$$b_x = (4k^3 - 3k^4)b \qquad (10\text{-}6)$$

10.3.6　匝道端部出入口设计

1. 视距保证

匝道端部出入口应包括匝道渐变段、变速车道，宜设置在主线行车道右侧、跨线桥等

构造物前或凸形竖曲线上坡道上。如图 10-6 所示，匝道端部出入口宜设置在主线下坡路段，并保持充分的视距。

图 10-6 匝道入口端部视距
1—主线；2—确保通视区域

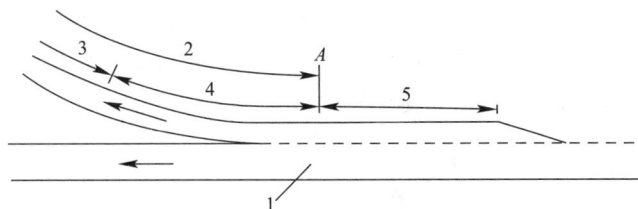

2. 分流点曲率半径与回旋线参数

如图 10-7 所示，驶出匝道出口端部在减速车道终点应设置缓和曲线。分流点的曲率半径与回旋线参数应符合表 10-21 的规定。

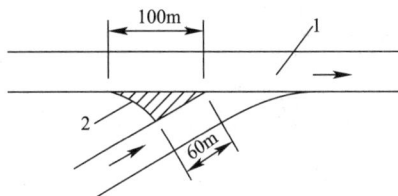

图 10-7 匝道出口端部缓和曲线
1—主线；2—匝道；3—圆曲线；4—回旋线；5—减速车道；A—分流点

分流点的曲率半径与回旋线参数

表 10-21

主线设计速度（m）	分流点的行驶速度（km/h）	分流点的最小曲率半径（m）	回旋线参数 A（m）	
			一般值	低限值
120	80	250	110	100
	60	150	70	65
100	55	120	60	55
80	50	100	50	45
60	≤40	70	35	30

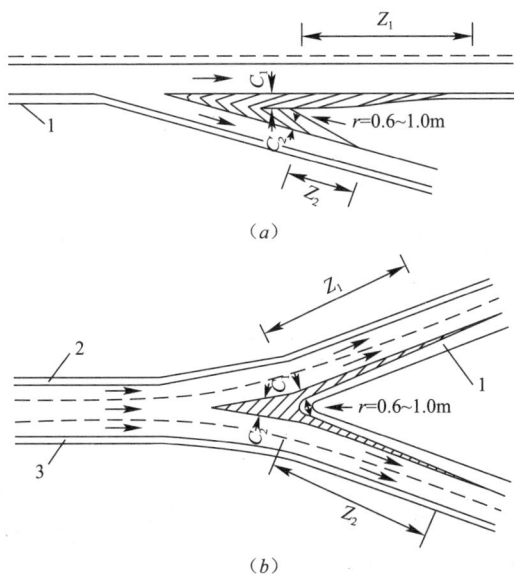

（a）

（b）

图 10-8 分流鼻端
（a）驶出匝道出口；（b）主线相互分岔
1—硬路肩；2—左路肩；3—右路肩

3. 分流鼻端

如图 10-8 所示，立 A_1 类立体交叉主线与驶出匝道的出口分流点处，当需给误行车辆提供返回余地时，行车道边缘宜设偏置加宽，并应采用圆弧线连接主线和匝道路面的边缘。

分流鼻端的偏置加宽值与鼻端半径应满足表 10-22 的规定，高架结构段可不设置偏置加宽。分流鼻端后的过渡段长度 Z_1、Z_2 应根据表 10-23 的渐变率计算。当主线硬路肩宽度能够满足停车宽度要求时，偏置值可采用该硬路肩宽度，渐变段部分硬路肩应铺成与行车道路面相同的结构。

分流点处偏置值与端部半径　　　　　　表 10-22

分流方向	主线偏置值 C_1（m）	匝道偏置值 C_2（m）	鼻端半径 r（m）
驶离主线	≥3.0	0.6~1.0	0.6~1.0
主线相互分岔	1.8		0.6~1.0

分流点处楔形端的渐变率　　　　　　表 10-23

设计速度（km/h）	120	100	80	60	≤40
渐变率	1/12	1/11	1/10	1/8	1/7

4. 匝道口最小净距

如图 10-9 所示，相邻匝道出入口的最小净距 L 应符合表 10-24 的规定。图 10-9 中，(b)、(d) 两种情况不宜采用极限值。相邻驶入或驶出匝道之间的间距还应考虑变速车道长度及标志之间需要的距离，并按最长需要距离决定取用值。

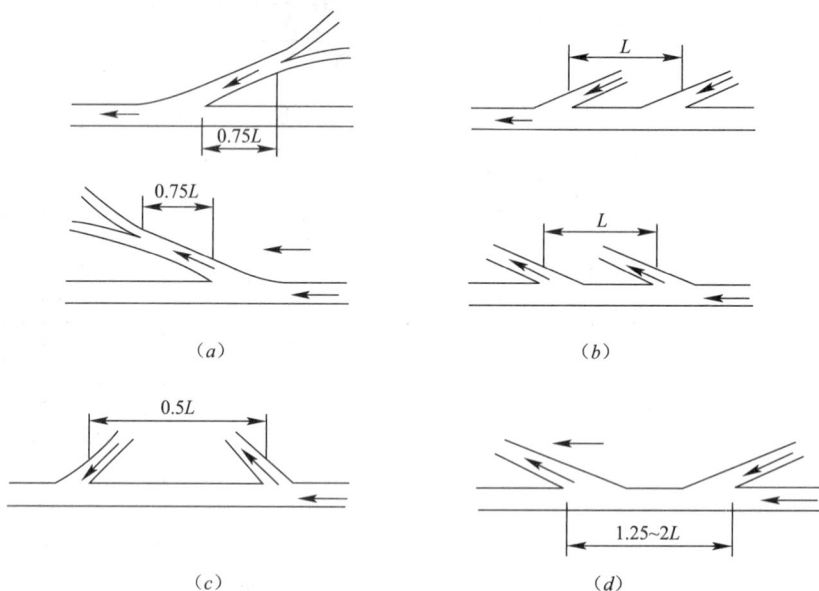

图 10-9　匝道口最小净距

(a) 干道分合与匝道分合；(b) 干道上连续驶入或驶出；
(c) 干道上先驶出后驶入；(d) 干道上先驶入后驶出

相邻匝道口最小净距 L　　　　　　表 10-24

距离 L（m）	干道设计速度（km/h）					
	120	100	80	60	50	40
极限值	165	140	110	80	70	55
一般值	330	280	220	160	140	110

5. 出入口形式

(1) 单车道匝道出入口

单车道匝道出入口按交通流线可分为单车道匝道直接式入口、单车道匝道直接式出口、单车道匝道平行式出口和单车道匝道直接式出口 4 类。

如图 10-10 所示，单车道匝道直接式入口应按 1:40~1:20（横纵比）均匀的渐变率和主线连接，汇合点设置在主线直行车道右侧边缘 3.5m（一条车道）处，汇合点后方为加

296

速段，汇合点前方为过渡段。

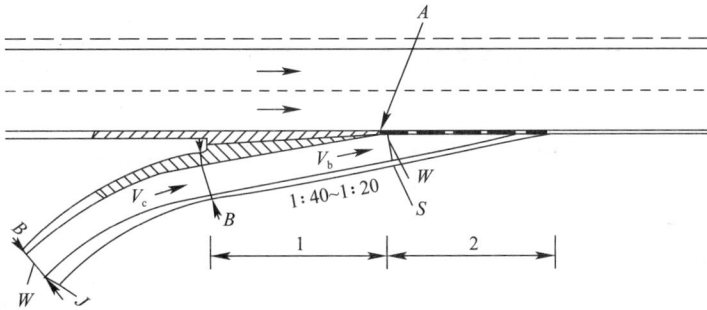

图 10-10　单车道匝道直接式入口

A—合流点；B—单车道匝道宽度；W—车道宽；S—路缘带宽；
J—紧急停车带宽；1—加速段；2—渐变段

如图 10-11 所示，单车道匝道平行式入口是在汇流点处起提供一条附加变速车道，并在其末端设置过渡渐变段，供车辆驶入。

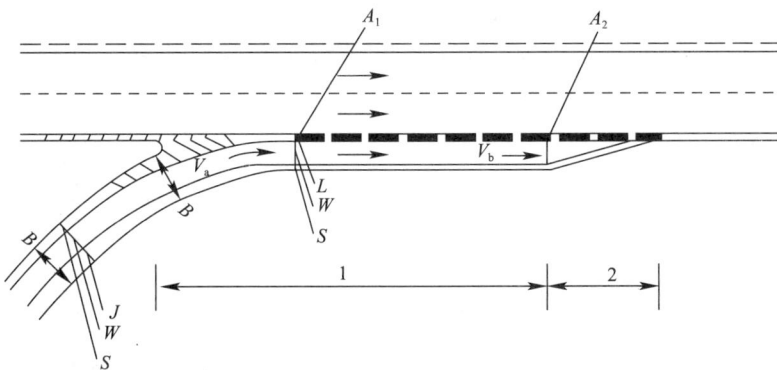

图 10-11　单车道匝道平行式入口

A_1—并流点；A_2—汇合点；B—单车道匝道宽度；W——车道宽；S—路缘带宽；
J—紧急停车带宽；L—出入口标线宽；1—加速段；2—减速段

如图 10-12 所示，单车道匝道直接式出口线形应符合行车轨迹，其出口横纵比应按 1：25～1：15 均匀的渐变率和主线相接，分散角宜为 2°～5°。

如图 10-13 所示，单车道匝道平行式出口渐变段及减速车道线形特征应明显，能够提供使驾驶人注目的出口区域，以防止主线车辆误驶入主线。

（2）多车道匝道出入口

多车道匝道出入口除和单车道出入口一样根据交通流线分两类外，还应按功能分类：一种是按出入口进行设计，适应于一般立交匝道的出入口设计。另一种按主要岔口分流、合流进行设计，适应于城市主干路和更高级别道路在立交范围内岔口的分、合流设计。

1）一般双车道匝道出入口

一般双车道匝道出入口按交通流线可分为双车道匝道直接式入口、双车道匝道直接式出口、双车道匝道平行式出口和双车道匝道直接式出口 4 类。

双车道匝道直接式出入口布置形式和单车道一样，第二条变速车道加在第一条变速车

道右侧，内侧车道加减速段长是单车道规定值的 80％，如图 10-14、图 10-15 所示。

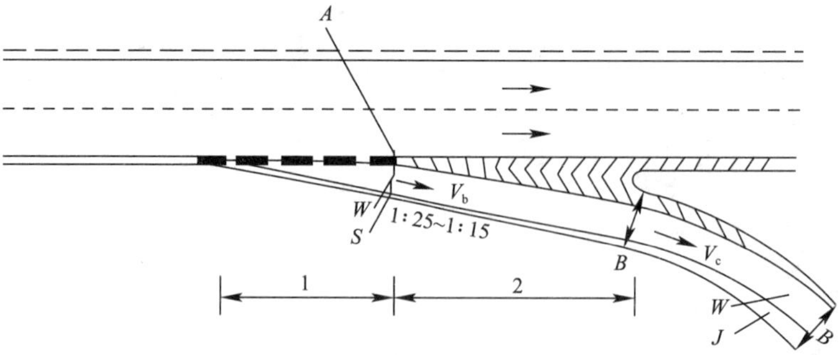

图 10-12 单车道匝道直接式出口

A—分流点；*B*—单车道匝道宽度；*W*—一车道宽；*S*—路缘带宽；

J—紧急停车带宽；1—渐变段；2—减速段

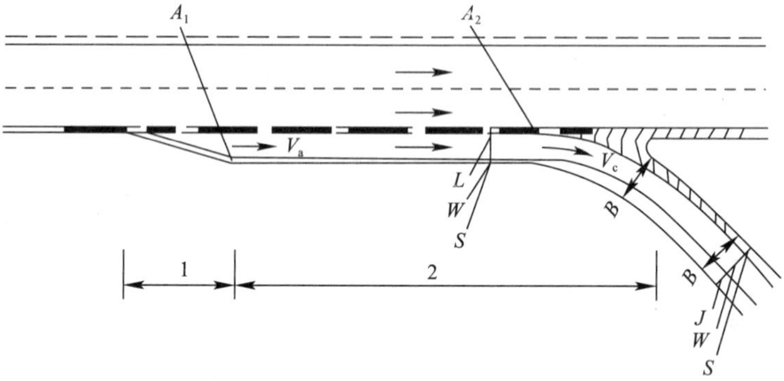

图 10-13 单车道匝道平行式出口

A₁—分离点；*A₂*—分流点；*B*—单车道匝道宽度；*W*—一车道宽；*S*—路缘带宽；

J—紧急停车带宽；*L*—出入口标线宽；1—渐变段；2—减速段

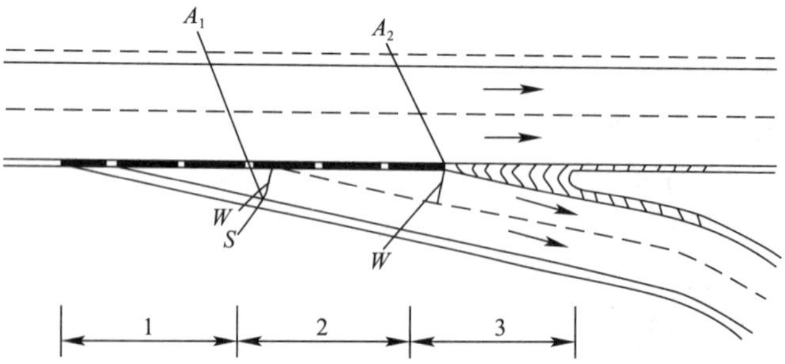

图 10-14 双车道匝道直接式出口

A₁—分离点；*A₂*—分流点；*W*—一车道宽；*S*—路缘带宽；

1—渐变段；2—减速段；3—0.8×减速段

双车道匝道平行式出入口布置形式和单车道一样，第二条变速车道加在第一条变速车道右侧，右侧变速车道较左侧变速车道短一个渐变段长度，如图 10-16、图 10-17 所示。

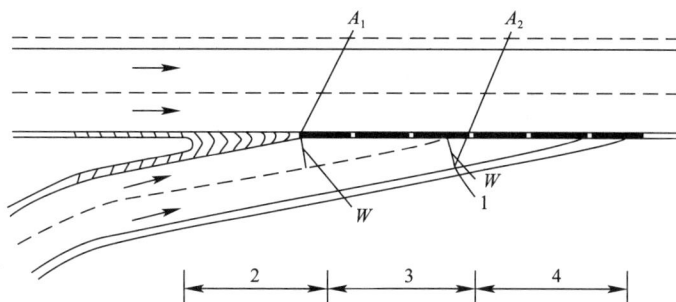

图 10-15　双车道匝道直接式入口

A_1—汇流点；A_2—汇合点；W——车道宽；1—路缘带；

2—0.8×加速段；3—加速段；4—渐变段

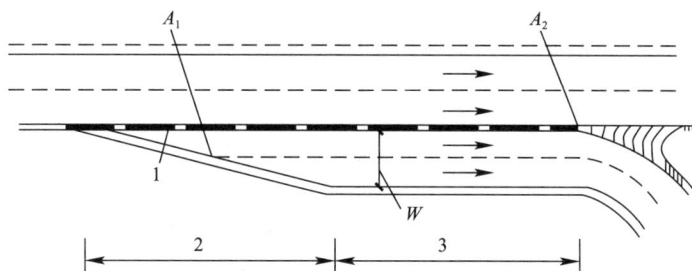

图 10-16　双车道匝道平行式出口

A_1—分离点；A_2—分流点；W—双车道宽；1—路缘带；2—渐变段；3—减速段

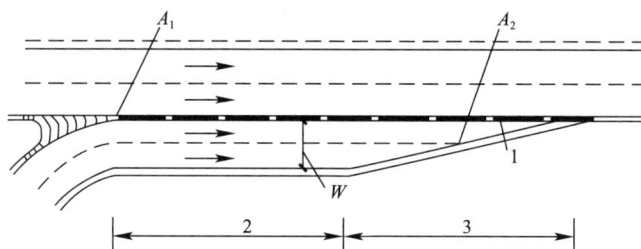

图 10-17　双车道匝道平行式入口

A_1—汇流点；A_2—汇合点；W——双车道宽；1—路缘带；2—加速段；3—渐变段

2）主要岔口分流、合流

主要岔口分流、合流应符合下列规定：

① 枢纽立交处，为能在与主线车速基本相同行驶条件下实现大交通量的分流、合流和路线的转换，道路分岔端部应按分岔方式保证主线基本车道数连续和主线车道数的平衡，必要时增设辅助车道，如图 10-18 所示。其中，相对较次要的分岔流向应靠右侧进出。

② 城市快速路在起讫点处可分成两条定向多车道，与类似的高等级道路相衔接。大交通量的分、合流或路线间交通流转换期间车速基本保持不变。多车道岔口分流、合流端部可按图 10-19 所示方式进行设计。

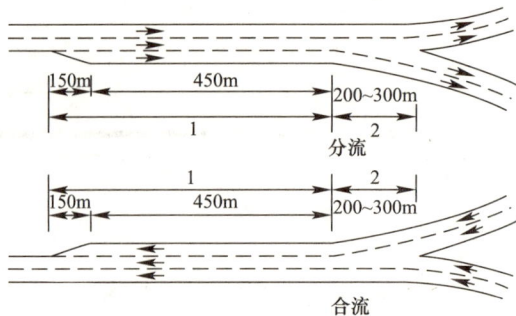

图 10-18 双车道岔口分流与合流
1—辅助车道；2—变化段

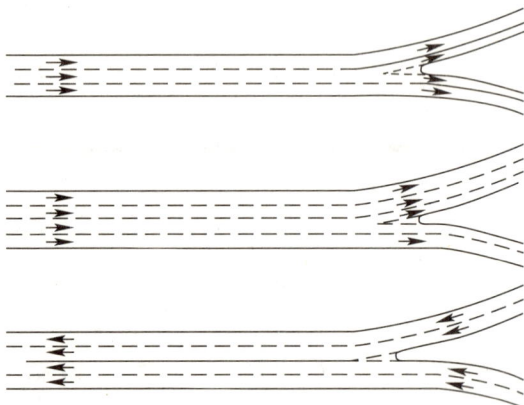

图 10-19 多车道岔口分流与合流

③ 枢纽立交的主要岔口除了按车道数平衡原则进行设计外，还应按树枝状分岔，以每两个流向分别进行分流、合流设计，如图 10-20 所示。

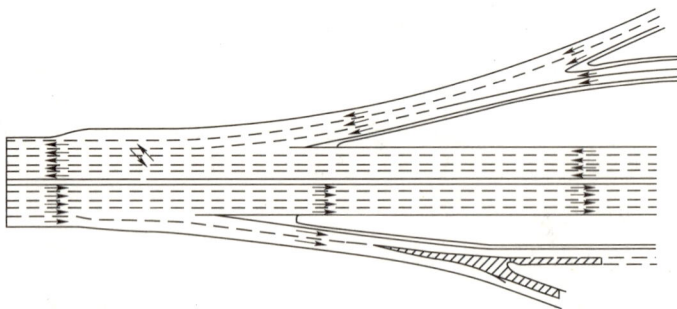

图 10-20 多车道树枝状分岔

10.3.7 辅助车道

1. 设置条件

在城市快速路的全长或较长的路段内基本车道数应保持一致，相邻两段同一方向的增减必须符合基本车道数连续和车道数平衡原则，每次增减不得多于 1 条。一般位于枢纽立

体交叉的定向匝道，当出入口交通量很大时，双车道出入口应在下行方向按车道数平衡、基本车道数连续两条原则，增设辅助车道。

此外，当前一个互通式立体式交叉的加速车道末端至下一个互通式立体交叉的减速车道的起点之间的距离小于500m时，应设置辅助车道，接如图10-21所示。

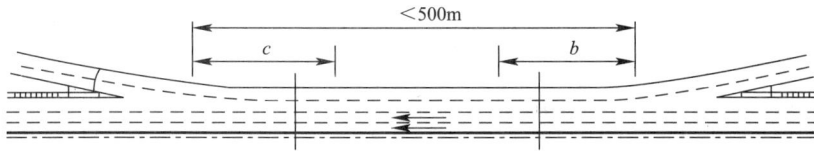

图 10-21　辅助车道设置

2. 设辅助车道的双车道匝道出入口形式

设辅助车道的双车道匝道出入口形式可分为双车道匝道直接式出口、双车道匝道平行式出口、双车道匝道直接式入口和双车道匝道直接式出口 4 类，各种出入口形式及其要求的辅助车道长度如图10-22所示，辅助车道过渡段渐变率应大于等于1/50。

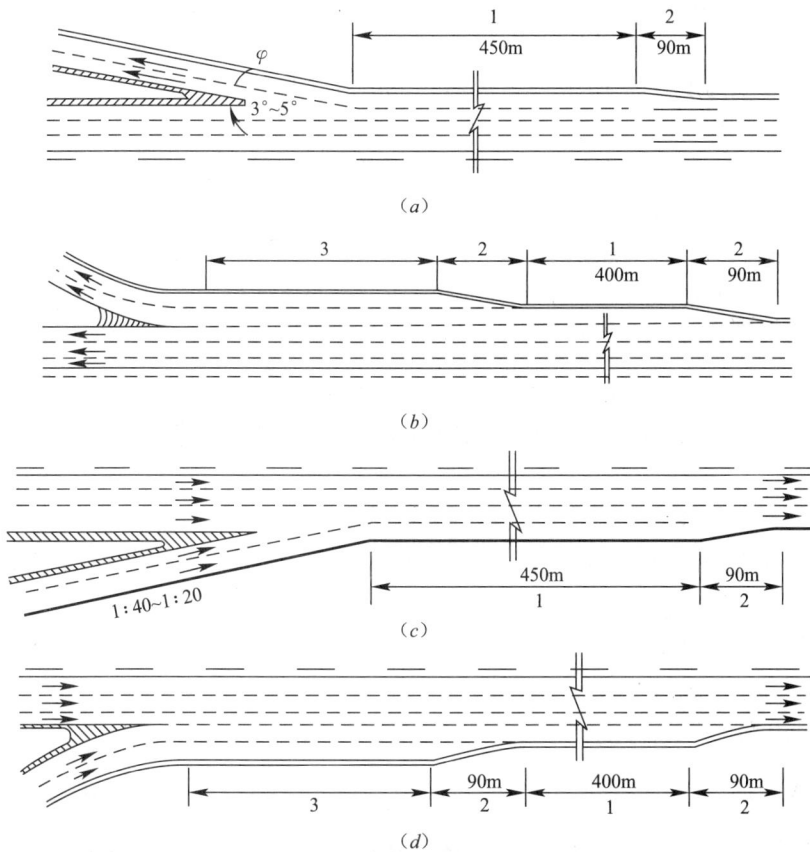

图 10-22　设辅助车道的双车道匝道出入口

(a) 双车道匝道直接式出口；(b) 双车道匝道平行式出口；(c) 双车道匝道直接式入口；(d) 双车道匝道直接式出口

φ—分离角；1—辅助车道；2—渐变段；3—减速段

301

10.4 城市道路立体交叉附属设施设计

10.4.1 防眩设施

1. 设置条件

防眩设施主要分为防眩板、防眩网和密集植树三大类，符合下列情况之一者，宜设置防眩设施：

(1) 立体交叉主线或匝道上较小平曲线或竖曲线对驾驶人造成严重眩目影响的路段；

(2) 从匝道或连接道驶入立交主线时，使对向驾驶人有严重眩目影响的主线路段；

(3) 无照明或照明不良高架跨线桥或下穿道路上。

2. 设计要点

城市道路立体交叉防眩设施设计时需遵循以下要点：

(1) 防眩设施的设置应考虑设施的连续性，并应与周围环境相协调。

(2) 防眩设施与各种护栏配合设置时，应针对不同地区，结合防风、防雪、防眩的综合要求，考虑组合结构的合理性。

(3) 防眩设施高度宜为 1.7m，在凸形或凹形竖曲线上设置时，应对防眩设施高度变化进行验算，避免出现漏光现象。

(4) 防眩设施在平曲线半径较小的弯道上设置时，应验算相应的停车视距。

(5) 当中央分隔带宽度为 3～7m 时，可采用高度为 1.7m 的密集植树方式进行防眩。但在无封闭设施的路段，宜优先考虑采用防眩板或防眩网形式。

10.4.2 隔音设施

隔音设施主要分为声屏障和绿化带二大类。当立体交叉主线或匝道经过居民住宅区、学校、医院及办公楼，且噪声超过所在城市规定的省级标准时，宜设置隔音设施，并应符合下列规定：

(1) 声屏障可与各种护栏配合设置，并应结合环境，采用合理的结构形式。

(2) 声屏障应采用吸音材料，同时又要便于清洗，以减少灰尘对材料性能及美观的影响。

(3) 声屏障安装高度应适当，不宜小于 4m。当道路经过高层建筑时，可采用弧形结构，或在垂直形结构顶端增设吸音筒。

(4) 立交主线或匝道外侧宜布置绿化带。

10.4.3 排水设计

城市道路立体交叉的排水设计应在城市总体排水规划指导下进行，并应符合现行国家标准《室外排水设计规范》(GB 50014—2006) 的规定。如城市道路立体交叉所处地区无排水规划，应先作出规划再进行设计，并应符合下列规定：

(1) 城市道路立交范围内的排水应与相交道路的排水统一设计，其排水设计应包括雨

水管、雨水口和连接管的布设，特别是竖直方向的连接管的布设，并与地面排水系统沟通，城市道路立体交叉的路面水应排泄迅速。

（2）城市道路立体交叉排水设计重现期宜采用3～5年，路面雨水径流量应按现行国家标准《室外排水设计规范》（GB 50014—2006）执行。

（3）在下穿式立体交叉引道两端纵坡的起点处应设倒坡，并在道路两侧采取截水措施，减少坡底聚水量。纵坡大于2%的坡段内，不宜设置雨水口，应在凹形竖曲线最低点道路两侧集中设置并联雨水口，其数量应按设计流量计算确定。

10.4.4 景观设计

城市道路立体交叉景观设计的目的是使立体交叉造型美观、视认性好，起到引导驾驶人视线、保证行车安全及可观赏的作用。景观设计包括立交桥的建筑艺术造型及立交范围内的坡面修饰和绿化栽植，城市道路立体交叉则侧重于绿化栽植。

1. 绿化设计

立体交叉的绿化栽植除了美化环境、点缀城市外，还可以减轻机动车排气污染，防止汽车前灯眩光。

互通式立体交叉范围内栽植树木时，应栽植不同树种以作为该互通式立体交叉的特征标志。如图10-23所示，在出、入口处，应栽植引导视线的树木；在出口一侧可栽植灌木以缩小视野，间接引导驾驶人减低车速；在匝道转弯处三角区内只可种植花、草，平曲线内侧栽植灌木时，应满足视距要求，并起诱导驾驶的作用。

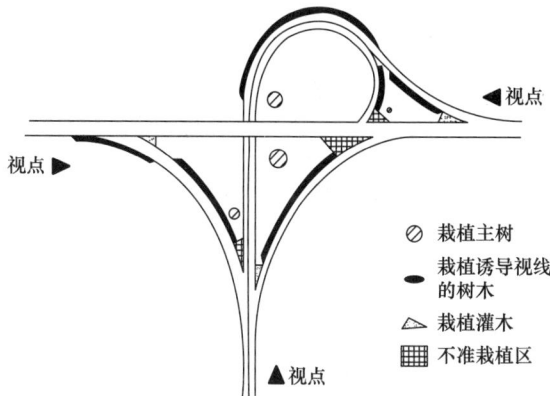

图 10-23 互通式立体交叉绿化布置

2. 坡面景观设计

坡面修饰是将匝道包围区域（包括环形匝道内和三角地带内区域）的边坡修饰成规则、圆滑和接近于自然地形的形状。坡面修饰应满足坡顶圆滑、坡面规则和坡脚顺适的要求。坡面修饰原则上只修饰匝道包围的区域，其外侧应以满足通视条件、保持坡面规则为原则进行适当修整。

填方段匝道的边坡，在接近原地面的一定高度内应逐渐减缓，使其整齐、美观，原则上只修饰匝道包围区域的坡面，如图10-24所示。

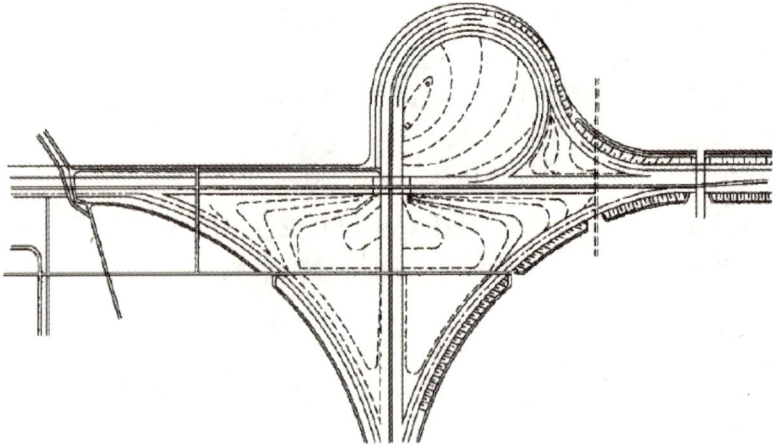

图 10-24　互通式立体交叉坡面修饰

10.5　城市道路与铁路立体交叉线形设计

10.5.1　设置条件

城市道路与铁路立体交叉的设置应符合下列条件：

（1）城市快速路与铁路交叉、铁路路段旅客列车行车速度超过 120km/h 的铁路与各级城市道路交叉，必须设置立体交叉。

（2）行驶无轨电车或轨道交通的道路与铁路交叉，应设置立体交叉。

（3）当铁路道口的年平均日折算小客车交通量与铁路通过火车列数的乘积达到表 10-25 规定标准时，应设置立体交叉。

设置立体交叉的铁路道口折算交通量（万辆次）　　　　　表 10-25

道口侧向净距	铁路路段旅客列车设计行车速度（km/h）		
	120	100	≤80
良好	6.0	12.0	16.0
不良	3.0	6.0	8.0

（4）地形条件不利，采用平面交叉危及行车安全时，可设置立体交叉。

（5）道路与铁路交叉，机动车交通量不大但非机动车交通量和人流量较大时，可设置人行立体交叉或非机动车与行人合用的立体交叉。

10.5.2　交叉形式

道路与铁路立体交叉的位置与形式应根据城市总体规划的要求，并根据道路与铁路的等级性质、交通量、交通组成、地形、地下设施、铁路行车瞭望条件、地质、水文、环境要求、城市景观、施工管理等因素综合比较确定。

立体交叉的形式主要有道路上跨或下穿两种。根据具体情况也可采用机动车上跨铁路、非机动车下穿铁路相结合的立体交叉形式。

10.5.3 线形设计

1. 平纵线形

道路与铁路立体交叉的道路引道范围内不设平面交叉口，引道以外设置平面交叉口时，应设有不小于 50m 长的平面交叉口缓坡段，其坡度不宜大于 2%。

2. 横断面

道路与铁路立体交叉处，道路车行道宽度不应减窄，人行道宽度可根据行人流量计算确定，但每侧人行道宽度不应小于 1.5m（当汽车专用道路与铁路立体交叉时，可不设置人行道）。立交桥引道或地道引道衔接部分应设置过渡段。

10.5.4 排水设计

道路与铁路立体交叉内应形成完整通畅的排水系统，且应符合下列规定：

（1）对立交桥下的地面水，宜采用自流排除；当不能自流排除时，可修建蓄水池调蓄排水或设泵站排水。

（2）对道路下穿式立体交叉的地道排水，引道两端纵坡的起点处应设倒坡，并在道路两侧采取截水措施，减少坡底聚水量。

（3）纵坡大于 2% 的坡段不宜设置雨水口，应在最低点集中收水，雨水口数量应按设计流量计算确定。

（4）纵坡最低点的位置不宜设置在地道洞体内，宜设置在洞外引道上。当采用泵站排水时，最低点位置宜与泵站位置设在洞体外的同一侧。

第 11 章　道路排水设计

道路排水系统是指为防止地面水和地下水对道路的损害，确保道路排水畅通、结构稳定、行车安全，所采用的各种拦截、汇集、输送、排放地表水或地下水的排水设施和构造物的总称。道路排水设计是道路设计的重要内容之一。

11.1　概述

11.1.1　公路排水系统

根据水源的不同，影响公路路基和路面的水流可分为地面水和地下水两大类，与其相适应的排水工程则分为路界地表排水、路面内部排水和路界地下排水。

1. 路界地表排水

路界地表排水是指把降落在路界内的表面水有效地汇集并迅速排除出路界，同时把路界外可能流入的地表水拦截在路界范围外，以减少地表水对路基和路面的危害及对行车安全的不利。通常路界地表排水可以划分为路面表面排水、中央分隔带排水和坡面排水三部分。见图 11-1。

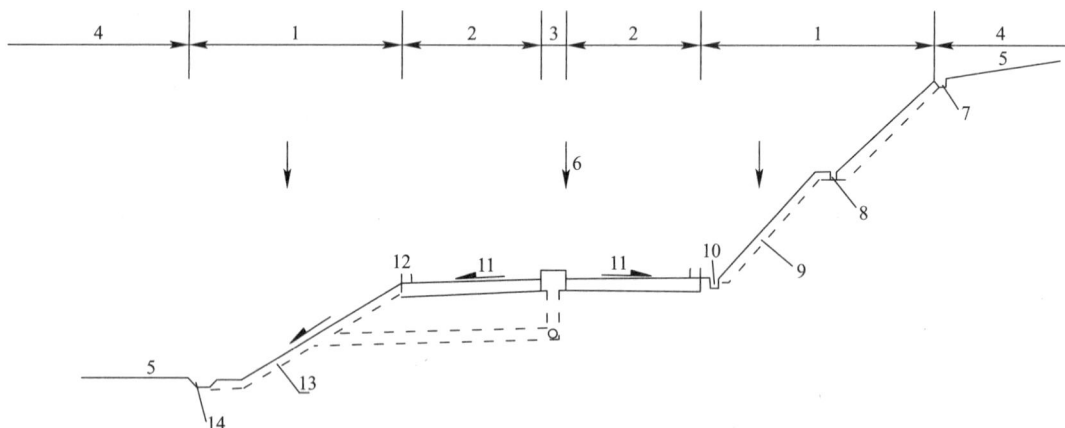

图 11-1　路界地表排水示意图

1—坡面排水；2—路面排水；3—中央分隔带排水；4—相邻地带排水；5—路界；6—降雨；
7—坡顶截水沟；8—边坡平台排水沟；9、13—急流槽；10—边沟；11—路拱；12—拦水带；14—坡脚排水沟

2. 路面内部排水

路面内部排水是指为排除通过路面接缝、裂缝或空隙、或者由路基或路肩渗入并滞留在路面结构内的水，沿路面边缘、排水基层或排水垫层排水的系统。

3. 地下排水

地下排水是指在地下水危及路基稳定（包括整体和局部稳定）或严重影响路基强度的情况下，根据具体情况采取拦截、旁引、排除含水层的地下水，以降低地下水位或者疏干坡体内地下水所设置的设施。

11.1.2 城市道路排水系统

1. 排水分类

城市道路排水按照来源和性质的不同，主要分为雨水和污水两大类。

（1）城市雨水

城市雨水通常指降雨。由于降雨时间集中，径流量大，特别是暴雨，若不及时排泄，会造成灾害。另外，冲洗街道和消防用水等，由于其性质和雨水相似，也并入雨水。

（2）城市污水

城市污水指排入城镇污水系统的生活污水和工业废水。城市污水实际上是一种混合污水，其性质变化很大，随着各种污水的混合比例和工业废水中污染物质的特性不同而异。城市污水需经处理后才能排入水体、灌溉农田或再利用。

2. 排水制度的分类

排水制度是指在一个地区内收集和输送城市污水和雨水的方式。它有合流制和分流制两种基本方式。

（1）合流制排水系统

合流制排水是指用同一管渠系统收集和输送城市污水和雨水的排水方式，又可分为直排式合流制排水系统和截流式合流制排水系统。

1）直排式合流制排水系统

直排式合流制排水系统是最早出现的合流制排水系统，是将排除的混合污水不经处理直接就近排入水体。因污水未经无害化处理直接排放，会使受纳水体遭受严重污染。国内外许多老城市几乎都是采用这种排水系统。这种系统所造成的污染危害很大，现在一般不宜采用。

2）截流式合流制排水系统

如图 11-2 所示，截流式合流制排水系统是在临河岸边建造一条截流干管，同时在合流干管与截流干管相交前或相交处设置溢流井，并在截流干管下游设置污水处理厂。晴天和初降雨时所有污水都排送至污水厂，经处理后排入水体，当降雨量增加，混合污水流量超过截流干管的输水能力后，就有部分混合污水经溢流井溢出直接排入水体。截流式合流制排水系统是现在常用的排水系统，同时也是国内外改造旧城合流制排水系统常用的方式。这种系统比直排式合流制排水系统有所进步，但仍有部分混合污水未经处理直接排放，成为水体的污

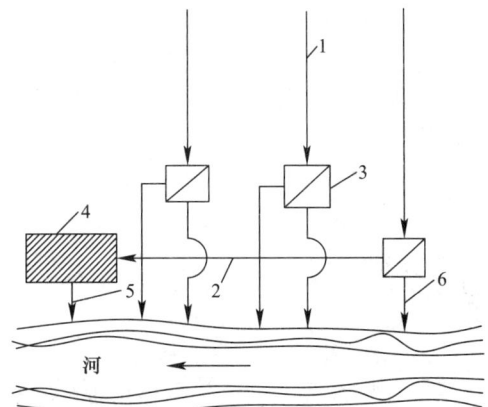

图 11-2 截流式合流制排水系统

1—合流干管；2—截流主干管；3—溢流井；
4—污水处理厂；5—出水口；6—溢流出水口

染源而使水体遭受污染。

（2）分流制排水系统

分流制排水是指用不同管渠系统分别收集和输送各种城市污水和雨水的排水方式，根据排除雨水方式的不同，又分为完全分流制和不完全分流制排水系统。

1）完全分流制排水系统

如图 11-3 所示，完全分流制排水系统具有完整的污水排水系统和雨水排水系统，污水排至污水处理厂处理后排放，雨水就近排入水体。

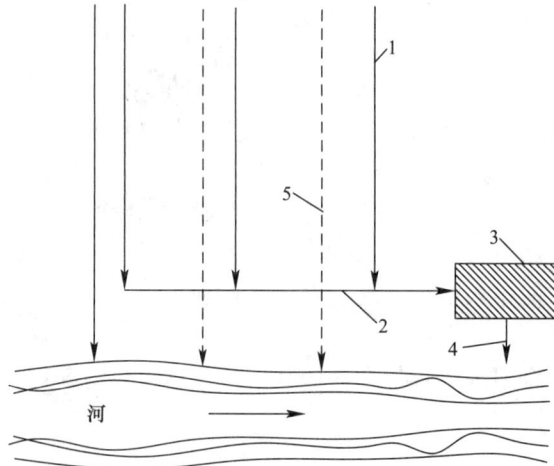

图 11-3　分流制排水系统

1—污水干管；2—污水主干管；3—污水处理厂；4—出水口；5—雨水干管

2）不完全分流制排水系统

只有污水排水系统，未建雨水排水系统，雨水沿天然地面、街道边沟、水渠等原有雨水渠道系统排泄，或者在原有渠道系统输水能力不足之处修建部分雨水管道，待城市进一步发展后再修建雨水排水系统，逐步改造成完全分流制排水系统。

在一些大城市中，由于各区域的自然条件存在差异，同时排水系统的建设是逐步进行和完善的，有时会出现混合制排水系统，即既有分流制也有合流制的排水系统。混合制排水系统在城市进行合流制排水系统扩建时常常出现。

11.2　公路排水系统设计

11.2.1　水文与水力计算

1. 水文计算

某一预期强度的降雨重复出现的平均周期称为设计降雨重现期；降雨引起的径流由汇水区最远点到设计控制点的汇流时间称为降雨历时；由设计降雨重现期和降雨历时的降雨引起的设计点径流量称为设计径流量。路界内各项排水设施所需排泄的设计径流量可按下式计算：

$$Q = 16.7 \psi q_{p,t} F \qquad (11\text{-}1)$$

式中　Q——设计径流量，m^3/s；

ψ——径流系数，即径流量占总降水量的百分比；

$q_{p,t}$——设计降雨重现期和降雨历时内的平均降雨强度，mm/min；

F——汇水面积，km^2。

（1）径流系数

径流系数受降雨强度、降雨历时、地表覆盖状况、土壤种类和湿度等多种因素的影响，虽可通过实地试验确定，但目前大部分国家都直接按汇水区域内的地表特性查表选定，《公路排水设计规范》（JTG/TD33-2012）给出的径流系数规定如表11-1所示。当汇水区域内有多种类型的地表时，应分别为每种类型选取径流系数后，按相应的面积大小取加权平均值。

径 流 系 数 表 11-1

地表种类	径流系数	地表种类	径流系数
沥青混凝土路面	0.95	陡峻的山地	0.75～0.90
水泥混凝土路面	0.90	起伏的山地	0.60～0.80
透水性沥青路面	0.60～0.80	起伏的草地	0.40～0.65
粗料路面	0.40～0.60	平坦的耕地	0.45～0.60
粗料土坡面和路肩	0.10～0.30	落叶林地	0.35～0.60
细料土坡面和路肩	0.40～0.65	针叶林地	0.25～0.50
硬质岩石坡面	0.70～0.85	水田、水面	0.70～0.80
软质岩石坡面	0.50～0.75		

（2）设计重现期

设计降雨重现期的确定，既要考虑公路设施在使用中受水侵害的风险大小，又要考虑排水设施的断面尺寸，即其造价。因而，应根据公路的重要性（等级和交通量）及浸水或水淹对公路使用或周围地区的影响程度，以及各项排水设施的排水目的和类型确定设计降雨重现期。《公路排水设计规范》（JTG/TD33-2012）给出的设计降雨重现期规定如表11-2所示。

公路设计降雨重现期（单位：年） 表 11-2

公路等级	路面和路肩表面排水	路界内坡面排水	公路等级	路面和路肩表面排水	路界内坡面排水
高速公路 一级公路	5	15	二级及二级以下公路	3	10

（3）汇流历时

径流从汇水区内最远点（按水流时间计）流至设计点所需的时间。

1）路表汇流历时

计算路面表面排水时，单向3车道及以下的路面汇流历时可取5min；单向3车道及以上的路面汇流历时可按下式计算确定：

$$t_1 = 1.445 \left[\frac{sL_p}{\sqrt{i_p}} \right]^{0.467} \qquad (L_p \leqslant 370\text{m}) \qquad (11\text{-}2)$$

式中 t_1——路面汇流历时，min；

s——地表粗度系数，按地表情况查表 11-3 确定；

L_p——坡面流的长度，m；

i_p——坡面流的坡度。

地表粗度系数 表 11-3

地表情况	粗度系数	地表情况	粗度系数
沥青路面、水泥混凝土路面	0.013	牧草地、草地	0.40
光滑的不透水地面	0.02	落叶树林	0.60
光滑的压实土地面	0.10	针叶树林	0.80
稀疏草地、耕地	0.20		

2）沟管内汇流历时

计算沟管内汇流历时，应在断面尺寸、坡度变化点或者有支沟（支）汇入处分段，分别计算各段的汇流历时后再叠加而得，可按下式计算确定：

$$t_2 = \sum_{m=1}^{n} \left(\frac{l_m}{60\nu_m} \right) \tag{11-3}$$

式中 t_2——沟管内汇流历时，min；

n、m——沟管分段数和分段序号；

l_m——第 m 段沟管的长度，m；

ν_m——第 m 段沟管的平均流速，m/s，可按公式（11-4）近似估算。

$$\nu_m = 20 i_m^{0.6} \tag{11-4}$$

式中 i_m——第 m 段排水沟管的平均坡度。

（4）平均降雨强度

当地气象站有 10 年以上自记雨量计资料时，宜利用气象站观测资料，经统计分析，确定相关参数后，按下式计算：

$$q_{p,t} = \frac{a_p}{(t+b)^n} \tag{11-5}$$

$$a_p = c + d\lg P \tag{11-6}$$

式中 t——降雨历时，min；

P——重现期，年；

b、n、c、d——回归系数。

当地缺乏自记雨量计资料时，可利用标准降雨强度等值线图（依据 5 年重现期和 10min 降雨历时绘制而成）和有关转换系数，按下式计算降雨强度：

$$q_{p,t} = c_p c_t q_{5,10} \tag{11-7}$$

式中 c_p——重现期转换系数，为设计重现期降雨强度 q_p 与标准重现期降雨强度 q_5 的比值，按公路所在地区由表 11-4 查取，表中干旱区约相当于五年一遇 10min 降雨强度小于 0.5mm/min 的地区；

c_t——降雨历时转换系数，为降雨历时 t 的降雨强度 q_t 与 10min 降雨历时的降雨强度 q_{10} 的比值，按公路所在地区的 60min 转换系数 c_{60}，由表 11-5 查取。

$q_{5,10}$——5 年重现期和 10min 降雨历时的标准降雨强度，mm/min，按公路所在地区由《中国五年一遇 10min 降雨强度等值线图》查取。

310

重现期转换系数 表 11-4

地　区	重现期			
	3	5	10	15
湖南、广东、广西、云南、贵州、四川东、湖南、湖北、福建、江西、安徽、江苏、浙江、上海、台湾	0.86	1.00	1.17	1.27
黑龙江、吉林、辽宁、北京、天津、河北、山西、河南、山东、四川西、西藏	0.83	1.00	1.22	1.36
内蒙古、陕西、甘肃、宁夏、青海、新疆　非干旱区	0.76	1.00	1.34	1.54
干旱区	0.71	1.00	1.44	1.72

降雨历时转换系数 表 11-5

c_{60}	降雨历时 t/min										
	3	5	10	15	20	30	40	50	60	90	120
0.30	1.40	1.25	1.00	0.77	0.64	0.50	0.40	0.34	0.30	0.22	0.18
0.35	1.40	1.25	1.00	0.80	0.68	0.55	0.45	0.39	0.35	0.26	0.21
0.40	1.40	1.25	1.00	0.82	0.72	0.59	0.50	0.44	0.40	0.30	0.25
0.45	1.40	1.25	1.00	0.84	0.76	0.63	0.55	0.50	0.45	0.34	0.29
0.50	1.40	1.25	1.00	0.87	0.80	0.68	0.60	0.55	0.50	0.39	0.33

综上，设计径流量的计算流程可参照图 11-4 执行。

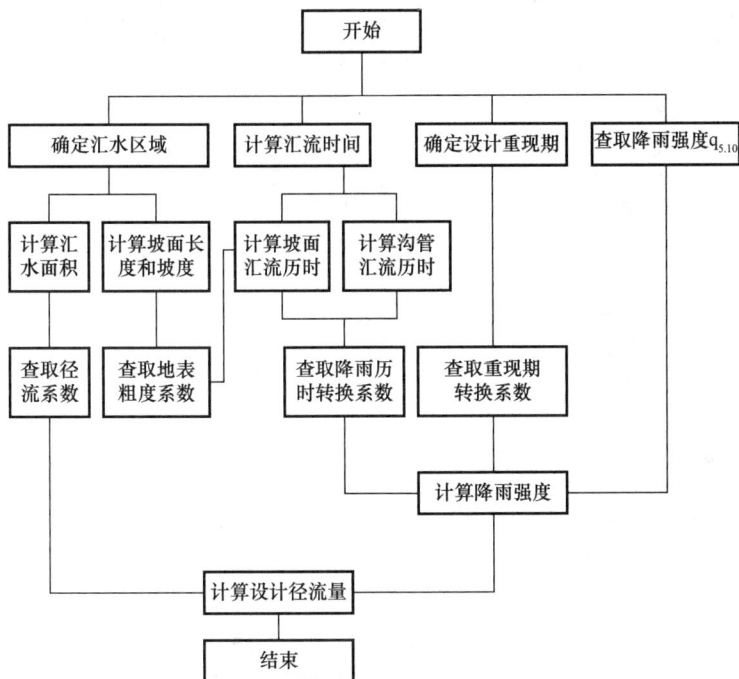

图 11-4　公路设计径流量计算流程

2. 水力计算

沟和管的设计，应使沟和管具有合理的断面形状和尺寸，既能满足排泄设计流量的需要，又不致引起冲刷和淤积。因此，沟和管的水力计算，应包括依据设计流量确定沟和管

所需的断面尺寸，以及检查水流速度是否在允许范围内等内容。

（1）泄水能力计算

沟或管的泄水能力可按下式计算：

$$Q_c = \nu A \tag{11-8}$$

式中　Q_c——沟或管的泄水能力，m^3/s；

　　　　ν——沟或管内的水流平均流速，m/s；

　　　　A——过水断面面积，m^2。

（2）平均流速计算

沟或管的水流平均流速可按下式计算：

$$\nu = \frac{1}{n} R^{\frac{2}{3}} I^{\frac{1}{2}} \tag{11-9}$$

式中　n——沟壁或管壁的粗糙系数，可按表11-6查取；

　　　　R——沟或管的水力半径，为过水断面面积与过水断面湿周（流水对沟底与两侧的接触长度）之比，m；

　　　　I——水力坡度，无旁侧入流的明沟，水力坡度可采用沟的底坡；有旁侧入流的明沟，水力坡度可采用沟段的平均水面坡降。

沟壁或管壁的粗糙系数 n

表 11-6

沟或管类别	n	沟或管类别	n
塑料管（聚氯乙烯）	0.010	土质明沟	0.022
石棉水泥管	0.012	带杂草土质明沟	0.027
水泥混凝土管	0.013	砾砂质明沟	0.025
陶土管	0.013	岩石质明沟	0.035
铸铁管	0.015	植草皮明沟（流速0.6m/s）	0.050～0.090
波纹管	0.027	植草皮明沟（流速1.8m/s）	0.035～0.050
沥青路面（光滑）	0.013	浆砌片石明沟	0.025
沥青路面（粗糙）	0.016	干砌片石明沟	0.032
水泥混凝土路面（抹面）	0.014	水泥混凝土明沟（抹面）	0.015
水泥混凝土路面（拉毛）	0.016	水泥混凝土明沟（预制）	0.012

（3）允许流速

为避免沟或管产生泥沙淤积或严重冲刷，设计时应保证沟渠内的水流具有一定的流速。沟和管的允许流速应符合下列规定：

1）明沟的最小允许流速为0.4m/s，暗沟和管的最小允许流速为0.75m/s。

2）管的最大允许流速为：金属管10m/s，非金属管5m/s。

3）明沟的最大允许流速可根据沟壁材料和水深修正系数确定，不同沟壁材料在水深为0.4～1.0m时的最大允许流速可按表11-7取用；其他水深的最大允许流速，应乘以表11-8中相应的水深修正系数。

明沟的最大允许流速

表 11-7

沟壁材料	亚砂土	亚黏土	干砌片石	浆砌片石	黏土	草皮护坡	混凝土
允许最大流速（m/s）	0.8	1.0	2.0	3.0	1.2	1.6	4.0

<table>
<tr><td colspan="5" style="text-align:center">最大允许流速的水深修正系数　　　　　　　　　表 11-8</td></tr>
<tr><td>水深 h（m）</td><td>h≤0.4</td><td>0.4＜h≤1.0</td><td>1.0＜h＜2.0</td><td>h≥2.0</td></tr>
<tr><td>修正系数</td><td>0.85</td><td>1.00</td><td>1.25</td><td>1.40</td></tr>
</table>

11.2.2　路界地表排水系统设计

1. 路面表面排水

（1）一般规定

路面表面排水设计应符合下列规定：

1）路堑地段路面表面水应通过横向排流的方式汇集于边沟内。

2）路堤较高且边坡坡面未作防护，或坡面虽有防护措施但仍有可能受到冲刷的路段，应采用路面集中排水系统排出路表水。

3）路线纵坡平缓、汇水量不大、路堤较低且边坡坡面不易受到冲刷的路段，以及设置了具有截、排水功能的骨架护坡的高填方路段，可采用路面横向分散漫流排水方式排除路表水。

4）设置拦水带汇集路表水时，高速公路和一级公路的设计积水带宽度不得超过右侧车道外边缘；二级及二级以下公路不得超过右侧车道中心线。当硬路肩宽度较窄、汇水量大或拦水带形成的过水断面不足时，可采用沿土路肩设置 U 形路肩边沟等措施加大过水断面；路肩边沟宜采用水泥混凝土等预制件铺筑。

5）采用路面横向分散漫流方式排除地表水时，宜对土路肩及坡面进行加固，以抵挡土路肩与坡面交界处产生的冲刷。

（2）拦水带

沿硬路肩或路面外侧边缘设置，拦截路表面水的带状结构物称为拦水带。拦水带宜采用水泥混凝土、沥青砂或当地其他材料预制或现场浇筑。在季冻区及受盐侵蚀破坏的路段，宜采用现浇沥青砂、花岗岩、陶瓷预制等耐冻、耐盐蚀材料。拦水带宜采用梯形横断面。

拦水带泄水口的间距应根据过水断面水面漫盖宽度的要求和泄水口的泄水能力确定，宜为 25～50m；高速公路、一级公路车道较多时，宜采用较小的泄水口间距。在凹形竖曲线底部、道路交叉口、匝道口、与桥涵构造物连接处、填挖交界处应设置拦水带泄水口。凹形竖曲线底部应加密设置泄水口。

拦水带泄水口宜设置成喇叭口式。设置在纵坡较大坡段上的泄水口，宜采用不对称的喇叭口式，喇叭口上游方向与下游方向的长度之比不宜小于 3：1，上游方向渐变段最小半径不宜小于 900mm，下游方向最小半径不宜小于 600mm。

2. 中央分隔带排水

（1）表面未铺面中央分隔带排水

中央分隔带表面未采用铺面封闭时，分隔带内部宜设置由防水层、纵向排水渗沟、集水槽和横向排水管组成的防排水系统，如图 11-5 所示。宽度大于 3m 的中央分隔带表面易设置成浅碟形，横向坡度宜采用 1：4～1：6。

中央分隔带排水渗沟宜设置在通信管道之下，渗沟顶面与回填土之间应设置反滤层，渗沟两侧及底部应设置防水层，渗沟形式宜采用管式。横向排水管宜采用 100～200mm 的塑料管。

（2）表面铺面中央分隔带排水

如图 11-6 所示，降雨量较小、中央分隔带较窄时，中央分隔带可采用表面铺面封闭分散排水。分隔带铺面应采用两侧外倾的横坡，坡度宜与路面横坡度相同，铺面材料可采用沥青处治材料或其他封闭材料。中央分隔带回填土与路面结构之间应设置防水层。

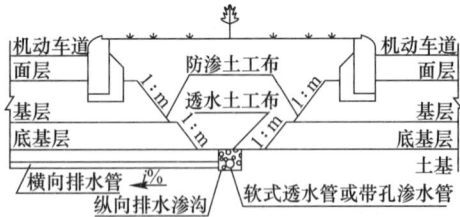

图 11-5　不铺面中央分隔带防排水系统　　　　图 11-6　设铺面中央分隔带防排水系统

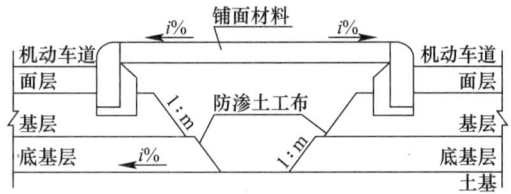

3. 超高段排水

超高段外侧排水可根据降雨量及路面宽度，采取经内侧路面排除或设置地下排水设施排除的方案，并应符合以下规定：

（1）年降水量＜400mm 的地区，双向四车道公路，可采用中央分隔带设置开口明槽方案，路面水流经内侧路面排除。

（2）年降水量≥400mm 的地区，或车道数超过四车道，外侧路面水宜通过地下排水系统排除。

（3）超高路段的地下排水系统应由纵向集水沟（管）、集水井、检查井、横向排水管、急流槽等组成。

4. 坡面排水

（1）边沟

挖方、低路堤及路界范围地面低于路界外侧地面的填方路段应在挖方边坡路肩外侧或低路堤的坡脚外侧设置边沟，以汇集和排泄降落在坡面和路面上的表面水。

1）边沟的横断面

边沟的横断面形式应根据排水需要及对路侧安全与环境景观的协调等选定，可采用梯形、矩形、三角形及流线形等，如图 11-7 所示。高速公路、一级公路挖方路段的矩形边沟，在不设护栏的地段，应设置带泄水孔的钢筋混凝土盖板或钢筋加强的复合材料盖板。

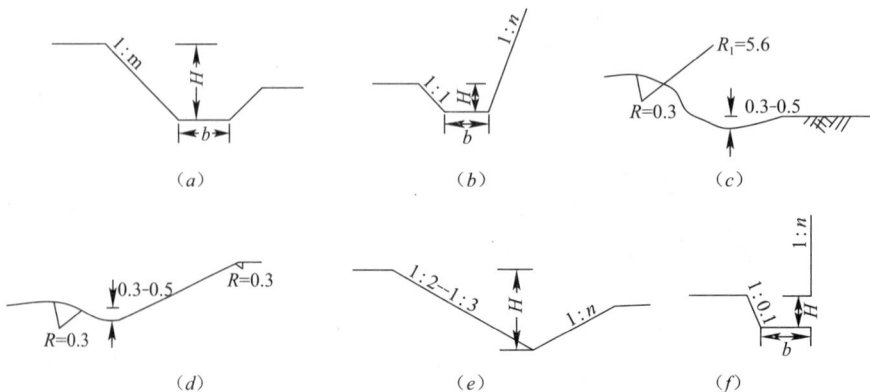

图 11-7　边沟的横断面形式示意图（单位：m）

边沟横断面形式一般采用梯形，梯形边沟内侧边坡为$1:1.0\sim1:1.5$，外侧边坡坡度与挖方边坡坡度相同。底宽与深度约$0.4\sim0.6m$，水流少的地区或路段，取低限或更小，但不宜小于$0.3m$；降水量集中或地势偏低的路段，取高限或更大一些。

石方路段的边沟宜采用矩形横断面，其内侧边坡直立，坡面应采用浆砌片石防护，外侧边坡坡度与挖方边坡坡度相同。

少雨浅挖地段的土质边沟可采用三角形横断面，其内侧边坡宜采用$1:2\sim1:3$，外侧边坡坡度与挖方边坡坡度相同。三角形边沟的水流条件较差，流量较大时沟深宜适当加大。

流线形边沟是将路堤横断面的边角整修圆滑，可以防止路基旁侧积沙或堆雪，适用于沙漠或积雪地区的路基。

2）边沟的纵坡坡度

边沟的纵坡坡度应结合路线纵坡、地形、地质、出水口位置等情况选定，宜与路线纵坡一致，且不宜小于0.3%，困难情况下，不应小于0.1%。当路线纵坡坡度小于沟底最小不淤积纵坡坡度时，边沟宜采用沟底最小不淤积纵坡坡度，并缩短边沟出水口的间距。

3）边沟的出水口间距

边沟出水口的间距，应结合地形、地质条件及桥涵和天然沟渠位置，经水力计算确定。梯形、矩形边沟不宜超过$500m$，多雨地区不宜超过$300m$；三角形和碟形边沟不宜超过$200m$。

（2）截水沟

挖方路段或斜坡路堤上方流入路界的地表径流量大时，应设置拦截地表径流的截水沟。深路堑或高路堤坡面径流量大时，可在边坡中部设置平台排水沟，以减少坡面冲刷。截水沟应结合地形和地质条件设置，宜布设在路堑坡顶$5m$或路堤坡脚$2m$以外。

1）挖方路段的截水沟

图11-8是挖方边坡上方设置的截水沟图例之一，图中距离d一般应大于$5.0m$，地质不良地段可取$10.0m$或更大。截水沟下方一侧，可堆置挖沟的土方，要求作成顶部向沟倾斜2%的土台。

2）填方路段的截水沟

山坡填方路段可能遭到上方水流的破坏作用，此时必需设置截水沟，以拦截山坡水流保护路堤。如图11-9所示，截水沟与坡角之间，要有不小于$2.0m$的间距，并做成2%的向沟倾斜横坡，确保路堤不受水害。

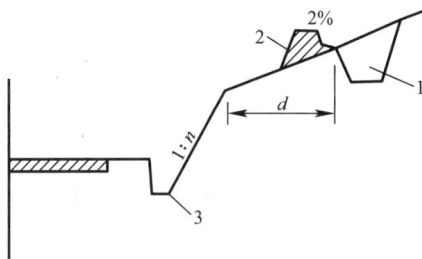

图11-8　挖方路段的截水沟
1—截水沟；2—土台；3—边沟

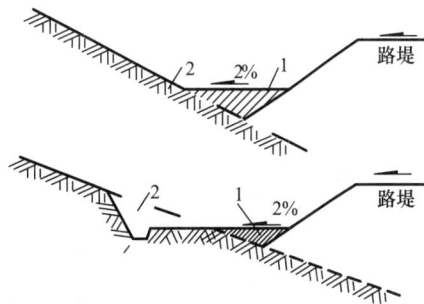

图11-9　填方路段的截水沟
1—土台；2—截水沟

3）截水沟的横断面

截水沟的横断面形式一般采用梯形，沟的边坡坡度，因岩土条件而定，一般采用 1：1.0～1：1.5，如图 11-10 所示。沟底宽度 b 不小于 0.5m，沟深 h 按设计流量而定，亦不应小于 0.5m。

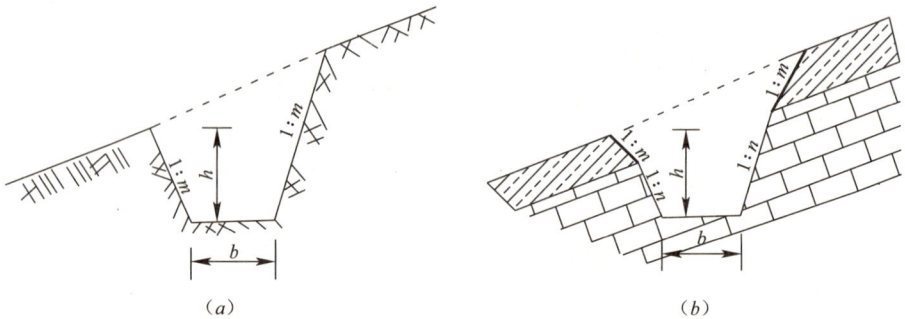

图 11-10　截水沟的横断面图例
(a) 土沟；(b) 石沟

4）泄水口设置

截水沟长度超过 500m 时，宜在中间适宜位置处增设泄水口，通过急流槽（管）分流引排，泄水口间距宜为 200～500m。当截水沟或急流槽对行车产生视觉冲突或影响路域环境景观时，可利用地势或采用灌木遮蔽。

（3）排水沟

排水沟的主要用途在于引水，将路基范围内各种水源的水流（如边沟、截水沟、取土坑、路基附近积水），引至桥涵或路基范围以外的指定地点。当路线受到多段沟渠或水道影响时，为保护路基不受水害，可以设置排水沟或改移渠道，以调节水流，整治水道。

1）排水沟的横断面

排水沟的横断面一般采用梯形，尺寸大小应经过水力水文计算选定。用于边沟、截水沟及土坑出水口的排水沟，横断面尺寸根据设计流量确定，底宽与深度不宜小于 0.5m，土沟的边坡度约为 1：1～1：1.5。

2）排水沟的平面线形

排水沟的位置，可根据需要并结合当地地形等条件而定，离路基尽可能远些，距路基坡脚不宜小于 2m，平面上应力求直捷，需要转弯时亦应尽量圆顺，做成弧形，其半径不宜小于 10～20m，连续长度宜短，一般不超过 500m。

排水沟水流注入其他沟渠或水道时，应使原水道不产生冲刷或淤积。通常应使排水沟与原水道两者成锐角相交，且交角不大于 45°，有条件可用半径 R＝10b（b 为沟顶宽）的圆曲线朝下游与其他水道相接，如图 11-11 所示。

3）排水沟的纵坡

排水沟应具有合适的纵坡，以保证水流畅通，不致流速太大而产生冲刷，亦不可流速太小而形成淤积，为此宜通过水文水力计算择优选定。一般情况下，可取 0.5%～1.0%，不小于 0.3%，亦不宜大于 3%。若纵坡大于 3%，应采取相应的加固措施。陡坡或沟谷地段的排水沟，宜设置跌水等消能结构物，避免其出口下游的桥涵、自然水道或农田受到冲刷。

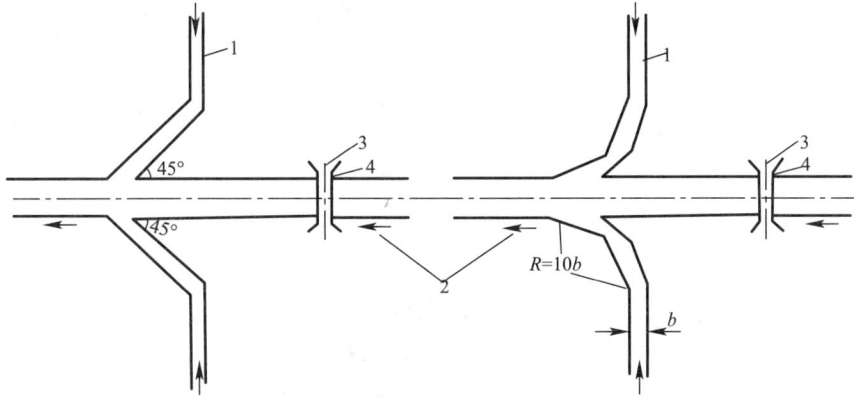

图 11-11　排水沟与水道衔接示意图
1—排水沟；2—其他渠道；3—路基中心；4—桥涵

（4）跌水与急流槽

跌水与急流槽是路基地面排水沟渠的特殊形式，用于纵坡大于 10%，水头高差大于 1.0m 的陡坡地段。由于纵坡陡、水流速度快、冲刷力大，要求跌水与急流槽的结构必需稳固耐久，通常应采用浆砌块石或水泥混凝土预制块砌筑，并具有相应的防护加固措施。

1）跌水

跌水的构造，有单级和多级之分，沟底有等宽和变宽之别。单级跌水适用于排水沟渠连接处，由于水位落差较大，需要消能或改变水流方向，图 11-12 表示路基边沟水流通过涵洞排泄时，采用单级跌水（相当于雨水井）的示例之一。

较长陡坡地段的沟渠，为减缓水流速度，并予以消能，可采用多级跌水，图 11-13 即为示例之一。多级跌水底宽和每级长度可以采用各自相等的对称形，亦可根据实地需要，做成变宽或不等长度与高度。

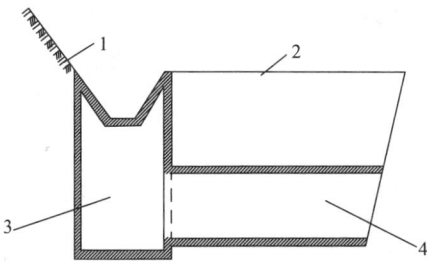

图 11-12　边沟与涵洞单级跌水连接图图
1—边沟；2—路基；3—跌水井；4—涵洞

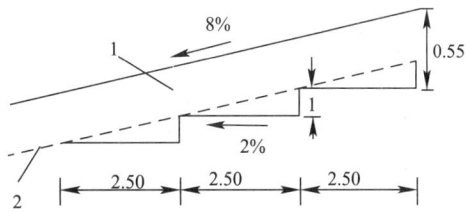

图 11-13　多级跌水纵剖面图（单位：m）
1—沟顶线；2—沟底线

按照水力计算特点，跌水的基本构造可分为进水口、消力池和出水口三个组成部分，如图 11-14 所示。各个组成部分的尺寸，由水力计算而定。一般情况下，如果地质条件良好，地下水位较低，设计流量小于 1.0～2.0m³/s，跌水台阶（护墙）高度 P 最大不超过 2.0m。常用的简易多级跌水，台高约 0.4～0.5m，护墙用石砌或混凝土结构，墙基埋置深度为水深 a 的 1.0～1.2 倍，并不小于 1.0m，且应深入冰冻线以下，石砌墙厚约 0.25～0.30m。消力池起消能作用，要求坚固稳定，底部具有 1%～2% 的纵坡，底厚约 0.30～

0.35m，壁高应比计算水深至少大 0.20m，壁厚与护墙厚度相仿。消力池末端设有消力槛，槛高 c 依计算而定，要求低于池内水深，约为护墙高度的 $1/5 \sim 1/4$，即 $c=(0.2 \sim 0.25)P$，一般取 $c=15 \sim 20cm$。消力槛顶部厚度约为 $0.3 \sim 0.4m$，底部预留孔径为 $5 \sim 10cm$ 的泄水孔，以利水流中断时排泄池内的积水。

跌水两端的土质沟渠，应注意加固，保持水流畅通，不致产生水流冲刷或淤积，以充分发挥跌水的排水效能。

2）急流槽

在路堤和路堑坡面或者坡面平台上向下竖向集中排水时，宜设置急流槽（管）；边沟、截水沟、排水沟纵坡很大时，可设置急流槽（管）减小纵坡。急流槽（管）的进水口与沟渠泄水口之间宜采用喇叭口形式连接，并作铺砌处理，出水口处应设效能设施。急流槽底面宜设置防滑平台。急流槽的构造，如图 11-15 所示。按水力计算特点，亦由进口、主槽（槽身）和出口三部分组成。

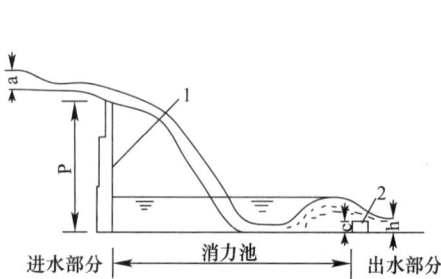

图 11-14 跌水构造示意图
1—耳墙；2—消力池

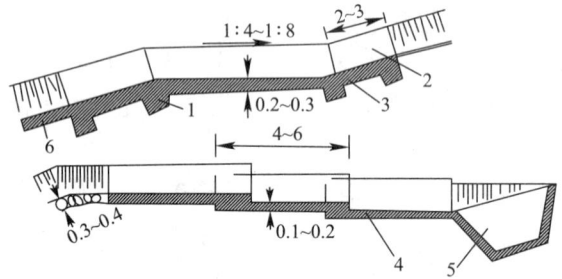

图 11-15 急流槽构造示意图（单位：m）
1—护耳；2—消力槛；3—混凝土槽底；4—钢筋混凝土槽底；
5—横向沟渠；6—砌石护底

急流槽的进出口与主槽连接处，因沟槽横断面不同，为了能平顺衔接，可设过渡段，出口部分设有消力池。各个部分的尺寸，依水力计算而定。对于设计流量不超过 $1.0m^3/s$，槽底倾斜为 $1:1 \sim 1:1.5$ 的小型结构，可参照图 11-15。急流槽的基础必须稳固，端部及槽身每隔 $2 \sim 5m$，在槽底设耳墙埋入地面以下。槽身较长时，宜分段砌筑，每段长约 $5 \sim 10m$，预留伸缩缝，并用防水材料填缝。

急流槽的纵坡，比跌水的平均纵坡更陡，结构的坚固稳定性要求更高，是山区公路回头曲线沟通上下线路基排水及沟渠出水口的一种常见排水设施。急流槽主体部分的纵坡依地形而定，一般可取 $1:1.5$，如果地质条件良好，需要时还可更陡，但结构要求更严，造价亦相应提高，设计时应通过比较而定。

急流槽多用砌石（抹面）和水泥混凝土结构，亦可利用岩石坡面挖槽。如临时急需时，可就近取材，采用竹木结构。

11.2.3 路面内部排水系统设计

1. 一般规定

路面内部排水系统可由路面边缘排水系统、排水基层或排水垫层单独或组合构成。遇

有下列情况之一者，宜设置路面内部排水系统：

（1）年降水量为600mm以上的湿润多雨地区，路床由渗透系数不大于10^{-4}mm/s的细粒土填筑的高速、一级或重要的二级公路。

（2）路基两侧有滞水，可能渗入路面结构内。

（3）重冰冻地区，路床为粉性土的潮湿路段。

（4）现有公路路面改建或路基改善工程，需排除积滞在路面结构内的水。

路面内部排水系统中各种排水设施的设计排泄量均应不小于路面表面水渗入量的2倍，下游排水设施的泄水能力应超过上游排水设施的泄水能力。排水设施应能避免被渗流从路面结构、路基或路肩中带来的细颗粒堵塞。路面渗入路面结构的水量大，仅设置路面边缘排水系统难以迅速排除时，可在面层下设置排水基层。地下水丰富的低填或挖方路段的路基顶面应设置排水垫层。

2. 路面边缘排水系统

路面边缘排水系统应沿路面结构外侧边缘设置，宜由透水性填料集水沟、纵向排水管、横向出水管和过滤织物等组成，如图11-16所示。

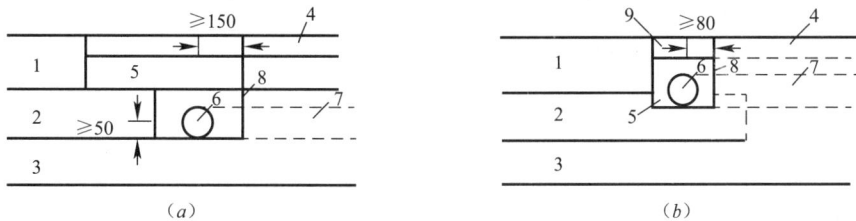

图11-16 边缘排水系统示意图

（a）新建路面；（b）旧路面新增

1—面层；2—基层；3—垫层；4—路肩面层；5—集水沟；6—排水管；
7—出水管；8—反滤织物；9—回填路肩面层

1）集水沟

集水沟的断面尺寸应根据透水材料的渗透系数和设计泄水能力确定，其底面的最小宽度对于新建路面，不宜小于0.3m；对于旧路面新增边缘排水系统，应能保证排水管两侧各有至少0.1m宽的透水材料，透水材料底面和外侧应铺反滤织物。

2）纵向排水管

纵向排水管管径应按设计流量根据水力计算确定，宜在70～150mm范围内选用。管材强度及埋设深度应保证不被车辆或施工机械压坏。新建路面时，排水管管底宜与基层底面平齐；旧路面新增边缘排水系统时，管中心应低于基层顶面。排水管的纵坡宜与路线纵坡相同，且不宜小于0.3%。

纵向排水管宜设3排槽口或孔口，沿管周边等间隔（120°）排列。设槽口时，槽口的宽度可为1.3mm，长度可为15mm；设孔口时，孔的直径可为5mm。

3）横向出水管

横向出水管管径应不小于纵向排水管管径，其间距和安设位置应根据水力计算，并结合邻近地面高程和公路纵横断面情况确定，横向坡度不宜小于5%。除了起端和终端外，

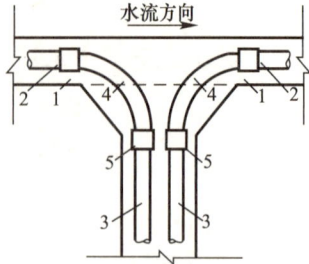

图 11-17 边缘排水系统出水管布置
示意图

1—集水沟；2—排水管；3—出水管；
4—半径不小于 300mm 的弯管；5—承口管

中间段的出水管宜采用双管的布置方案；出水管与排水管之间应采用圆弧形承口管联接，圆弧半径不宜小于 300mm，如图 11-17 所示。

3. 排水基层

透水性排水基层应直接设置在面层下，排水基层下应设置不透水层阻截自由水的下渗。排水基层可采用横贯路基整个宽度的形式，也可采用在排水基层边缘设置边缘排水系统的形式。排水基层的厚度应根据所需排放的水量和基层材料的渗透系数，通过式（11-10）计算确定，并满足最小厚度的要求。

$$H_b \geqslant \frac{Q_{cb}}{k_b i_h} \tag{11-10}$$

式中 H_b——排水基层的厚度，m；

Q_{cb}——纵向每延米排水基层的泄水能力，$m^3/d/m$；

k_b——排水基层设计渗透系数，m/d；

i_h——基层横坡。

采用沥青处治碎石时，排水基层的最小厚度不得小于 60mm；采用水泥处治碎石时，最小厚度不得小于 80mm；采用级配碎石时，最小厚度不得小于 120mm。排水基层的宽度应根据面层施工需要确定，宜超出面层宽度 300~900mm。

渗入水在路面结构内的最大渗流时间，冰冻地区不应超过 1h，其他地区不应超过 2h。

4. 排水垫层

排水垫层宜采用横贯路基整个宽度的形式，也可采用结合边缘排水系统的形式，其厚度不宜小于 0.15m。路基为路堑或半路堑时，挖方坡脚处还应设置纵向集水沟和排水管，如图 11-18 所示。

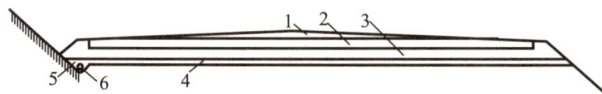

图 11-18 排水垫层

1—面层；2—基层；3—垫层；4—排水垫层；5—集水沟；6—排水管

11.2.4 路面地下排水设施设计

当地下水影响路基稳定或强度时，应设置暗沟、渗沟、渗井等地下排水设施，拦截、引排含水层的地下水，降低地下水位或疏干坡体内地下水。

1. 暗沟

相对于地面排水的明沟而言，暗沟又称盲沟。它是在沟内分层填以大小不同的颗粒材料，利用渗水材料将地下水汇集于沟内，并沿沟排泄至指定地点。图 11-19 为一侧边沟下面所设的盲沟，用以拦截流向路基的层间水，防止路基边坡滑坍和毛细水上升危及路基的强度与稳定性。图 11-20 是路基两侧边沟下面均设盲沟，用以降低地下水位，防止毛细水上升至路基工作区范围内，形成水分积聚而造成冻胀和翻浆，或土基过湿而降低强度等。

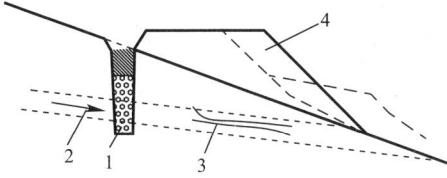

图 11-19　一侧边沟下设盲沟

1—盲沟；2—层间水；3—毛细水；4—可能滑坡线

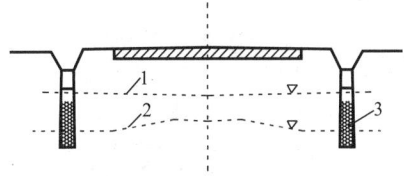

图 11-20　两侧边沟下设盲沟

1—原地下水位；2—降低后地下水位；3—盲沟

暗沟的尺寸应根据排水的流量计算确定，宜采用矩形断面，井壁、沟底、沟壁宜采用浆砌片石或水泥混凝土预制块砌筑，沟顶应设置混凝土或石盖板，盖板顶面上的填土厚度不应小于 0.5m，并采取有效措施防止暗沟淤塞。

2. 渗沟

采用渗透方式将地下水汇集于沟内，并通过沟底通道将水排至指定地点，此种地下排水设施统称为渗沟，它的作用是降低地下水位或拦截地下水，在构造上与上述简易盲沟有所不同。有地下水出露的挖方路基、斜坡路堤、路基填挖交替地段，当地下水埋藏浅或无固定含水层时，宜采用渗沟。渗沟有盲沟式、洞式、管式 3 种结构形式，如图 11-21 所示。

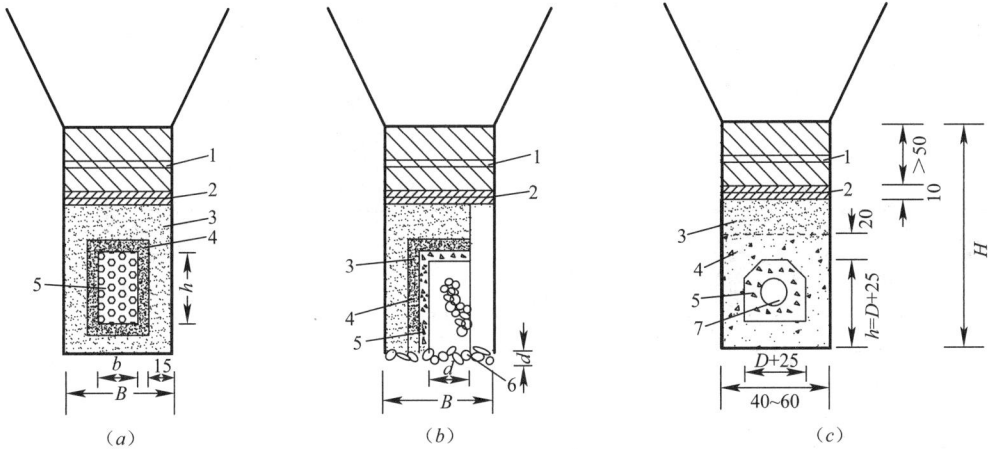

图 11-21　渗沟结构图式（单位：cm）

(a) 盲沟式；(b) 洞式；(c) 管式

1—黏土夯实；2—双层反铺草皮；3—粗砂；4—石屑；5—碎石；6—浆砌片石沟洞；7—预制混凝土管

盲沟式渗沟与上述盲沟相似，但构造更为完善。当地下水流量较大，要求埋置更深时，可在沟底设洞或管，前者称为洞式渗沟，后者称为管式渗沟，如图 11-22、图 11-23 所示。

管式渗沟的排水管管径不宜小于 150mm，最小纵坡不小于 0.5%。管式渗沟若采用带孔的排水管，槽孔的内径宜为 5～10mm，纵向间距宜为 75mm，按 4 排或 6 排对称地排列在圆管断面的下半截，如图 11-24（a）所示；若采用带槽的排水管，槽口的宽度宜为 3～5mm，按两排间隔 165°对称地排列在圆管断面的下半截，如图 11-24（b）所示。

圆孔或槽孔布设应满足表 11-9 所列要求。

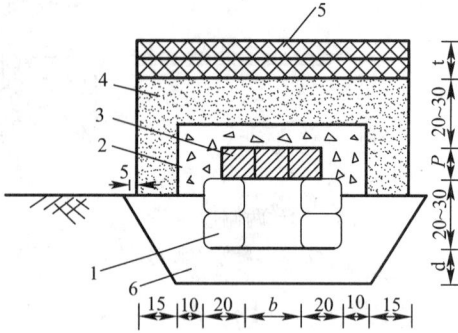

图 11-22　洞式渗沟结构示意图（单位：m）

1—浆砌块石；2—碎砾石；3—盖板；4—砂；

5—双层反铺草皮或土工布；6—基础

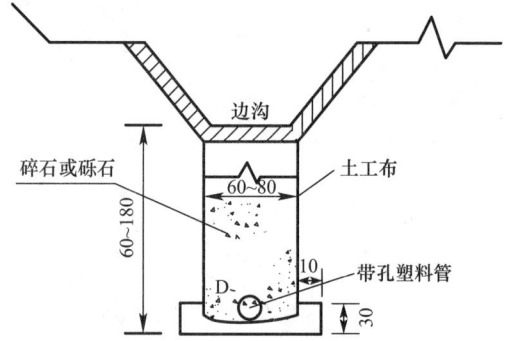

图 11-23　管式渗沟（尺寸单位：cm）

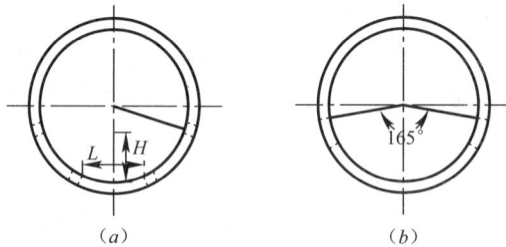

图 11-24　管式渗沟带槽孔排水管的圆孔和槽口布置示意图

（a）带孔排水管；（b）带槽排水管

管式渗沟带槽孔排水管的槽孔尺寸　　　　　　　表 11-9

管径 (mm)	圆孔			槽口		管径 (mm)	圆孔			槽口	
	排数	H (mm)	L (mm)	长度 (mm)	间距 (mm)		排数	H (mm)	L (mm)	长度 (mm)	间距 (mm)
150	4	70	98	38	75	300	6	140	195	75	150
200	4	94	130	50	100	380	6	175	244	75	150
250	4	116	164	50	100	460	6	210	294	75	150

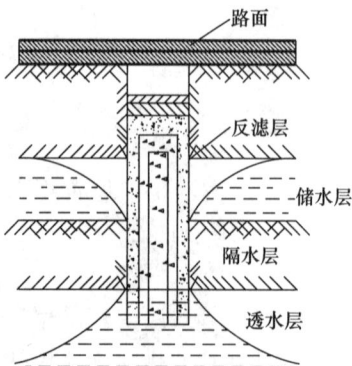

图 11-25　渗井结构与布置图例

暗沟、渗沟的平面转弯、纵坡变坡点等处及直线段每隔一定间距应设置检查井。检查井的设置应符合以下规定：

（1）渗沟检查井的设置间距不宜大于 30m。

（2）兼起渗井作用的检查井的井壁外应设置反滤层。

（3）检查井直径应满足疏通的需要，且不宜小于 1m，井内应设置检查梯，井口应设井盖；当深度大于 20m 时，应增设护栏等安全设备。

3. 渗井

图 11-25 为圆形渗井的结构与布置图，当地下存在多层含水层，其中影响路基的上部含水层较薄，排水量不大，且渗沟难以布置，可设置渗井，实现立式（竖向）

排水。渗井穿过不透水层，将路基范围内的上层地下水，引入更深的含水层中去，以降低上层的地下水位或全部予以排除。

渗井直径宜为 0.5～0.6m，距离路堤坡脚不宜小于 10m。鉴于渗井施工不易，单位渗水面积的造价高于渗沟，一般尽量少用。

11.3 城市道路排水系统设计

11.3.1 设计流量与水力计算

1. 设计流量计算

（1）雨水设计流量计算

要确定雨水管渠的断面尺寸和坡度，需先确定管渠的设计流量。城市道路雨水管渠的设计流量按下式计算：

$$Q_s = q\psi F \tag{11-11}$$

式中 Q_s——雨水设计流量，L/s；

q——设计暴雨强度，L/(s·hm²)；

ψ——径流系数；

F——汇水面积，hm²；

采用式（11-11）计算时应当注意，在街区内当有生产废水和生活污水排入雨水管道时，以及有上游的雨水管渠内的雨水流入设计管段时，都应将其水量计算在内。

1）设计暴雨强度 q

降雨强度是指在某一历时内的平均降雨量，即单位时间内的降雨深度，工程上常用单位时间单位面积内的降雨体积表示。设计暴雨强度的计算公式为：

$$q = \frac{167A_1(1 + C\lg P)}{(t+b)^n} \tag{11-12}$$

式中 P——设计重现期，年；

t——降雨历时，min；

A_1、C、b、n——参数，根据统计方法计算确定。

设计重现期是指在一定长的统计期间内，等于或大于某暴雨强度的降雨出现一次的平均间隔时间，应根据汇水地区性质、地形特点和气候特征等因素确定。同一排水系统可采用同一重现期或不同重现期。重现期一般采用 0.5～3 年，重要干道、重要地区或短期积水即能引起较严重后果的地区，一般采用 3～5 年，并应与道路设计协调。特别重要地区和次要地区可酌情增减。

降雨历时是指降雨过程中的任意连续时段，应按下列公式计算：

$$t = t_1 + mt_2 \tag{11-13}$$

式中 t_1——地面集水时间，min，视距离长短、地形坡度和地面铺盖情况而定，一般采用 5～15min；

m——折减系数，暗管折减系数 $m=2$，明渠折减系数 $m=1.2$，在陡坡地区，暗管折减系 $m=1.2～2$；

t_2——管渠内雨水流行时间，min。

2）径流系数 ψ

径流系数是指一定汇水面积内地面径流水量与降雨量的比值。它与汇水面积的地面覆盖情况、地面坡度、降雨历时及暴雨类型等有关。径流系数可按表 11-10 的规定取值，汇水面积的平均径流系数按地面种类加权平均计算。

不同地面的径流系数

表 11-10

地面种类	径流系数 ψ	地面种类	径流系数 ψ
各种屋面、混凝土和沥青路面	0.85～0.95	干砌砖石或碎石路面	0.35～0.40
大块石铺砌路面或沥青表面处理的碎石路面	0.55～0.65	非铺砌的土地面	0.25～0.35
级配碎石路面	0.40～0.50	公园或绿地	0.10～0.20

3）汇水面积

当地势平坦、街坊四周的道路都有沟管时，可用各街角的分角线划分汇水面积，各汇水面积内的雨水分别流入相邻的雨水沟管，如图 11-26 所示。

当地势向一边倾斜时，则街坊的雨水流入低侧街道下的管道内，如图 11-27 所示，一般不需要把街坊划分成几块面积。但大街坊的两边如都有雨水管道时，也可考虑使雨水流入街坊两侧的管道。

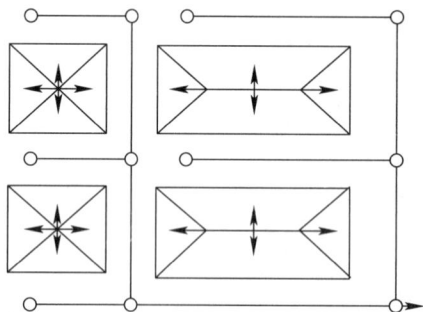

图 11-26　平坦地区汇水面积划分　　　图 11-27　地形倾斜地区汇水面积划分

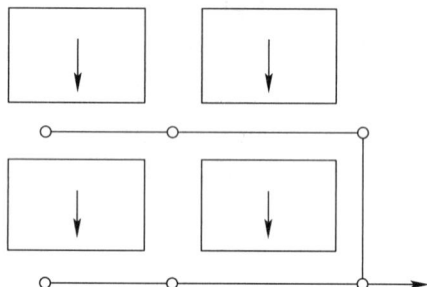

（2）生活污水量和工业废水量

城镇旱流污水（合流制排水系统晴天时输送的污水）设计流量应按下列公式计算：

$$Q_{dr} = Q_d + Q_m \tag{11-14}$$

式中　Q_{dr}——截留井以前的旱流污水设计流量，L/s；

　　　Q_d——设计综合生活污水量，L/s；

　　　Q_m——设计工业废水量，L/s。

在地下水位较高的地区，应考虑入渗地下水量（通过管渠和附属构筑物破损处进入排水管渠的地下水），其量宜根据测定资料确定。

居民生活污水（居民生活活动所产生的污水，主要是厕所、洗涤和洗澡产生的污水）定额和综合生活污水（由居民生活污水和公共建筑污水组成）定额应根据当地采用的用水定额，结合建筑内部给排水设施水平和排水系统普及程度等因素确定。可按当地相关用水定额的 80%～90% 采用。

综合生活污水量总变化系数（最高日最高时污水量与平均日平均时污水量的比值）可

按当地实际综合生活污水量变化资料采用，没有测定资料时，可按表 11-11 的规定取值。当污水平均日流量为中间数值时，总变化系数可用内插法求得。

综合生活污水量总变化系数　　　　表 11-11

平均日流量（L/s）	5	15	40	70	100	200	500	≥1000
总变化系数	2.3	2.0	1.8	1.7	1.6	1.5	1.4	1.3

（3）合流水量

合流管渠的设计流量，应按下列公式计算：

$$Q = Q_d + Q_m + Q_s = Q_{dr} + Q_s \tag{11-15}$$

截流井以后管渠的设计流量，应按下列公式计算：

$$Q' = (n_0 + 1)Q_{dr} + Q'_s + Q'_{dr} \tag{11-16}$$

式中　Q'——截流井以后管渠的设计流量，L/s；

n_0——截流倍数，合流制排水系统在降雨时被截流的雨水量与设计旱流污水量的比值；

Q'_s——截流井以后汇水面积的雨水设计流量，L/s；

Q'_{dr}——截流井以后的旱流污水量，L/s。

截流倍数 n_0 应根据旱流污水的水质、水量、排放水体的卫生要求、水文、气候、经济和排水区域大小等因素经计算确定，一般采用 1~5。在同一排水系统中可采用同一截流倍数或不同截流倍数。

合流管渠的短期积水会污染环境，散发臭味，引起较严重的后果，故合流管渠的雨水设计重现期可适当高于同一情况下的雨水管渠设计重现期。

2. 水力计算

水利计算的目的是确定设计管段断面尺寸、管道坡度及管道标高及埋深。所确定的管道断面尺寸和管道坡度，必须要在规定的设计充满度和设计流速的情况下，能够排泄设计流量，同时，所确定的管道标高应使管道埋深满足设计要求。

（1）流量与流速

城市道路排水管渠的流量与流速计算公式同公路，见式（11-8）和式（11-9）。排水管渠的粗糙系数应参照表 11-12 选取。

城市道路排水管渠粗糙系数　　　　表 11-12

管渠类别	粗糙系数 n	管渠类别	粗糙系数 n
UPVC 管、PE 管、玻璃钢管	0.009~0.01	浆砌砖渠道	0.015
石棉水泥管、钢管	0.012	浆砌块石渠道	0.017
陶土管、铸铁管	0.013	干砌块石渠道	0.02~0.025
混凝土管、钢筋混凝土管、水泥砂浆抹面渠道	0.013~0.014	土明渠（包括带草皮）	0.025~0.03

（2）最大设计充满度

设计流量下，管道中的水深 h 和管道直径 D 的比值称为设计充满度，如图 11-28 所

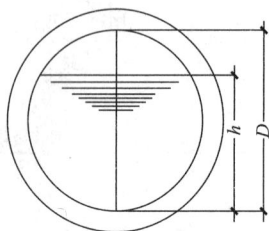

图 11-28　充满度示意图

示。当 $h/D=1$ 时，称为满流；当 $h/D<1$ 时，称为非满流。

重力流污水管道应按非满流计算，其最大设计充满度应按表 11-13 的规定选取。在计算污水管道充满度时，不包括短时突然增加的污水量，但当管径≤300mm 时，应按满流复核。雨水管道及合流管道应按满流计算。

最大设计充满度　　　　　　　　　　　表 11-13

管径或渠高（mm）	最大设计充满	管径或渠高（mm）	最大设计充满（mm）
200～300	0.55	500～900	0.70
350～450	0.65	≥1000	0.75

3. 设计流速

和设计流量、设计充满度相应的水流平均速度称为设计流速。为了防止管道中产生淤积或冲刷，设计流速不宜过小或过大，应在最大和最小设计流速范围之内。

（1）最大设计流速

最大设计流速是保证管道不被冲刷损坏的流速，该值与管道材料有关。金属管道的最大设计流速为 10m/s，非金属管道的最大设计流速为 5m/s。当水深 h 为 0.4～1.0m 时，排水明渠最大设计流速按表 11-14 采用。

城市道路明渠最大设计流速　　　　　　　表 11-14

明渠类别	最大设计流速（m/s）	明渠类别	最大设计流速（m/s）
粗砂或低塑性粉质黏土	0.8	草皮护面	1.6
粉质黏土	1.0	干砌块石	2.0
黏土	1.2	浆砌块石或浆砌转	3.0
石灰岩或中砂岩	4.0	混凝土	4.0

当水流深度 h 在 0.4～1.0m 范围以外时，表 11-14 所列最大设计流速宜乘以下列系数：

1）h<0.4m 时：0.85；

2）1.0<h<2.0m 时：1.25；

3）h≥2.0m 时：1.40。

（2）最小设计流速

最小设计流速是保证管道内不致发生淤积的流速。《室外排水设计规范》（GB 50014—2006）规定：污水管道在设计充满度下的最小设计流速为 0.6m/s；雨水管道及合流管道在满流时最小设计流速为 0.75m/；明渠的最小设计流速为 0.4m/s。

排水管道采用压力流时，压力管道的设计流速宜采用 0.7～2.0m/s。

4. 最小管径与最小坡度

在污水管道系统的上游部分，设计污水流量很小，若根据流量计算，则管径会很小，而管径过小极易堵塞；此外，若采用较大的管径，可选用较小的坡度，使管道埋深减小。

在污水管道设计时，应尽可能减小管道敷设坡度以降低管道埋深。但管道坡度造成的

326

流速应等于或大于最小设计流速，以防止管道内产生沉淀。因此，将相应于最小设计流速时的管道坡度称为最小设计坡度。不同管径的污水管道有不同的最小坡度；管径相同的管道，因充满度不同，其最小坡度也不同。在给定设计充满度条件下，管径越大，相应的最小设计坡度值越小。通常对同一直径的管道只规定一个最小坡度，以满流或半满流时的最小坡度作为最小设计坡度。

排水管道的最小管径与相应最小设计坡度，宜按表 11-15 的规定取值。

城市道路最小管径与相应最小设计坡度 表 11-15

管道类别	最小管径（mm）	相应最小设计坡度
污水管	300	塑料管 0.025，其他管 0.003
雨水管及合流管	300	塑料管 0.002，其他管 0.003
雨水口连接管	200	0.01
压力输泥管	150	—
重力输泥管	200	0.04

11.3.2 城市道路雨水管渠设计

1. 雨水排水系统的类型

根据构造特点，城市道路雨水排水系统可分为 3 类，分别为明沟系统、暗管系统和混合式系统。

（1）明沟系统

与公路地面排水相同，即采用明沟排水，在街坊出入口、人行横道处增设一些盖板、涵管等构造物。明沟可设在路面的两边或一边，也可在车行道的中间。当道路处于农田区时，要处理好明沟与农田排灌的关系。

排水明沟的断面尺寸，可按照汇水面积经水力计算确定。一般也可根据当地实际经验来安排。明沟通常采用梯形断面，底宽不小于 0.3m，边坡视土质及护面材料而不同，用砖石铺砌或混凝土块护面时，一般用 1：0.75～1：1 的边坡。有些城市也采用石砌或砖砌并加盖板的矩形明沟。

（2）暗管系统

由街沟、雨水口、连接支管、主干管、检查井、出水口等部分组成的埋置在地下的排水系统称作暗管系统。道路上及其相邻地区的地面水依靠设计的道路纵横坡度流向行车道两侧的街沟，然后顺街沟的纵坡流入沿街沟设置的雨水口，由地下的与雨水井相连的连接支管将雨水接入到主干管，再排入附近河流或其他天然水体中去，如图 11-29 所示。

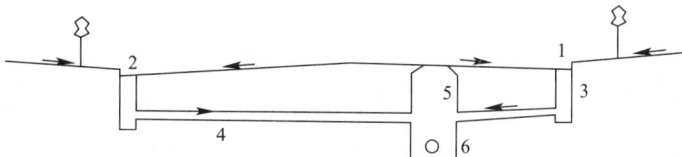

图 11-29 城市道路暗管排水示意图

1—街沟；2—进水孔；3—雨水口；4—连接支管；5—检查井；6—雨水干管

327

（3）混合式系统

混合式系统是明沟和暗管相结合的一种形式。城市中排除雨水可用暗管，也可用明沟。在一个城市中，不一定只采用单一系统来排除雨水。

一般在城市市区和建筑密度较大、交通频繁地区，均采用暗管排除雨水。尽管造价高，但卫生情况较好，对地面交通影响小，养护方便；在城市郊区或建筑密度低、交通量小的地方，可采用明沟，以节省工程费用，降低造价。在受到埋深和出口深度限制的地区，可采用盖板明渠排除雨水。

2. 雨水管渠系统布置的原则

雨水管渠系统的布置，要求使雨水能顺畅及时地从城镇或厂区排出。管渠布置一般应遵循以下原则：

（1）充分利用地形，就近排入天然水体

规划排水管线时，首先按地形划分排水区域，再进行管线布置。根据地面标高和河道水位，划分自排区和强排区。自排区利用重力流自行将雨水排入河道；强排区需设雨水泵站提升所汇集的雨水，然后排入天然水体。根据分散和直捷的原则，多采用正交式布置，使雨水管渠尽量以最短的距离（重力流）排入附近的池塘、河流、湖泊等水体中。

（2）尽量避免设置雨水泵站

由于暴雨形成的径流量大，雨水泵站的投资也很大，且雨水泵站在一年中运转时间短，利用率低，所以排除雨水应尽可能靠重力流，避免设置雨水泵站。在一些地势平坦、区域较大或受潮汐影响的城市，必须设置泵站时，应把经过泵站排泄的雨水径流量减少到最小限度。

（3）结合城市规划布置雨水管道

雨水干管的平面和竖向布置应考虑与其他地下构筑物（包括各种管线及地下建筑物等）在相交处的相互协调，排水管道与其他各种管线（构筑物）在竖向布置上要求的最小净距应满足有关规范要求。在有池塘、坑洼的地方，可考虑雨水的调蓄。在有管道连接条件的地方，应考虑两个管道系统之间的连接。

（4）合理布置出水口

雨水出口的布置有分散和集中两种布置形式。当出口的天然水体离流域很近，水体的水位变化不大，洪水位低于流域地面标高，出水口的建筑费用不大时，宜采用分散出水口，以便雨水就近排放，使管线较短，减小管径。反之则可采用集中出水口。

3. 雨水管道设计

（1）布置位置

城市道路的雨水管线应平行于道路的中心线或规划红线。雨水干管一般设置在街道中间或一侧，并宜设在快车道以外。道路红线宽度超过 50m 的城市干道，宜在道路两侧布置排水管道。

由于雨水管道施工及检修对道路交通干扰很大，因此，雨水干管应尽可能不布置在主要交通干道的车行道下，而宜直接埋设在绿化带或较宽的人行道下，并注意与行道树、杆柱、侧石等保持一定的横向距离。此外，雨水管线还应尽可能避免或减少与河流、铁路及其他城市地下管线的交叉，避免造成施工困难；必须交叉时，应尽量正交，并保证相互之间有一定的竖向间隙。

雨水管道离开房屋及其他管道的最小距离见表 11-16。表列数字除注明者外，水平净距均指外壁净距，垂直净距系指下面管道的外顶与上面管道基础底间净距。采取充分措施（如结构措施）后，表列数字可以减小。与建筑物水平净距，管道埋深浅于建筑物基础时，不宜小于 2.5m，管道埋深深于建筑物基础时，按计算确定，但不应小于 3.0m。

雨水管道与其他管线（构筑物）的最小净距   表 11-16

名称			水平净距（m）	垂直净距（m）
给水管	$d \leq 2000mm$		1.0	0.4
	$d > 2000mm$		1.5	
排水管			—	0.15
再生水管			0.5	0.4
燃气管	低压	$P \leq 0.05MPa$	1.0	0.15
	中压	$0.05MPa < P \leq 0.4MPa$	1.2	0.15
	高压	$0.4MPa < P \leq 0.8MPa$	1.5	0.15
		$0.8MPa < P \leq 1.6MPa$	2.0	0.15
热力管线			1.5	0.15
电力管线			0.5	0.5
电信管线			1.0	直埋 0.5
				管块 0.15
乔木			1.5	—
地上杆柱	通信照明及小于 10kV		0.5	—
	高压铁塔基础边		1.5	
铁路钢轨（或坡脚）			5.0	轨底 1.2
电车（轨底）			2.0	1.0
架空管架基础			2.0	—
油管			1.5	0.25
压缩空气管			1.5	0.15
氧气管			1.5	0.25
乙炔管			1.5	0.25
电车电缆			—	0.5
明渠渠底			—	0.5
涵洞基础底			—	0.15

（2）平纵线形

不同直径的管道在检查井内的连接，宜采用管顶平接或水面平接。管道转弯和交接处，其水流转角不应小于 90°（当管径≤300mm，跌水水头＞0.3m 时，可不受此限制）。

由于雨水在管道内是靠本身重力流动的，所以雨水管道应由上游向下游倾斜。雨水管的纵断面设计应尽量与街道地形相适应，即管道纵坡尽可能与街道纵坡取得一致，这样，不致使管道埋设过深，可节省土方量。因此在城市道路纵断面设计时，应考虑雨水的排除问题，为排除雨水创造条件。从排除雨水的要求来说，道路的纵坡最好在 0.3%～4% 范围内。道路过陡，则需要设置跌水井等特殊构筑物，增加基建费用。道路过于平坦，将增加埋设管道时开挖的土方量，如果车行道过于平坦，而排除地面水有困难时，应使街沟的纵坡大于 0.3%，设计成锯齿形街沟，以保证排水。

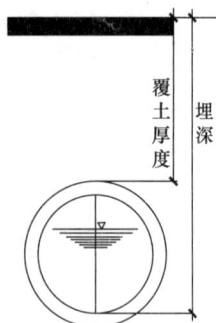
图 11-30　管道埋深与
覆土厚度

（3）管道埋深与覆土厚度

如图 11-30 所示，管道的埋深指管道内壁底到地面的深度；管道的覆土厚度指管道外壁顶部到地面的距离。管道的埋深对整个管道系统的造价和施工影响很大，管道埋深越大，施工越困难，工程造价越高。显然，在满足技术要求的条件下，管道埋深越小越好。但是，管道的覆土厚度有个最小限值，称为最小覆土厚度。

管顶最小覆土厚度应根据管材强度、外部荷载、土壤冰冻深度和土壤性质等条件，结合当地埋管经验确定。管顶最小覆土厚度宜为：人行道下 0.6m，车行道下 0.7m。一般情况下，排水管道宜埋设在冰冻线以下。当该地区或条件相似地区有浅埋经验或采取相应措施时，也可埋设在冰冻线以上，其浅埋数值应根据该地区经验确定。

除考虑管道的最小埋深外，也应考虑雨水管道的最大埋深。管道的最大埋深决定于土壤性质、地下水位及施工方法等。在干燥土壤中一般不超过 7～8m；在地下水位较高、流砂严重、挖掘困难的地层中通常不超过 5m。当管道埋深超过最大埋深时，应考虑设置雨水泵站等措施，以减少管道埋深。

（4）雨水管道设计的步骤

1）在 1：2000～1：5000 并绘有规划总图的地形图上，划分汇水面积，规划雨水管线，确定水流方向。

2）划分各段管道的汇水面积，并确定水流方向。将计算面积及各段管道的长度，填写在图中。各支管汇水面积之和应等于该干管所服务的总汇水面积。

3）依地形图的等高线，确定各设计管段起讫点的地面标高；确定沿干管的控制点的高程，准备进行水力计算。

4）按整个区域的地面性质求出径流系数。

5）依道路、广场、建筑街坊的面积大小、地面种类、坡度、覆盖情况，以及街坊内部的排水系统等因素，计算起点地面集水时间。

6）根据区域性质、汇水面积、q_{20} 值、地形，以及漫溢后的损失大小等因素，确定设计重现期。

7）推求暴雨强度公式，并绘制单位径流量与汇流时间关系图。

8）确定设计流量，进行水力计算，确定管渠断面尺寸、纵断面坡度，并绘制纵断面图。

4. 雨水口设计

雨水口是雨水管道或合流管道上收集雨水的构筑物。地面上、街道上的雨水首先进入雨水口，再经过连接管流入雨水管道。雨水口的型式、数量和布置应按汇水面积所产生的流量、雨水口的泄水能力及道路型式确定。

（1）雨水口的布置

雨水口的布设数量，应按汇水面积所产生的流量及雨水口的进水能力确定。雨水口的泄水能力可按下式计算：

$$Q = \omega C \sqrt{2ghk} \tag{11-17}$$

式中　Q——雨水口排泄的流量，10^3L/s；

ω——雨水口进水面积，m^2；

C——孔口系数，圆角孔用 0.8，方角孔用 0.6；

h——雨水口上允许贮存的水头，一般认为街沟的水深不宜大于侧石高度的 2/3，一般采用 $h = 0.02 \sim 0.06m$；

k——孔口阻塞系数，一般取 $k = 2/3$。

由上式可知：当由降雨强度算出需要排泄的流量，并规定了允许积水深度后就可计算每个雨水口所需的进水面积，从而可确定进水箅的数量。

布置雨水口时，首先应确定街沟纵断面上低洼积水点和交叉口竖向规划上必须的雨水口，然后根据道路纵横坡度、街道宽度、路面种类、周围地形及排水情况，选择雨水口形式及布设方式，根据当地暴雨强度、雨水口的排水能力等因素，确定雨水口的数量、位置与间距。纵坡较大时，水的流速大，不能充分进入雨水口即行越过；纵坡过小时，往往形成积水，此时均应适当缩小雨水口的间距，具体的数值由计算确定。

在道路交叉口处，应根据路面雨水径流情况及方向布置雨水口，可按图 11-31 所示各图式设计，使来自街道的雨水在交叉口前人行横道上游就被截住而流入进水口，不允许在交叉口上漫游，以免妨碍车辆和过街行人交通。

雨水口间距宜为 25～50m，连接管串联雨水口个数不宜超过 3 个，雨水口连接管长度不宜超过 25m。当道路纵坡大于 2% 时，雨水口的间距可大于 50m。坡段较短时可在最低点处集中收水，其雨水口的数量或面积应适当增加。雨水口深度不宜大于 1m，并根据需要设置沉泥槽。遇特殊情况需要浅埋时，应采取加固措施。有冻胀影响地区的雨水口深度，可根据当地经验确定。雨水口连接管最小管径为 Φ200mm，坡度不小于 1%，长度不超过 25m，覆土厚度不小于 0.7m。

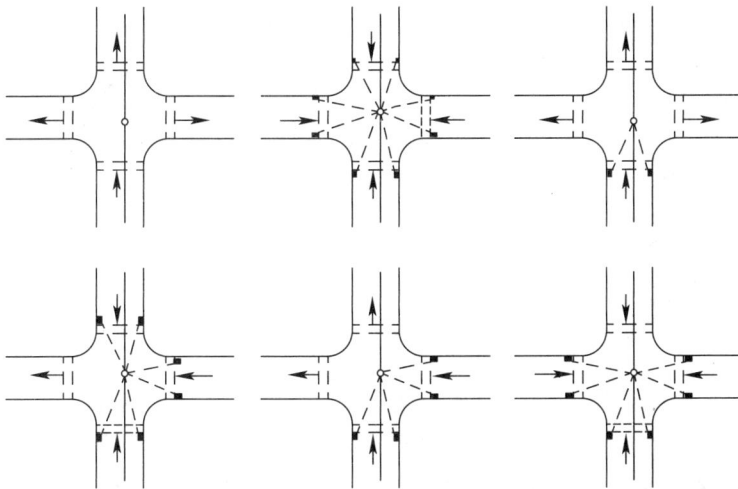

图 11-31　道路交叉口雨水口布置

（2）雨水口的构造

如图 11-32 所示，雨水口的构造包括进水箅、井身和连接管 3 部分。根据进水箅布置的不同，雨水口可分为平式、立式和联合式 3 种。

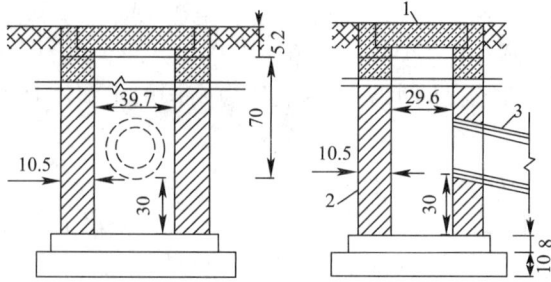

图 11-32　雨水口构造（单位：cm）

1—进水箅；2—井身；3—连接管

1）平式雨水口

如图 11-33 所示，雨水口的盖平铺在道路边沟上，雨水沿边沟进入雨水口，进水箅宜稍低于边沟或邻近地面约 3cm。平式雨水口的盖子易被车辆压坏，设计中应注意结构问题。

2）立式雨水口

如图 11-34 所示，雨水口设置在人行道上便于清捞垃圾，在道路侧石处，设置带格栅的进水口，雨水由格栅流入雨水口。这种雨水口，因为雨水沿边沟流来时需要转 90°角度才能流入雨水口，以致水流不畅，进水较慢，所以间距不宜过长，在严重积水区不宜使用。

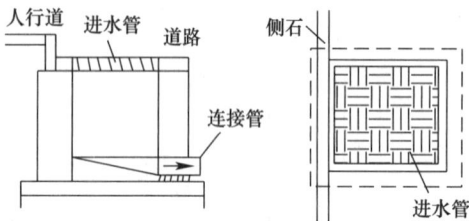

图 11-33　平式雨水口示意图

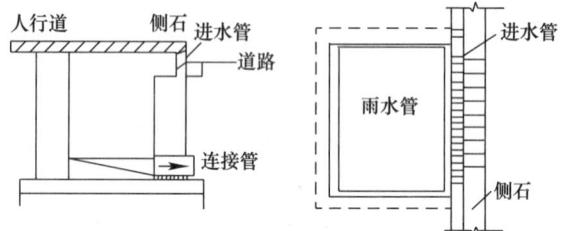

图 11-34　立式雨水口示意图

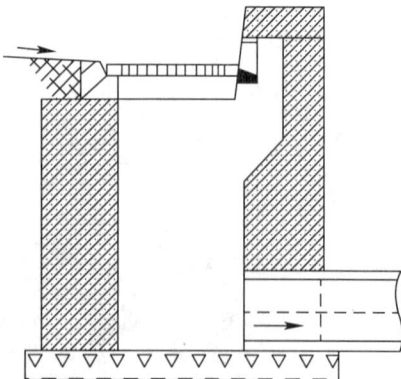

图 11-35　联合式雨水口

3）联合式雨水管

如图 11-35 所示，在水平和垂直方向上均有雨水箅。宜用于径流集中且有杂物堵塞处。

5. 检查井设计

如图 11-36 所示，检查井又名窨井，是设在主干管上的一种井状构造物。为了对管道进行检查和疏通，管道系统上必须设置检查井；同时检查井还起连接沟管的作用。

（1）位置与间距

检查井的位置应设在管道交汇处、转弯处、管径或坡度改变处、跌水处及直线管段上每隔一定距离处。检查井在直线管段的最大间距应根据疏通方法等具体情况确定，一般宜按表 11-17

的规定取值。相邻两个检查井之间的管道应在同一直线上，便于检查和疏通操作。

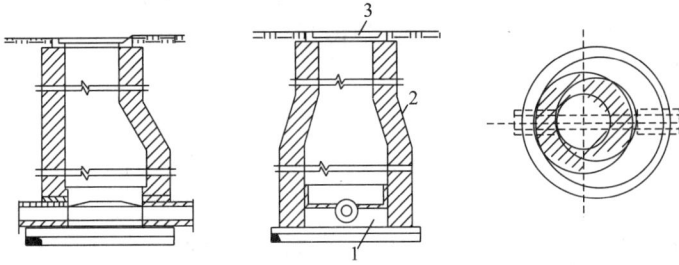

图 11-36　检查井

1—井底；2—井身；3—井盖

雨水管道检查井最大间距　　　　　　　　　　　　　　　表 11-17

管径或暗渠净高（mm）	最大间距（m）	管径或暗渠净高（mm）	最大间距（m）
200～400	40	1100～1500	100
500～700	60	1600～2000	120
800～1000	80		

（2）各部尺寸

检查井各部尺寸，应符合下列要求：

1）井口、井筒和井室的尺寸应便于养护和检修，爬梯和脚窝的尺寸、位置应便于检修和上下安全；

2）检修室高度在管道埋深许可时一般为 1.8m，污水检查井由流槽顶起算，雨水（合流）检查井由管底起算。

3）接入检查井的支管（接户管或连接管）管径大于 300mm 时，支管数不宜超过 3 条。

（3）其他规定

1）检查井井底宜设流槽。污水检查井流槽顶可与 0.85 倍大管管径处相平，雨水（合流）检查井流槽顶可与 0.5 倍大管管径处相平。流槽顶部宽度宜满足检修要求。

2）在管道转弯处，检查井内流槽中心线的弯曲半径应按转角大小和管径大小确定，但不宜小于大管管径。

3）位于车行道的检查井，应采用具有足够承载力和稳定性良好的井盖与井座。

4）检查井宜采用具有防盗功能的井盖。位于路面上的井盖，宜与路面持平；位于绿化带内井盖，不应低于地面。

5）在污水干管每隔适当距离的检查井内，需要时可设置闸槽。

6）检查井与管渠接口处，应采取防止不均匀沉降的措施。

7）在排水管道每隔适当距离的检查井内和泵站前一检查井内，宜设置沉泥槽，深度宜为 0.3～0.5m。

8）在压力管道上应设置压力检查井。

6. 跌水井

管道跌水水头为 1.0～2.0m 时，宜设跌水井；跌水水头大于 2.0m 时，应设跌水井。管道转弯处不宜设跌水井。

跌水井的进水管管径不大于 200mm 时，一次跌水水头高度不得大于 6m；管径为 300～600mm 时，一次不宜大于 4m。跌水方式一般可采用竖管或矩形竖槽。管径大于 600mm 时，其一次跌水水头高度及跌水方式应按水力计算确定。

7. 出水口

排水管渠出水口位置、型式和出口流速，应根据受纳水体的水质要求、水体的流量、水位变化幅度、水流方向、波浪状况、稀释自净能力、地形变迁和气候特征等因素确定。

出水口应采取防冲刷、消能、加固等措施，并视需要设置标志。

有冻胀影响地区的出水口，应考虑用耐冻胀材料砌筑，出水口的基础必须设在冰冻线以下。

8. 渠道

在地形平坦地区、埋设深度或出水口深度受限制的地区，可采用渠道（明渠或盖板渠）排除雨水。盖板渠宜就地取材，构造宜方便维护，渠壁可与道路侧石联合砌筑。

明渠和盖板渠的底宽，不宜小于 0.3m。无铺砌的明渠边坡，应根据不同的地质按表 11-18的规定取值；用砖石或混凝土块铺砌的明渠可采用 1∶0.75～1∶1 的边坡。

明渠边坡值　　　　　　　　　　　　表 11-18

地质	边坡值
粉砂	1∶3～1∶3.5
松散的细砂、中砂和粗砂	1∶2～1∶2.5
密实的细砂、中砂、粗砂或黏质粉土	1∶1.5～1∶2
粉质黏土或黏土砾石或卵石	1∶1.25～1∶1.5
半岩性土	1∶0.5～1∶1
风化岩石	1∶0.25～1∶0.5
岩石	1∶0.1～1∶0.25

渠道和管道连接处应设挡土墙等衔接设施，渠道接入管道处应设置格栅。明渠转弯处，其中心线的弯曲半径一般不宜小于设计水面宽度的 5 倍；盖板渠和铺砌明渠可采用不小于设计水面宽度的 2.5 倍。

渠道和涵洞连接时，应符合下列要求：

（1）渠道接入涵洞时，应考虑断面收缩、流速变化等因素造成明渠水面壅高的影响；

（2）涵洞断面应按渠道水面达到设计超高时的泄水量计算；

（3）涵洞两端应设挡土墙，并设置护坡和护底；

（4）涵洞宜做成方形，如为圆管时，管底可适当低于渠底，其降低部分不计入过水断面。

11.3.3　城市道路污水管渠设计

城市污水包括排入城镇污水管道的生活污水和工业废水。将工业废水排入城市生活污水排水系统，就组成城市污水排水系统。城市生活污水排水系统由室内污水管道系统及设备、室外污水管道系统、污水泵站及压力管道、污水处理厂、出水口及事故排出口组成。

街道污水管道系统敷设在街道下，用以排除居住小区管道流来的污水。在市区内它由城市支管、干管、主干管等组成。支管是承受居住小区干管或集中流量排出的污水。在排水区界内，常按分水线划分成几个排水流域。在各排水流域内，干管汇集输送由支管流来

的污水，常称为流域干管。主干管是汇集输送由两个或两个以上干管流来的污水管道。市郊干管是从主干管把污水输送至总泵站、污水处理厂或通至水体出水口的管道，一般在污水管道系统设置区范围之外。

1. 污水管道系统布置

在进行城镇污水管道系统的设计时，先要在城镇总平面图上进行管道系统的平面布置，确定污水管道的位置和走向，也称为污水管道系统定线。正确的定线是经济、合理设计污水管道系统的先决条件，是污水管道系统设计的重要环节。污水管道平面布置，一般按主干管、干管，支管顺序依次进行。污水管网布置一般涉及以下几部分内容。

（1）确定排水区界，划分排水流域

排水区界是污水排水系统设置的界限。凡是采用完善卫生设备的建筑区应设置污水管道。它是根据城镇总体规划的设计规模决定的。

（2）管道布置与定线

管道定线应尽可能地在管线较短和埋深较小的情况下，让最大区域的污水能自流排出。

地形一般是影响管道定线的主要因素。定线时应充分利用地形，使管道的走向符合地形趋势，一般宜顺坡排水。在整个排水区域较低的地方敷设主干管及干管，便于支管的污水自流接入，而横支管的坡度尽可能与地面坡度一致。

污水主干管的走向和数目取决于污水厂和出水口的位置和数目。在大城市或地形复杂的城市，可能要建几个污水处理厂分别处理与利用污水，这就需要敷设几条主干管。在小城市或地形倾向一方的城市，通常只设一个污水处理厂，则只需敷设一条主干管。若相邻城镇联合建造污水处理厂，则需建造相应的区域污水管道系统。

为了增大上游干管的直径，减小敷设坡度，以致能减少整个管道系统的埋深。将产生大流量污水的工厂或公共建筑物的污水排出口接入污水干管起端是有利的。

管道定线时还应考虑街道宽度和交通情况。污水干管一般不宜敷设在交通繁忙而狭窄的街道下。若街道宽度超过40m时，为了减少连接支管的数目和减少与其他地下管线的交叉，可考虑设置两条平行的污水管道。

污水支管的平面布置取决于地形及街坊建筑规划，并应便于用户接管排水。当街区面积不太大，街区污水管网可采用集中出水方式时，街道支管敷设在服务街区较低侧的街道下，如图11-37（a）所示，称为低边式布置。当街区面积较大且地势平坦时，宜在街区四周的街道敷设污水支管，如图11-37（b）所示，称为周边式布置。街区内污水管网按各建筑的需要设计，组成一个系统，再穿过其他街区并与所穿街区的污水管网相连，如图11-37（c）所示，称为穿坊式布置。

采用的排水体制也影响管道定线。分流制系统一般有两个或两个以上的管道系统，定线时必须在平面和高程上互相配合。采用合流制时要确定截流干管及溢流井的正确位置。若采用混合体制，则在定线时应考虑两种体制管道的连接方式。

（3）污水管道在街道上的位置

在城市和工厂的道路下，常有各种管线工程和地下设施，由于污水管道是重力流管道，管道（尤其是干管和主干管）的埋设深度较大且有很多连接支管，若管线位置安排不当，将会造成施工和维修的困难。所以必须在各种地下设施规划、管线工程综合规划的基础上合理安排其在街道横断面上的空间位置。

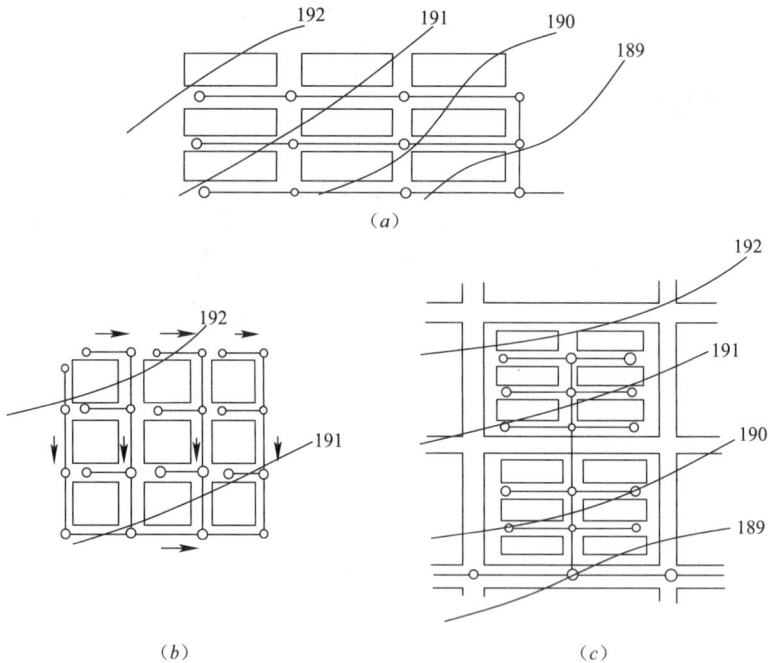

图 11-37 污水支管的布置形式

所有地下管线应尽量布置在人行道、非机动车道和绿带下，只有在不得已时，才考虑将埋深大、修理次数较少的污水、雨水管布置在机动车道下。管线布置的顺序一般是，从建筑红线向道路中心线方向为：电力电缆—电信电缆—煤气管道—热力管道—给水管道—污水管道—雨水管道。若各种管线布置发生矛盾时，处理的原则是，新建让已建的、临时让永久的、小管让大管、压力管让重力流管、可弯让不可弯的和检修次数少的让检修次数多的。

由于污水管道难免渗漏、损坏，从而会对相邻的其他管线产生不利影响，或对附近建筑物、构筑物的基础造成危害。当污水管道与生活给水管道相交时，应敷设在生活给水管道下面。污水管道与其他管线（构筑物）的最小净距的规定同雨水管道，见表 11-16。

2. 污水管道的衔接

污水管道系统中的检查井是清通维护管道的设施，也是管道的衔接设施。一般在管道管径、坡度、高程、方向发生变化及管道交汇时，必须设置检查井以满足结构和维护管理的需要。在检查井中上、下游管段必须有较好的衔接，以保证管道顺利运行。

管道衔接的方法，通常有水面平接和管顶平接两种，如图 11-38 所示。

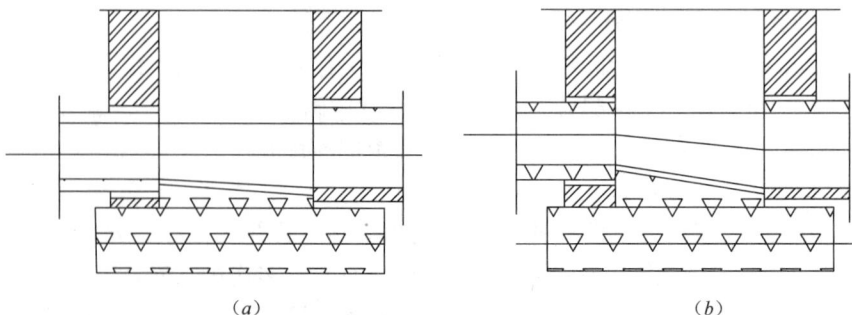

图 11-38 污水管道的衔接

(a) 水面平接；(b) 管顶平接

水面平接是指在水力计算中，使上游管段终端和下游管段起端在指定的设计充满度下的水面相平，即上游管段终端与下游管段起端的水面标高相同，如图 11-40（a）所示。由于上游管段的水面变化较大，水面平接时在上游管段中易形成回水。

管顶平接是指在水力计算中，使上游管段终端和下游管段起端的管顶标高相同，如图 11-40（b）所示。采用管顶平接时，在上述情况下就不至于在上游管段产生回水，但下游管段的埋深将增加。这对于平坦地区或设置较深的管道，有时是不适宜的。这时为了尽可能减少埋深，而采用水面平接的方法。无论采用哪种衔接方法，下游管段起端的水面和管底标高都不得高于上游管段终端的水面和管底标高。

在地形坡度较大地区，为了调整管内流速所采用的管道坡度将会小于地面坡度。为了保证下游管段的最小覆土厚度和减少上游管段的埋深，可根据地面坡度采用跌水连接，如图 11-39 所示。

在旁侧支管与干管交汇处，支管接入干管的转弯角度（与下游管道的夹角）一般应大于 90°，以防止在上游管道中产生回水。支管接入交汇检查井时，应避免与干管底有较大落差，若落差不

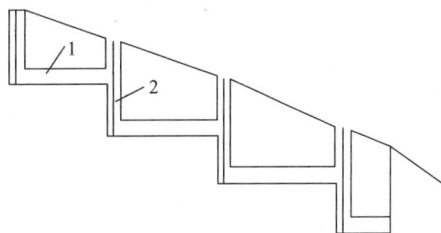

图 11-39　管段跌水连接
1—管段；2—跌水井

足 1m，可在支管上设斜坡；若落差为 1m 以上，可在支管上设跌水井跌落后再接入交汇井，以保证干管有良好的水利条件。

3. 不计算管段的确定

在污水管的水力计算中，应首先考虑不计算管段。按规范规定，在街区和厂区内最小管径为 200mm，在街道下最小管径为 300mm，应先计算最小管径所能排泄的污水量或排水面积，当设计管段的污水量或服务面积小于最小管径所能排泄的污水量或排水面积时，就可不必计算而采用最小管径，这样可减少管道的计算工作量，在平坦地区还可以直接采用相应的最小设计坡度。如在地形坡度不大的地区，按规范规定采用最小管径为 200mm 混凝土管，设计坡度采用最小坡度 0.004，当充满度为 0.5 时，计算可以通过 9.2L/s 污水流量，此时，凡街区内设计流量小于 9.2L/s 的设计无必要再计算，可以直接采用 200mm 管径和 0.004 的坡度。

4. 控制点的确定和泵站的设置

在污水排水区内，对管道埋深起控制作用的地点称为控制点。各条管道的起点大都是该管道的控制点，这些控制点中污水处理厂或出水口最远的一点通常就是整个系统的控制点；具有相当深度的工厂排出口或某些低洼地区的管道起点也可能成为整个管道系统的控制点。这些控制点的管道埋深，影响整个污水管道的埋深。

确定控制点的标高，一方面应根据城市的竖向规划，保证排水区域内的各点的污水都能够排除，并考虑发展，在埋深上适当留有余地。另一方面，不能因照顾个别控制点而增加整个系统的埋深。对此可采用一些措施，例如加强管材强度；填土提高地面高程，以保证最小覆土厚度；设置泵站提高管位等方法，减小控制点的埋深，从而减小整个系统的埋深，降低工程造价。

在排水管道系统中，由于地形条件等因素的影响，通常可能设中途泵站、局部泵站和终点泵站。泵站设置的具体位置应考虑环境卫生、地质、电源和施工条件等因素，并应征询规划、环保、城建等部门的意见。

参考文献

[1] 中华人民共和国 2013 年交通运输行业发展统计公报. 2014.5

[2] 中华人民共和国 2013 年城乡建设统计公报. 2014.7

[3] 中华人民共和国交通运输部. 交通运输"十二五"发展规划. 2011.6

[4] 中华人民共和国交通部. 公路工程技术标准 (JTG B01-2014). 人民交通出版社. 2015

[5] 中华人民共和国交通部. 公路路线设计规范 (JTG D20-2006). 人民交通出版社. 2006

[6] 中华人民共和国交通运输部. 公路路线设计规范 (征求意见稿). 2014

[7] 中华人民共和国交通部. 公路桥涵通用设计规范 (JTG D60-2004). 人民交通出版社. 2004

[8] 中华人民共和国交通部. 公路项目安全性评价指南 (JTG/T B05-2004). 人民交通出版社. 2004

[9] 中华人民共和国交通部. 公路路基设计规范 (JTG D30-2004). 人民交通出版社. 2004

[10] 中华人民共和国交通运输部. 公路建设项目可行性研究报告编制办法. 2010

[11] 中华人民共和国交通部. 公路工程基本建设项目设计文件编制办法. 2007

[12] 中华人民共和国交通运输部. 公路排水设计规范 (JTG/TD33-2012)

[13] 中华人民共和国住房和城乡建设部. 城市道路工程设计规范 (CJJ 37-2012). 中国建筑工业出版社. 2012

[14] 中华人民共和国住房和城乡建设部. 城市道路路线设计规范 (CJJ 193-2012). 中国建筑工业出版社. 2012

[15] 中华人民共和国住房和城乡建设部. 城市道路交叉口规划规范 (GB 50647-2011). 中国计划出版社. 2011

[16] 中华人民共和国住房和城乡建设部. 城市道路交叉口设计规程 (CJJ 152-2010). 中国建筑工业出版社. 2010

[17] 中华人民共和国住房和城乡建设部. 城市快速路设计规程 (CJJ 129-2009). 中国建筑工业出版社. 2009

[18] 中华人民共和国建设部. 市政公用工程设计文件编制深度规定. 2004

[19] 中华人民共和国建设部. 城市人行天桥与人行地道技术规范 (CJJ 69-95). 中国建筑工业出版社. 1996

[20] 中华人民共和国住房和城乡建设部. 快速公共汽车交通系统设计规范 (CJJ 136-2010). 中国建筑工业出版社. 2010

[21] 中华人民共和国建设部. 室外排水设计规范 (GB 50014-2006). 中国计划出版社. 2006

[22] 裴玉龙. 道路勘测设计. 北京：人民交通出版社. 2009

[23] 裴玉龙. 道路勘测设计. 哈尔滨：哈尔滨工业大学出版社. 2004

[24] 程国柱, 吴立新. 道路与桥梁设计概论. 北京：人民交通出版社. 2013

[25] 程国柱. 道路线形设计. 北京：知识产权出版社. 2014